AS RUÍNAS DA DÉCADA

O MÉDIO ORIENTE DEPOIS DAS REVOLTAS

Título original:
As Ruínas da Década: o Médio Oriente depois das Revoltas

Revisão:
Joana Baudouin

Capa:
Papertalk

Imagem de capa:
© Sajad Mohamed Ali/NurPhoto via ZUMA Press/Fotobanco.pt

Mapa:
© Peter Hermes Furian / Alamy Stock Photo/Fotobanco.pt

Depósito Legal n.º

Biblioteca Nacional de Portugal – Catalogação na Publicação

SERRANO, Francisco, 1982-

As Ruínas da Década: o Médio Oriente
depois das Revoltas. - (Extra-coleção)
ISBN 978-972-44-2515-3

CDU 323

Paginação:
João Jegundo

Impressão e acabamento:
?????
para
EDIÇÕES 70
fevereiro 2022

EDIÇÕES 70, uma chancela de Edições Almedina, S.A.
LEAP CENTER – Espaço Amoreiras
Rua D. João V, n.º 24, 1.03 - 1250-091 Lisboa – Portugal
e-mail: editoras@grupoalmedina.net

O autor escreve segundo o antigo Acordo Ortográfico.

AS RUÍNAS DA DÉCADA

O MÉDIO ORIENTE DEPOIS DAS REVOLTAS

FRANCISCO SERRANO

70

«The Arab Spring is a powerful and compelling response not only to an age of tyranny but also to the remnant chains of imperial influence. The final outcome — if there ever is such a thing as a final outcome in history — of our revolutions remains unclear. We might not succeed in building a better future. But no one can question the authenticity of our desire, or how much we are prepared to sacrifice for the opportunity to gain self-determination, dignity, and justice.»

HISHAM MATAR, *The New Yorker,* 12 de Setembro, 2011

Para o meu amigo Hacen Ouali

Índice

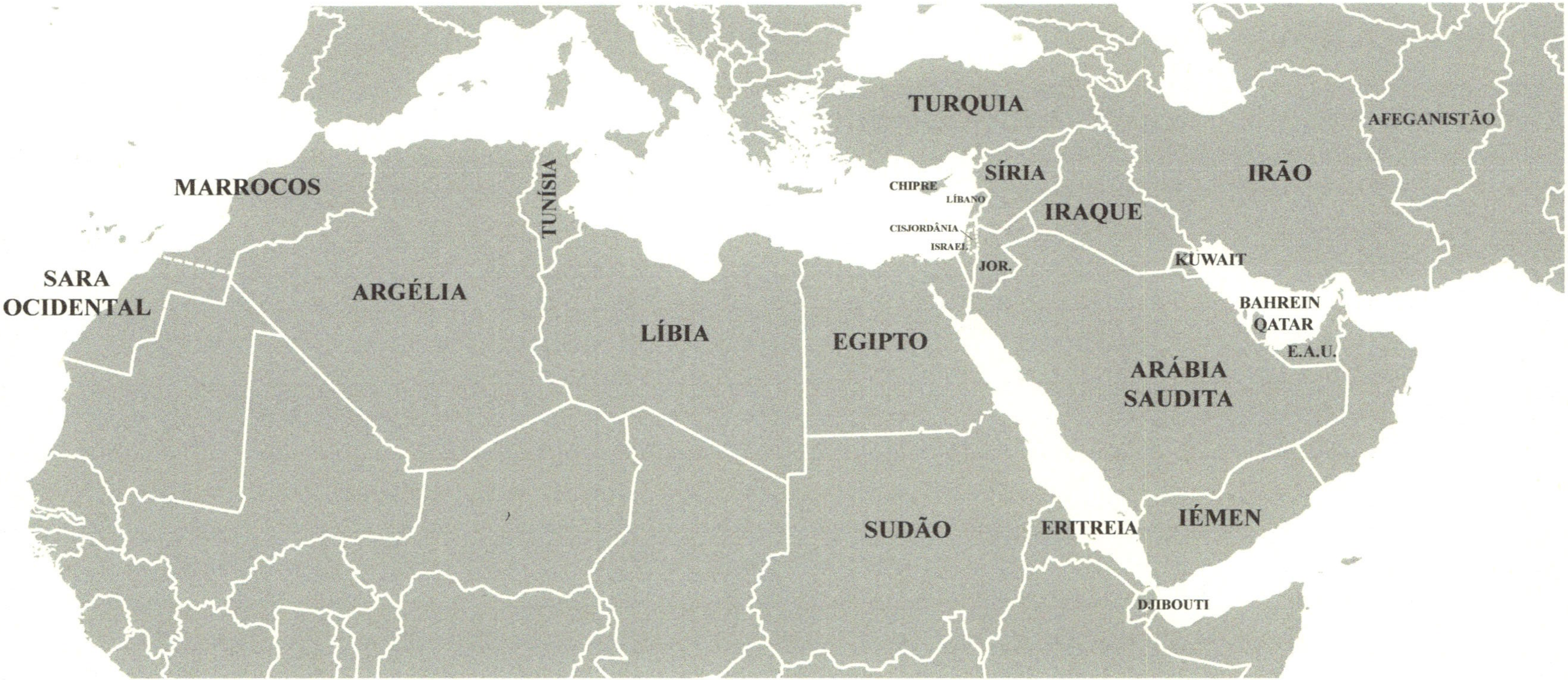
TURQUIA
AFEGANISTÃO
MARROCOS
TUNÍSIA
SÍRIA
IRÃO
CHIPRE
LÍBANO
IRAQUE
CISJORDÂNIA
ISRAEL
KUWAIT
JOR.
SARA
OCIDENTAL
ARGÉLIA
BAHREIN
QATAR
LÍBIA
EGIPTO
E.A.U.
ARÁBIA
SAUDITA
IÉMEN
SUDÃO
ERITREIA
DJIBOUTI

Introdução

Jana Saleh via o fumo e as labaredas desde a varanda de sua casa. Quando percebeu o que estava prestes a acontecer, teve escassos segundos para se abrigar. O rebentamento de um armazém no porto de Beirute, a 4 de Agosto de 2020, foi uma das maiores explosões não-nucleares da história. Destruiu grande parte da cidade, matando mais de 200 pessoas e ferindo vários milhares.

Sucedeu pela negligência e corrupção do estado libanês, que durante anos deixou toneladas de nitrato de amónio armazenadas no porto. O incidente agravou os problemas de um país que vivia já mergulhado num marasmo económico e político.

Inconcebível pela sua magnitude, a explosão pareceu encapsular todos os problemas da região: a resiliência do autoritarismo, o militantismo religioso, a ingerência estrangeira, a corrupção, e o sectarismo. Acumulados em camadas, e durante décadas, estes sintomas concentraram-se num momento que encheu as ruas da cidade de vidros e libertou uma nuvem em forma de cogumelo que avermelhou o céu de Beirute.

A explosão deu-se no final de uma década de clivagem abrupta no Médio Oriente. Depois dos movimentos populares de revolta iniciados em 2011, a região parece ter ficado presa numa instabilidade contínua.

Várias guerras civis, golpes militares, decadência económica e política, migrações em massa. Longe de anunciar o fim desse período cáustico, a tragédia na capital libanesa parece simplesmente marcar o ponto de partida de mais uma década imprevisível.

No Médio Oriente e Norte de África, a década passada começou a 17 de Dezembro de 2010 na Tunísia. Nesse dia, Mohamed Bouazizi, um vendedor ambulante de frutas e legumes em Sidi Bouzid, despejou uma garrafa de gasolina sobre a cabeça e corpo e incendiou-se. Tinha 26 anos e acabaria por morrer semanas depois, num hospital em Ben Arous, em Tunes.

Como muitos jovens do interior do país, Mohamed Bouazizi vivia de rendimentos informais e variáveis. Repetidamente incomodado pela arbitrariedade do estado policial, ficou desesperado quando os produtos que vendia e o seu material de trabalho foram confiscados pelas autoridades locais.

Bouazizi não foi o primeiro a matar-se por desespero. Na Argélia, na Tunísia, em Marrocos, outros jovens haviam pegado fogo aos seus corpos. Mas a sua imolação transformou-se num evento catalisador.

Os protestos contra a sua morte foram reprimidos pelas forças de segurança. E as imagens dessa violência, filmadas com telemóveis, mostraram a polícia a responder com balas. A cólera espalhou-se pelas localidades vizinhas. A energia libertada em Sidi Bouzid chegou a todo o país, até ocupar as principais avenidas da capital. O presidente, Zine El Abidine Ben Ali, deixou a Tunísia após mais de duas décadas no poder.

Milhões de pessoas observaram o que acontecia em Tunes com espanto. No final de Janeiro, as ruas do Cairo e de outras cidades egípcias estavam cheias de gente a protestar contra o regime de Hosni Mubarak. Dezoito dias depois, a intransigência dos egípcios e o exército forçaram Mubarak a deixar o poder. Em Benghazi, na Líbia, um novo foco de revolta popular rebentou em seguida.

À medida que o ano de 2011 avançou, manifestações populares chegaram ao Iémen, à Síria, à Argélia, a Marrocos, à Jordânia, ao Bahrein, ao Iraque, e até à Arábia Saudita. Os homens fortes do Médio Oriente misturaram a repressão com promessas de concessões políticas. Não serviu para nada.

Por toda a região, milhões de pessoas partilhavam os mesmos lamentos e queixas. Como o nacionalismo árabe havia sido uma resposta ao colonialismo, e o islamismo uma reacção às derrotas árabes dos anos 1960 e 1970, também esta vaga regional de protesto se transformou numa corrente pan-arabista contra o autoritarismo e a iniquidade económica.

A calamidade que se seguiu ao gesto de Bouazizi foi avassaladora. Estima-se que 300 pessoas morreram e 700 outras ficaram feridas durante a revolução tunisina, ou seja: entre o momento em que Mohamed Bouazizi se imolou, a 17 de Dezembro, e a fuga do presidente Ben Ali para Jidá, a 14 de Janeiro de 2011. No Egipto, mais de 800 pessoas morreram e 6400 ficaram feridas nas três semanas que antecederam a demissão de Hosni Mubarak. Mas a violência foi crescendo durante a década seguinte. A resposta do autoritarismo foi cada vez mais agressiva. A desagregação social criou novos conflitos. Guerras na Líbia, na Síria, no Iraque e no Iémen mataram provavelmente mais de um milhão de pessoas. Outros 17 milhões foram obrigados a deixar as suas casas e tornaram-se refugiados. Muitos abandonaram os seus países, milhares morreram no Mediterrâneo a tentar chegar à Europa. A dimensão da calamidade é muitas vezes usada como argumento contra as revoltas: tudo isto para quê?

Mas é um argumento falacioso. Não foram as sublevações populares de 2011 que provocaram tamanha desolação. A grande maioria dos mortos resultou da resposta violenta do autoritarismo e da sua luta para manter o *statu quo*.

Quase tudo o que mudou desde então, mudou para pior. O Egipto transformou-se numa ditadura mais robusta. A Síria, o Iémen, e a Líbia continuam presos a conflitos armados, agravados pela intervenção estrangeira. A região ficou mais pobre. Em vários países, infra-estruturas essenciais como estradas, hospitais, portos e escolas foram destruídos, muitas cidades e aldeias transformadas em escombros.

Contudo, algo mudou na última década. A imolação de Bouazizi, e a reacção em cadeia que provocou, colocou as populações dos países do Médio Oriente, pela primeira vez, no centro das mudanças políticas e sociais.

Durante séculos, a história do Médio Oriente foi traçada através da expansão do Islão, da consolidação do Império Otomano e do seu colapso, da colonização ocidental que redesenhou fronteiras, e do confronto ideológico entre o nacionalismo árabe e o islamismo. Pouco depois dos movimentos de independência, que criaram nações independentes a partir dos anos 1950, o autoritarismo foi derrubando governos e ocupando os estados pós-coloniais. Estabeleceram-se os regimes que viriam a fechar o século XX no mundo árabe. Em quase todos estes países, a população era um elemento extrínseco às estruturas de poder. Não havia cidadãos. Apenas pares de olhos e ouvidos para amansar com subsídios, e, sempre que necessário, força bruta.

Durante décadas, a imobilidade aparente no Médio Oriente foi mantida com um modelo específico de governo. Apoiados maioritariamente em receitas petrolíferas, e outras actividades económicas rentistas, os líderes da região desenvolveram o seu próprio acordo tácito com as suas populações. Gastavam generosamente em subsídios e suportavam sectores públicos inflacionados que proporcionavam trabalhos no estado.

A maioria da população renunciava à representatividade política em troca de estabilidade e uma vida decente. Durante décadas funcionou. Mas as disparidades entre os que viviam perto da esfera do poder e o resto da população agravaram-se. A ilusão do modelo rentista, esmagada pelo aumento das populações e pelo enfraquecimento de ideologias mobilizadoras, foi cada vez mais difícil de sustentar. Até que se desfez em euforia a partir de 2011.

Este livro começa nessa exaltação inicial. Mas é um relato do que aconteceu à região nos anos seguintes. Muito mudou na última década. A maioria dos activistas que protestaram contra os seus governantes sentem-se derrotados. Os que não emigraram continuaram a sofrer as consequências do seu activismo político: acossamento policial e judicial, liberdades reduzidas, prisão e tortura.

Mohamed Bouazizi, a figura do mártir, passou de ser venerado como um herói, a ser repudiado. Para muitos tunisinos, especialmente os que vivem no interior esquecido do país, Bouazizi ficará para a história como precursor da grande tragédia; a revolução que prometeu acabar com a injustiça, mas que afundou o país.

Porém, dez anos é pouca história. As insurreições populares de 2011 não foram um conjunto de eventos em circuito fechado que se esgotaram em falhanço. Antes, foram a primeira de várias convulsões que afectaram o Médio Oriente nos últimos dez anos, e que continuarão a moldar a região durante as próximas décadas.

A primeira parte do livro descreve os quatro países em que a contestação social e política conseguiu inicialmente derrubar presidentes e governos a partir de 2011: a Tunísia, o Egipto, a Líbia e o Iémen. As revoltas populares deixaram as mesmas estruturas — económicas, militares, religiosas — no poder, mas alteraram a sua força relativa. A forma como estas estruturas interagiram e se adaptaram nos meses e anos seguintes determinou o futuro imediato em cada um destes países.

As mudanças que se seguiram às revoltas são relatadas na segunda parte do livro. Algumas resultaram directamente da instabilidade política desse período. A guerra na Síria, e a forma como projectou a sua desordem para toda a região, foi a principal moldura desse caos pós-revolucionário. Levou à expansão do jiadismo niilista do Estado Islâmico, ou Daesh, que, aliada à guerra do regime sírio contra a oposição, expulsou milhões de pessoas das suas casas.

Quando as praças das cidades já se tinham acalmado, com as populações em protesto retiradas das ruas pela agressividade da contra-revolução, outro evento voltou a destabilizar o poder autoritário. A queda do preço do petróleo, no Verão de 2014, foi a segunda grande crise da década. No Médio Oriente, o dinheiro do petróleo foi usado para suportar economias ineficientes, aplacar populações descontentes e influenciar estados vizinhos com menores meios. A crescente perda de importância do crude ameaça a robustez financeira destes regimes.

A eleição de Donald Trump para a presidência dos Estados Unidos em 2016 incrementou a volatilidade no Médio Oriente. A administração Trump abandonou aliados tradicionais, facilitou a reconstrução do autoritarismo, enterrou ainda mais as possibilidades de uma resolução justa para o conflito entre israelitas e palestinianos e abriu a porta à entrada de novas potências na região. Os Estados Unidos já estavam de saída do Médio Oriente quando Trump chegou à Casa Branca. Mas a sua inaptidão política, e o seu desinteresse pelos problemas na região, pioraram a vida de milhões de pessoas.

A terceira e última parte do livro descreve a vaga de contestação que emergiu a partir de 2018–2019. Como acontecera anos antes, o optimismo misturou-se com a violência. No Sudão e na Argélia, as populações saíram contra o apodrecimento social e económico, protestando o longo domínio das elites político-militares. Iraquianos e libaneses contestaram a captura dos seus estados por oligarquias sectárias, fartos da maneira como décadas de ideologias sufocaram as possibilidades de desenvolvimento económico e social.

Por ter vivido desde pequena a impetuosidade do poder sectário e miliciano que rege o Líbano, Jana Saleh soube o que fazer para escapar à explosão no porto de Beirute.

Este livro é um relato da última década no Médio Oriente. Mas é, acima de tudo, a história dos seus sobreviventes.

PRIMEIRA PARTE

REVOLUÇÃO E CONTRA-REVOLUÇÃO

O Último Voo de Ben Ali

Às quatro da tarde do dia 14 de Janeiro de 2011, Mahmoud Cheikhrouhou, um piloto de aviação, estava em casa, em Tunes, a ver as notícias na televisão.

Na rua, os tunisinos pediam emprego, dignidade e liberdade. Desde que Mohamed Bouazizi, um vendedor ambulante de 26 anos, se imolara pelo fogo na pequena vila de Sidi Bouzid algumas semanas antes, que o governo enfrentava uma onda de contestação sem precedentes. A reacção do regime, desenhada com repressão letal e detenções, espalhara a ira popular por todo o país. Pouco a pouco, a resposta firme do presidente Zine El Abidine Ben Ali, no poder há 23 anos, esvaziava-se em gestos conciliatórios. No dia anterior, prometera abertura política, liberdade de expressão, e o acesso sem restrições à internet. Mas as pessoas continuavam na rua. A cada hora que passava, o regime policial parecia esfumar-se.

O telefone de Mahmoud Cheikhrouhou tocou. «Esteja pronto», avisou do outro lado da linha Nabil Chettaoui, o presidente da Tunisair, a companhia aérea estatal da Tunísia. «O presidente viaja para Jidá.» Chettaoui pedia-lhe que preparasse o avião rapidamente; com uma equipa de bordo pequena, e sem serviço de refeições.

Na Avenida Habib Bourguiba, no centro de Tunes, a multidão concentrava-se em frente ao Ministério do Interior, cujas caves eram conhecidas por albergar os prisioneiros políticos do regime, e as salas de trabalho dos seus torturadores. Ao longo da alameda arborizada, habitualmente ocupada pelas esplanadas dos cafés, os manifestantes e a polícia antimotim trocavam pedradas e bastonadas. Polícias à paisana arrastavam manifestantes para dentro de carrinhas.

O último mês de protestos havia sido tão intenso, que as reservas de botijas de gás lacrimogéneo das forças de segurança estavam no fim. Nessa manhã, o regime tunisino havia recebido mais 1500 botijas do governo líbio, e outras 10 mil botijas, encomendadas a França, estavam agendadas para chegar no dia seguinte.[1] Tarde demais para Ben Ali, mas a tempo do que viria a ser a década seguinte de desordem no pequeno país mediterrânico.

No momento em que o telefone de Mahmoud Cheikhrouhou tocou para que se preparasse para voar, a televisão estatal anunciava mais uma concessão do presidente: Ben Ali prometera a realização de eleições legislativas livres num período de seis meses. A última decisão do presidente antes de sair para o aeroporto foi a de ordenar um recolher obrigatório entre as 17h00 e as 07h00 para todo o país.

Mahmoud Cheikhrouhou chegou ao hangar onde estava o avião presidencial, no aeroporto militar de Alouina, pelas cinco da tarde. Membros da guarda presidencial vigiavam o lugar, armados com metralhadoras. Com mais de três décadas de experiência de voo, Cheikhrouhou espantou-se ao ver o camião de combustível atestar o depósito do avião dentro do hangar, contra todas as regras de segurança.

O chefe da segurança presidencial ordenou ao piloto que viajasse em direcção à ilha de Djerba, no Sul da Tunísia, e que daí fosse para Jidá sem informar ninguém do trajecto. Mahmoud Cheikhrouhou relembrou que isso seria perigoso, visto ser necessário assegurar as autorizações para sobrevoar o espaço aéreo da Líbia e do Egipto antes de chegar à Arábia Saudita. O chefe da segurança do presidente pediu--lhe então que voasse até Djerba, concluindo que depois se decidiria o que fazer.

Com o avião atestado de combustível, a mulher do presidente, Leila Trabelsi, embarcou com os seus dois filhos, Halima, de 18 anos, e Mohamed, de 6. Depois entraram no avião Mehdi Ben Gaied, o noivo de Halima, duas empregadas domésticas filipinas, Iman e Haninah, e o mordomo da família, Kamal al-Badiri. Os passaportes não foram carimbados. Os passageiros não choravam, mas Cheikhrouhou percebeu que o ambiente estava pesado: era óbvio que não partiam de férias.

Antes de fecharem a porta do avião, por volta das seis e meia da tarde, Mahmoud Cheikhrouhou ficou surpreendido de ver Ben Ali subir a bordo. O presidente disse ao piloto que acompanharia a família, mas que regressaria para Tunes com o avião. Segundo algumas fontes, o plano inicial de Ben Ali seria simplesmente escoltar a família até ao aeroporto e assegurar-se de que descolavam em segurança para a Arábia Saudita. Mas membros da segurança presidencial aconselharam o presidente a partir com a família temporariamente. Quando a situação estivesse controlada, o presidente regressaria à Tunísia.[2]

Vários carros da segurança presidencial acompanharam a aeronave no lento vagar até ao fim da pista. Enquanto se preparava para iniciar a aceleração que lhe permitiria descolar, Mahmoud Cheikhrouhou reparou que alguns membros da guarda presidencial apontavam as armas ao avião, e pensou que, talvez, temessem que o avião não chegasse a descolar.

Já no ar, Ben Ali entrou no *cockpit* para confirmar com o piloto que as autorizações para sobrevoar o espaço aéreo da Líbia e do Egipto, em direcção à Arábia Saudita, haviam sido concedidas.

Sobrevoando a ilha de Djerba, Mahmoud Cheikhrouhou comunicou por rádio com a torre de controlo em Trípoli. Da capital líbia perguntaram quem ia no avião. Cheikhrouhou avisou que o presidente e a sua família estavam a bordo. Atrás dele, Ben Ali pediu-lhe para não dizer que o presidente da Tunísia viajava no avião. O piloto comunicou novamente com Trípoli e corrigiu o anúncio anterior: só a família presidencial estava a bordo. As autorizações para sobrevoar a Líbia e o Egipto foram concedidas pouco depois, desimpedindo o caminho para leste.

Durante o voo, Mahmoud Cheikhrouhou nunca saiu do *cockpit*. Mas através do sistema de comunicações do avião presidencial, o piloto leu que Mohamed Ghannouchi, o primeiro-ministro de Ben Ali, havia feito uma declaração na televisão pública. Tendo em conta a ausência do presidente, e de acordo com o artigo 56 da constituição tunisina, que lhe permitia assumir o poder em caso de um impedimento temporário, Ghannouchi passara a ser o novo chefe de Estado da Tunísia.

Ben Ali deve ter tido acesso à mesma informação, porque, segundo alguns relatos, terá ligado a Mohamed Ghannouchi a partir do telefone do avião. Recriminou-o pela sua declaração, e avisou que estaria novamente na Tunísia ao amanhecer. Por volta da mesma altura, o presidente deposto, ou o presidente em fuga, ou o presidente aldrabado, terá também ligado a Fouad Mebazaa, o presidente da Câmara de Deputados. Pediu-lhe que revogasse as medidas que haviam levado à sua substituição por Mohamed Ghannouchi, porque regressaria a Tunes brevemente.

Mebazaa informou Ben Ali que o seu regresso não seria possível. Outros relatos e gravações mostram que Ben Ali ligou a vários dos seus conselheiros durante o voo. Todos recomendaram que o presidente não regressasse imediatamente para a Tunísia, por questões de segurança.[3]

No outro lado do Mar Vermelho, o avião presidencial foi recebido por uma forte tempestade. Colunas de chuva envolviam a cidade de Jidá. Mahmoud Cheikhrouhou reparou num movimento estranho no ar, vários aviões pareciam seguir caminho para a cidade de Medina, para evitar a tempestade. O piloto foi informado pela torre de controlo que não poderia aterrar devido ao mau tempo. O aeroporto de Jidá estava fechado, e, com o aeroporto de Medina cheio, o avião presidencial deveria dirigir-se para Taif, uma cidade no interior.

Mas Mahmoud Cheikhrouhou insistiu, pedindo aos controladores sauditas que o deixassem, pelo menos, tentar aterrar em Jidá.

Cheikhrouhou via as luzes da pista com dificuldade. E o avião tremia tanto que Ben Ali entrou no *cockpit* para ver o que se passava. «É o mau tempo e a chuva», respondeu o piloto.

Por volta da uma da manhã, hora saudita, sete horas depois de descolar de Tunes, Mahmoud Cheikhrouhou conseguiu aterrar.

Antes de sair do avião, o presidente, ou o homem que julgava ainda ser presidente, disse ao piloto e à sua tripulação que fossem para o hotel descansar. Ia certificar-se de que a sua família ficava bem e telefonaria quando fosse tempo de regressar à Tunísia.

No hotel, Mahmoud Cheikhrouhou viu o canal Aljazeera noticiar que Ben Ali havia deixado a Tunísia em direcção a um país desconhecido. O piloto e os membros da tripulação ligaram às suas famílias.

Mahmoud Cheikhrouhou, piloto e comandante da aeronave, reuniu-se com a tripulação e decidiu telefonar a Nabil Chettaoui, o presidente da Tunisair. O piloto perguntou se poderia trazer o avião de regresso para a Tunísia com a tripulação. Chettaoui pediu-lhe um tempo para consultar com as autoridades tunisinas. Quinze minutos depois, Cheikhrouhou recebeu a chamada que selou o exílio de Ben Ali: o avião deveria retornar a Tunes de imediato.

Duas horas e meia depois de aterrar em Jidá, o piloto e a sua tripulação iniciaram o caminho de regresso. Assim que o avião chegou a Tunes, os militares fizeram uma busca cerrada ao seu interior, confirmando que nem o presidente nem familiares seus estavam a bordo.

Relembrando essa viagem fatídica, anos mais tarde, Mahmoud Cheikhrouhou explicou que a sua obrigação era apenas trazer o avião de volta à Tunísia. Em ambos os sentidos, (Tunes-Jidá e Jidá-Tunes) cumprira ordens dadas pelo seu empregador, a Tunisair. O piloto desmentiu alguns rumores que circularam: Ben Ali não o havia forçado a voar apontando-lhe uma pistola.

Durante todo o voo, garantiu Cheikhrouhou, não viu Ben Ali com nenhuma pistola.[4]

* * *

A rapidez com que o regime de Ben Ali ruiu surpreendeu os tunisinos.

Para as populações do Médio Oriente e do Norte de África, o sucesso inicial da revolução tunisina provou que os regimes autoritários não eram invencíveis. Essa realização alterou subitamente o tecido social da região.

Nos palácios presidenciais no Cairo, em Damasco, em Trípoli, em Sana, e nas monarquias petrolíferas do Golfo, líderes envelhecidos e atordoados com a rapidez dos acontecimentos sentiram que a ordem governativa da região se desmoronava. O confronto entre revolucionários e contra-revolucionários caracterizou a década seguinte no Médio Oriente; um combate que se alastrou para fora da região e que continua ainda hoje.

Desde 1987, Ben Ali chefiava um dos estados mais repressivos do Médio Oriente. Havia um polícia por cada quarenta habitantes.

E a cara pacificamente ameaçadora do presidente espreitava de cartazes gigantes nas ruas, de retratos emoldurados em edifícios públicos e da capa dos jornais que noticiavam os seus afazeres diários. Mantendo os preceitos formais de um regime democrático, Ben Ali «ganhava» todas as eleições a que se candidatava com margens comicamente irrealistas: 99,4 % dos votos em 1999, 94 % em 2004, 89 % em 2009, a última vez que o regime organizou eleições presidenciais.

Mas, no início de 2011, a repressão dos protestos (e a forma como essa violência foi divulgada em vídeos filmados com telemóveis) manteve os tunisinos na rua até que acabaram com o regime. Há muito que estavam cansados do desemprego e da corrupção predatória do círculo mais próximo do presidente.

Nos dias seguintes à partida de Ben Ali, a alegria popular foi afogada pela desordem. Agentes da polícia política leais ao regime deposto travaram tiroteios com o exército, disparando desde os terraços do Ministério do Interior.[5] Outros barricaram-se no palácio presidencial. Em bairros residenciais, habitantes e militares bloquearam estradas para impedir as milícias ligadas ao ex-presidente de fazerem razias punitivas. Grupos armados passaram em carros, a disparar contra civis. Várias mansões da família de Ben Ali e da sua mulher, Leila Trabelsi, foram saqueadas e incendiadas. Pouco a pouco, apareceram os vestígios da repressão. Durante semanas, o regime havia prendido e executado jovens manifestantes, abandonando os corpos no meio de campos à beira das estradas, longe das suas casas, para que não fossem identificados. A facilidade com que o regime caíra escondera o custo humano da revolta.

Fouad Mebazaa, o presidente da Câmara de Deputados, assumiu a presidência interina do país. Mohamed Ghannouchi, primeiro-ministro do regime deposto, anunciou um governo interino para levar o país até às eleições.

O executivo de urgência incluiu algumas caras que não estavam associadas com a ditadura. Ahmed Najib Chebbi, fundador do Partido Democrata Progressista e uma figura credível da oposição, ficou com o Ministério do Desenvolvimento Regional. Slim Amamou, um *blogger* detido durante os protestos, foi nomeado secretário de estado para a Juventude e o Desporto. Os ministros do Interior, das Finanças, dos Negócios Estrangeiros e da Defesa transitaram para o governo interino.

Foram concessões insuficientes para uma população que procurava mudanças profundas. A sociedade civil e políticos da oposição recusaram a permanência de membros do Rassemblement Constitutionnel Démocratique (RCD), o partido único durante a era Ben Ali, no governo interino.

Na Place de la Kasbah, em Tunes, em frente ao gabinete do primeiro-ministro, uma nova ronda de protestos funcionou como uma extensão da revolução, como se o primeiro puxão não tivesse sido suficiente para desalojar o regime deposto. Em Fevereiro, a contestação levou à demissão de Mohamed Ghannouchi, considerado demasiado envolvido com o antigo regime para construir um país novo. A renúncia do último chefe de governo de Ben Ali, que foi também o primeiro chefe de governo do pós-Ben Ali, levou ao regresso de Beji Caid-Essebsi, que assumiu o posto de primeiro-ministro interino.

Parte da classe política que governara o país desde a época pós--colonial, Beji Caid-Essebsi, de 85 anos, participara em vários governos de Habib Bourguiba, o primeiro presidente da Tunísia Independente. Quando Ben Ali tomou o poder num golpe palaciano em 1987, Caid-Essebsi ainda ocupou o cargo de presidente da Câmara dos Deputados durante menos de dois anos, mas desde 1991 que vivia afastado do regime.

Com Caid-Essebsi os tunisinos passaram a ter um primeiro-ministro interino suficientemente distante da ditadura derrubada, mas conhecedor do regime. Semanas depois da sua nomeação, o governo interino dissolveu o aparelho securitário e a polícia secreta. O sistema judicial desmantelou o RCD, confiscou os fundos do partido e inibiu os políticos com postos recentes nos governos de Ben Ali de concorrer a eleições ou de ocupar posições no estado.[6]

No rescaldo da queda do regime, o país começou a preparar eleições livres. Os tunisinos passaram a discutir política com estrondo: nos cafés, nos programas de televisão e de rádio, e nos principais jornais diários, libertos da censura estatal. Quatro meses depois da partida de Ben Ali, mais de setenta partidos políticos foram estabelecidos. Centenas de novas associações cívicas, anteriormente proibidas, abriram portas.[7]

A revolução, motivada pela injustiça, havia vencido. E, portanto, os tunisinos embarcaram numa cacofonia de exigências económicas.

As greves de trabalhadores do sector público, procurando aumentos salariais, tornaram-se intermitentes. Em muitos lugares, o lixo deixou de ser recolhido. Os grafítis transformaram o tecido urbano; aos *slogans* contra o antigo regime, juntou-se o vandalismo apolítico da nova liberdade. Os adolescentes já não escreviam «*Dégage,* Ben Ali» nas paredes das cidades. Escreviam o que quisessem. Proprietários começaram a construir de forma ilegal, aproveitando a falta de estado para acrescentar pisos às suas casas, abrindo janelas, estendendo muros. Derrotados na rua meses antes, raros eram os polícias que se atreviam a passar multas de trânsito, deixando os condutores circular de forma errática e desordenada. Foram meses de folia e permissividade, o alívio da pressão autoritária acumulada durante anos.

* * *

Observado de fora, o Médio Oriente é por vezes descrito como um monólito; países de maioria muçulmana, onde regimes autoritários e o anacronismo da religião determinam irreversivelmente os destinos políticos e sociais. Nesta visão, as mulheres andam todas tapadas, o álcool é estritamente proibido e os códigos civis são todos decalcados da *sharia*, a lei islâmica. Na realidade, e por razões essencialmente históricas, o peso da religião nas sociedades e nos sistemas legais diverge de país para país. Se colocássemos todos os países da região num eixo que mede o seu nível de conservadorismo, um dos extremos seria ocupado pela Tunísia, onde as mulheres puderam votar e candidatar-se a eleições a partir de 1957, tiveram acesso à pílula contraceptiva desde 1961, e podem abortar legalmente desde 1973. Do outro lado do espectro está a Arábia Saudita, onde as mulheres só puderam votar e candidatar-se a lugares nos conselhos locais (a única posição eleita no país) em 2015 e obtiveram o direito a conduzir a partir de 2018. Entre estes dois extremos cabem, possivelmente, todos os outros países da região.

Muita da abertura social da Tunísia foi cimentada pelo seu primeiro líder. Apesar do seu autoritarismo, Habib Bourguiba fortaleceu os direitos das mulheres e a educação do país. O seu *Code du Statut Personnel*, que entrou em vigor em 1957, aboliu a poligamia, subiu a idade mínima legal para casar e estabeleceu o consentimento mútuo para o casamento, e reformou as leis de divórcio e custódia de filhos.[8]

Desde a independência, em 1956, o nível médio de educação na Tunísia foi subindo em relação à maioria dos países árabes. Enquanto estados vizinhos investiam nas forças armadas, Bourguiba canalizou dinheiro para a educação. No final da década de 1950, a Tunísia gastava 10 % do orçamento do estado com o exército, mas 18 % na educação.[9] O acesso das mulheres à educação e ao mercado trabalho ajudou a conter a explosão demográfica, facilitando a emergência de uma classe média.

Profundamente secular, Habib Bourguiba, desencorajou hábitos religiosos que considerava nocivos para o desenvolvimento. Aumentando o controlo do governo sobre o discurso religioso, o estado tunisino propagou valores como a igualdade de género, a liberdade individual e a liberdade religiosa. Numa emissão televisiva durante o Ramadão, Bourguiba bebeu sumo de laranja a meio do dia, ignorando o jejum.

Quando as derrotas contra Israel demoliram o nacionalismo árabe por toda a região, o Islão ocupou muito desse espaço. Mas a Tunísia, largamente secular e igualitária, trilhou um caminho diferente. Essa experiência histórica foi central para criar uma nova estrutura política após a queda de Ben Ali.

Na vontade de acabar com o regime, milhões de tunisinos aderiram ao movimento de protesto. Mas a derrota do inimigo comum trouxe à superfície as divergências políticas e sociais. E a partir de 2011 essas linhas de antagonismo emergiram, por vezes de forma cáustica.

A Tunísia foi sempre um país a duas velocidades. Na capital e nas zonas costeiras está a melhor infra-estrutura, as indústrias que exportam para a Europa, os empregos ligados ao turismo de massas, as melhores escolas e universidades. O interior, feito de terras agrícolas ou desertos, é pontuado por cidades e vilas com poucas oportunidades económicas, lugares para abandonar em direcção às povoações mais prósperas junto ao Mediterrâneo.

Nas reivindicações do que deveria ser a nova Tunísia, estas versões do país começaram a chocar. As populações mais privilegiadas no litoral focaram-se quase exclusivamente em assuntos de liberdades individuais[10], na manutenção da paridade de género, na liberdade religiosa. Mas, para quem vivia no interior, regiões que durante anos haviam sido negligenciadas pelo estado, a revolução deveria criar um modelo económico mais equitativo, com empregos, salários dignos e comunidades rurais revitalizadas.

Na década anterior à revolta, a economia cresceu de forma estável. Entre 2000 e 2010, o produto interno bruto (PIB) evoluiu a uma média anual de 4,4 % e a pobreza decresceu de 32 % para 16 %.[11] Mas o modelo económico tunisino consistia em prover mão-de-obra barata para fabricar têxteis, componentes automóveis e aeronáuticos, e outros bens para a Europa. Os índices de crescimento macroeconómico escondiam bolsas da população excluídas de qualquer progresso económico ou social.

O sistema de educação formava jovens técnicos e universitários. Mas a economia criava trabalhos não-especializados que pagavam pouco. Os tunisinos que podiam, emigravam para a Europa ou para o Golfo, onde as suas qualificações eram mais bem pagas. Muitos trabalhavam também na vizinha Líbia, que, no tempo de Khadafi, tinha muito dinheiro e pouca mão-de-obra. Inicialmente, muitos tunisinos viram a democratização de 2011 como uma oportunidade para melhorias.

* * *

Dias após a partida de Ben Ali para a Arábia Saudita, o Aeroporto Internacional de Tunes-Cartago começou a assistir ao regresso dos opositores do regime, homens e mulheres que haviam vivido anos de exílio. Um dos mais esperados foi Rached Ghannouchi,* de 69 anos, o líder do movimento islamista moderado Ennahda. Ghannouchi aterrou no dia 30 de Janeiro de 2011, num avião proveniente de Londres, onde passara 21 anos.

Para o receber, o pequeno átrio das chegadas encheu-se de apoiantes com bandeiras da Tunísia e mensagens de apoio. «Não ao extremismo,

---

* Rached Ghannouchi, do Ennahda, não tem qualquer relação familiar com Mohamed Ghannouchi, primeiro-ministro de Ben Ali, que chefiou o governo após a partida do ditador.

Sim ao Islão Moderado», ou «Não temam o Islão», diziam alguns cartazes segurados por membros do movimento Ennahda, cientes da forma como muitos seculares viam o Islão político. Um grupo minoritário desses seculares foi também esperar Ghannouchi ao aeroporto: «Não ao Islamismo, Não à teocracia, Não à *Sharia*, e Não à estupidez», diziam os cartazes.

Um muçulmano e um islamista não são necessariamente iguais. Um muçulmano é alguém que acredita em Deus e segue os preceitos da religião islâmica, integrando alguns desses ensinamentos na sua conduta. Como muitos cristãos e outros crentes, um muçulmano acredita que a sua atitude e o seu comportamento em vida lhe darão a aprovação divina, e, possivelmente, uma entrada no paraíso ou no céu. Um islamista também segue os preceitos do Islão. Mas, além de ver a religião como uma forma de conduta pessoal, um islamista é aderente ao Islão político, ou seja, vê o Islão como uma religião e como uma forma de organização política e social. Esta diferenciação é importante.

Antes de 2011, o Islão político era uma tendência marginal na Tunísia. Ao contrário do que acontecia no Egipto de Hosni Mubarak, em que a Irmandade Muçulmana apresentava candidatos a eleições parlamentares como independentes e operava uma rede de caridade social que lhe assegurava apoio popular, os movimentos islâmicos na Tunísia haviam sido contidos.

Quando Ben Ali começou a reprimir os islamistas nos anos 1980, o Ennahda era provavelmente o maior movimento de oposição do país. Mas estava ilegalizado como partido político. Durante os anos 1990, o regime perseguiu judicialmente mais de 20 mil membros do grupo.[12] Os que não partiram para o estrangeiro cumpriram longas penas, anos de tortura e prisão solitária.

O ambiente regional ajudou. Na vizinha Argélia, o conflito entre o estado e militantes islamistas gerou uma década de violência. O ataque contra as Torres Gémeas em Nova Iorque, a 11 de Setembro de 2001, permitiu a Ben Ali projectar-se como aliado dos Estados Unidos e da Europa na luta contra o terrorismo. Washington fazia a apologia da democracia, mas não se importava que os autocratas do Médio Oriente reprimissem as suas populações, desde que perseguissem os islamistas.

O regresso de Rached Ghannouchi e de outros dirigentes do Ennahda imprimiu uma dinâmica nova ao debate político, abrindo a porta a correntes mais perigosas. Uma amnistia geral anunciada pelo governo interino decretou a libertação de todos os prisioneiros políticos das prisões do regime.[13] Muitos deles eram salafistas.

Os salafistas não são necessariamente extremistas violentos. Na sua essência, a filosofia salafista busca um regresso ao que considera o Islão autêntico, ou seja, projecta um futuro baseado na regressão a uma prática islâmica idealizada como próxima dos preceitos iniciais da religião. A ideologia salafista abarca várias correntes, mas existem essencialmente três: os salafistas puristas, os salafistas políticos, e os salafistas jiadistas.[14]

O tunisino Saifallah Ben Hassine, libertado durante a amnistia de 2011, pertencia ao grupo dos salafistas jiadistas. Era conhecido como Abu Iyadh, e, como outros islamistas que reemergiram após as revoltas árabes, foi parte do grupo de combatentes árabes que lutou com Osama Bin Laden no Afeganistão. Detido na Turquia em 2003, foi extraditado para a Tunísia onde ficou detido até Março de 2011.

Alguns dos salafistas empurrados para o exílio pela ditadura acabaram em programas de proselitismo religioso nos canais de televisão por satélite, sediados nos países do Golfo.[15] Durante anos, cultivaram uma base de apoio na sociedade tunisina. No contexto pós-revolucionário, esta parte da população revelou ser uma minoria assertiva.

Libertado, Abu Iyadh criou o movimento islamista *Ansar al-Sharia*. Galvanizados pelas novas liberdades políticas, os salafistas empreenderam uma campanha de acossamento social e violência contra tudo o que consideravam blasfemo. No Verão de 2011, meses após a revolução, dezenas de salafistas atacaram o cinema Africa Art, no centro de Tunes, por mostrar o filme *Ni Dieu, Ni Maître* (*Nem Deus, Nem Mestre*), da realizadora franco-tunisina Nadia El Fani.[16] Meses depois, outro grupo de salafistas tentou incendiar a sede da Nessma, uma estação de televisão privada, pela mostra do filme de animação *Persépolis*, sobre a revolução iraniana em 1979. Os salafistas tinham ficado ofendidos pela cena em que Deus fala com a protagonista. Este obscurantismo religioso, durante anos esquecido nas prisões do regime ou ausente no estrangeiro, chocou com a visão mais abrangente que muitos tunisinos têm da religião.

Durante a ditadura, o governo limitara a pregação nas mesquitas a oradores aprovados pelo estado. Mas, no vazio de poder pós-revolucionário, imãs salafistas ocuparam centenas de púlpitos. No interior empobrecido, em regiões como Sidi Bouzid, Kasserine ou Jendouba, várias mesquitas transformaram-se em lugares de recrutamento de extremistas.

* * *

No meio do caos, havia sinais de confiança.

A natureza do exército tunisino, fraco e despolitizado, parecia fortalecer a transição política.

O primeiro presidente, Habib Bourguiba, fundou as forças armadas, mas esvaziou-as de poder. Após uma tentativa de golpe militar, em 1962, Bourguiba aumentou o papel da Guarda Nacional (uma força paramilitar) e manteve os soldados nos quartéis, proibindo os militares de se candidatarem a eleições ou de votarem. Ao direccionar os recursos do país para serviços sociais e para a educação, manteve o orçamento das forças armadas limitado.[17] Ben Ali acabou por replicar a estratégia de enfraquecimento do exército, redireccionando os recursos para sustentar o estado policial através do Ministério do Interior.[18]

Quando as manifestações contra Ben Ali se espalharam, a partir de Dezembro de 2010, o exército era composto por cerca de 40 mil homens. Não tinham participado em nenhum conflito armado de referência. O seu trabalho consistia em defender o país, participar em missões das Nações Unidas, e responder a desastres naturais. Marginalizados, os militares chegaram a 2011 sem influência política ou poder económico.

Na Argélia, parte do exército que se opôs ao poder colonial francês até à independência, em 1962, criou um regime autocrático que ainda hoje gere os recursos petrolíferos do país sem qualquer escrutínio civil. O golpe militar dos Oficiais Livres de Gamal Abdel Nasser no Egipto, em 1952, colocou o exército no centro do poder. Nas décadas seguintes, os militares transformaram-se num dos principais agentes económicos, e a sua força cresceu com o golpe de Abdel Fattah el-Sisi, em 2013. Forças armadas robustas e politicamente envolvidas mantêm vários países da região sob regimes autoritários.

Em Tunes, a 14 de Janeiro de 2011, os soldados não faziam parte do regime autocrático e, portanto, não tiveram problemas em deixar Ben Ali cair. Mas ficaram com a responsabilidade de proteger o país. Após a revolução, guardaram edifícios governamentais, asseguraram as fronteiras no Sul durante a guerra entre as forças de Muammar Kadhafi e os rebeldes que tentavam derrubá-lo, e organizaram e protegeram as eleições para a Assembleia Constituinte.

* * *

Convulsionadas pela instabilidade política e social que originou na Tunísia, as capitais árabes observaram as primeiras eleições democráticas no país com um misto de expectativa e deslumbramento. Durante anos, a Tunísia fora irrelevante nas dinâmicas regionais. Não tinha as reservas petrolíferas da Arábia Saudita, da Líbia ou da Argélia; não tinha o peso cultural e político do Egipto, nem mostrava o dinamismo económico das monarquias ricas do Golfo. Era uma pequena ditadura onde as mulheres tinham mais direitos e a classe média era maior. Acima de tudo, um canto desinteressante no mapa regional.

Mas quando os tunisinos saíram para eleger os 217 representantes da sua assembleia constituinte, encarregada de escolher um governo interino e redigir uma nova constituição, a Tunísia transformou-se momentaneamente no centro político do Médio Oriente.

A 23 de Outubro de 2011, um domingo de sol, longas filas de pessoas esperaram pacientemente à porta das escolas e doutros locais de voto. À porta de uma escola primária no centro de Tunes, um homem que saiu da mesa de voto carregando um bebé de meses foi aplaudido por quem esperava a sua vez de votar. Pelas ruas de Tunes, as pessoas tiravam fotografias juntas, bandeiras pintadas na cara e abraços.

No dia das eleições, Moncef Marzouki, exilado político durante os anos de Ben Ali e presidente do partido Congresso para a República, afirmou ao *The New York Times* que as eleições teriam «...um real impacto em lugares como a Líbia, o Egipto ou a Síria, após a queda do regime».[19] Marzouki revelou excesso de optimismo. Enquanto os tunisinos votavam, a Líbia festejava o linchamento de Muammar Kadhafi dias antes nos arredores de Sirte. Mas o país estava desfeito e a população armada. No Egipto, a gestão do Conselho Superior das Forças Armadas distribuía violência e instabilidade, porém havia eleições parlamentares marcadas para o mês seguinte. Na Síria, a onda de protestos contra o regime de Bashar Al-Assad transformava-se rapidamente numa guerra civil. O ano de 2011 parecia acelerar a história de forma imprevisível. Na Tunísia, pelo menos, havia justificação para a alegria cautelosa que passeava pelas ruas.

Cerca de 54,1 % dos eleitores registados participaram nas eleições.[20] O Ennahda, ilegalizado durante a ditadura, ganhou 41 % dos votos, o equivalente a 89 lugares na Assembleia Constituinte. No segundo lugar ficou o Congresso para a República, de Moncef Marzouki. Consciente do alarme que muitos tunisinos sentiriam com um partido islamista no poder, o Ennahda aliou-se com os dois partidos seculares, o Congresso para a República e o Ettakatol, que ficara em quarto lugar. O primeiro governo eleito do período pós-Ben Ali ficou conhecido como o governo da *Troika*. Hamadi Jebali, um dos dirigentes do Ennahda, foi escolhido para primeiro-ministro e chefe do governo. Moncef Marzouki foi eleito pela assembleia para ser o novo presidente da República, e Mustapha Ben Jaafar, o líder do Ettakatol, ficou com o posto de presidente da Assembleia Constituinte.

Transitando de movimento clandestino para líder da coligação, o Ennahda afirmou que não fomentaria leis contra a igualdade de género, ou liberdades privadas. Mas, ocasionalmente, os impulsos mais conservadores do partido surgiam inesperadamente. Numa reunião do Ennahda na cidade costeira de Sousse após a vitória eleitoral, Hamadi Jebali declarou aos seus apoiantes: «Estamos num sexto Califado, se Deus quiser!»[21]

Historicamente, o Califado designa o regime instaurado após a morte do profeta Maomé para reger o império muçulmano, e é geralmente utilizado para descrever um país ou estado regulado pelas leis islâmicas. O último Califado havia sido o Império Otomano, formalmente abolido pelo reformador turco Mustafa Kemal Ataturk, em 1924. O vídeo da reunião confirmou as reservas que muitos tunisinos mantinham sobre as intenções do Ennahda. Hamadi Jebali explicou que as suas palavras tinham sido tiradas do contexto.

O Islão político é visto com desconfiança por muitas forças seculares dentro e fora da região. Em parte, isto resulta da forma como os movimentos islamistas praticam muitas vezes um duplo discurso. Mostram-se abertos e inclusivos publicamente, mas escolhem um tom conservador quando falam para as suas bases. Vários movimentos religiosos na região (como a extrema-direita na Europa e na América) utilizam também uma dupla estrutura; parte do partido está inserido na disputa política seguindo as regras democráticas. Paralelamente, membros mais fervorosos e apoiantes violentos operam na clandestinidade.

Na Tunísia, esta dualidade tornou-se primeiro óbvia e depois insustentável. Em Sidi Bouzid, o lugar onde nascera a revolução, e em Tunes, grupos de salafistas atacaram hotéis que vendiam álcool. Em Maio de 2012, centenas de salafistas armados com paus, espadas e *cocktails molotov* atacaram bares e lojas que vendiam álcool em Jendouba, no noroeste do país. Em confrontos posteriores com as forças de segurança, os salafistas incendiaram uma esquadra da polícia.[22] Meses depois, em Setembro de 2012, salafistas atacaram a embaixada americana em Tunes, motivados pela publicação de um vídeo no Youtube que consideraram ser ofensivo para o Islão. O assalto, liderado por Abu Iyadh, provocou a morte a quatro dos atacantes.

Muitos analistas viram os grupos extremistas como a rede clandestina do Ennahda. O partido e os seus líderes criticavam a violência. Mas nos primeiros anos da transição, os anos em que o Ennahda esteve no poder, as relações entre o partido e os grupos salafistas eram estreitas. Rached Ghannouchi tentou agrupar diferentes correntes conservadoras, das mais pacíficas às mais violentas, afirmando poder moderá-las. Mas as alianças com os grupos salafistas pretendiam também assegurar os votos dessas franjas da população para o Ennahda.

Evitando usar a força do estado contra os excessos dos salafistas, o governo queria talvez evitar a repressão imposta aos islamistas durante o regime de Ben Ali. Mas, durante esse período de permissividade, os salafistas montaram redes de financiamento e recrutamento. A porosidade das fronteiras com a Argélia e com a Líbia deixou entrar armas e combatentes na Tunísia. Grupos de salafistas violentos criaram organizações civis para financiar o terrorismo e montaram células de militantes pelo país. Radicalizados, jovens tunisinos juntaram-se aos grupos insurgentes nas montanhas do interior, ou partiram para a Síria. As disputas sociais e políticas na Tunísia pós-revolucionária rapidamente se transformaram em violência.

* * *

No dia anterior ao seu assassinato, falando num dos programas de rádio e televisão em que era convidado habitual, Chokri Belaid, advogado e político secular, avisou que a Tunísia estava prestes a mergulhar na violência política. Na manhã de 6 de Fevereiro de 2013, dois homens numa mota balearam Belaid quatro vezes na cabeça e no peito à porta de sua casa, em El Menzah, um bairro no norte de Tunes. Morreu no hospital.

Aos 48 anos, Chokri Belaid, era líder do partido de esquerda Movimento dos Democratas Patriotas. Havia sido opositor dos regimes de Habib Bourguiba e de Ben Ali. Mas tornara-se também crítico do Ennahda. Belaid acusava o partido islamista de encorajar assassinatos políticos e denunciava os abusos dos salafistas. Durante meses, recebera ameaças.[23]

O funeral, dois dias depois da sua morte, juntou mais de um milhão de pessoas que marcharam pelas ruas de Tunes carregando o caixão até ao cemitério de Djellaz. Na capital e outras cidades do país, a raiva contra o assassinato político provocou confrontos entre manifestantes e a polícia. O maior sindicato do país, a Union Générale Tunisienne du Travail (UGTT), decretou uma greve geral. As sedes do partido Ennahda em Monastir, Sfax, Bejá e Gafsa foram incendiadas por manifestantes.

Soube-se depois que Belaid estava a ser vigiado e que as suas comunicações electrónicas eram monitorizadas. A sofisticação do equipamento utilizado criou suspeitas de que membros do Ennahda no aparelho do estado estavam a direccionar os recursos do Ministério do Interior e do Ministério da Justiça para perseguir opositores.[24] As suspeitas sobre o envolvimento do Ennahda (que negou qualquer participação no crime) descredibilizaram o governo e provocaram um levantamento popular contra o partido islamista que detinha a maioria no parlamento.

Hamadi Jebali, o primeiro-ministro, sugeriu que a coligação governamental fosse dissolvida e substituída por um governo tecnocrata. Mas o líder do Ennahda, Mohammed Ghannouchi, rejeitou a proposta, recusando abrir mão do controlo que o partido cimentara no governo e na administração.[25] Jebali demitiu-se e foi substituído por Ali Laarayedh, outro membro do partido Ennahda.

A solução encontrada pelo partido islamista não acalmou as ruas. Para muitos tunisinos o Ennahda perdera a legitimidade para governar. O contexto regional também estava diferente. Em Julho de 2013, os militares egípcios derrubaram o presidente Mohamed Morsi, da Irmandade Muçulmana, num golpe militar. Galvanizados pelos acontecimentos no Cairo, os manifestantes na Tunísia protestaram durante semanas para que o Ennahda abandonasse o poder.

Houve mais violência. Em Julho de 2013, Mohamed Brahmi, de 58 anos, outro político secular e crítico do governo islamista, foi assassinado à porta de sua casa, em Tunes, com 14 tiros. Mais uma vez, os suspeitos fugiram de mota.

O crime levou milhares de manifestantes para a frente do Ministério do Interior e do hospital para onde Mohamed Brahmi foi levado. Exigiram o fim do governo islamista. Em Sidi Bouzid, a ira pegou fogo a várias sedes do partido Ennahda e bloqueou estradas.[26] O governo apontou o dedo aos salafistas e negou envolvimento no crime. A investigação revelou que Brahmi e Chokri Belaid, assassinado uns meses antes, haviam sido mortos com a mesma arma. O país, que meses antes parecera estável na sua transição política, submergia em desordem.

No hospital Charles Nicolle em Tunes, onde vários amigos de Brahmi velavam o seu corpo, Houcine Abassi, o líder da UGTT, que contava com o apoio de 750 mil trabalhadores, e Mokhtar Trifi, vice-presidente da Liga Tunisina dos Direitos Humanos, concordaram que tinham de fazer alguma coisa para impedir que a situação piorasse.[27] A UGTT decretou uma greve geral. Vários partidos na assembleia constituinte boicotaram o processo de redacção da nova constituição. Manifestações populares encheram as ruas contra o Ennahda.

Em Tunes, os políticos e a sociedade discutiam que fazer com o governo da *Troika*. No monte Chaambi, perto da cidade de Kasserine, um grupo de militantes armados matou oito soldados tunisinos no final de Julho. Alguns dos militares foram degolados.

O vazio securitário permitira que grupos extremistas se estabelecessem nas regiões isoladas do interior, recrutando combatentes nas zonas pobres. Desde o início de 2013 que as forças de segurança haviam aumentado as operações contra os islamistas armados nas zonas rurais da fronteira com a Argélia. Mas o terreno difícil favorecia os militantes, que conseguiam montar emboscadas e matar ou ferir militares usando explosivos artesanais.

Foi só em finais de Agosto de 2013 que o governo se mostrou decidido a combater os salafistas. A Ansar Al-Sharia foi classificada como organização terrorista, e responsabilizada pelos assasinatos de Belaid e Brahmi, e pelos ataques contra a embaixada americana e as forças de segurança tunisinas.[28]

A crise política encorajou a formação de uma aliança informal da sociedade civil. O Quarteto para Diálogo Nacional, como viria a ser conhecido mais tarde, juntou a UGTT, a Liga Tunisina dos Direitos Humanos, a Confederação da Indústria, do Comércio, e do Artesanato, que representava os patrões, e a Ordem Nacional dos Advogados.

O Quarteto foi uma aliança invulgar. Juntou patrões e trabalhadores, habituados a ocupar lados opostos das negociações. Mas o processo tinha o apoio da população.[29] Após meses de negociações, em Dezembro de 2013, o Ennahda assentiu a abandonar o poder. À pressão da sociedade civil juntou-se o peso dos Estados Unidos, de vários países do Golfo, do Fundo Monetário Internacional (FMI) e do Banco Africano de Desenvolvimento. Foi uma forma paradoxal de salvar a democracia tunisina: um governo islamista, eleito democraticamente, foi substituído em negociações à porta fechada.

Assassinatos, imobilismo político, terrorismo, crise económica; nos dois anos entre a revolução e a redacção de uma nova constituição, os tunisinos tiveram uma amostra dura das dificuldades de reformar uma ditadura. A nova constituição foi aprovada em Janeiro de 2014, num processo feito de longas disputas ideológicas e cedências entre islamistas, seculares liberais e esquerdistas.

Depois da vitória nas eleições para a assembleia constituinte, em 2011, Rached Ghannouchi e outros dirigentes do Ennahda asseguraram não querer impor o véu islâmico às mulheres ou banir a venda de bebidas alcoólicas.[30] Mas durante o processo de redacção da nova constituição o Ennahda mostrou indefinição quanto à inclusão da *sharia* como base para legislação.[31] De forma esquiva, o partido disse em 2012 que o assunto estava a ser discutido internamente. Porém protestos populares fizeram os islamistas recuar. No Artigo 1.º do texto final[32] da nova constituição ficou estabelecido que o Islão era parte central da identidade do país, mas não uma fonte legal, nem a religião do Estado, o mesmo que estava escrito na constituição de 1959. Contudo, a constituição de 2014 adicionou um segundo artigo que pôs a *sharia* permanentemente de fora, definindo que a «Tunísia é um Estado civil baseado na cidadania, na vontade do povo, e na supremacia da lei».

O texto assegurou também a liberdade de consciência, no artigo 6.º, protegendo todo o tipo de crenças religiosas ou a ausência delas e ilegalizando os ataques com base em acusações de apostasia (*takfir*). Outras propostas do Ennahda foram recusadas, como a inclusão de uma lei de blasfémia, que criminalizaria insultos à religião com penas de prisão.

Após as negociações do Quarteto, Mehdi Jomaa, de 52 anos, foi escolhido como o primeiro-ministro de consenso. Ministro da Indústria no governo anterior, engenheiro e gestor experiente, Jomaa não tinha qualquer filiação partidária.[33] No meio do caos económico, social e securitário que atormentava o país, a sua missão foi chefiar um governo tecnocrático que estabilizasse o país até às eleições legislativas e presidenciais, marcadas para o Outono de 2014. Mais de 150 organizações cívicas islâmicas, utilizadas para canalizar dinheiro para grupos armados, foram desmanteladas e os seus fundos congelados. Uma cadeia de rádio foi fechada e mais de 2 mil pessoas foram detidas e acusadas de terrorismo.

* * *

O país continuou vulnerável. Em Julho de 2014, sessenta jiadistas atacaram dois *checkpoints* do exército no monte Chaambi, matando 14 soldados e ferindo mais vinte. A insurgência crescia no interior da Tunísia, vitimando membros das forças de segurança e civis, atraindo jovens sem futuro das comunidades desfavorecidas. O desemprego, que rondava os 15 % a nível nacional, chegava a ser o dobro em regiões como Kasserine ou El Kef. O interior havia liderado a revolução. Mas, anos depois da partida de Ben Ali, continuava igualmente desprovido e carente.

Mais de cem partidos políticos participaram nas primeiras eleições legislativas do pós-revolução, em Outubro de 2014. O partido Nidaa Tounes, criado por Beji Caid-Essebsi após este ter abandonado o posto de primeiro-ministro interino, em finais de 2011, ganhou 85 dos 217 lugares no parlamento. Juntando secularistas republicanos, membros do antigo partido de Ben Ali e esquerdistas, o Nidaa Tounes posicionou-se na ala liberal.

As perturbações políticas, económicas e sociais do primeiro governo do Ennahda marcaram os eleitores, que relegaram os islamistas para segundo lugar, com 69 assentos no parlamento. Apesar de ter perdido votos, o partido conseguiu segurar uma parte considerável da assembleia, relembrando a classe política e a sociedade em geral que uma parte da população considerava as crenças religiosas como um aspecto importante da governação.

Beji Caid-Essebsi foi o mais votado nas primeiras eleições presidenciais livres desde a revolta, em Dezembro de 2014. A escolha de um político de 88 anos com ligações aos regimes de Bourguiba e de Ben Ali indicou o estado de espírito dos tunisinos: habituados à estabilidade insípida do autoritarismo, viviam exasperados com a volatilidade política, a falta de segurança e a crise económica.

Meses depois das eleições, no dia 18 de Março de 2015 (enquanto o parlamento discutia uma lei de antiterrorismo), um grupo de militantes chegou ao Museu Nacional do Bardo, em Tunes, por volta do meio-dia e meia e começou a disparar. O ataque vitimou 22 pessoas, incluindo 17 turistas estrangeiros.[34]

Em Julho, Abu Ayed, o fundador da Ansar al Sharia na Tunísia, libertado pela revolução, e responsável por mobilizar muitos dos islamistas que ameaçavam a transição política, foi dado como morto após um ataque aéreo americano na Líbia.

Nesse Verão, um homem entrou num *resort* turístico em Sousse, pelo areal, e matou 38 turistas na praia e no Riu Imperial Marhaba

Hotel, antes de ser morto pelas forças de segurança.[35] O ataque foi reivindicado pelo Estado Islâmico, ou Daesh, que conquistara território no Iraque e na Síria. O grupo extremista voltou a atacar em Novembro de 2015, quando um bombista suicida se detonou junto a um autocarro da guarda presidencial, na Avenida Mohamed V, em Tunes, matando 12 guardas. Os ataques de 2015 arruinaram a indústria do turismo (7 % do produto interno bruto), numa altura em que o país precisava desesperadamente de crescimento económico. O Estado parecia incapaz de parar a violência jiadista. O presidente, Beji Caid-Essebsi, decretou que a Tunísia estava em «estado de guerra».

* * *

Em Maio de 2016, Cherifa Hilali, de 40 anos, foi morta pela explosão de uma mina artesanal enquanto caminhava pelo monte Sammama para apanhar rosmaninho. A detonação, talvez preparada para atingir uma patrulha militar, matou Cherifa e mais outra mulher, ferindo uma terceira.

A paisagem em redor do monte, na região de Kasserine, junto à fronteira com a Argélia, é rodeada por algumas zonas agrícolas e vazio. Campos de oliveiras e cactos ocupam o espaço entre as povoações de casas dispersas. O monte Sammama foi sempre uma fonte de recursos para a população, fornecendo plantas para óleos essenciais e erva de pastagem para animais. Mas com a chegada dos militantes depois da revolução, Sammama transformou-se num lugar perigoso. A vegetação na face da montanha ficou de um amarelo seco, queimada pelas salvas de artilharia do exército tunisino ou pelo fogo posto, usado para eliminar a vegetação que esconde os combatentes na montanha.

Após o derrube de Ben Ali, grupos de militantes islâmicos aproveitaram o caos para se estabelecerem no interior da Tunísia. Dois grupos, a Katiba Uqba ibn Nafi, aliada com a Al-Qaeda no Magrebe Islâmico, e a Jund al-Khalifah, associada do Daesh, instalaram-se nas cadeias montanhosas do oeste do país, distribuídas por várias células de combatentes. No Monte Sammama, como no Monte Chaambi, ou no Monte Mghila, estes grupos de extremistas têm liderado uma insurgência de baixa intensidade contra o governo. O enfraquecimento dos militares durante cinquenta anos de autoritarismo assegurou o exército republicano de que a Tunísia precisava. Mas a insurgência armada nas montanhas, progressivamente mais violenta, revelou a falta de experiência de combate dos militares.

Além dos 14 soldados mortos em Julho de 2014, vários outros ataques deixaram vítimas. Nos anos seguintes, os militantes fizeram emboscadas contra soldados e membros da guarda nacional, atacando postos de controlo e esquadras. Muitos dos feridos ficaram permanentemente incapacitados pela explosão de bombas artesanais, iguais à que vitimou Cherifa Hilali. As bombas são feitas com materiais rudimentares, envolvidas em recipientes de plástico, difíceis de detectar pelo exército.

Os últimos anos têm sido duros para as forças de segurança tunisinas e para as populações do interior fronteiriço. Em 2015, militantes ligados ao Daesh decapitaram Mabrouk Soltani, um pastor de 14 anos, na região de Sidi Bouzid, acusando-o de passar informações às autoridades.[36] Um vídeo da sua morte foi publicado online, aterrorizando os habitantes para que não colaborassem com o exército. Os grupos armados fizeram razias às aldeias isoladas para procurar mantimentos e recursos. Roubaram o equivalente a 98 mil dólares de um banco na aldeia de Sbiba. Assassinaram membros das forças de segurança nas suas casas.

Células de extremistas apareceram por outros cantos do país. O governo anunciou a detenção de 32 jiadistas durante várias rusgas em Fevereiro de 2015. Os militantes, alguns acabados de regressar da Síria, organizaram mais ataques contra as forças de segurança.[37] Em Março de 2016, uma centena de jiadistas tunisinos e líbios associados ao Daesh e à Ansar al-Sharia tentaram tomar a cidade Ben Guerdan, junto à fronteira com a Líbia. Anunciando a sua presença através dos altifalantes da mesquita, grupos de homens armados atacaram as forças de segurança e edifícios públicos. O exército e a guarda nacional conseguiram repelir a ofensiva, matando mais de cinquenta militantes e prendendo os restantes. As forças de segurança perderam 13 homens. Meses depois, em Agosto, uma coluna de soldados foi atacada com metralhadoras e lança-granadas no monte Sammama. Três soldados perderam a vida, e mais sete ficaram feridos.

Entre 2011 e meados de 2018, os militantes[38] conseguiram matar 118 soldados tunisinos e ferir mais de 200. É um número de baixas muito inferior ao de outras insurgências. Mas a guerra de desgaste no interior da Tunísia aumentou a incerteza e desmoralizou um exército inexperiente.

Progressivamente, o estado começou a inverter a situação desfavorável no terreno. Com a saída do Ennahda do governo em 2014, as autoridades tunisinas conseguiram melhorar a cooperação com o exército argelino, que se mostrara relutante em partilhar informação com um governo islamista.[39] Na fronteira montanhosa que divide os dois países, soldados da Tunísia e da Argélia começaram a fazer operações militares conjuntas e a trocar informações. Em 2015, o governo tunisino estabeleceu a Comissão Nacional de Contraterrorismo, que acelerou o congelamento de bens associados ao financiamento dessas actividades, e criou um grupo de juízes para acelerar o julgamento de casos de terrorismo.

Forças especiais americanas começaram discretamente a treinar os soldados tunisinos em métodos de contra-insurgência. A Tunísia comprou vários helicópteros *Black Hawk* de fabrico americano, veículos *Humvee* e outro armamento. Em 2019, o gasto anual do exército crescera para cerca de mil milhões de dólares, comparado com 572 milhões em 2010.[40] O exército tunisino melhorou a sua capacidade de isolar os grupos armados na montanha e impedir o seu acesso às regiões habitadas. Em finais de 2020, o conflito entre o exército e os islamistas jiadistas havia já morto ou ferido mais de 300 soldados tunisinos.

A segurança melhorou. Mas a região em torno do monte Sammama e de outras zonas montanhosas continua inóspita. As promessas económicas da revolução de 2011 nunca se materializaram. Faltam trabalhos para os adultos, e opções culturais e de entretenimento para os jovens.

Desde que perdeu a sua mulher para uma mina artesanal em Sammama, Makki Hilali, de 42 anos, tem ajudado os militares como guarda-florestal. O conflito piorou a situação das pessoas da região. Quando o exército fechou a montanha, os pastores deixaram de poder subir com os seus animais. Privados de pastagem, o tamanho dos rebanhos em redor de Sammama foi diminuindo.

Makki Hilali chegou a trabalhar na construção civil. Era um dos milhares de migrantes tunisinos na Líbia. Quando a revolução se espalhou ao país vizinho, foi forçado a regressar para o interior da Tunísia.

Em Sammama, faz as suas rondas em torno da montanha a pé, alertando as forças de segurança para a presença de militantes.

* * *

Numa manhã de Verão em 2019, dois bombistas suicidas fizeram-se explodir em diferentes locais da capital. O ataque coordenado, cuja autoria foi reclamada pelo Estado Islâmico, matou um polícia e feriu várias pessoas. A população já se habituara às oscilações cíclicas do terrorismo, mas desde o terrível ano de 2015 que a melhoria das condições de segurança havia evitado ataques de grande escala.

A notícia do duplo atentado não passou despercebida. Mas foi abafada por outra notícia mais alarmante: o presidente, Beji Caid-Essebsi, de 92 anos, acabava de ser hospitalizado. Em Tunes, Mourad Sellami, um jornalista e analista político, descreveu o sentimento desse dia. «Estávamos mais preocupados com Beji, porque percebemos que os ataques terroristas haviam sido amadores, e não eram uma ameaça, mas que os problemas com o presidente eram sérios.»[41] Caid-Essebsi acabou por morrer um mês depois, a 25 de Julho de 2019.

Ao servir como primeiro-ministro interino, a seguir à partida de Ben Ali, Caid-Essebsi jogou um papel fundamental na transição. Estabeleceu as regras do que deveria ser um país democrático, ajudando a instituir uma Comissão Independente de Eleições e a guiar o país até à Assembleia Constituinte que deu à Tunísia a sua nova constituição. Ao abandonar o governo interino, fundou o Nidaa Tounes, que viria a concentrar a ala mais secular do sistema político, uma frente que aguentou as tendências mais conservadoras dos islamistas. O político veterano ajudara também a negociar o acordo entre o Quarteto e o Ennahda em 2013–2014, durante a crise desencadeada pelos assassinatos de Chokri Belaid e Mohamed Brahmi. Como presidente da república, Caid-Essebsi foi a figura paternal que conduziu o país num período atribulado. Negociando regularmente com os islamistas, mostrou que as diferenças políticas poderiam ser resolvidas dentro dos parâmetros do debate democrático.[42]

A forma como liderou o Nidaa Tounes nos seus últimos tempos de vida foi talvez o último dissabor que deixou aos seus apoiantes. Ao tentar forçar a ascendência do seu filho Hafedh Caïd Essebsi à liderança do partido, Beji Caïd Essebsi mostrou pouco tacto político. A rejeição visceral a uma transferência dinástica da liderança levou uma parte significativa dos seus quadros a abandonar o partido para criar o Tahïa Tounes em 2018, dividindo o bloco secular liberal em dois.

A morte do presidente em funções, num país que ainda não criara um Tribunal Constitucional, levantou preocupações. Mas os mecanismos constitucionais da jovem democracia funcionaram. No mesmo dia, o presidente do parlamento, Mohammed Ennaceur, foi declarado presidente interino, de acordo com a constituição. Como era obrigatório eleger um novo chefe de estado num período de noventa dias, as eleições presidenciais, inicialmente marcadas para Novembro de 2019, foram antecipadas para Setembro. A morte de Beji Caïd Essebsi testou a nova arquitectura política. O sistema respondeu, e a democracia saiu fortalecida.

Há muito que o país era apontado como o único caso de sucesso a emergir das revoltas árabes. Mas faltava alguma coisa. Vários anos depois da revolução que lhes dera a democracia, os tunisinos continuavam à procura de dignidade e emprego.

* * *

A transição revolucionária redesenhara o sistema político; havia liberdade de expressão e eleições livres, novos partidos de várias correntes ideológicas, e uma sociedade civil robusta. Mas a iniquidade económica, a razão que levara a maioria dos tunisinos às ruas, após a imolação de Mohamed Bouazizi em 2010, persistia.

Quase uma década depois da revolução, Tunes e a região circundante representava 40 % do PIB nacional. Mas o interior continuou um vazio de escolhas, incapaz de atrair investimento privado, esquecido pelo governo. Nas povoações do interior, os jovens continuaram a passar o seu tempo nos cafés, esperando trabalhos ocasionais e temporários, matando o tédio com café e cigarros.

A corrupção, anteriormente concentrada no presidente Ben Ali e no seu círculo, democratizou-se por toda a sociedade. Nos serviços do estado e nas alfândegas, uma nova classe de burocratas com afiliações partidárias penetrou o estado. Para muitos tunisinos, a subida ao poder do partido islamista Ennahda havia permitido que a velha guarda se aliasse aos novos agentes políticos para se apropriarem dos recursos do país. O parlamento tornara-se num pólo de clientelismo. Homens de negócios influenciavam as tomadas de decisões políticas, capturando o estado e protegendo monopólios. A economia não foi alterada. Ficou mais volátil devido ao terrorismo, à instabilidade governativa, e à corrupção.

A criação de empregos desnecessários propagou-se. Após anos de repressão, os membros do partido Ennahda viram o aparelho de estado como um butim de guerra; nomearam juízes, membros da administração pública, funcionários de ministérios, enchendo o estado de pessoas leais, mas sem qualificações. Muitos trabalhadores recebiam salário, mas não apareciam para trabalhar. Entre 2010 e 2017, o número de funcionários públicos passou de 435 500 para 643 mil.[43]

Várias empresas públicas tornaram-se inviáveis. O caso da Compagnie des Phosphates de Gafsa (CPG), a empresa encarregada de extrair, tratar e exportar fosfatos, é ilustrativo. Antes da revolução, a Tunísia era o quinto produtor mundial de fosfatos, usados para fabricar fertilizantes e outros produtos associados. A empresa produzia mais de 8 milhões de toneladas por ano, representava 4 % do PIB e 10 % das exportações do país.

A partir de 2011, a produção na CPG foi interrompida por greves. A empresa passou de 8 mil trabalhadores em 2011 para 30 mil depois da revolução. No entanto, entre 2011 e 2019, a produção anual de fosfato tunisino nunca passou das 4,5 milhões de toneladas.

A Tunísia, estandarte das revoltas árabes, a única democracia do Médio Oriente, foi inundada com apoio financeiro para o desenvolvimento. Mas as empresas internacionais olharam para outros lugares. Países autoritários como o Egipto ou Marrocos continuavam a oferecer salários baixos, sem a instabilidade política e regulatória trazida pela democracia parlamentar à Tunísia.

Sem melhorias na qualidade de vida, a população viu a maioria dos políticos que ocuparam cargos oficiais desde a revolução como parte da mesma classe ineficaz. Por isso, na eleição presidencial de 2019, procuraram políticos diferentes.

Dias depois da primeira volta das eleições presidenciais, Ben Ali, o presidente deposto, morreu no exílio com 83 anos. Havia sido condenado a 35 anos de prisão por apropriação de fundos públicos, e a uma pena de prisão perpétua pela morte de manifestantes durante a revolta de 2011. Exilado na Arábia Saudita, nunca respondeu pelos crimes a que fora condenado.

Os eleitores escolheram dois candidatos externos ao sistema para a segunda volta das eleições presidenciais. De um lado ficou Kais Saied, um professor universitário de direito constitucional com 61 anos. Saied fez a campanha de um verdadeiro independente: com um orçamento reduzido e sem o apoio de um partido político. Havia sido um dos especialistas encarregados de rever a nova constituição tunisina acordada em 2014. Revelou-se socialmente conservador, mas não apoiante do Islão político. Crítico da corrupção que explodira depois da revolução, advogava o fortalecimento de algumas das missões do estado, como a educação e a saúde.

Acima de tudo, Kais Saied anunciava um redesenho completo do sistema político. Em vez de partidos, defendia que os tunisinos deveriam eleger representantes locais, que escolheriam representantes regionais, que apontariam representantes nacionais. Parecia apadrinhar um tipo de governo puramente tecnocrático, liberto de filiações partidárias ou correntes ideológicas. Era respeitado nos círculos académicos e parecia ter uma integridade que contrastava com os políticos que encheram o parlamento de cacofonia e paralisia legislativa. Apesar de recolher o apoio tanto de islamistas como de esquerdistas seculares, Kais Saied era difícil de decifrar. Os tunisinos deram-lhe a alcunha de *Robocop*, pelo tom monocórdico e austero que empregava, usando a formalidade do árabe clássico em vez do dialecto tunisino falado na rua.

O seu opositor, Nabil Karoui, de 53 anos, era uma personagem conhecida. Como muitos outros tunisinos, Karoui advogava o fortalecimento dos poderes presidenciais, em detrimento do lento vagar da discussão parlamentar. Tinha o seu próprio canal de televisão e promoveu-se como o tradicional populista anti-sistema, embora tivesse feito parte do partido secular liberal Nidaa Tounes. Era comparado a Sílvio Berlusconi e, durante a primeira volta das eleições presidenciais, Karoui esteve detido por acusações de evasão fiscal e lavagem de dinheiro (que o próprio rejeitava).

É provável que os tunisinos tenham visto em Kais Saied uma personalidade aborrecida que cumpriria as suas funções, uma espécie de asceta sem interesse pessoal no poder. O especialista de direito constitucional capturou a segunda volta das eleições com 77 % dos votos, e foi declarado presidente da Tunísia em Outubro de 2019.

No seu discurso de vitória, Saied caracterizou a sua eleição como uma nova revolução. No centro de Tunes ouviram-se os mesmos *slogans* e canções que haviam enquadrado a revolta de 2011, como se o novo presidente pudesse dar aos tunisinos a oportunidade de começar a última década de novo.

O parlamento saiu das eleições legislativas de 2019 novamente fragmentado, incapaz de produzir governos estáveis ou reformas profundas. O partido mais representado, o Ennahda, conseguiu apenas 20 % da votação. O seu líder, Rached Ghannouchi, ascendeu à liderança do parlamento, mas o partido (como a maioria dos outros agrupamentos políticos) estava cada vez mais descredibilizado. Os tunisinos estavam fartos de todos os políticos que os governavam desde a revolução; dez anos com dez governos e poucas melhorias.

* * *

Com o país à beira de cumprir uma década desde a revolução, não era difícil encontrar saudosismo pela estabilidade perdida. Numa rua da pequena vila de Sidi Bouzid, onde Mohamed Bouazizi se imolara pelo fogo dez anos antes, Fathiya Imam, de 54 anos, expressou o sentimento partilhado por outros tunisinos: «Quero arrancar a sua fotografia», disse ao jornal inglês *The Guardian* enquanto olhava para um póster de Bouazizi pendurado na rua. «Foi ele que nos arruinou!»[44] Segundo um estudo de opinião publicado pela YouGov em finais de 2020, só 27 % dos tunisinos sentiam que a vida estava melhor desde 2011; 70 % afirmaram ter apoiado os protestos; mas só 59 % disseram não estar arrependidos da revolução.[45]

Até meados de 2020, a Tunísia conseguiu lidar relativamente bem com a primeira vaga da pandemia de covid-19 que continuava a crescer pelo mundo. Mas as fortes medidas de confinamento pioraram a situação económica. Após crescer apenas 1,5 % em 2019, a economia caiu mais de 8 % em 2020.[46] Nesse Verão, uma nova crise política eclodiu. O primeiro-ministro, Elyes Fakhfakh, foi obrigado a demitir-se quando se descobriu que mantivera participações em empresas que ganharam contratos do estado. Foi substituído por Hichem Mechichi, que servira como ministro do Interior.

Mas o bloqueio político continuou. Desde a formação de governos até às reformas económicas, tudo ficava preso num parlamento beligerante e ineficaz. As sessões parlamentares eram tão voláteis que, em finais de 2020, vários deputados passaram dos insultos ao confronto físico.[47]

No dia 14 de Janeiro de 2021, dez anos depois do último voo de Ben Ali, os tunisinos voltaram a sair à rua. Em vez de festejar, milhares de pessoas reciclaram o mesmo *slogan* que havia acabado com a ditadura: O povo quer a queda do regime. A juventude esquecida do país incendiou pneus e bloqueou estradas, atirando pedras e bombas incendiárias contra as forças de segurança. Vários supermercados foram saqueados.

A polícia respondeu com gás lacrimogéneo, agressões, e centenas de detenções, tratando jovens violentos e manifestantes pacíficos de igual forma. Uma semana e meia depois do início dos confrontos, mais de 1500 manifestantes haviam sido detidos. Menores foram levados para esquadras de polícia sem que os seus familiares fossem avisados. Vários manifestantes foram espancados e obrigados pela polícia a assinar declarações sem a presença de advogados. Alguns jovens foram detidos arbitrariamente, supostamente por insultar a polícia nas redes sociais, outros foram ilibados, mas multados por quebrar as regras de confinamento impostas pela pandemia. Hamza Nasri Jerridi, de 27 anos, esteve preso três dias por ter mostrado o dedo do meio a um polícia, durante um protesto pacífico na Avenida Habib Bourguiba.[48]

Durante os protestos, Haykel Rachidi, um estudante de 21 anos, foi atingido na cabeça por uma lata de gás lacrimogéneo em Sbetla, na região de Kasserine. Rachidi morreu dias depois. Durante o cortejo fúnebre, quando os familiares e amigos do jovem começaram a protestar contra a sua morte, a polícia voltou à carga com gás lacrimogéneo. Como Bouazizi dez anos antes, a morte de Haykel Rachidi resultou da indiferença estatal. A Tunísia parecia presa no mesmo ciclo repetitivo de insatisfação e repressão. Vários jornalistas foram agredidos por cobrir os protestos.[49] As tácticas das forças de segurança, próprias de um estado policial, pareciam confirmar o sentimento de muitos tunisinos: a revolução servira para pouco.

A hostilidade entre o presidente Kais Saied e os restantes órgãos do estado cresceu. O parlamento aprovou uma remodelação do governo em Janeiro de 2021. Mas Kais Saied recusou-se a indigitar 11 ministros escolhidos pelo chefe do governo por serem suspeitos de corrupção. Assegurando o bloqueio institucional que paralisava a Tunísia, Saied adoptou um tom cada vez mais populista.

Inicialmente, a pandemia de covid-19 foi um problema fundamentalmente económico. Até Julho de 2020, só 54 pessoas numa população de 12 milhões tinham oficialmente morrido por covid-19. Mas as variantes mais contagiosas do vírus agravaram a crise. A falta de vacinas e a reticência de muitos tunisinos em cumprir as medidas de distanciamento (em parte, pela necessidade de trabalhar) acelerou a contaminação.

Rapidamente, os hospitais ficaram a transbordar de pacientes. Faltaram luvas de borracha e botijas de oxigénio. Com as morgues entupidas, vídeos de corpos abandonados em corredores circularam nas redes sociais. Em Julho de 2021, pelo menos 18 mil tunisinos haviam sido mortos pelo vírus.[50] A brutalidade da pandemia aumentou o desespero numa sociedade economicamente martirizada.

Dez anos após a revolução, o dinar tunisino perdera metade do seu valor.[51] A dívida pública, equivalente a 41 % do PIB em 2010, representava mais de 100 % do PIB. O desemprego, acima dos 17 %, chegava aos 40 % na população com idades entre os 15 e os 24 anos.[52] Milhares destes jovens partiram para a Europa em sucessivas vagas de migração ilegal, muitos afogaram-se no Mediterrâneo.

O governo anunciou a abertura de vários centros de vacinação em Junho de 2021. Mas os tunisinos deram de caras com desorganização e escassez de vacinas. O primeiro-ministro Hichem Mechichi exonerou o ministro da Saúde. O presidente, Kais Saied, cada vez mais imbuído na gestão do dia-a-dia, decretou que a pandemia deveria ser gerida pelo exército.

A população, exasperada com a situação, ficou enfurecida ao saber que, enquanto a capital era forçada a submeter-se a mais um fim-de--semana de confinamento, o primeiro-ministro e membros do governo haviam partido para um hotel de luxo em Hammamet, a sul de Tunes, aliviando o calor do Verão junto à piscina.

No final de Julho, milhares de pessoas exigiram a demissão do primeiro-ministro Hichem Mechichi. Grupos de manifestantes juntaram-se em Tunes, em Gafsa, em Monastir e Nabeul. Na pequena vila de Tozeur, no interior desértico da Tunísia, incendiaram a sede do partido Ennahda.

* * *

Aproveitando o descontentamento popular, Kais Saied, o austero professor de direito constitucional, escolheu uma solução radical. A 25 de Julho de 2021, após um dia de protestos, fez um anúncio ao país.

Citando poderes extraordinários incluídos no artigo 80 da constituição, que permite ao presidente tomar «medidas necessárias» em caso de «perigo iminente», Kais Saied demitiu o primeiro-ministro, e suspendeu o parlamento. Levantou a imunidade dos deputados da assembleia, deixando políticos suspeitos de corrupção vulneráveis à justiça. No final desse dia, viaturas do exército bloqueavam as portas do parlamento. O presidente deixou um alerta: a quem disparasse uma bala, o exército responderia com balas.

Rached Ghannouchi, o líder do partido islamista Ennahda, e presidente da assembleia nacional, acusou Saied de fazer um golpe constitucional contra a revolução. Enquanto observadores internacionais carimbavam a certidão de óbito da democracia tunisina, milhares de pessoas por todo o país saíam à rua para celebrar o gesto do presidente.

No dia seguinte, a polícia entrou nos escritórios da estação da Aljazeera em Tunes. Expulsaram os jornalistas e apreenderam telefones e computadores. Em frente ao parlamento, apoiantes e críticos do presidente embrenharam-se em confrontos. Deputados eleitos foram impedidos de entrar no parlamento pelo exército. O primeiro-ministro, Hichem Mechichi, deixou o seu posto. Dias depois, uma sondagem mostrou que 87 % dos tunisinos aprovaram a manobra do presidente.[53]

Durante dez anos, a impossibilidade de melhorar a economia manteve a transição tunisina à beira do abismo; a cada passo, a revolução parecia prestes a ser demolida pelas mesmas forças que libertara. Mas com o golpe de Kais Saied o país entrou num trajecto incerto. Os governos da Arábia Saudita, do Egipto e dos Emirados Árabes Unidos celebraram o golpe de Saied, festejando a derrota do partido Ennahda e o fim do Islão político. Porém, o que estavam realmente a saudar era derrocada da experiência democrática tunisina.

Ao utilizar o exército, o presidente trouxe as forças armadas para o jogo político. Em Setembro de 2021, nomeou Najla Bouden Romdhane, uma professora de geologia sem experiência política, para primeira-ministra. Contudo, o parlamento continuou fechado e Kais Saied governava por decreto. Parecia decidido a fazer aprovar uma nova constituição, que aumentasse os poderes presidenciais.

Os tunisinos estão muito mais preocupados com a falta de emprego do que com as formalidades do jogo democrático. Mas a sociedade civil que floresceu desde 2011 dificilmente aceitará embarcar numa nova aventura de poder unipessoal e centralizado. Dez anos após a revolução que derrubou Ben Ali, Kais Saied posicionou-se como a única pessoa capaz de preservar a Tunísia. Um só homem, prometendo acabar com a corrupção, melhorar a economia, e atacar a injustiça social, imune ao escrutínio de qualquer outro organismo do estado. A violência policial e as detenções arbitrárias contra quem criticou o seu golpe tornaram-se comuns. Após a sua manobra, Kais Saied rejeitou as acusações de que fizera um golpe: «Eu conheço bem os textos constitucionais, respeito-os, ensinei-os nas minhas aulas, e depois deste tempo todo, não me vou transformar num ditador.»

O Museu do Egipto

Enquanto os soldados lhe atiravam água e a electrocutavam, Samira Ibrahim, de 25 anos, acordava e desmaiava. Num momento de consciência, questionou por que razão haviam celebrado o exército como o guardião da revolução.

Natural da cidade de Sohag, no alto Egipto, Samira foi para o Cairo para participar na revolução. Semanas depois da demissão do presidente Hosni Mubarak, ela e centenas de manifestantes continuaram na Praça Tahrir, exigindo a transição para um governo civil. A meio da tarde do dia 9 de Março de 2011, homens vestidos à civil, empunhando barras de ferro e paus de madeira, atacaram o protesto. O exército chegou depois. Os jovens na praça pensaram que os militares vinham protegê-los.

Uns soldados disseram-lhe para abandonar a praça. Samira recusou: tinha o seu cartão de identidade e o direito de estar ali. Como outros manifestantes, foi arrastada até ao Museu do Egipto, um edifício cor-de-salmão e de estilo neoclássico que ocupa a parte norte da Praça Tahrir.

O Museu do Egipto foi construído em 1901 para albergar o património arqueológico do país. Mas o património arqueológico do país são milhares de anos de história. Os objectos desenterrados do solo e retirados de túmulos subterrâneos foram enchendo o edifício: sarcófagos com as múmias dos faraós descobertas no Vale dos Reis, ao pé de Luxor; máscaras de ouro de Amenomope e Tutankamon; estátuas de pedra de Khafre, e de Menkaure, e de Hatshepsut, e de Amenhotep III; figurinos de ouro, prata e bronze; colossos de pedra. Ocupado o espaço de exposição do museu, milhares de peças foram enterradas novamente, amontoadas em arrecadações, lugares onde se entrava por engano. Espaços apertados e poeirentos, sufocados por pedras milenares.

Pela sua localização, o Museu do Egipto esteve no centro da revolta popular contra Hosni Mubarak. Numa noite de combates entre manifestantes e defensores do regime (pontuada pelo esvoaçar de pedras e *cocktails molotov*) o edifício quase pegou fogo.

Naquela tarde de Março de 2011, dentro do museu, uma nova camada da história do Egipto foi escrita. O exército, com a ajuda dos *baltageya* (homens usados pelo regime para dispersar protestos) e da polícia militar, começou a bater nos manifestantes retirados de Tahrir com ferros e cabos de electricidade. Alguns foram chicoteados e arrastados pelo chão. Samira Ibrahim foi levada para o pátio do museu, onde ficou atada várias horas. Rasha Azab, uma jornalista de 28 anos detida nessa tarde, relatou à Human Rights Watch[54] como foi algemada a uma vedação num dos pátios do museu e insultada enquanto levava estaladas na cara e pontapés no estômago. Atada durante quatro horas, ouvia os gritos de outros detidos a ecoar pelas paredes do edifício. «Agradece a Deus que não estás lá dentro», disse-lhe um dos soldados. Vários manifestantes testemunharam ter sido torturados em diferentes salas do museu, electrocutados na cabeça, nas pernas e nas costas. Ramy Essam, um activista de 23 anos, que havia ficado conhecido na praça pelas suas canções, referiu que enquanto o torturava, um soldado lhe perguntou: «E agora, estão felizes com a vossa revolução?»[55]

De madrugada, Samira Ibrahim e outras jovens foram levadas para uma prisão militar. Forçadas a despirem-se, foram sujeitas a «testes de virgindade». O objectivo, segundo o exército, era verificar se o hímen das prisioneiras estava intacto, embora esses exames não permitam apurar a virgindade de forma conclusiva. Meses depois, Abdel Fattah el-Sisi, na altura, um membro pouco conhecido do Conselho Supremo das Forças Armadas que governava o Egipto depois da revolta, explicou:

«O procedimento foi feito para proteger as raparigas de violação, e para proteger os soldados e oficiais de acusações de violação.»[56] Na realidade, o procedimento, feito na presença de vários soldados, serviu para humilhar as mulheres e punir a dissensão política.

Vários dos manifestantes detidos na Praça Tahrir e torturados no Museu do Egipto nesse dia foram julgados por tribunais militares e enviados para a prisão. Semanas após a queda de Hosni Mubarak, o «Novo» Egipto era assustadoramente semelhante ao velho Egipto.

* * *

Semanas antes, tudo parecera mais auspicioso.

Na noite de 11 de Fevereiro de 2011, a ponte Kasr el Nil, no Cairo, estava apinhada de gente incrédula. Celebravam a notícia de que o presidente Hosni Mubarak abandonara o poder após trinta anos de governo e 18 dias de sublevação popular. Omar Suleiman, recém-nomeado vice-presidente, general das forças armadas, e chefe dos espiões, explicou que o país ficava nas mãos do Conselho Supremo das Forças Armadas, composto por 25 altos quadros do exército.

Milhares de manifestantes cantavam «o povo derrubou o sistema», e as buzinadelas dos automóveis entupiam o ar. Os anúncios luminosos no topo dos edifícios reflectiam várias cores nas águas escuras do Nilo. O país estava cansado. Os confrontos com as forças de segurança haviam deixado centenas de mortos; abatidos a tiro, espancados pelos *baltageya*.

Durante os protestos, o exército havia afirmado que não dispararia contra os manifestantes. Muitos jovens cumprimentavam os soldados, sentiam-se seguros por ter os tanques a vigiar as ruas durante aqueles dias. Na manhã seguinte, impregnados por uma mistura de optimismo e temor ao abismo, alguns manifestantes começaram a limpar o lixo da Praça Tahrir.

A população derrubara alguma coisa, mas não se percebia bem o quê. Hosni Mubarak, um piloto da força aérea, chegara ao poder em 1981, após a morte de Anwar Sadat. Nos seus trinta anos de poder, Mubarak presidiu à erosão do peso regional do Egipto. Durante a década de 1990, o seu governo enfrentou uma insurgência islâmica.

Mas a questão securitária foi também usada para justificar a brutalidade das forças de segurança. O país era governado pelo exército e pela *mukhabarat*, a polícia secreta.

Mubarak era um autocrata musculado em casa, mas um convidado de honra no estrangeiro. Para os Estados Unidos e para a Europa, o regime era um parceiro na luta contra o terrorismo. Sadat tinha assinado o acordo de paz com os israelitas em 1979, Mubarak garantia a sua manutenção. O Cairo era o segundo maior destinatário de ajuda financeira americana, depois de Israel.

A liberalização da economia atraiu investimento estrangeiro. Mas permitiu a corrupção de uma elite de homens de negócios com acesso ao poder. Enquanto o governo privatizava empresas estatais à oligarquia do regime, a classe operária vivia com salários miseráveis, e a infra-estrutura pública era deixada num estado calamitoso. Os egípcios foram tolerando os acidentes de comboio que matavam dezenas de pessoas, e a exigência de pagar subornos para usar hospitais, escolas, e navegar a burocracia estatal.

Mas a corrupção endémica matava o cidadão comum. Em 2006, por exemplo, um barco que trazia egípcios da Arábia Saudita pegou fogo e afundou-se no Mar Vermelho, matando mais de mil pessoas. Mahmoud Ismail, o dono do barco, era um membro do National Democratic Party (NDP), o partido do regime. Durante anos, usara os seus contactos na autoridade marítima para contornar as regras de segurança. O barco não tinha extintores, e quando começou a afundar-se, os passageiros perceberam que também não havia coletes salva-vidas suficientes. Ismail foi acusado de homicídio, mas não teve de ir a tribunal. As autoridades permitiram que saísse do país antes do julgamento.

Várias tentativas de mudança deram em nada. Em 2004 o movimento Kefaya («Basta»), um grupo político que se opunha a Hosni Mubarak (e à possibilidade de transferência dinástica do poder para o seu filho Gamal) galvanizou a oposição contra o presidente. Desde 2006, greves de trabalhadores industriais em localidades como El-Mahalla, no Delta do Nilo, mostraram a insatisfação generalizada. A sociedade borbulhava em descontentamento.

Mas os protestos e a dissensão eram duramente reprimidos. Grupos de *baltageya*, em conjunto com a polícia atacavam violentamente qualquer protesto. A *mukhabarat* perseguia opositores mais ou menos políticos. Não havia muito que os egípcios pudessem fazer para mudar a situação.

A Irmandade Muçulmana, popular, mas banida, participava nas eleições parlamentares com candidatos independentes. Orquestradas pelo regime, as eleições alimentavam a aparência de pluralidade. Se alguma candidatura presidencial contra Hosni Mubarak atraia interesse popular, o regime destabilizava os eventos de campanha ou utilizava o poder judicial para deter ou desqualificar candidatos. A oposição era contida com os instrumentos do estado, capturados pela ditadura.

A impunidade era absoluta. Em Junho de 2010, dois polícias mataram Khaled Said, um *blogger* de 28 anos, à porta de um cibercafé em Alexandria. Numa visita à morgue, o irmão de Said fotografou a sua cara desfeita a pontapés e espalhou as imagens pela internet. Mas a morte de cidadãos às mãos do estado era comum. Como faziam regularmente, a polícia e o Ministério do Interior tentaram descredibilizar o crime e a vítima, explicando que Said morrera sufocado ao tentar engolir um saco de *hashish*.[57] O crime levou à criação da página de Facebook «Somos Todos Khaled Said», essencial para mobilizar os jovens egípcios para a revolta que incendiaria o país meses depois.[58]

O sucesso da revolta na Tunísia, com a partida de Ben Ali a 14 de Janeiro de 2011, incendiou a pressão acumulada pela brutalidade desprendida que regia o Egipto. Hosni Mubarak era o símbolo desse regime, mas não era o aparelho. A sua demissão, a 11 de Fevereiro de 2011, sinalizou a vitória da revolta popular. Mas tudo o que sucedeu nos anos seguintes mostrou que a revolução estava longe.

Há décadas que o exército é o garante do poder no Egipto. Foi um golpe de oficiais em 1952 que derrubou a monarquia controlada por Inglaterra, e estabeleceu a república. Em 2011, foram os militares que decidiram que chegara a hora de deixar cair Mubarak.

* * *

O Conselho Superior das Forças Armadas, chefiado pelo marechal de campo Mohamed Hussein Tantawi (o último ministro da Defesa de Hosni Mubarak), ficou incumbido de organizar a transição política.

Os militares anunciaram um período de transição de seis meses. Serviria para escrever uma nova constituição e planear eleições parlamentares e presidenciais.

A revolta popular, transmitida em directo nas televisões de todo o mundo, afastou turistas e investidores. Usando o tom disciplinador dos comunicados militares, o Conselho Supremo das Forças Armadas alertou que a situação económica era catastrófica e que, por isso, todos deveriam contribuir para a estabilidade. Nos meses seguintes, a crueldade do estado securitário aumentou de intensidade, abraçando um número cada vez maior de egípcios.

A seguir à revolta, a insegurança espalhou-se pelo país. Em Assuão, um grupo de salafistas exigiu a demolição da igreja copta de São Jorge, construída há mais de 80 anos na vila de Al-Marinab. Sob a pressão dos conservadores, a igreja acabou por ser arrasada pelas autoridades locais, alegando que fora construída sem licença.

A demolição enfureceu os coptas, a comunidade de cristãos ortodoxos que representa 10 % da população do país. No Cairo, a 9 de Outubro de 2011, centenas de cristãos marcharam em protesto desde o bairro de Shubra, até Maspero. Não se queixavam apenas da demolição da igreja em Al-Marinab. A insegurança alimentara os ataques de muçulmanos extremistas contra igrejas e famílias coptas.

Quando o protesto chegou ao pé do Nilo, o exército tinha já disparado para dispersar as pessoas, deixando vários mortos. Mas foi na *Corniche*, perto do edifício da televisão estatal, que a violência explodiu. O exército começou a atropelar manifestantes com veículos militares, circulando a alta velocidade para trás e para a frente contra a multidão.[59] Num dos vídeos dessa noite pode ver-se um soldado a disparar contra civis desarmados. Enquanto o massacre acontecia, a televisão estatal promoveu mais violência. Um noticiário chamou os egípcios à rua para proteger o exército de supostos atacantes coptas, provocando mais confrontos entre civis durante a noite.[60]

O massacre em Maspero deixou 28 mortos e mais de 320 feridos.[61] Doze vítimas mortais foram esmagadas por carros de combate do exército. Numa conferência de imprensa, o Conselho Superior das Forças Armadas disse que os soldados não iam armados e que não tinham culpa pelas mortes ocorridas; declarações desmentidas pelas imagens.

Ignorando responsabilidades, os militares e o governo de transição caracterizaram a violência como «confrontos sectários entre cristãos e muçulmanos».[62]

Minoritários num país muçulmano, muitos cristãos olhavam para o estado como garante da sua segurança. O papa Shenouda, líder da Igreja Copta, tivera uma relação de proximidade com o anterior regime. A igreja pedia aos seus membros que votassem em Mubarak, organizando autocarros para levá-los às mesas de voto.[63] Dada a escolher entre a protecção de um estado autoritário, ou os excessos dos islamistas que os haviam atacado no passado, a liderança copta escolheu o regime. A igreja conseguia algumas concessões do governo, e não se envolvia em política. Mas o governo de Mubarak e o aparelho securitário sabiam manipular as relações entre coptas e muçulmanos para seu benefício.

Quando os protestos contra Hosni Mubarak se espalharam em Janeiro de 2011, a liderança da igreja instou os coptas a boicotarem o movimento de protesto. Mas como outros egípcios, muitos coptas haviam sofrido a miséria económica e os excessos repressivos do regime. Milhares juntaram-se aos protestos contra Mubarak.

Porém a violência contra os coptas em Maspero mostrou que os mecanismos de repressão estavam intactos após a saída de Mubarak. O Conselho Supremo das Forças Armadas perseguiu jornalistas, activistas políticos, e representantes da sociedade civil. Utilizou fogo real e grupos de *baltageya* para agredir manifestantes pacíficos. Quando os sindicatos de empresas estatais geridas pelo exército exigiram novos direitos e paralisaram a produção, os militares detiveram os líderes dos movimentos de trabalhadores e julgaram-nos em tribunais militares.[64]

Pouco tempo depois do massacre em Maspero, um protesto pacífico contra o governo da junta militar, na rua Mohamed Mahmoud e na Praça Tahrir, em Novembro de 2011, acabou novamente em violência. As forças de segurança utilizaram gás lacrimogénio e fogo real. No final de cinco dias de desordem, 45 manifestantes haviam perdido a vida e centenas de outros ficaram feridos.[65]

A tragédia, mais uma, levou a população e alguns políticos a exigir que o exército fosse substituído por um governo civil de salvação nacional. Os militares recusaram, alegando que ficariam no poder para organizar eleições parlamentares e presidenciais, e redigir uma nova constituição. O marechal de campo Mohamed Hussein Tantawi, líder do Conselho Superior das Forças Armadas, disse que o exército continuava dedicado à transferência do poder. Pressentindo a crescente ingovernabilidade, Tantawi comprometeu-se a realizar eleições parlamentares e presidenciais até Julho de 2012, antecipando a data do voto inicialmente previsto para 2013.

Os islamistas observaram as mudanças no cenário político com argúcia. Nas eleições parlamentares, completadas em Janeiro de 2012, o Partido Liberdade e Justiça, da Irmandade Muçulmana, conseguiu a maioria dos votos. O segundo partido mais votado foi o Nour, um partido *salafista*.

Depois de décadas como inimigos dos vários líderes egípcios, os islamistas passaram a deter mais de dois terços do parlamento através de uma coligação de partidos religiosos.[66] Apesar de ilegalizada, a Irmandade Muçulmana havia sido o único grupo de oposição organizada durante todos os anos de autocracia, construindo uma rede de apoio social nas bases. A sociedade egípcia também se tornara mais conservadora nas últimas décadas.

* * *

Não fora sempre assim. As fotografias do Cairo nos anos 1950 mostram um lugar que parece ter sido engolido pelas disputas ideológicas do século XX. A cidade cresceu, mas tornou-se menos diversa, mais uniforme.

Durante décadas, o Egipto tinha sido uma das luzes do feminismo árabe. Foi um conjunto de mulheres da classe média e da elite egípcia, como Hoda Sharawi ou Nabawiyya Musa, activas na resistência nacionalista contra os ingleses, que criaram a primeira união feminista do Médio Oriente, em 1923.

Quando Gamal Abdel Nasser acabou com o domínio inglês, com a revolução de 1952, transformou-se num líder regional, propagando o socialismo, o nacionalismo árabe, e o pan-arabismo para os países vizinhos. Os seus discursos eram escutados por milhões em toda a região. Nasser perseguiu e baniu a Irmandade Muçulmana em 1954, nacionalizou o Canal do Suez em 1956, e colocou a economia egípcia num caminho estatista, alinhando o país com o campo soviético.

Por essa altura, o cinema egípcio vivia a sua época dourada. Em 1950, a indústria cinematográfica do Egipto era a terceira maior do mundo. Um conjunto de estrelas atraíam milhões de pessoas aos cinemas. As mulheres vestiam-se ao estilo europeu, apareciam em anúncios de refrigerantes. Fundaram jornais, estabeleceram-se como actrizes, educadoras, escritoras, abrindo espaço numa sociedade tradicional. Mulheres-polícias de saias dirigiam o trânsito automóvel nas ruas.

O cinema, como as canções de Umm Kalhtoum, espalharam o dialecto árabe egípcio por toda a região. O Cairo era capital política e cultural no Médio Oriente. O Egipto era ainda uma sociedade tradicional, mas o uso do véu era uma escolha pessoal.

Com a morte de Nasser em 1970, o novo presidente, Anwar Sadat, aproximou o Egipto dos Estados Unidos, iniciando um programa de liberalização económica. Sem as capacidades retóricas do seu antecessor, Sadat apropriou-se da religião para fortalecer a sua legitimidade. Era um muçulmano piedoso, mas acima de tudo, quis ser visto dessa forma. Deixava-se fotografar na mesquita às sextas-feiras. Iniciava todos os seus discursos com a frase «*Bismillah al Rahman al Raheem*» (Em nome de Deus, o mais bondoso e o mais misericordioso).[67]

Os espaços de liberdade individual no Egipto haviam sobrevivido porque a religião era uma componente pessoal, especialmente nos centros urbanos. Só 30 % das mulheres egípcias usavam o véu nos anos 1970.[68] Mas o novo presidente destabilizou o ténue equilíbrio entre a prática religiosa privada e o papel da religião na política e na vida publica. As mulheres, que há décadas conquistavam cada vez mais espaço profissional, foram as primeiras vítimas deste retrocesso; a sociedade a fechar-se em conservadorismo religioso.

A Irmandade Muçulmana continuou banida como força política. Mas Sadat suavizou algumas restrições aos islamistas, pensando que poderia usá-los para combater os seus opositores esquerdistas e nasseristas. Parte deste confronto ocorreu nas universidades, onde agrupamentos islamistas se candidataram às uniões de estudantes. Grupos como a Gama'a al-Islamyyia, que advogava a islamização da sociedade, influenciaram os hábitos e costumes dos estudantes.

A viragem para o conservadorismo foi uma tendência regional. No Egipto e nos restantes países árabes, as derrotas contra Israel deixaram um vazio ideológico e social. Esse espaço seria progressivamente ocupado pela religião, simultaneamente uma forma de ligação identitária e um refúgio pessoal.

Desde o início da década de 70 que o aumento do preço do petróleo alimentava o crescimento económico no Golfo Pérsico, atraindo trabalhadores estrangeiros.[69] Entre 1968 e 1985, o número de migrantes egípcios na Arábia Saudita passou de 10 mil para 1,2 milhões.[70] Trabalhavam como condutores, mão-de-obra na construção, vendedores, fazendo todos os trabalhos que a população saudita não queria fazer. Longe de casa para juntar dinheiro, foram expostos à corrente *wahhabi* do Islão, mais ortodoxa e conservadora.

Regressados do Golfo, os trabalhadores migrantes voltaram com novos hábitos. Os homens deixaram crescer a barba, encorajaram as suas mulheres e as suas filhas a vestir o *niqab*. Progressivamente, o conservadorismo espalhou-se, e, com ele, a pressão social para adoptar comportamentos visivelmente mais piedosos.

O Islão político havia sido galvanizado pela revolução no Irão xiita. Fazendo de contrapeso, a Arábia Saudita exportou a sua versão conservadora do Islão sunita através de programas de apoio religioso e educacional, construindo mesquitas pela região, empregando imãs conservadores. A variedade de ideologias políticas que caracterizara o Médio Oriente no seguimento das independências — nacionalistas, seculares, socialistas — foi lentamente apagada pelo Islão como ideologia política dominante.

Em 1980, Sadat alterou a constituição para transformar a *sharia* na principal fonte de legislação. Mas os mesmos islamistas que Sadat havia galvanizado não lhe perdoaram a aproximação a Washington e o acordo de paz assinado com Israel. Durante uma parada militar a 6 de Outubro de 1981, Sadat foi assassinado por soldados do seu exército.

Os migrantes egípcios regressaram do Golfo com novos hábitos religiosos. Mas os militantes que combateram no Afeganistão contra os russos voltaram com experiência militar. Essa mistura de conservadorismo social e extremismo militante foi incendiária. Durante os anos 1980 e 1990, o Egipto foi abalado por uma insurgência islamista, sediada nas aldeias e cidades do Alto Egipto, ao longo do Nilo. Organizações como a Gama'a al-Islamyyia e a Jihad Islâmica atraíram militantes das classes mais desfavorecidas do país e da juventude universitária.

A classificação de quem era ou não bom muçulmano passou a ser decidida por extremistas motivados. Em 1992, dois deles mataram a tiro o escritor e activista dos direitos humanos Farag Foda pelas críticas ao fundamentalismo islâmico. O crime, cometido pela Gama'a al-Islamyyia, não foi condenado pelos líderes da Al-Azhar, a instituição teológica mais importante do Islão Sunita, sediada no centro do Cairo. O nobel da literatura, Naguib Mahfouz, foi apunhalado nas costas por extremistas, dois anos depois. Sobreviveu. Mas o Egipto, outrora aberto e diverso, parecia estar a ser coberto pelo manto do fundamentalismo.

Entre 1986 e 1999, os anos mais violentos da insurgência, houve mais de 1300 mortos[71], incluindo soldados, polícias, civis, militantes e turistas. Mubarak foi combativo contra a militância armada, acabando por derrotar os islamistas. Mas o presidente egípcio e outros líderes da região percebiam os benefícios de governar um país de crentes.

O Islão tradicional, como outras religiões, ensina os seus seguidores a obedecer ao líder sem o questionar, e rejeita a revolta contra o poder político. A subida de notoriedade dos *sheikhs* que falavam para os egípcios pela televisão e pela rádio tinha a anuência e supervisão das agências de segurança interna. Era a *mukhabarat* que determinava o que poderia ou não ser dito aos fiéis.

No Egipto e na região, os governos autoritários utilizaram a religião como mais uma camada para fortalecer o estado ditatorial. Este peso crescente da religião infiltrou-se no dia-a-dia: nos toques de telemóvel com orações, nos insultos e agressões distribuídas por cidadãos comuns às mulheres de vestuário julgado imodesto, nos rádios dos táxis que ditavam versos do Corão, no exibicionismo devoto que rapidamente se transformou numa competição social. Em meados dos anos 1990, cerca de 65 % das mulheres no Egipto preferiam usar o véu.[72]

* * *

Com a chegada dos islamistas ao parlamento, no início de 2012, o país esperou pelas eleições presidenciais desse ano para perceber quem seria o primeiro chefe de estado do Egipto pós-revolucionário. A segunda volta deu aos egípcios a opção entre Mohamed Morsi, o candidato da Irmandade Muçulmana, e Ahmed Shafiq, ex-piloto da força aérea e ministro da Aviação Civil e primeiro-ministro no regime deposto. Shafiq parecia ser o candidato preferido pelo exército. Mas respondia também às inquietudes de milhões de egípcios cansados da imprevisibilidade trazida pela revolta.

Aos 61 anos, Mohamed Morsi não tinha uma personalidade cativante. Mas o professor de engenharia e deputado era um funcionário leal da Irmandade. Quando foi anunciado como o candidato presidencial, dois meses antes das eleições, a imprensa egípcia deu-lhe a alcunha de «pneu suplente», por ser uma opção de recurso.[73]

Antes da segunda volta das eleições, o Conselho Supremo das Forças Armadas transferiu o orçamento de estado e funções legislativas para o controlo dos militares.[74] Os juízes do Supremo Tribunal Constitucional, resquícios do tempo de Hosni Mubarak, decretaram que o parlamento, no qual a Irmandade Muçulmana controlava quase metade dos lugares, era ilegal e deveria ser dissolvido. O confronto entre os militares e os islamistas estava prestes a radicalizar-se.

Nenhuma das correntes políticas alternativas, revitalizadas com a queda de Hosni Mubarak, conseguiu filtrar-se através do sistema. Os activistas que lideraram a revolta popular em Tahrir não conseguiram apresentar uma frente organizada. Isto foi em parte por falta de organização. Mas a tarefa foi dificultada pela repressão violenta do regime militar, interessado em manter as escolhas dos egípcios numa simplicidade binária.

Nada havia realmente mudado com a Praça Tahrir; o país continuou preso nas mesmas escolhas das últimas décadas: ou os islamistas, ou o sistema securitário. Talvez por isso, pouco mais de metade dos cinquenta milhões de eleitores recenseados foram às urnas. Em Junho de 2012, Mohamed Morsi foi declarado o vencedor com 51 % dos votos.[75]

Durante anos a Irmandade Muçulmana fora afastada do sistema político. O grupo nunca pudera concorrer em eleições presidenciais contra Hosni Mubarak. Mas um ano e meio depois da revolta, o Islão político ganhou a presidência no Egipto.

Muitos egípcios que não votaram em Mohamed Morsi viram a escolha do candidato da Irmandade Muçulmana como um avanço democrático. Julgaram que o novo presidente, ciente do papel irrisório dos islamistas na revolução, traria um misto abrangente de coligações políticas para a esfera do poder.

No seu primeiro discurso como presidente, numa Praça Tahrir cheia de gente, Mohamed Morsi abriu o *blazer* de forma teatral, mostrando que não tinha um colete à prova de bala. No lugar onde centenas de egípcios haviam sido agredidos e mortos desde 2011, o novo presidente quis mostrar que não tinha medo de confrontar o poder do estado securitário. Afirmou que seria o presidente de todos os egípcios. Para acalmar Telavive e Washington, disse que honraria os acordos internacionais do Egipto.

Morsi renovou as chefias do exército em Agosto de 2012. O Marechal de Campo Mohamed Hussein Tantawi, como outros militares que chefiaram o país durante os sangrentos meses desde Fevereiro de 2011, reformou-se com honras de estado.[76] Saíram com condecorações, empregos no sector empresarial do exército, e imunidade.

Durante a mesma remodelação, Mohamed Morsi nomeou Abdel Fattah el-Sisi para ser o seu novo ministro da Defesa. Os dois homens já se conheciam. Após a queda de Hosni Mubarak, Morsi fora enviado como representante da Irmandade Muçulmana para negociar com o Conselho Supremo das Forças Armadas. Sisi foi um dos seus interlocutores do lado dos militares.[77]

Aos 58 anos, o novo ministro da Defesa era uma personalidade pouco conhecida. Como muitos outros oficiais egípcios, havia completado parte da sua educação militar nos Estados Unidos. Além de ter gerido os serviços de informação militares, havia também sido o enviado militar do Egipto na Arábia Saudita. Por ser um muçulmano devoto, muitos suspeitaram que Sisi poderia ser simpatizante da Irmandade Muçulmana, e que a nomeação para chefe das forças armadas serviria para aproximar o exército dos interesses dos novos regentes do país.[78] No entanto, Sisi era um homem do exército acima de tudo.

* * *

Em vez de uma renovação do regime político, a presidência de Mohamed Morsi focou-se na reconfiguração do autoritarismo que sobrevivera à queda de Mubarak. Durante os primeiros cem dias de governo do primeiro presidente democraticamente eleito do Egipto, os casos de brutalidade policial, tortura e morte de manifestantes, continuaram. Recusando a aproximação aos movimentos que procuravam democratizar o Egipto (ou pelo menos, reduzir a brutalidade do estado), Mohamed Morsi preferiu lidar com os militares. Apostou que seria tolerado pelo exército desde que não interferisse na autonomia das forças armadas, nem tocasse nos privilégios económicos, políticos e legais de que gozavam os militares.[79]

O estranho concúbito político era feito de desconfiança mútua. Os generais do Conselho Supremo das Forças Armadas e os islamistas começaram a disputar lugares nas administrações regionais, no sistema judicial e, acima de tudo, na comissão que escreveria a nova constituição.

Nesta nova dinâmica de poder, o essencial era controlar as instituições que definiriam o futuro do país. Mas enquanto permitia que as elites securitárias do antigo regime se reconstituíssem e reprimissem a contestação popular que subsistia desde 2011, Mohamed Morsi concorria directamente com essa mesma elite para colocar membros da Irmandade Muçulmana dentro do aparelho do estado.[80]

A chegada de uma nova classe de privilegiados políticos ao governo criou ressentimento. Membros do aparelho estatal começaram a boicotar a presidência de Mohamed Morsi, lançando processos judiciais ou ignorando algumas das suas decisões.Em resposta, o novo presidente tentou aumentar o seu poder.

Meses depois de ser eleito, Morsi publicou um decreto para proteger as suas decisões da contestação dos tribunais. O presidente estendeu a imunidade judicial à parte alta do parlamento e à comissão que escrevia a nova constituição, organismos maioritariamente ocupados pela Irmandade Muçulmana. Defendeu que as medidas eram necessárias para proteger a revolução e guiar a transição política contra o estado securitário. O decreto presidencial foi visto como uma decisão antidemocrática para blindar o poder. Enfrentando oposição popular, o presidente recuou e anulou o decreto.

A tentativa de aumentar o poder presidencial encorajou a criação da Frente de Salvação Nacional. Composta por personalidades políticas credíveis que não estavam associadas ao antigo regime, como Mohamed el-Baredei, o antigo director-geral da Agência Internacional para a Energia Atómica, e prémio Nobel, e outros activistas seculares. Opunham-se a uma tomada do estado pela Irmandade Muçulmana, e à concentração de novos poderes ditatoriais nas mãos de uma única pessoa.

Mas o novo presidente enfrentou resistência noutras áreas. O comité de cem membros incumbido de escrever a constituição foi desproporcionalmente preenchido por membros da Irmandade Muçulmana e outros grupos conservadores, provocando a saída de representantes dos sectores liberais da sociedade e da comunidade copta. O Supremo Tribunal Constitucional ameaçou dissolver o comité. Sob pressão, o grupo optou por fazer alterações à constituição existente em vez de redigir um documento novo.[81]

O trabalho apressado na nova constituição gerou interrogações. A opacidade vaga de alguns artigos deixava margem a que líderes religiosos influenciassem o processo de fazer leis.[82] Os islamistas atribuíram um papel legislativo à Al-Azhar que, segundo a proposta de constituição, deveria ser consultada em matérias relativas à lei islâmica.[83] O documento falhava também na igualdade para as mulheres e na protecção das minorias religiosas.

A nova constituição reteve o poder das Forças Armadas, obrigando os governos a escolher o ministro da Defesa por entre militares. Conservou também os mecanismos do estado securitário, incluindo os julgamentos de civis em tribunais militares, habitualmente usados para reprimir a oposição.

Entre protestos regulares contra a sua governação, Mohamed Morsi marcou um referendo para votar na nova constituição. Foi aprovada a finais de Dezembro de 2012, com 63,8 % dos votos. Apenas 32,9 % dos egípcios recenseados participaram no referendo.[84]

* * *

A governação polarizante de Mohamed Morsi cristalizou o descontentamento popular. O governo iniciou negociações com o Fundo

Monetário Internacional para um empréstimo de 4,8 mil milhões de dólares. Mas o anúncio de novos impostos energizou a oposição contra a gestão económica da Irmandade Muçulmana. O presidente recuou, e as negociações com os credores internacionais foram interrompidas.[85]

A 25 de Janeiro de 2013, uma multidão juntou-se outra vez na Praça Tahrir para festejar os dois anos da revolução. Mas a celebração era essencialmente um protesto contra a governação do presidente islamista que a própria revolução havia trazido. Os cânticos que haviam ecoado contra Mubarak fizeram-se ouvir desta vez contra Mohamed Morsi e a Irmandade Muçulmana. Confrontos entre manifestantes e as forças de segurança no Cairo e Alexandria feriram centenas de pessoas.

Ao longo da primeira metade de 2013, o clima político e social agravou-se. Mohamed Morsi enfrentava resistência entrincheirada na administração estatal e no exército. Mas, em vez de incluir vários segmentos da população nas suas decisões, o presidente parecia governar exclusivamente para sua base política.

Parte da oposição formou o movimento Tamarod (Rebelde) em Abril de 2013, recolhendo milhões de assinaturas e organizando marchas de protesto para exigir eleições presidenciais antecipadas. A iniciativa teve o apoio da Frente Nacional de Salvação, de vários partidos liberais e de esquerda, e do Movimento Juventude 6 de Abril, surgido dos protestos sindicais em 2008 e com um papel preponderante na revolta de 2011.

O exército encorajou a oposição, estudando as suas possibilidades. Os militares receberam o apoio da Arábia Saudita e dos Emirados Árabes Unidos. As monarquias árabes do Golfo haviam sido surpreendidas pela instabilidade das revoltas árabes. Temiam o surgimento de novos governos islamistas na região. Principalmente, receavam que o retrocesso do autoritarismo no Egipto ameaçasse a estabilidade dos seus próprios regimes.

Em Junho de 2013, o movimento Tamarod alegava ter já 22 milhões de assinaturas contra Mohamed Morsi. O presidente intuiu que o seu futuro político se jogaria nas ruas. Para aumentar a sua base de apoio, substituiu vários governadores das províncias. Nesse mês nomeou Adel Mohamed al-Khayat, um político salafista do partido Construção e Desenvolvimento, para ser o novo governador de Luxor. Islamista conservador, Adel Mohamed al-Khayat havia pertencido a Gama'a al-Islamyyia, o grupo extremista responsável pelo massacre de 57 turistas no Templo de Hatshepsut em Luxor, em 1997. A decisão gerou incredulidade, especialmente em Luxor, um destino central para o sector do turismo, arruinado pela instabilidade dos últimos anos.

As forças armadas envolveram-se progressivamente no movimento de contestação, encorajando a diabolização dos islamistas. Tentando serenar o exército, a Irmandade Muçulmana desconfiava, no entanto, que o aparelho securitário conspirava para derrubar o presidente. Após a queda de Mubarak, os militares haviam sido obrigados a partilhar o controlo do estado autoritário com os islamistas. Mas na nova onda de contestação popular que crescia, o exército espreitou a oportunidade para se colocar novamente como centro único do poder. Políticos e activistas liberais encorajaram o envolvimento das forças armadas num golpe contra o presidente eleito.

Num comunicado, a 21 de Junho de 2013, Abdel Fattah el-Sisi, o chefe do exército, disse que as cisões na sociedade egípcia poderiam compelir o exército a intervir.[86] Segundo alguns membros do gabinete do presidente, Mohamed Morsi, que não tinha sido avisado do comunicado antes de sair, ligou ao seu ministro da Defesa para saber o que se passava. Sisi respondeu que o aviso havia sido uma forma de absorver alguma da frustração dos altos mandos militares, deixando a impressão no presidente acossado de que um golpe militar não estaria iminente.[87]

Do exército egípcio, e da administração americana de Barack Obama, chegaram apelos para que Mohamed Morsi nomeasse um primeiro-ministro mais alinhado com os liberais seculares, como Mohamed El Baradei, ou Amr Moussa, antigo ministro dos Negócios Estrangeiros e secretário-geral da Liga Árabe. Mas o presidente recusou partilhar o poder com políticos da oposição.[88]

Com o apoio do exército, o movimento contra Mohamed Morsi delineou um prazo, organizando um protesto nacional contra o presidente para o dia 30 de Junho. No dia anterior, o general Sisi ligou a Mohamed Morsi para tentar convencer o presidente a aceitar algumas concessões, incluindo um novo governo, mais abrangente. Morsi recusou, dizendo que precisava de debater essa possibilidade com os seus parceiros políticos.[89]

Por várias cidades do país, milhões de pessoas saíram à rua contra o presidente. Vendo multidões similares às que tinham levado à queda de Hosni Mubarak, o movimento Tamarod avisou Mohamed Morsi que deveria renunciar à presidência ou enfrentar a desobediência civil. No campo oposto, a Irmandade Muçulmana encorajou os seus membros a saírem à rua para apoiarem o presidente.

Galvanizado, o exército aumentou a pressão com um ultimato: ou o governo respondia aos apelos da população e reduzia as tensões políticas num prazo de 48 horas, ou o exército interviria para resolver a crise. Logo após esta mensagem, cinco helicópteros do exército arrastando bandeiras do Egipto sobrevoaram a Praça Tahrir.

A Irmandade Muçulmana tentou convencer Washington a impedir a movimentação do exército, explicando que o golpe militar diminuiria o apoio popular aos mecanismos democráticos.[90] O gesto teria também um efeito negativo na reputação dos Estados Unidos na região: ninguém acreditaria que um golpe militar pudesse ocorrer sem o consentimento dos americanos, que financiavam o exército egípcio com 1,3 mil milhões de dólares por ano.[91]

Mohamed Morsi desafiou o ultimato do exército. Num discurso televisivo emitido na noite de 2 de Julho, afirmou que era o presidente legitimo do país, e que defenderia a legitimidade constitucional.[92] Chamou aos seus opositores traidores, e culpou a instabilidade na corrupção e nos restos do antigo regime que destabilizavam o país e obstruíam a sua governação.[93] Avisou que, apesar de aceitar manifestações pacíficas, o estado agiria contra a instabilidade.

* * *

A 3 de Julho de 2013, um ano após a eleição de Mohamed Morsi, o ministro da Defesa, Abdel Fattah el-Sisi, anunciou num discurso televisivo de oito minutos que o presidente Mohamed Morsi fora deposto pelos militares. Sisi apareceu junto a várias personalidades. Estava o político de oposição Mohamed el Baradei; o papa da Igreja Copta, Tawadros II; o xeique da mesquita de Al-Azhar, Ahmed el Tayeb; e vários militares. A constituição, avisou Sisi, ficaria temporariamente suspensa.

Mohamed Morsi foi detido juntamente com a sua equipa. Foram emitidos mandados de captura para centenas de outros membros da Irmandade Muçulmana.[94] Milhões de pessoas festejaram o golpe. Fogo de artifício e buzinas ecoaram novamente pelo Cairo, enquanto automobilistas conduziam com bandeiras do Egipto penduradas nas janelas.

Muitos liberais felicitaram-se pelo papel do exército. Mohamed Morsi havia ostracizado segmentos da sociedade que não se reviam no projecto islamista. Mas, no meio das celebrações, muitos dos egípcios que deram legitimidade aos generais para acabar com um presidente eleito, não perceberam que estavam a fechar a porta à estreita possibilidade de reforma política.

Para os apoiantes do presidente deposto, a democracia fora desviada. Por todo o país, a revolta dos apoiantes de Morsi motivou os mais extremistas a atacarem as forças de segurança.

Com Mohamed Morsi detido, os militares escolheram Adly Mansour, presidente do Supremo Tribunal Constitucional, para ser presidente interino. Mohamed El Baradei, ficou com o posto de vice-presidente. O general Abdel Fattah el-Sisi afirmou que o exército não poderia ter ignorado os apelos dos egípcios, mas que não pretendia ficar com o poder, prometendo eleições presidenciais. A Arábia Saudita e os Emirados Árabes Unidos ofereceram 8 mil milhões de dólares em apoio financeiro ao novo governo no Cairo.

Num discurso a 24 de Julho de 2013, em resposta à explosão de uma bomba na cidade de Mansoura que matou uma pessoa e feriu 17, Abdel Fattah el-Sisi pediu aos egípcios que saíssem à rua para manifestar o seu apoio no combate ao terrorismo. Dois dias depois, a 26 de Julho, milhões de pessoas responderam ao apelo do exército e saíram novamente. Sisi buscava legitimidade popular para reprimir os manifestantes anti-Morsi que continuavam a protestar.

Dias antes do golpe contra Morsi, quando a movimentação do exército parecia já inevitável, a Praça de Rabaa al-Adawiya, no bairro de Nasr City, no leste do Cairo, havia sido transformada num centro de protesto da Irmandade Muçulmana. Outro protesto permanente, embora mais pequeno, foi erguido na praça de Al Nahda.

Os apoiantes de Morsi continuavam a manifestar-se mais de um mês depois da sua remoção forçada. Havia tendas, e, a partir de um palco iluminado, membros da Irmandade Muçulmana discursavam todas as noites para milhares de pessoas no local. Prometiam não sair dali até que Morsi fosse reinstaurado como presidente do Egipto. Os militares e o governo provisório avisaram que os campos de protesto teriam de ser evacuados, se necessário, à força. Apesar das várias tentativas de acordo entre a Irmandade Muçulmana e o novo governo, o primeiro-ministro, Hazem el-Beblawy anunciou a 7 de Agosto que as negociações haviam falhado e que o governo dispersaria o protesto.

Por volta das 07h00 da manhã do dia 14 de Agosto, o estado securitário libertou toda a sua brutalidade. Soldados, polícias, veículos armados e *bulldozers* começaram a dispersar os manifestantes da Praça de Rabaa, usando fogo real e gás lacrimogéneo. Os membros da Irmandade Muçulmana esperavam um ataque, e montaram algumas barreiras de protecção. Foram respondendo com pedras, *cocktails molotov* e, em alguns casos, tiros. Mas a grande maioria dos manifestantes estava desarmada.

Em vez de deixar as pessoas abandonar a praça, as forças de segurança barraram várias saídas. Testemunhas afirmaram ver *snipers* a disparar desde os prédios em redor da praça.[95] No hospital de Rabaa, onde se acumularam mortos e feridos, os médicos perceberam que a maioria das vítimas sofrera tiros no peito ou na cabeça. *Snipers* alvejaram quem entrava ou saía do hospital, para impedir o tratamento médico de manifestantes. Ao final da tarde, a polícia e o exército tomaram controlo do hospital e ordenaram aos médicos e à maioria das pessoas que saíssem do edifício, deixando alguns feridos e os mortos. Pouco depois, o hospital foi consumido pelas chamas, no que muitos viram como uma acção premeditada.

O massacre durou cerca de 12 horas, e foi uma das maiores matanças de manifestantes num único dia, no passado recente.[96] Segundo a Irmandade Muçulmana, houve mais de 2500 mortos na praça de Rabaa, mas o governo egípcio reconheceu apenas 638 vítimas. Um relatório da Human Rights Watch[97] estimou o número de vítimas mortais entre 800 e mais de mil. O exército justificou as suas acções com a presença de alguns elementos armados por entre os manifestantes. Oito membros das forças de segurança perderam a vida.[98] O próprio ministro do Interior, Mohamed Ibrahim, viria a admitir mais tarde que a operação foi planeada com uma previsão de vários milhares de mortos.

Depois da violência em Rabaa, o vice-presidente interino, Mohamed el Baradei, demitiu-se do governo. Mas El Baredei, como outros políticos e os movimentos de jovens, haviam pedido o golpe militar contra Mohamed Morsi.[99] Os militares que atacaram o protesto em Rabaa, eram os mesmos que haviam violentado a juventude egípcia múltiplas vezes após a queda de Mubarak. Por ingenuidade política ou excesso de optimismo, muitos dos liberais, seculares e activistas que festejaram a queda de Morsi não perceberam que o exército era só mais uma das forças que se opunha a uma verdadeira mudança.

A administração Obama fez uma tépida crítica à violência empregada em Rabaa. Mas o apoio dos Estados Unidos aos militares não foi suspenso. «Uma coisa é não conseguir controlar que o estado policial reapareça no Egipto», David Rohde, um jornalista de investigação e colunista no *The New York Times*, escreveu no dia seguinte ao massacre. «Outra coisa é dar-lhe 1,3 mil milhões de dólares.»[100]

A violência do massacre, a sua brutalidade intransigente, parecia ter sido uma escolha voluntária do exército. Como se tentasse provocar uma resposta musculada dos islamistas para poder finalmente acabar com o grupo. Marcou o acelerar de repressão contra a Irmandade Muçulmana, primeiro, e contra o resto dos egípcios, depois. Logo após os acontecimentos em Rabaa al-Adawiya, o exército instituiu um novo estado de emergência.

Os militares, políticos, e meios de comunicação cada vez mais controlados pelo estado militar, acentuaram o discurso do combate ao terrorismo. O nacionalismo foi rapidamente transformado em chauvinismo: a partir daquele momento, os egípcios só poderiam estar com o exército ou com os terroristas. Em Novembro de 2013, uma nova lei proibiu os protestos que não fossem previamente aprovados pelo regime.

Abdel Fattah el-Sisi demitiu-se do exército e anunciou, em Março de 2014, que se candidataria à presidência do Egipto. Segundo números oficiais, Sisi recebeu 96,1 % dos votos, com uma participação de 47,5 % dos eleitores.

A sua tomada de posse foi a primeira vez que um presidente egípcio recebeu o poder do seu antecessor. Gamal Abdel Nasser morreu de um ataque de coração em 1970; Anwar Sadat foi assassinado por islamistas em 1981; Hosni Mubarak foi deposto pelo exército em 2011, o mesmo destino reservado ao seu sucessor, Mohamed Morsi. A 8 de Junho de 2014, Abdel Fattah el-Sisi recebeu o poder do presidente-interino, Adly Mansour, que o próprio Sisi colocara nesse cargo menos de um ano antes.

* * *

O golpe militar contra Mohamed Morsi marcou o agravamento da violência. Depois do massacre em Rabaa, milhares de membros da Irmandade Muçulmana foram presos. A repressão esvaziou a liderança do grupo e criou cisões na sua estrutura. Alguns apoiantes de Morsi continuaram a oposição pacífica contra o governo. Outros pegaram em armas.

Militantes islamistas, motivados pela retribuição, começaram a atacar o exército e a polícia. Muitos não tinham grande capacidade de combate, mas foram motivados pela missão de restituir o governo interrompido pelo golpe. Outras zonas do país albergavam células de jiadistas mais experientes, que viram na crescente desordem uma oportunidade para reemergir. Na Península do Sinai e nos centros populacionais ao longo do Nilo, estes grupos lançaram-se em ataques contra as forças de segurança e minorias religiosas.

Na Península do Sinai, vagas anteriores de repressão estatal haviam criado descontentamento nas populações beduínas, e uma relação tensa com o estado. A queda dos governos de Hosni Mubarak e de Muammar Kadhafi, em 2011, facilitou o trânsito de armas e combatentes da região para a Península. A partir de 2013–2014, o exército egípcio combatia uma insurgência na região liderada por apoiantes do Daesh. O grupo aplicou as mesmas estratégias que empregava na Líbia, na Síria, e no Iraque, atacando *checkpoints* do exército e esquadras de polícia, decapitando quem colaborasse com o governo, destilando brutalidade em vídeos de propaganda.

Por todo o país, os militantes alargaram os ataques às minorias religiosas e ao sector do turismo. A explosão de uma bomba numa capela adjacente à Catedral de São Marcos no Cairo, a sede da Igreja Copta, matou 25 pessoas e feriu 80, em 2016.[101] O ataque foi reivindicado pelo Daesh. Pouco tempo após o início da campanha militar russa na Síria, em Outubro de 2015, o Daesh fez explodir um *Airbus A321* que viajava da estância de Sharm El-Sheikh, no Egipto, de regresso a São Petersburgo. O atentado matou 224 pessoas, maioritariamente turistas russos.[102] Em Novembro de 2017, cerca de 30 militantes atacaram a mesquita de Belal, na vila de Al-Rawdah, no Norte do Sinai, matando 311 civis.[103] O atentado contra a comunidade Sufi foi o maior ataque sectário da história do Egipto. Apesar de o governo afirmar estar a vencer a «guerra contra o terrorismo», a insurgência no Norte do Sinai havia já morto mais de mil soldados egípcios em 2018, e deslocado populações civis para outras zonas do país. Tentando esconder o número de baixas militares e o impacto do conflito nas populações civis em El-Arish, Sheikh Zuweid, e nas aldeias circundantes, o governo transformou toda a área numa zona militar.

* * *

A tomada do poder por um regime autoritário requer por vezes o uso da violência. Mas quando o novo regime se consolida, o uso da força torna-se menos necessário. A ameaça de violência, o clientelismo, a cooptação das elites, torna a maior parte da violência inútil. Contudo, nos anos seguintes à subida de Abdel Fattah el-Sisi ao poder, o novo autoritarismo no Egipto parecia ainda longe de consolidado.

Em Fevereiro de 2016, Sisi dirigiu-se aos egípcios: «Não escutem ninguém além de mim. Estou a falar a sério. Tenham cuidado, ninguém deveria abusar da minha paciência e das minhas boas maneiras para trazer o estado abaixo. Juro por Deus que quem se aproximar dele, será retirado da face da terra. Digo-vos isto com todo o Egipto a ouvir. O que pensam que estão a fazer? Quem são vocês?»[104]

A mensagem, críptica e beligerante, tanto poderia ser dirigida aos grupos islamistas como a potenciais rivais no exército. Provavelmente, era um recado para qualquer egípcio (de farda ou não) que criticava a brutalidade policial, o desaparecimento de activistas e cidadãos comuns, a falta de emprego, e o aumento do custo de vida. Apesar da violência repressiva (ou talvez por causa dela), o regime parecia instável. No mesmo discurso, o presidente pediu a cada cidadão que doasse uma libra egípcia para ajudar o estado, e garantiu que o Egipto seria uma democracia em 20 a 25 anos.

A comicidade aumentou quando sugeriu vender-se a si próprio se isso ajudasse o país a superar as dificuldades económicas. O humor ácido dos egípcios espalhou-se pela internet. Horas após o discurso, uma página a anunciar a venda do Presidente Abdel Fattah el-Sisi foi criada na página de leilões virtuais eBay. O usuário alertou que o produto estava «usado pelos anteriores donos, as famílias reais do Golfo».[105]

A violência repressiva, inicialmente focada contra os islamistas, foi alargada a qualquer tipo de oposição. No início de 2016, o regime, apoiado por um novo parlamento dominado pela coligação «Apoio Egipto» (composta de 400 deputados leais a Abdel Fattah el-Sisi), aprovou um conjunto de leis para reprimir dissensão, armada ou pacífica. O governo deu imunidade legal a polícias e soldados, e aumentou os meios dos tribunais militares para julgar civis. Jornalistas ou usuários de redes sociais que contestassem a versão oficial sobre qualquer ataque terrorista passaram a arriscar multas.

No seu objectivo de despolitizar os egípcios, o regime de Sisi conseguiu retirar as pessoas do espaço público. Havia estabelecido autoridade política, mas não um regime institucionalizado. Hosni Mubarak utilizara a estrutura do NDP, o partido do regime, para distribuir favores e mediar a relação entre a autocracia e a sociedade. Mas Sisi não estabeleceu um partido político. Adoptou o populismo como um mecanismo de legitimação, amplificado as oportunidades de se mostrar como um líder ligado aos egípcios comuns. Fortaleceu a base de apoio militar, trazendo o exército para o centro da economia. Mesmo assim, o novo regime parecia frágil, uma espécie de diatribe violenta com ares de período transitório.

Violentamente intransigente, o regime parecia às vezes imbuído de uma arbitrariedade contrária aos seus próprios objectivos. Em Janeiro de 2016, o estudante italiano Giulio Regeni foi raptado no Cairo. O seu corpo mutilado, apresentando as mesmas marcas de tortura infligidas diariamente pela polícia aos cidadãos do país, foi abandonado à beira de uma estrada nos arredores do Cairo. Aluno da Universidade de Cambridge, Regeni estava no Egipto a trabalhar numa tese de doutoramento sobre movimentos laborais.

As autoridades egípcias deram diferentes versões do caso, dizendo que o jovem trabalhava como espião, e depois explicando que havia sido vítima de um grupo de assaltantes, convenientemente «eliminado» pelas forças de segurança num tiroteio. As autoridades italianas acusaram cinco polícias pelo assassinato do estudante. Mas no Egipto ninguém foi responsabilizado pelo crime. A gratuitidade do assassinato de Regeni, atraindo atenção mediática desnecessária, e enfraquecendo a relação com parceiros internacionais, teria sido improvável durante a era de Hosni Mubarak. O caso de Regeni atraiu atenção internacional por se tratar de um estrangeiro. Mas a brutalidade sistémica do aparelho de estado tem continuado a desfazer egípcios anónimos diariamente.

* * *

A revolta popular, os anos de protestos e repressão, deixaram a economia egípcia em crise. Turistas e investidores assustaram-se com as imagens de caos e as ameaças de ataques terroristas. Em 2016, o Egipto recebeu um empréstimo de 12 mil milhões de dólares do Fundo Monetário Internacional. Para o programa de ajustamento, o governo desvalorizou a libra egípcia, aumentando a inflação e dizimando o poder de compra da população.

Com a mesma dedicação que aplicou a obliterar a oposição política, Abdel Fattah el-Sisi lançou a recuperação económica. Mas em vez de estabelecer novas indústrias, ampliar as exportações e criar emprego, o presidente focou-se quase exclusivamente na construção. Lançou obras de infra-estrutura para encorajar o crescimento económico e a modernização do país, colocando as forças armadas a liderar muitos destes projectos.

Durante os anos de Hosni Mubarak, grupos privados ligados ao regime transformaram-se em impérios económicos. O exército era apenas um de vários grupos privilegiados. Mas Sisi parece desconfiar do sector privado. Quando chegou ao poder, disse numa reunião de empresários que teriam de doar 100 mil milhões de libras egípcias ao governo, porque tinham beneficiado durante os anos do regime de Mubarak e era a altura de retribuir.[106]

Com Sisi, as empresas geridas pelo exército tornaram-se no centro da economia política no Egipto, expandindo a influência dos militares em todos os sectores. Fabricam electrodomésticos, utensílios de cozinha e componentes automóveis. Constroem estradas e casas. Produzem cimento e químicos. Detêm jornais, rádios e televisões. Vendem alimentos, bebidas e tabaco. Estas empresas concorrem directamente com o sector privado. Mas não pagam impostos, recebem créditos bancários mais facilmente, acedem a terrenos estatais. O crescimento do poder económico do exército, o seu acesso privilegiado à contratação do estado, representa a apropriação dos recursos públicos pela classe militar. Essencialmente, tem blindado o regime autocrático com a protecção das forças armadas. O presidente Sisi justificou a utilização do sector militar na construção de infra-estrutura pela rapidez na execução. Alguns projectos beneficiaram o país. A construção de três novas centrais eléctricas, a partir de 2015, acabou com os cortes regulares de electricidade.

Muitas obras faraónicas têm sido pagas com dívida. Raramente são suportadas por estudos económicos, misturando o exibicionismo megalómano com uma espécie de nacionalismo agressivo. O projecto de ampliação do Canal do Suez, terminado em 2015, ilustrou os objectivos do regime. A passagem marítima que liga o Mediterrâneo ao Mar Vermelho é uma fonte crucial de receitas para o Egipto. Antes de ser concluído (por 8 mil milhões de dólares), o governo disse que o projecto aumentaria as receitas do Canal do Suez para 100 mil milhões de dólares. Na inauguração da obra, vestido com a sua farda militar, Abdel Fattah el-Sisi recebeu dignitários estrangeiros na cidade de Ismailia, enquanto aviões e helicópteros da força aérea cruzavam o céu por cima do Canal.

Nos anos seguintes, contudo, as receitas anuais do Canal mantiveram-se inalteradas, rondando os 5,7 mil milhões de dólares.[107] Para vários analistas, a extensão do Canal do Suez foi decidida e executada sem uma projecção realista dos fluxos de comércio internacional. Numa entrevista, Sisi declarou que a verdadeira função do projecto havia sido «elevar o moral da população».[108]

Mas o derradeiro projecto da presidência de Abdel Fattah el-Sisi é a construção de uma cidadela para o seu poder; no deserto, a 45 quilómetros a leste do Cairo. A nova capital administrativa vai custar, pelo menos, 45 mil milhões de dólares.[109] Com edifícios residenciais, centros comerciais, a maior igreja e a maior mesquita do país, centros empresariais, e parques. Foi desenhada para acomodar mais de seis milhões de habitantes e albergar as funções do estado, o parlamento egípcio e o palácio presidencial.

Nunca houve uma discussão pública sobre as vantagens e desvantagens de erguer uma nova cidade. Ou sobre a possibilidade de aplicar o dinheiro em actividades produtivas ou na melhoria de serviços públicos. Os defensores do projecto sustentam que uma nova capital para o Egipto vai descongestionar o Cairo, a cidade milenar fustigada por engarrafamentos constantes e poluição. O presidente anunciou que a nova cidade, para onde espera que milhares de trabalhadores públicos se mudem a partir de 2021, marcará o «nascimento de um novo estado».

Mas as razões da obra são essencialmente políticas. Durante a revolta de 2011, a população atacou esquadras de polícia, ocupou o espaço em volta do Ministério do Interior, e marchou em direcção ao palácio presidencial. A função principal da nova capital é proteger o regime do descontentamento popular. Abrigados numa cidade com tecnologia de vigilância e povoada por cidadãos leais, o presidente e os seus séquitos querem abandonar o Cairo aos habitantes empobrecidos e atordoados pela violência do regime militar. Sisi teme os egípcios; sonha com um estado que esteja fora do alcance da população enraivecida.

O governo conseguiu estabilizar parcialmente a economia. Mas o crescimento económico tem sido mantido essencialmente pelo sector da construção e pela extracção de gás e petróleo. Em 2019, antes da pandemia de covid-19, o PIB do país crescia a mais de 5 % ao ano. É o tipo de crescimento que fica bem em indicadores macroeconómicos, mas que não abrange a maioria dos 100 milhões de egípcios. Em 2020, havia 35 % de desemprego, e 800 mil licenciados entravam no mercado de trabalho anualmente.[110] Nesse mesmo ano, a dívida externa do Egipto chegou aos 125 mil milhões de dólares, com mais de 45 % dessa dívida enterrada no projecto para a nova capital.[111] O país gastou 110 % das suas receitas em subsídios, salários do estado e o pagamento dos juros da dívida. O Egipto voltou a recorrer ao FMI em 2020, tornando-se no segundo país que mais dinheiro devia ao fundo, logo a seguir à Argentina.[112]

* * *

Abdel Fattah el-Sisi vê a revolta de 2011, o evento fundador da sua própria ascensão, como um enorme fardo político e social. Muito do que tem feito desde que chegou ao poder, em 2014, tenta evitar uma repetição desses dias.

O seu antecessor, Hosni Mubarak, permitia alguns canais de discórdia pública. Os jornais egípcios estavam muitas vezes carregados de críticas ao estado do país e a membros do governo. Esta válvula de pressão era permitida, desde que não atacasse directamente o presidente ou os seus familiares. Mas Sisi vê essa permissividade, por muito pequena que fosse, como o principal erro de Mubarak. Por isso tem feito tudo para reconstruir o estado autoritário com a sua força multiplicada.

Em 2019, a Human Rights Watch estimou que existiriam cerca de 60 mil presos políticos no país. Numa entrevista ao programa *60 Minutes* da cadeia americana CBS, o presidente Sisi discordou: «Não sei de onde retiraram esse número. Já disse que não há prisioneiros políticos no Egipto.»

A entrevista havia sido gravada durante uma visita do presidente aos Estados Unidos, para a Assembleia das Nações Unidas. Mas logo a seguir a terminar, o governo egípcio tentou, sem sucesso, impedir a sua transmissão. No Cairo, os *media* receberam ordens para não cobrir a entrevista.[113]

Um desses prisioneiros políticos morreria pouco depois. Após vários anos de prisão solitária e a negligência médica providenciada a muitos detidos nas prisões egípcias, Mohamed Morsi, o presidente deposto pela contra-revolução, morreu de um enfarte durante uma ida ao tribunal.

No final desse Verão, em Setembro, os habitantes do Cairo, de Alexandria, de Suez, de Damietta, de Mahalla al-Kubra, assistiram a algo que não viam há muitos anos: protestos. Desde 2013 que as reuniões públicas com mais de dez pessoas haviam sido proibidas. Mas uma série de vídeos publicados desde o início desse mês por Mohamed Ali, um homem de negócios e actor que partira para o estrangeiro, encorajou a frustração dos egípcios. Ali detalhou como a sua empresa havia participado na construção de novos palácios presidenciais para o presidente Sisi, pagos com o orçamento das Forças Armadas. Numa conferência, pouco tempo depois, Sisi admitiu que estava a construir novos palácios presidenciais, mas que não eram em nome próprio, eram para o Egipto, e que por isso, continuaria a construir palácios. Os protestos de Setembro de 2019 foram uma demonstração tépida de oposição. Mesmo assim, centenas de pessoas foram detidas.

Com a chegada da pandemia de covid-19 em 2020, o aparelho de segurança do regime acrescentou novos alvos à lista de dissidentes. Médicos que alertaram para a falta de condições nos hospitais e para o elevado número de mortes entre profissionais de saúde foram detidos pela Agência Nacional de Segurança, acusados de espalhar «notícias falsas» e de «pertencer a grupos terroristas». Alaa Shabaan Hamida, médica num hospital de Alexandria,[114] foi detida por emprestar o seu telefone a uma enfermeira do serviço que avisou a linha de covid-19 do Ministério de Saúde do Egipto de mais um caso de infecção. Ao mesmo tempo que perseguia a classe médica, o governo lançou uma campanha de promoção dos seus esforços na luta contra o vírus, apelidando os médicos egípcios de «Exército Branco».

A cegueira autocrática de classificar como terrorista qualquer pessoa que discorde do regime tem transformado a sociedade egípcia de uma maneira perversa. O número de presos políticos aumentou, o uso sistemático de tortura, recorrente durante os anos de Hosni Mubarak, ganhou nova força com Abdel Fattah el-Sisi. Contorcendo-se em violência, o regime prendeu milhares de opositores; islamistas, seculares, sindicatos, jovens activistas, utilizadores de redes sociais, médicos e enfermeiros, artistas, escritores.

A revolução de 2011 foi derrotada.

Mas o som enfurecido do maior país árabe a contorcer-se contra o poder arbitrário alterou a população de forma irreversível. A nova autocracia fortaleceu-se para responder a essa mudança: só um regime desmedidamente agressivo tem conseguido suprimir a população que se livrou de Mubarak. Como acontecia há uma década, a estabilidade autoritária é uma ilusão.

* * *

A tortura de manifestantes no Museu do Egipto a seguir à saída de Hosni Mubarak é um capítulo pouco conhecido da história recente do país. Uma década depois, parece ter sido o espasmo inicial da contra-revolução, o anúncio da violência que ainda estava para vir. Recentemente, o edifício neoclássico que sobreviveu ao caos na Praça Tahrir transformou-se no centro das atenções do país e do mundo.

Em Abril de 2021, o governo organizou um evento para transferir 22 múmias de faraós desde o Museu do Egipto para o novo Museu Nacional da Civilização Egípcia, construído em al-Fustat, no Sul do Cairo. Foi uma noite de extravagância coreografada. Centenas de figurantes em trajes da época faraónica inauguraram a procissão. As múmias — de Ahmose Nefertary, de Ramsés II, de Thutmose IV, de Hatshepsut — saíram do Museu do Egipto em camiões decorados para parecerem os barcos que levavam os faraós ao longo do Nilo após a sua morte. Os sarcófagos de cada um dos 18 reis e das quatro rainhas foi colocado num caixão enchido com nitrogénio para impedir a sua degradação.

A emissão durou mais de duas horas. Houve música cantada em copta, que evoluiu do egípcio antigo, e imagens pré-gravadas de bailarinas junto às pirâmides de Gizé, e entre as colunas de outros templos. Ocasionalmente, planos do interior dos caixões mostravam os sarcófagos enquanto viajavam os sete quilómetros entre os dois museus em estradas recentemente pavimentadas. O evento, apelidado *The Pharaohs' Golden Parade*, foi desenhado especialmente para televisão; um apelo para trazer turistas de novo ao Egipto.

Porém, olhando com atenção para as imagens, algo parecia desajustado. Tahrir havia sido fechada ao trânsito e às pessoas, equipada com focos a apontar para o céu e para um obelisco recentemente colocado no meio da praça.

O caminho por onde seguiram os faraós estava iluminado, mas nas orlas da luz, na margem do espectáculo, o Cairo parecia escuro e desabitado. A cidade, habitualmente caótica de vida, parecia ter desaparecido. Em algumas secções do caminho, bairros degradados foram escondidos atrás de painéis metálicos. Como se a população tivesse sido apagada, impedida de ver ao vivo a celebração da sua própria história.

Por vezes, as imagens lembravam uma parada fascista, a comemoração de uma autocracia milenar num filme de ficção-científica. À porta do Museu Nacional da Civilização Egípcia, o presidente Abdel Fattah el-Sisi recebeu as múmias com uma salva de 21 tiros de artilharia. Nesse preciso momento, e por todo o território, milhares de egípcios, ainda vivos, apodreciam em celas de prisão sujas.

A Líbia em Duas Metades

Mohamed Alnaas tinha 20 anos quando os protestos de 2011 chegaram a Tajoura, nos arredores de Trípoli. Como toda a gente, seguia as notícias vindas da Tunísia e do Egipto. Havia rumores de que alguma coisa se passaria também na Líbia. Achou cómico ver o Coronel Muammar Kadhafi, detentor do poder absoluto na Líbia, afirmar que ele próprio marcharia com o povo para derrubar o governo de Al-Baghdadi Ali Mahmudi, o seu primeiro-ministro na altura. Kadhafi assustado ou completamente louco, pensou Mohamed.

Mas Kadhafi expressou publicamente o medo que o incêndio iniciado em Sidi Bouzid inspirou nos líderes do Médio Oriente. Dias após a partida de Ben Ali para a Arábia Saudita, o líder líbio disse estar magoado com os acontecimentos na Tunísia, e que a população do país havia sido muito apressada a expulsar o presidente do poder. «Temo pela revolta Tunisina porque vejo intervenção estrangeira... serve os interesses estrangeiros», acrescentou.[115]

Em Tajoura, os protestos começaram dias depois do início da revolução no Leste do país. De noite, Mohamed começou a ouvir pessoas a cantar na rua, a gritar contra o regime. Decidiu sair de casa e cantar com eles. Era inesperado e único. Ali, nunca ninguém tinha cantado contra a ditadura. Para Mohamed, tudo estava coberto de um manto de irrealidade, como se as pessoas vivessem uma alucinação conjunta.

No início da revolta, Trípoli foi facilmente mantida debaixo do domínio do regime, mas nos seus arrabaldes havia populações com vontade de fazer o mesmo que Benghazi e o Leste estavam a fazer. Tajoura tornou-se num repositório de revolucionários ali ao lado da capital. No dia 25 de Fevereiro de 2011, depois das orações de sexta-feira, as pessoas de Tajoura decidiram marchar os 23 quilómetros até à Praça dos Mártires, no centro de Trípoli. Enquanto a massa de gente avançava, as pessoas que assistiam da janela desciam das suas casas e juntavam-se à multidão. Não chegaram longe: nos arredores de Souq Al-Joum'aa, outro subúrbio de Trípoli, a repressão foi feroz.

As latas de gás lacrimogéneo e as balas começaram a voar. Mohamed, que só nos filmes havia visto tiroteios, percebeu que as balas assobiam quando passam demasiado perto. Atrás dele, um miúdo com 16 anos foi alvejado. O jovem foi levado para dentro de uma loja vazia, enquanto a manifestação dispersou. Essa experiência, as balas a esvoaçar em seu redor, e a imagem de um jovem em estado de choque a perder sangue, marcou o início dos dez anos seguintes para Mohamed.

* * *

Em Fevereiro de 2011, os protestos contra o governo na Líbia transformaram-se numa verdadeira revolução. A rebelião começou a leste do país, na cidade de Benghazi, com a prisão de Fathi Terbil.

Em 1996, o regime líbio matou 1270 pessoas dentro da prisão de Abu Salim, em Trípoli, onde estavam vários prisioneiros políticos líbios.[116] A operação durou umas horas. Mas nenhuma informação foi dada aos familiares dos presos assassinados. Simplesmente, foi-lhes dito que deixassem de visitar a prisão, e que não tentassem saber o que havia sucedido. O governo nunca admitiu o massacre, não publicou listas de prisioneiros mortos, não devolveu os corpos aos familiares para funerais. Durante anos, os familiares dos prisioneiros de Abu Salim pediam contas ao governo. Mas o autoritarismo raramente presta contas. Sobre o massacre de Abu Salim havia, maioritariamente, rumores.

Em inícios de 2011, o regime líbio estava nervoso. Hosni Mubarak havia abandonado o poder há poucos dias, e o governo sentia os ventos de contestação popular vindos da Tunísia e do Egipto a salpicar também a Líbia. Os familiares das vítimas de Abu Salim, como vários outros grupos de cidadãos, estavam a organizar-se para sair à rua no dia 17 de Fevereiro. Para evitar o protesto, o regime prendeu Fathi Terbil, advogado e Presidente da Associação dos Mártires do Massacre de Abu Salim, dois dias antes das manifestações.

Em resposta, os advogados e os juízes de Benghazi saíram à rua para pedir a sua libertação. Com eles vieram também os familiares dos mártires da prisão de Abu Salim. Pouco depois havia milhares de pessoas na rua. As forças de segurança começaram com canhões de água, mas rapidamente usaram armas de fogo contra cidadãos desarmados. No dia seguinte havia já 24 manifestantes mortos em Benghazi, Tobruk e Al-Baida. Cada funeral transformou-se num novo protesto.

O regime bloqueou a internet e as comunicações movéis. As pessoas continuaram a sair à rua. Soldados e polícias trocaram de lado e juntaram-se aos protestos para expulsar o regime de Benghazi. Alguns depósitos de armas do exército foram esvaziados por soldados e civis que se juntaram à revolta. A desordem espalhou-se durante os dias seguintes. Cidades e aldeias do leste da Líbia caíram para as mãos dos revoltosos.

Pouco depois, o major-general Abdel Fattah Younes, comandante das forças especiais e ministro do Interior de Kadhafi, enviado para Benghazi para orquestrar a resposta do estado, passou para o lado dos tumultuosos.[117]Ao abandonar o regime, Younes encorajou os soldados do exército líbio a unirem-se aos revolucionários de 17 de Fevereiro.

Na capital, as coisas correram de forma diferente. Num discurso televisivo a 22 de Fevereiro, Muammar Kadhafi encorajou os seus apoiantes a reconquistarem as ruas.[118] Acusou os revolucionários de estarem drogados, e prometeu derrotá-los nem que o governo tivesse de procurá-los porta a porta. Com a maioria das suas forças concentradas em Trípoli, o regime conseguiu repelir vários ataques e assegurou o controlo da cidade. Depois, começou a organizar tropas para reconquistar o Leste insurrecto. Apoiantes do regime, agrupados na praça central da cidade para ver o discurso do líder num ecrã gigante, foram postos em autocarros e levados pela cidade para reprimir manifestantes. Por outras partes de Trípoli, mercenários estrangeiros trazidos pelo regime foram vistos a disparar contra civis.[119] No dia seguinte, rebeldes tomaram o controlo da cidade portuária de Misrata.

Num discurso televisivo, Seif Al-Islam, o filho de Kadhafi que muitos governos europeus vangloriavam como a face «reformadora» da ditadura, ameaçou a população e traçou o que seria o futuro na Líbia se a disputa continuasse: «Vamos precisar de 40 anos para chegar a um acordo sobre como gerir o país, porque, hoje, toda a gente vai querer ser presidente, emir, e toda a gente vai querer mandar no país.»[120] Após o discurso, Seif alistou-se à batalha total travada pelo seu pai contra a revolta popular.

A repressão violenta dos protestos, e os embates armados entre os dois lados, provocaram cada vez mais mortos. Vários diplomatas líbios abandonaram o regime, algumas embaixadas no estrangeiro trocaram a bandeira oficial do país pelo estandarte da Líbia monárquica, o emblema do país antes do golpe militar de 1969 que levara Kadhafi ao poder, adoptado pela revolta. Por essa altura, grande parte do leste do país estava já nas mãos dos revoltosos.

Os rebeldes estabeleceram o Conselho Nacional de Transição, a face política da revolução, em finais de Fevereiro. Começaram a organizar serviços públicos nas áreas conquistadas ao regime, a estruturar a caótica resposta militar, e a pedir apoio aos governos estrangeiros.

Muammar Kadhafi, cujo retorno à comunidade internacional havia sido cuidadosamente orquestrado poucos anos antes, era novamente alvo de críticas. Vários governos exigiram que abandonasse o poder. Nos Estados Unidos e noutros países, os bens do governo líbio foram congelados.

Os rebeldes não tinham a capacidade militar para derrotar o exército de Kadhafi, especialmente enquanto o líder líbio continuava a utilizar a força aérea contra as zonas rebeldes. Fora das cidades, as trocas de fogo davam-se em terreno aberto, desértico, nos trechos de estrada que percorrem o norte do país junto ao Mediterrâneo. Em carrinhas de caixa-aberta equipadas com metralhadoras anti-aéreas e lança mísseis retirados de aviões, os insurrectos mostravam mais optimismo do que habilidade. Muitos avanços eram rapidamente punidos com artilharia e bombardeamentos das forças do regime, levando a retiradas desorganizadas e muitos mortos.

Kadhafi enviou o seu exército para esmagar a rebelião. Com a vingança do regime a caminho, milhares de civis abandonaram Benghazi. Os rebeldes pediram uma intervenção estrangeira que, pelo menos, impedisse o regime de bombardear Benghazi com aviões. Um mês após o início da revolta, as Nações Unidas autorizaram a restrição do espaço aéreo e todas as medidas necessárias para proteger vidas civis. As forças do regime já bombardeavam Benghazi com artilharia, aviões e tanques, quando os primeiros ataques da força internacional começaram. Aviões franceses destruíram colunas militares do exército líbio em Benghazi. Forças navais e aéreas do Reino Unido e dos Estados Unidos atacaram bases e sistemas de defesa anti-aérea em redor de Trípoli, Misrata e pela costa do Mediterrâneo. A intervenção estrangeira na Líbia acabara de começar.

A eliminação das defesas anti-aéreas líbias permitiria aos aviões europeus e americanos controlar o espaço aéreo e impedir as forças do regime de utilizar a sua força aérea. A missão, até aí comandada por uma coligação composta pelos Estados Unidos, França e Reino Unido, passou para o controlo da NATO em finais de Março.

Mas o que havia começado como uma missão humanitária para salvar as populações civis da retribuição do regime líbio — especialmente em Benghazi — rapidamente se transformou numa intervenção estrangeira de larga escala. Os rebeldes líbios passaram a coordenar operações militares com a comunidade internacional. Os aviões da NATO começaram a bombardear alvos ligados a Muammar Kadhafi e outros dirigentes líbios, numa clara tentativa de decapitação do regime. Na prática, a NATO passou a ser a força aérea dos rebeldes.

No final de Abril, havia já conselheiros militares estrangeiros, da França e do Reino Unido, a treinar as forças armadas rebeldes. Mas o conflito pareceu estagnar durante os meses de Verão. O país estava maioritariamente dividido entre o Leste, controlado pelos rebeldes, e o Oeste, nas mãos do regime líbio. Nas montanhas do Djebel Nafousa, no oeste do país, os dois lados disputaram o controlo do posto fronteiriço que acedia à Tunísia durante grande parte desse Verão, e Misrata, a única cidade controlada pelos rebeldes na metade oeste do país, continuou cercada pelas tropas do regime após uma batalha feroz para desalojar o exército líbio do centro.

* * *

Ao contrário de outros jovens em Trípoli, Mohamed Alnaas não partiu para as montanhas do Djebel Nafousa para se juntar à rebelião. Pensou fazê-lo, mas decidiu que ainda era demasiado novo para pegar em armas. Na realidade, tinha a idade certa: crianças e adolescentes por todo o país combatiam dos dois lados. Mas na altura, não era um problema. Quem queria combater, combatia. Quem não queria, ficava em casa e esperava.

Depois daquele protesto inicial, a vida de Mohamed deixou de ter sabor. As forças do governo andavam pela capital, os serviços de segurança vigiavam o que podiam. Em Tajoura, a maioria das pessoas passava mais tempo em casa, amedrontados pela possibilidade de serem caçados na rua por apoiantes do regime. Por vezes, Mohamed pensava que o melhor seria abandonar o país até que Kadhafi fosse derrotado.

Mas ficou. Passava o tempo a ler, escrever, e a seguir as notícias. Começou a notar pequenas diferenças. Pela primeira vez na sua vida, Mohamed viu o combustível a escassear, deixando automobilistas em filas de dois ou três dias nas bombas de gasolina. A internet havia sido cortada, e a electricidade desaparecia de vez em quando. Depois vieram os bombardeamentos regulares dos aviões da NATO.

Mesmo assim, Mohamed compreendia que a situação em Tajoura não era tão má como a que viviam os cidadãos de Misrata ou de outros lugares, sítios onde os combates deixavam cidades inteiras em cimento disforme e pó. Em Tajoura, os rebeldes faziam alguns ataques de guerrilha contra as forças do regime, mas não havia armas. Um dos seus amigos transformou uma bilha de gás numa bomba e atirou-a contra um carro das forças de Kadhafi. Foi preso durante cinco meses.

Algumas vezes, Mohammed acordava cedo e imprimia pequenos folhetos contra o regime. Ia para a sua universidade, em Trípoli, e colava-os pelas paredes da faculdade de engenharia às sete da manhã. As aulas estavam interrompidas desde o início da rebelião, mas era a sua maneira ingénua de dizer ao regime que a revolução tinha apoiantes na capital.

* * *

Na desorganização da guerra surgiram os conflitos internos que viriam a manter a Líbia dividida nos anos seguintes. A rebelião estava unida pelo objectivo de derrotar o regime. Mas as brigadas de combatentes vinham de lugares diferentes. Num país profundamente tribal, tinham a tendência a manter a lealdade ao seu próprio clã e à sua região. Em Julho de 2011, o comandante das forças rebeldes, o general Abdel Fattah Younes, foi raptado e assassinado quando ia a caminho de uma reunião com o Conselho Nacional de Transição para discutir a situação militar. A autoridade rebelde explicou apenas que o comandante havia sido morto por um grupo armado do lado dos revolucionários. O assassinato de Fattah Younes, provavelmente orquestrado por uma facção de combatentes islamistas, foi visto como a retribuição pelos anos de ligação a Muammar Kadhafi.[121]

Mesmo assim, a revolução progrediu. A partir de meados de Agosto, os rebeldes conquistaram várias zonas nos subúrbios de Trípoli, onde acabaram por entrar pouco depois. Foi um ponto decisivo na rebelião. Os combates entre os dois lados continuaram durante alguns dias, mas o líder líbio havia já abandonado a capital. Várias milícias que combatiam o regime asseguraram território e recursos. Combatentes de Zintan, uma cidade no oeste do país, passaram a controlar o aeroporto internacional. As brigadas de Misrata entraram nos armazéns de armamento e roubaram centenas de tanques de fabrico russo que haviam pertencido ao exército líbio.[122]

A queda de Trípoli permitiu desvendar os mistérios da prisão de Abu Salim, liberada a 24 de Agosto de 2011. Semanas depois, nos arredores, os rebeldes descobriram uma vala comum onde estariam enterradas as vítimas do massacre de 1996. A localização foi dada por membros do regime de Kadhafi capturados pelos rebeldes e por vários guardas da própria prisão. No lugar foram encontradas esqueletos humanos.[123] Foi a prova concreta de um dos mais violentos acontecimentos da ditadura líbia.

O Conselho Nacional de Transição começou a transferir a sua administração para Trípoli, e, em meados de Setembro, assegurou o reconhecimento da Assembleia Geral das Nações Unidas como representante do estado líbio na instituição.

Apesar das tentativas do conselho para integrar os combatentes rebeldes num novo exército nacional, a maioria dos soldados e civis que haviam feito a revolução armada mantiveram-se leais às milícias com que tinham combatido. Brigadas de outras cidades, que haviam ajudado na conquista de Trípoli, ficaram na cidade para garantir influência no novo país.

Em Setembro de 2011, poucas cidades ou aldeias escapavam ao controlo dos rebeldes. Mas Sirte, a cidade costeira onde nascera Muammar Kadhafi, era uma delas, e estava rodeada por tropas rebeldes há dois meses. Mesmo a NATO concentrava já grande parte dos seus bombardeamentos nas posições do regime em torno da cidade.

Foi durante o combate final por Sirte, em Outubro de 2011, quando os rebeldes e apoiantes de Kadhafi trocavam fogo de proximidade dentro da cidade, que um *drone* americano assinalou uma coluna de 80 veículos a sair de Sirte. Por volta das 8h30 da manhã do dia 20 de Outubro, aviões da NATO destruíram vários automóveis a três quilómetros da cidade.

Os rebeldes perseguiram alguns dos combatentes que sobreviveram ao bombardeamento. Muammar Kadhafi, que há meses chamava «ratos» aos rebeldes que o tentavam derrubar, foi encontrado ferido numa saída de esgoto.

O final dos ditadores tende a ser um reflexo da forma como governaram. Após meses de insurreição, Muammar Kadhafi foi morto às mãos das pessoas que durante décadas havia flagelado de forma sádica. Inicialmente, o Conselho Nacional de Transição alegou que o líder deposto havia sido morto numa troca de tiros, enquanto era transportado para um veículo. Mas imagens de Muammar Kadhafi ensanguentado, a ser empurrado e agredido por rebeldes, rapidamente se espalharam pela internet, contradizendo a versão oficial.

O vídeo desenha um quadro aterrador dos seus momentos finais. Amassado por vários combatentes, Kadhafi parece ser agredido repetidamente entre a multidão em gritos. Com a cara e a roupa ensanguentada, é colocado em cima do capô de um dos jipes, de onde depois é puxado novamente para o chão. Alguém na multidão parece insistir: «Mantenham-no vivo.» Mas ouvem-se tiros. Podem ser tiros de celebração para o ar. Mas seja por ferimentos anteriores, ou através de novos disparos, Muammar Kadhafi parece estar já morto quando rebola novamente no chão. É um vídeo inconclusivo e turvo, próprio da estrutura narrativa de um linchamento. No momento em que o ditador foi morto, cerca de 85 % da população líbia havia nascido já depois da sua chegada ao poder.

Após a captura de Kadhafi, os corpos de mais de 60 dos seus homens foram encontrados num hotel que servia de base ao exército rebelde. Muitos tinham as mãos atadas atrás das costas, a marca comum de uma execução.

Para apoiantes europeus e americanos da intervenção na Líbia, a forma como Kadhafi foi morto afectou a imagem da rebelião como força de libertação. Mas esta ingenuidade ensaiada parecia ignorar a prontidão com que as forças americanas, europeias e árabes haviam entrado no conflito.

Os corpos de Muammar Kadhafi, de um dos seus filhos, e do chefe do exército, foram mantidos durante quatro dias num contentor refrigerado em Misrata. Em Sirte, a tribo de Kadhafi reclamou o corpo para que fosse enterrado na cidade. Sugeriu-se também que fosse enterrado num cemitério improvisado à beira-mar, nos arredores de Misrata, onde os rebeldes da cidade haviam enterrado todos os soldados do regime que morriam nos combates, seguindo os preceitos do Islão.

Enquanto a decisão não era tomada, milhares de líbios fizeram filas para ver o corpo do líder morto. As autoridades rebeldes tiveram de dar máscaras cirúrgicas a quem visitava os corpos em rápida decomposição. O Conselho Nacional de Transição decidiu enterrar Muammar Kadhafi num lugar secreto no deserto, para evitar que o seu túmulo se transformasse num local de peregrinação.[124]

* * *

Para Mohamed Alnaas, a desilusão com a causa rebelde veio em Agosto de 2011, após a libertação de Trípoli, e um pouco antes da morte de Muammar Kadhafi.

Como a maioria das pessoas que conhecia, Mohamed desprezava os soldados do regime. O controlo rebelde estendia-se por quase todo o país, e Mohamed decidiu alistar-se como voluntário numa das milícias rebeldes. Não ia combater, apenas fazer burocracia para a *Katiba Douar Tadjoura*, os Revolucionários de Tajoura. O seu trabalho seria emitir cartões de identidade para os combatentes.

No primeiro dia de voluntariado, enquanto circulava pela casa onde a milícia estava sediada, Mohamed passou por uma porta aberta. Num dos gabinetes, um rebelde chicoteava as costas de um prisioneiro com uma corrente de metal. Ligeiramente surpreendido, o torturador interrompeu o seu trabalho e pediu desculpa enquanto fechou a porta, dizendo a Mohamed que aquilo não era para ver.

Anos mais tarde, lembrar-se-ia desse dia e desse gabinete como um ponto de viragem. Mas na altura, não lhe importou muito. Por causa da revolução, o seu curso de engenharia electrotécnica estava interrompido, e ele decidiu ficar a trabalhar com a milícia durante mais alguns meses.

A sede ia mudando de lugar à medida que a brigada rebelde se ia dividindo em diferentes grupos. Alguns combatentes saíam, criavam uma milícia nova, como células que se reproduziam. Em Novembro de 2011, Mohamed levava já três meses com os rebeldes. A sede havia mudado para uma quinta nos arredores de Trípoli. A propriedade havia pertencido a Mansour Dhao, o chefe de segurança interna de Muammar Kadhafi. Um dia, Mohamed reparou que os rebeldes andavam a treinar miúdos de 12 e 15 anos a apontar e disparar armas.

Como outros líbios, Mohamed vira a revolta a preto e branco. O exército de Kadhafi era feito de gente malévola, em oposição aos rebeldes, que lutavam pela liberdade. Mas, enquanto passava tempo com os rebeldes, Mohamed apercebia-se da forma como os dois lados se assemelhavam cada vez mais. Talvez a revolução estivesse envenenada desde o início. A vontade de derrubar Muammar Kadhafi encobrira a realidade: o conflito nunca havia sido entre uma frente unificada de rebeldes e uma ditadura opressiva. As forças anti-Kadhafi eram compostas por uma aliança reticente de diferentes tribos e forças regionais que partilhavam uma profunda desconfiança mútua. Acabado o regime, estes interesses tribais e regionalistas começaram rapidamente a combater entre si.

Foi também na quinta que Mohamed ouviu um dos milicianos que conhecia gabar-se de torturar os homens de Kadhafi. Falava com satisfação de como lhes batia na cabeça, e ameaçava queimá-los vivos. Ao ouvir um homem falar alegremente de torturar outro ser humano, sentiu pena dele. Era um homem bom, que Mohamed conhecia bem, mas envolvera-se com toda a violência até se transformar na própria violência.

Esse foi o último dia que trabalhou com as brigadas rebeldes.

A brutalidade andava por todo o lado. A guerra, supostamente terminada com o derrube de Kadhafi, continuou na cabeça de muitos líbios. Um dos amigos de Mohamed, ferido em Sirte e enviado para a Holanda para receber tratamento médico, voltara muito mais violento. Depois da revolta, guardou a sua *kalashnikov* debaixo da cama. Durante os anos seguintes, continuou a sair de casa sempre que ouvia um barulho estranho. Pensando ser acossado por ladrões, disparava rajadas de metralhadora para o ar nocturno.

* * *

Quando deixou de trabalhar com a milícia, Mohamed voltou para a universidade. Em 2012, a Líbia parecia entrar numa espécie de normalidade precária. Havia novas liberdades, permitidas pelo derrube da ditadura de mais de quarenta anos. Mas as brigadas rebeldes não puseram as armas de lado, levando a confrontos esporádicos entre diferentes grupos.

Nesse Verão, ele e quase 60 % dos eleitores inscritos votaram nas primeiras eleições livres após 42 anos. Até a sua mãe, que nunca se importara com política, decidiu votar. Os líbios escolheram uma assembleia de 200 pessoas que votariam na escolha do próximo governo — para substituir o Conselho Nacional de Transição que fizera a revolução.

A eleição fortaleceu representantes centristas e moderados, dando a vitória à Aliança das Forças Nacionais, que assegurou 41 lugares[125] no Congresso Nacional Geral (CNG), o novo parlamento. Ao contrário do que acontecera na Tunísia e no Egipto após as suas revoltas, a Irmandade Muçulmana na Líbia não conseguiu uma posição dominante quando foi a votos, ganhando apenas 17 lugares. Aglomerações políticas ainda mais extremistas recolheram ainda menos apoio. O posto de primeiro-ministro foi para Ali Zeidan, um independente moderado com uma carreira em direitos humanos.

Mas, paralelamente a um processo político que parecia avançar, o poder das milícias armadas crescia. O governo líbio tentou formalizar os combatentes, inserindo-os dentro das forças armadas líbias e oferecendo salários. Mas a medida só encorajou mais líbios desempregados a alistarem-se nas milícias, muitos dos quais nem tinham combatido na revolução. Em finais de 2013, havia cerca de 225 mil milicianos oficialmente registados na lista de salários do governo.[126] O número real de combatentes era provavelmente muito inferior, com duplicação e triplicação de pagamentos. Milhares de homens armados recebiam salários do estado, mas respondiam aos seus comandantes nas brigadas, rejeitando a incorporação nas forças do governo.

A presença de grupos armados permitiu às facções islamistas ganharem no terreno a influência que não tinham assegurado nas eleições. A 11 de Setembro de 2012, um grupo de extremistas atacou o consulado americano em Benghazi, matando o embaixador Christopher Stevens e mais três americanos. A politização do ataque nos Estados Unidos levou a um crescente abandono da Líbia por parte de Washington.

Em Trípoli meses depois, homens armados invadiram edifícios do governo para forçar o CNG, na prática, o parlamento líbio, a adoptar uma lei a proibir qualquer funcionário que tivesse participado em algum dos governos de Kadhafi a ocupar lugares na nova administração. Militantes armados forçaram também o parlamento a adoptar a *sharia* como lei de base para a legislação na nova Líbia. A beligerância das milícias afastou moderados e os tecnocratas com algum conhecimento do estado líbio. O primeiro-ministro, Ali Zeidan, chegou a ser raptado por uma das brigadas e libertado horas depois.[127]

* * *

O ano em que Mohamed acabou finalmente a universidade, 2014, foi um ano mau para a Líbia, e um ano terrível para os líbios. Durante seis meses, Mohamed não conseguiu encontrar emprego, enquanto a crise económica piorava, e o valor do dinar descia rapidamente. No final desse ano, a Líbia seria formalmente dividida entre dois governos e dois parlamentos.

Tudo começou com uma emissão televisiva. Em meados de Fevereiro, Khalifa Haftar, um líder militar do tempo de Kadhafi, apareceu nos ecrãs e encorajou os líbios a revoltarem-se contra o parlamento eleito em 2012, o CNG. Haftar anunciou a dissolução unilateral da assembleia, o estabelecimento de uma comissão presidencial, e um novo governo para levar o país a novas eleições. Pouca gente prestou atenção ao general. O primeiro-ministro Ali Zeidan, chamou ao apelo de Haftar uma tentativa «ridícula».[128]

Nascido em 1943, Khalifa Haftar participara no golpe militar contra o rei Idris em 1969, que levou Muammar Kadhafi ao poder. Durante os anos 1980 foi mandatado por Kadhafi para liderar as tropas líbias no Chade. Mas em 1987 Haftar foi capturado pelos chadianos juntamente com centenas dos seus homens. Interessado em negar a presença de tropas líbias no Chade, Kadhafi abandou Haftar e os outros soldados. Revoltado, o militar chefiou um golpe falhado contra o regime líbio. Nos anos seguintes, Khalifa Haftar foi viver para a América. Recebeu a cidadania e colaborou com a CIA em vários planos contra o regime líbio.[129] Com a revolta popular de 2011, Haftar foi um de vários dissidentes que voltaram ao país para participar no derrube de Kadhafi.

Ao tentar um golpe televisivo, Khalifa Haftar parecia um antigo membro da hierarquia a reposicionar-se na confusão do novo país. Mas o velho militar havia conseguido juntar um exército no leste da Líbia, o autodenominado Exército Líbio Nacional, constituído por militares do antigo regime, brigadas de combatentes anti-islamistas, e restos da força aérea líbia. Foi o início de uma campanha para levar Khalifa Haftar até à chefia do país.

Meses depois, em Maio, forças leais ao general Haftar lançaram a operação Karama (Dignidade) com o objectivo de «derrotar o terrorismo». A ofensiva começou com o ataque às bases de várias milícias islamistas em Benghazi, incluindo a Brigada dos Mártires de 17 de Fevereiro, e a Ansar Al-Sharia. Dias depois, milicianos leais a Haftar atacaram e ocuparam o parlamento em Trípoli.[130] A ofensiva no Leste, constituída inicialmente por combatentes líbios, atraiu rapidamente o apoio militar e político do vizinho Egipto e dos Emirados Árabes Unidos.[131]

A luta não era só entre o militantismo de Haftar e os islamistas. Em Benghazi, milícias extremistas, incluindo a Ansar al-Sharia, continuaram uma campanha de terror, assassinando centenas de jornalistas, advogados, polícias, soldados e juízes.[132] O clima de insegurança era tão desolador, que apenas 18 % dos eleitores inscritos a nível nacional participaram nas eleições para a Câmara dos Representantes em Junho 2014. No dia do voto, um grupo de islamistas entrou na casa da activista e advogada de direitos humanos Salwa Bugaighis, em Benghazi, e assassinou-a a tiro. Antes de morrer, Bugaighis foi uma dos menos de 700 mil líbios que conseguiram exprimir o seu voto. As facções islamistas perderam novamente as eleições.

O CNG, que era na sua génese um órgão temporário, estava encarregado de passar a legitimidade governativa ao novo parlamento eleito, a Câmara dos Representantes. Mas, derrotados nas urnas, os islamistas actuaram nas ruas. Semanas depois das eleições, em meados de Julho, milícias islamistas aliadas com brigadas combatentes da cidade de Misrata, no que ficou conhecido como a coligação militar Amanhecer Líbio, lançaram um ataque contra o Aeroporto de Trípoli. Em Agosto, conseguiram expulsar as milícias de Zintan aliadas de Haftar, deixando o aeroporto e vários aviões totalmente destruídos.

As milícias aglomeradas na coligação Amanhecer Líbio asseguraram o controlo de Trípoli. O CNG recusou-se a reconhecer o novo parlamento, votando para estender a sua própria autoridade. Com a situação cada vez mais tensa em Trípoli, os membros da Câmara de Representantes (na prática, o parlamento legítimo), mudaram-se para a cidade de Tobruk, no Leste do país, em Outubro, declarando ser o governo legítimo da Líbia. A mudança foi tão repentina que a cidade não estava preparada para o influxo de pessoas e dirigentes no exílio. Muitos foram hospedados num *ferry* grego de transporte de automóveis, alugado à pressa.[133]

A Líbia passou a ter dois governos e dois parlamentos, separados por 800 quilómetros de desordem. A segunda guerra civil líbia acabara de começar. Nesse Verão, aviões *Mirage* comandados pela força aérea dos Emirados Árabes Unidos estavam já a bombardear posições da coligação Amanhecer Líbio, em Trípoli. Pouco depois, a França começou a apoiar as forças de Haftar, enviando conselheiros militares e dos serviços de informação. A Rússia enviou armamento, medicamentos, e conselheiros militares para o Leste da Líbia.

* * *

Mohamed viu o tribalismo aumentar depois da revolução, mas a semente desse desacordo existia há muito. Durante o Império Otomano, o território era gerido em três regiões administrativas. Para criar a sua fantasia colonial no Norte de África, os italianos martelaram Cirenaica, Tripolitânia e Fezzan para fazerem o território líbio.

Com o derrube de Kadhafi, soltou-se o tampão da ditadura. O conflito tribal e regionalista revelou-se como o verdadeiro motor da sociedade. Parte da governação do líder deposto havia sido baseada nesse mesmo princípio. Deliberadamente, o ditador bloqueara a emergência de verdadeiras instituições nacionais. Inventando-se como líder tribal, Kadhafi ambicionava ser o único cimento do país, equilibrando os vários poderes tribais e regionalistas sem deixar que nenhum sobressaísse acima dos outros, ou que o superasse a ele.

Os argumentos na Líbia pós-Kadhafi eram os mesmos na Líbia pré- Kadhafi. Nos anos 1960, já os líbios de Benghazi julgavam que os líbios de Trípoli tinham demasiado poder. Mohamed percebeu o conflito entre os dois lados do país como sendo a mesma luta que haviam travado os seus avôs. Mas as armas acumuladas pelo autoritarismo de Kadhafi estavam agora nas mãos do povo. O monopólio da força era decidido dia-a-dia em cada interacção. Este confronto apagou o país, transformando a Líbia num conjunto de cidades-estado num mar de milícias armadas.

* * *

Instável, o território transformou-se num alvo preferencial para o Daesh. O grupo começou pela cidade de Derna, no este do país, que havia sido uma base de grupos islamistas que combateram o governo líbio. Em Novembro de 2014, jiadistas retornados do Iraque e da Síria tomaram a cidade: execuções sumárias e chicoteamentos. Depois, os militantes conquistaram a cidade costeira de Sirte, situada a meio do país dividido entre as forças de Haftar no Leste, e as milícias apoiantes de Trípoli. Um vídeo publicado em Fevereiro de 2015 mostrou 21 coptas egípcios, vestidos com os habituais fatos cor de laranja, a serem levados por uma praia por combatentes vestidos de negro, antes de serem decapitados. Poucos meses depois, outro vídeo, também supostamente filmado na Líbia, mostrou a execução de 29 etíopes. Mostras de sadismo para atrair novos sádicos para a causa.

A expansão do Daesh motivou a comunidade internacional a envolver-se mais no processo líbio, levando à assinatura de um acordo patrocinado pelas Nações Unidas em finais de 2015. Os governos rivais em Trípoli e Tobruk reuniram-se em Skhirat, Marrocos, para tentar unificar o país. Um Governo de Acordo Nacional foi estabelecido para servir como autoridade interina até novas eleições. Mas alguns políticos e milícias, relutantes em perder o controlo que haviam assegurado no caótico período a seguir à revolução, recusaram apoiar o novo acordo político.

Fayez al-Sarraj, que havia sido escolhido para servir como primeiro-ministro do novo governo, chegou a Trípoli em Março de 2016 para tomar o lugar, desafiando ameaças directas de milícias que continuaram a opor-se ao Governo de Acordo Nacional. Sarraj prometeu que se focaria em assegurar um cessar-fogo, combater o Daesh e conseguir que as pessoas deslocadas por causa do conflito pudessem regressar a casa.

* * *

A campanha contra o Daesh foi liderada por forças da cidade de Misrata apoiadas pelos Estados Unidos, que conseguiram liberar Sirte em Dezembro de 2016. Mas a Líbia continuou dividida entre este e oeste.

Arrasado o regime de Muammar Kadhafi, as vastas reservas de petróleo da Líbia tornaram-se no prémio ambicionado por poderes locais e países estrangeiros. Com o país fragmentado, inúmeros políticos e membros das elites locais buscaram patronos no exterior para assegurar as suas posições no conflito interno. Este convite à intervenção estrangeira não foi feito por um estado soberano, mas por agentes militares, religiosos, ou membros da hierarquia do antigo regime. Dentro de território líbio e na diáspora, estes agentes aumentaram a influência externa no conflito.

Rapidamente, o país transformou-se num pólo de intervenção para várias forças regionais, que aumentaram o apoio militar e logístico aos dois lados. Historicamente, os conflitos alimentados por intervenção estrangeira — canalizando armas, dinheiro, equipamento e treino militar — tendem a prolongar-se no tempo.

O governo em Trípoli é reconhecido internacionalmente como o governo legítimo da Líbia. Mas o verdadeiro apoio logístico e militar tem vindo do Qatar e da Turquia. Ancara ambiciona aumentar a sua influência no Mediterrâneo, e quer assegurar direitos de exploração petrolífera no mar líbio. O Governo de Acordo Nacional recolhe também apoios da maioria dos países da União Europeia. Apesar de juntar facções ligadas à Irmandade Muçulmana, o governo de Trípoli é também apoiado por outras forças não islamistas.

Khalifa Haftar e o seu Exército Nacional Líbio conseguiram o apoio do vizinho Egipto, dos Emirados Árabes Unidos, da Arábia Saudita, e da Rússia. Estes países estão comprometidos a evitar a expansão da Irmandade Muçulmana como movimento político, mas querem também impedir que o extremismo islâmico influencie outros países da região, especialmente o Egipto. Para estes governos, a solução para a Líbia é um novo homem forte, mais parecido com o líder egípcio Abdel Fattah el-Sisi, do que com Muammar Kadhafi. Khalifa Haftar tem o perfil para este papel. A França também apoia Haftar, apostando na possibilidade de que um autoritarismo renovado na Líbia reduza a imigração ilegal para a Europa. O que acontece hoje na Líbia é mais do que um conflito civil. Antes, é uma guerra internacional travada em solo líbio.

Khalifa Haftar anunciou no Verão de 2017 que havia vencido a batalha por Benghazi. Depois de três anos de guerra, partes da cidade haviam sido destruídas. Por essa altura, o militar líbio havia tomado controlo de várias portos e instalações petrolíferas no este da Líbia, e alargado a sua influência até ao Sul do país, onde as suas forças controlavam já várias bases militares. Pouco depois, Haftar declarou que o acordo de Skhirat havia chegado ao seu fim, e que o Governo de Acordo Nacional carecia de legitimidade popular.[134]

* * *

A comédia negra da tragédia Líbia foi infiltrando tudo o que Mohamed Alnaas escrevia.

Em 2017, participou num livro de contos que reuniu 25 jovens escritores líbios. O seu conto segue o percurso de um líbio que tem medo de líbios, um líbio-fóbico. O medo dos seus conterrâneos foi-lhe incutido pelos anos de guerra. É difícil viver na Líbia sentindo temor dos líbios. Um dia, a personagem livra-se finalmente do seu receio. Mas quando abraça as singularidades do seu povo e da sua sociedade, é morto por uma bala perdida. O medo mantivera-o vivo, mas preso. Quando se libertou, morreu.

No entanto, foi outro conto dessa mesma antologia que mudaria a vida de Mohamed. Quatro meses após a publicação do livro, uma campanha nas redes sociais conseguiu que o livro fosse banido pelo Ministério da Cultura. O problema foi levantado por alguns leitores que ficaram descontentes com uma história em que a personagem principal critica Deus e diz coisas obscenas. A turba da internet distribuiu excertos do livro, galvanizando a intolerância religiosa num país cheio de gente devota e armada. Nessa campanha, publicaram também fotografias de um dos lançamentos do livro, na cidade de Zawya, mostrando vários dos escritores, entre eles, Mohamed. Milicianos de Zawya detiveram os organizadores do evento para interrogatório. Alguns internautas pediram a prisão de todos os escritores que haviam contribuído para o livro. O Islão conservador tinha cada vez mais poder na sociedade desfeita, rapidamente exacerbado pelas redes sociais e pela falta de segurança.

Durante os anos 1990, Muammar Kadhafi perseguira os islamistas. Mas, a partir de 2000, a expansão do Islão *wahabi* chegara também à Líbia, tornando as pessoas mais conservadoras, especialmente nas duas últimas décadas. A maioria dos líbios que Mohamed conhecia eram muçulmanos por nascimento, não se preocupavam em investigar os aspectos da religião além do Corão, não estudavam sobre as diferentes correntes ou sobre jurisprudência islâmica. Em Trípoli, Mohamed não sofreu com os excessos dos islamistas que assolaram lugares como Benghazi. Mas um dos seus amigos juntou-se ao Daesh em Sirte. A guerra havia transformado muita gente. Acontecera especialmente aos que haviam atravessado experiências traumáticas durante a revolução e nos anos subsequentes. Mesmo os que fumavam haxixe e bebiam álcool, apareciam depois com ideias mais ortodoxas sobre a religião, «tudo isto não nos aconteceria se fossemos melhores muçulmanos», começou a ouvir Mohamed de amigos e conhecidos, mesmo enquanto ele se sentia cada vez menos devoto.

Tornado líbio-fóbico pelas ameaças, Mohamed deixou de andar na rua. O seu primo, um miliciano, apareceu um dia em casa dele para o avisar de que uma outra milícia de Trípoli, o Batalhão Nawasi, tinha posto o nome de Mohamed na lista negra. Tentariam prendê-lo.

No aeroporto de Trípoli Mohamed estava amedrontado, visível pela mera sensação de se sentir presa. Mas conseguiu entrar no avião sem problemas.

Voou para a Tunísia, onde passou vários meses na medina Tunes, e mais um mês na costa, à espera que as coisas acalmassem. Em Tunes cruzou-se com outro dos escritores líbios que havia participado no livro proibido. Havia sido capturado por uma das milícias e torturado no mesmo edifício onde Mohamed trabalhara anos antes, onde vira um homem a ser chicoteado com uma corrente de metal; o mesmo lugar onde se desiludira com a revolução.

Meses depois, e atraído por um novo emprego, Mohamed voltou para Trípoli do seu exílio tunisino. Ninguém o incomodou. A fúria cibernética já se distraíra com outros assuntos.

* * *

Khalifa Haftar foi avançando pela Líbia, galvanizado pelo apoio militar de vários países, imbuído pelo espírito de salvador; convencido de que conseguiria trazer ordem à Líbia.

No início de 2019, os Estados Unidos e a maioria da União Europeia viram o domínio territorial de Khalifa Haftar pelo Fezzan e em direcção a Trípoli sem preocupação. O consenso era de que o general, que havia começado uma campanha militar em 2014, chegaria à capital para negociar um acordo de partilha do poder que levasse a eleições. Durante negociações em Abu Dhabi, Fayez al-Sarraj, do Governo de Acordo Nacional, e o general Haftar, que havia consolidado o seu controlo no Este e no Sul da Líbia, concordaram na necessidade de eleições nacionais para estabelecer um governo legítimo e pacificar o país. Os dois líderes haviam dado o seu compromisso ao processo das Nações Unidas, que preparava uma conferência de paz.

Mas em Abril de 2019, enquanto o secretário geral das Nações Unidas, António Guterres estava na Líbia para preparar discussões com todas as correntes políticas e tribais do país, Haftar lançou uma ofensiva surpresa para conquistar Trípoli, começando por atacar a cidade de Garyan, a menos de cem quilómetros a sul da capital.

O assalto apanhou toda a gente de surpresa. Haftar estava decidido a pacificar o país através da guerra e, no processo, posicionar-se como futuro líder. O Governo de Acordo Nacional mobilizou as milícias de Trípoli para a defesa da capital. A Turquia aumentou o seu apoio logístico ao governo em Trípoli, enviando veículos militares e operando *drones* sobre a zona para conter o apoio aéreo que os Emirados Árabes Unidos continuavam a fornecer a Khalifa Haftar.

Mohamed Alnaas pensou inicialmente que a ofensiva de Haftar poderia entrar pelo este da cidade e passar por Tajoura. Mas as forças do general foram pelo sul. Tajoura e as zonas circundantes não estavam propriamente separadas de tudo o que se passava no país. Numa noite em Julho de 2019, Mohamed ouviu o barulho de uma explosão, resultado de um ataque aéreo pelos Emirados Árabes Unidos que destruiu um centro de acolhimento de migrantes, matando 53 pessoas. Por essa altura, a Líbia havia sido transformada numa plataforma de tráfico de pessoas. Várias milícias prendiam migrantes africanos que tentavam atravessar o Mediterrâneo. Antes de os libertarem, extorquiam dinheiro aos seus familiares.

No final do Verão, a batalha pela capital parecia ter chegado a um impasse. Mas em Setembro a Rússia enviou mercenários ligados ao Grupo Wagner, a empresa de segurança privada utilizada pelo Kremlin para operar em vários cenários internacionais. Os paramilitares russos juntaram-se às forças de Khalifa Haftar nos arredores de Trípoli. Nos finais de 2019, a conquista de Trípoli pelas forças do Leste do país, ajudadas pela Rússia e pelos Emirados Árabes Unidos, parecia possível.

As autoridades do Governo de Acordo Nacional apelaram à Turquia. O presidente turco, Recep Tayyip Erdogan, assentiu em ajudar as autoridades em Trípoli com o envio de combatentes. O acordo envolveu a atribuição de direitos de exploração petrolífera no Mediterrâneo, colocando a Turquia em oposição directa a outros estados na divisão das águas territoriais. Em Dezembro de 2019, a Ancara enviou um primeiro contingente de milicianos sírios para a Líbia.[135] Os combatentes haviam participado nas incursões turcas, atacando o território ocupado pelos curdos no Norte da Síria a partir de 2016. Tropas turcas e adidos militares foram também enviados, juntamente com artilharia e baterias antiaéreas. O apoio de Erdogan à autoridade de Trípoli equilibrou o campo de batalha, impedindo a tomada da cidade pelas forças de Haftar.

O impasse militar abriu uma frente diplomática. Russos e turcos organizaram uma conferência em Janeiro de 2020, em Moscovo, onde se reuniram os líderes das duas facções líbias. Fayez Al-Sarraj e o Governo do Acordo Nacional, que continuavam a sobreviver à ofensiva de Haftar, assinaram um acordo de cessar-fogo. Mas Khalifa Haftar e o seu Exército Nacional Líbio recusaram assinar o documento escrito, dando apenas o seu consentimento verbal. O equilíbrio de forças às portas de Trípoli durou, e, em Junho de 2020, as forças de Khalifa Haftar abandonaram a ofensiva, após 14 meses de combates violentos que haviam tornado os arredores de Trípoli numa zona de guerra. Aos 77 anos, Khalifa Haftar havia falhado a sua tentativa de chegar ao poder militarmente.

* * *

A interrupção nos combates não significou a pacificação da Líbia. Porém, em Agosto de 2020, Mohamed decidiu viajar de carro desde Trípoli até Benghazi com um amigo, para se reunirem com outro amigo escritor. O país continuava dividido. Atravessando um *checkpoint* entre as forças de Misrata e as forças comandadas pelo general Haftar, foram obrigados a parar. Mohamed e o seu amigo não pareciam suficientemente líbios para os soldados de Haftar. Pediram-lhes para ver os passaportes, e bisbilhotaram os telemóveis, receando que fossem mercenários sírios. Mas deixaram-nos ir.

Mohamed sempre soubera que a Líbia era um país grande. Mas nunca tinha percebido verdadeiramente a sua dimensão até atravessar de oeste até leste de carro. Muito do caminho foi feito ao longo da estrada que cruza o deserto ao longo do Mediterrâneo. A Líbia é um país de luz e vazio, uma luz tão forte que magoa os olhos e torna difícil focar a vista num objecto. Durante as 14 horas de estrada, foram mudando as estações de rádio, ouvindo o som de comunicações em russo e em turco, sintomas de um país povoado por forças estrangeiras.

Em Benghazi, Mohamed foi surpreendido pela simpatia das pessoas, pela forma como não se importavam que ele fosse de Trípoli. O centro da cidade estava totalmente destruído, e reparou que havia mais bairros pobres do que na capital. Mesmo antes de ter sido o berço da rebelião, Kadhafi nunca gostara de Benghazi, de certa forma, nunca havia conseguido conquistar a sua lealdade. Nos anos depois da rebelião, com a ofensiva dos islamistas e combate das forças de Haftar, Benghazi sofrera muito mais violência do que Trípoli. Mas os desentendimentos regionalistas continuavam a ser uma forma fácil de espalhar animosidade. As redes sociais continuavam repletas de gente que dizia que a Líbia deveria ser dividida em dois países, espalhando ódio entre o este e o oeste.

* * *

Nesse Verão, já de regresso a Trípoli, Mohamed passou de automóvel por dois homens que discutiam na estrada. Disputavam a responsabilidade pelo embate que ali os reunira. Enquanto contornava o sinistro, Mohamed viu um deles dirigir-se ao seu automóvel e pegar numa *Kalashnikov*. Espreitando pelo espelho retrovisor, enquanto seguia caminho, Mohamed viu a Líbia a morrer mais um pouco.

Após uma década de guerra, a Líbia continua fragmentada. Apesar de produzir mais de um milhão de barris de petróleo por dia em finais de 2021, o país continuava a sofrer cortes de electricidade e falta de combustível. Khalifa Haftar continuava a controlar o Leste da Líbia, ensaiando todos os movimentos do autoritarismo militar. Em

Novembro de 2021, Haftar anunciou que era candidato às eleições presidenciais marcadas para o final desse ano. Após ter dedicado anos a uma guerra civil que partira o território em dois, o general disse que as eleições eram a única maneira de unificar o país.

Seif Al-Islam Kadhafi, filho do ditador deposto pela revolução há uma década, também se movimentou para ser candidato. Em 2011, Seif foi detido pelas milícias de Zintan, e guardado em reclusão na cidade, um trunfo político. Anos de degradação social e económica deixaram muitos líbios com saudades da paz autoritária oferecida por Muammar Kadhafi. Nesse espaço de oportunidade, no meio do país destruído por milícias e forças militares estrangeiras, Seif quer afirmar-se como a resposta à nostalgia pela estabilidade perdida. Recentemente, numa entrevista ao *The New York Times*, Kadhafi filho chamou os líbios que fizeram a revolução de pessoas más, terroristas, diabos.

As eleições marcadas para Dezembro de 2021 acabaram por ser adiadas.

À Deriva no Mar Vermelho

Esquecido no fim da Península Arábica, o Iémen ocupa um ponto estratégico para o comércio e para a geopolítica. Bab el-Mandeb, o Portão das Lágrimas, é um estreito marítimo com 12 quilómetros de largura. Juntamente com o Djibouti e a Eritreia, do lado oposto, o Iémen guarda a passagem que liga o Mar Vermelho ao Golfo de Adém e o Corno de África.

É uma sociedade tribal de costumes, na qual as relações estabelecidas entre clãs sustentam diferentes correntes políticas e religiosas. As zonas montanhosas do Norte têm o clima apropriado para a plantação de *catha edulis*, a árvore que dá a *khat*. Esta erva narcótica é mastigada pela maioria da população iemenita, e sustenta mais de um terço dos que vivem da agricultura. É um ritual diário: mascam-se folhas verdes até atingir um certo torpor, uma bola protuberante visível numa das bochechas. Este hábito é um problema. Consome recursos hídricos num país com pouca terra arável, e onde uma grande parte da população tem dificuldades no acesso a comida.

É o país com o maior número de armas *per capita* a seguir aos Estados Unidos. Durante gerações, os iemenitas andavam sempre com o *jambiya*, o punhal curvo levado nas calças como tradição. Mas desde meados do século XX, as armas brancas foram sendo reforçadas com metralhadoras e pistolas.

Em 2011, a juventude do Iémen, há muito marginalizada por uma elite política corrupta, aderiu à onda regional de protestos com empenho. Tinham muitas razões para se manifestar. Durante décadas de conflitos internos e instabilidade, o governo nunca acabou de construir o país. Em vez de melhorar o nível de alfabetização, ou expandir infra-estrutura de transporte e de saúde, o presidente Ali Abdullah Saleh aproveitou o carácter incompleto do estado para se manter durante três décadas no poder.

A revolta popular de 2011 marcou o princípio do fim de Saleh. Mas embrenhou o país numa crise humanitária, numa guerra civil, agravada por uma intervenção estrangeira. Ali Abdullah Saleh lutou até ao fim para se manter relevante. Esse apego ao poder determinou o seu trágico fim. Mas, antes de se afundar na instabilidade tribal do Iémen, o presidente conseguiu arruinar a possibilidade (mesmo que remota) de uma transição pacífica no país mais pobre da região.

Ali Abdullah Saleh era feito da fibra particular que compõe o sobrevivente político. Em muitos aspectos, era o tradicional homem forte da região, na longa tradição dos militares autoritários. A sua longa durabilidade política alimentou-se dos conflitos e das divisões tribais que reiteradamente caracterizaram o Iémen para se manter sempre à superfície. Governar o Iémen, Saleh disse um dia, era como «dançar nas cabeças de cobras».

Depois de frequentar a escola corânica em Bayt Al-Ahmar, no Norte do Iémen, Saleh juntou-se ao exército com apenas 16 anos. O país estava dividido em dois: o Iémen do Norte, com a capital em Saná, e o Iémen do Sul, comunista, com a capital na cidade-porto de Adém. Saleh foi subindo na hierarquia, e em 1974 participou no golpe que colocou Ibrahim Al-Hamdi no poder. Mas Al-Hamdi foi assassinado em 1973, alegadamente pela Arábia Saudita, e oito meses depois o seu sucessor Ahmad bin Hussein al-Ghashmi foi também morto, pela explosão de uma mala armadilhada. Essas duas mortes abriram o caminho a Saleh, que subiu ao poder em 1978.

* * *

Dois anos antes da chegada de Ali Abdullah Saleh ao poder no Iémen, a milhares de quilómetros da Península Arábica, a empresa japonesa Hitachi Zosen Corporation concluiu a construção de um superpetroleiro. O navio, baptizado *Esso Japan*, media 362 metros de comprimento, e conseguia transportar mais de três milhões de barris de petróleo de uma só vez.

Sempre que estava carregado até à sua capacidade máxima, o casco do *Esso Japan* navegava a 22 metros debaixo da linha de água. Devido a esta condicionante, o superpetroleiro visitava apenas os portos mais profundos do mundo, precisando de mais de três quilómetros e 15 minutos para abrandar da sua velocidade máxima de 15,5 nós até poder aportar.

Durante anos, o navio, comandado pela petrolífera Exxon, foi distribuindo crude por vários portos do Médio Oriente, da Europa, e até dos Estados Unidos, evitando o Canal do Suez, travessia que lhe estava impedida devido à sua dimensão.

O navio foi parcialmente abandonado em 1982, enviado para os fiordes da Noruega, onde centenas de outros cargueiros aguardavam à espera de serem vendidos, levados para outros lugares do mundo para serem desmantelados e o seu metal aproveitado. No entanto, no ano seguinte, um acontecimento no deserto iemenita viria a estender o tempo de vida do *Esso Japan*.

Uma empresa petrolífera americana, a Hunt Oil Company, descobriu petróleo no deserto do Marib, no Iémen do Norte, em 1983. Em vez de construir um terminal de armazenamento e exportação na costa para movimentar o crude, um investimento faraónico, a empresa escolheu uma opção mais barata: comprou o *Esso Japan* para utilizar o superpetroleiro para armazenar crude. O navio foi levado até à Coreia do Sul, onde foi renovado por 12 milhões de dólares e readaptado à sua nova função. Quando chegou à costa iemenita, em Março de 1988, o superpetroleiro tinha já mudado de nome para *FSO Safer*. Ancorado a cinco milhas náuticas da costa, em Ras Issa, perto do porto de Hodeidah, o *FSO Safer* passou a guardar o crude que chegava à costa através de um *pipeline* ligando os campos petrolíferos e a refinaria em Marib, até ao Mar Vermelho.

* * *

Após várias tentativas, Ali Abdullah Saleh conseguiu unificar o Iémen em 1990. E, no entanto, as duas facções do país continuaram a lutar, com uma nova guerra civil em 1994, ganha pelo governo central com a ajuda de guerrilheiros árabes retornados do Afeganistão, parte dos grupos de *mujahideen* apoiados pela Arábia Saudita e pelos Estados Unidos para combater os russos.

No caldeirão de animosidades territoriais, religiosas e tribais que envolvia o Iémen nos anos 1990, um movimento teológico surgiu nas montanhas da região de Saada, no noroeste do país, habitada por seguidores do facção zaidi. Cerca de 60 % da população iemenita é muçulmana sunita, mas 40 % são xiitas zaidis. Os zaidis são uma minoria dentro dos muçulmanos xiitas, e como tal, diferem do Islão Xiita maioritário no Iraque e Irão. A teologia zaidi baseia-se na veneração a Zayd bin Ali, o bisneto de Ali, o genro e primo do profeta Maomé, reverenciado pelos muçulmanos xiitas. Zayd bin Ali foi feito mártir durante uma revolta contra o império Umayyad, a primeira dinastia islâmica, em 740. Os seguidores de Zayd bin Ali, reconhecem-no como um líder justo que se insurgiu contra o poder corrompido.

Após se estabelecerem no Norte do Iémen no século IX, os Zaidis passaram mais de mil anos a disputar o controlo do território. Com o desmembramento do Império Otomano em 1918, o Iémen do Norte organizou-se sob o controlo de uma monarquia zaidi, o reino Mutawakkilita, que duraria até que uma revolução em 1962, apoiada militarmente pelo Egipto de Nasser, estabeleceu uma república nacionalista árabe, chefiada a partir de Saná.[136]

Foi essa mudança, e o conflito militar que se seguiu, que permitiu a chegada ao poder de Ali Abdullah Saleh. Apesar de pertencer à facção zaidi, Saleh conseguiu o apoio de vários líderes militares e políticos sunitas.

O governo de Ali Abdullah Saleh foi caracterizado por corrupção e favorecimento de familiares e amigos. E foi como resistência religiosa e política a Ali Abdullah Saleh que Hussein Baddredine Al Houthi, um líder religioso, político e militar da facção zaidi, fundou os houthis nos anos de 1990.

O nome oficial do movimento houthi é *Ansar Allah* (Apoiantes de Deus). Após a invasão americana do Iraque em 2003, que extremou posições por toda a região, os houthis adoptaram o *slogan*: «Deus é Grande, Morte à América, Morte a Israel, Maldição aos Judeus, Vitória ao Islão», estampado na bandeira do grupo.

A partir de 2003, Ali Abdullah Saleh lançou várias campanhas militares para acabar com os houthis no Norte. A ofensiva do governo central contra Saada levou à morte de Baddredine Al Houthi no Verão de 2004, dando origem a uma guerra intermitente entre Saleh e os houthis até que, em 2010, os dois lados assinaram um acordo de cessar-fogo.[137] Desde esse conflito que os houthis tentavam assegurar a autonomia para a região, e combater o que percebiam ser o crescente domínio do Islão Sunita.

A sublevação dos houthis no Norte não era a única fonte de instabilidade. O país era há muito fustigado pelo extremismo islâmico sunita. Grupos de combatentes árabes retornados do Afeganistão foram utilizados por Saleh na guerra civil entre o sul e o norte.[138] O regime ganhou, mas os combatentes extremistas acabariam por fundar uma base extremista no Iémen. No início dos anos 2000, estes militantes foram responsáveis por ataques contra interesses americanos na região, e em 2009 fundiram-se com a Al-Qaeda na Arábia Saudita, dando origem à Al-Qaeda na Península Arábica.[139]

O ataque da Al-Qaeda ao navio da marinha americana *USS Cole*, em 2000, no porto de Adém, deu ao presidente iemenita a sua abertura. Saleh posicionou-se como um parceiro diligente no combate à Al-Qaeda na Península Arábica, recebendo dinheiro dos americanos, mesmo enquanto continuava a ajudar os mesmos grupos islamistas a manterem uma presença no país.[140] Washington continuou a enviar dinheiro, muito do qual terá sido desviado por Saleh para benefício próprio. Como Hosni Mubarak no Egipto, e Muammar Kaddaffi na Líbia, também Saleh havia estado a preparar o seu filho, Ahmad Abdullah Saleh, para que o sucedesse no poder.[141]

Em Novembro de 2010, a *WikiLeaks* revelou inúmeros telegramas enviados das embaixadas americanas para o Departamento de Estado. Os iemenitas ficaram a saber que, num encontro com o general David Petraeus, Ali Abdullah Saleh assegurou que o governo iemenita se responsabilizava pelos ataques de *drones* americanos no Iémen contra a Al-Qaeda, que faziam um número crescente de vítimas civis.

«Continuaremos a dizer que as bombas são nossas e não vossas», disse Saleh.[142]

* * *

A Hunt Oil Company perdeu a sua concessão petrolífera e, a partir de 2005, a gestão do *pipeline* petrolífero e do superpetroleiro *FSO Safer* ficou a cargo da Safer Exploration & Production Operations Company (SEPOC), a empresa estatal de petróleos do Iémen.

Os navios necessitam de manutenção regular. Pintura e protecção para que o casco, as válvulas, os tubos, e outros equipamentos, aguentem a corrosão do sal e o baloiçar marítimo. A SEPOC gastava anualmente 20 milhões de dólares para conservar o navio e continuar a usá-lo como depósito de crude.

O governo iemenita decidiu finalmente investir quase 200 milhões de dólares para construir um terminal de armazenamento de crude em terra. O projecto foi entregue a um consórcio liderado pela ChemieTech, uma empresa sediada no Dubai, que começou a obra em 2012, à vista do navio envelhecido que o terminal iria substituir.[143]

* * *

Os protestos de 2011 apanharam o país numa situação desastrosa. O Iémen era já um dos países mais pobres do mundo, com uma população de 23 milhões, e 40 % das pessoas a viver com menos de 2 dólares por dia.[144] Há décadas que a ausência de estado, a falta de estruturas de saneamento e as dificuldades no acesso a água, assolavam a vida de muitos iemenitas. Apesar do regime estar no poder há mais de trinta anos, o Iémen parecia sempre um país a prazo, pronto a desmoronar-se em conflitos tribais e regionalistas.

Os protestos ganharam força em meados de Janeiro de 2011, pouco depois do voo que levou Ben Ali desde a Tunísia até à Arábia Saudita. O volume de manifestantes foi crescendo. Inicialmente marcharam em direcção à embaixada do Egipto em Saná para mostrar solidariedade com os protestos contra Hosni Mubarak, que cresciam no Egipto. Na capital iemenita, cantaram o mesmo que se cantava pelas ruas do

Cairo, de Alexandria, de Ismailia ou de Port Said: «O povo quer a queda do regime.»

Rapidamente, forças leais ao regime começaram a reprimir quem saía à rua. Mas dias depois, Saleh ofereceu concessões. Afirmou que não se candidataria às próximas eleições, em 2013, e que não tentaria transferir o poder para o seu filho.[145] Contudo, habituados às promessas vazias do presidente, os iemenitas queriam decisões concretas. Anos antes, em 2005, Saleh havia já anunciado que não se candidataria às eleições presidenciais de 2006, acabando depois por recuar. Grupos da oposição apresentaram um plano de transição de poder para impor a Saleh. Mas o presidente ofereceu uma nova constituição e a renovação do sistema parlamentar. Em 2011, não foram apenas os *slogans* populares contra o autoritarismo que viajaram de país para país. Também a resposta inicial dos líderes acossados parecia replicar-se por toda a região. O presidente iemenita prometeu reformas inimagináveis; em poucos meses faria o que não havia feito em décadas.

Quando *snipers* do regime mataram 52 manifestantes na Universidade de Saná, em Março de 2011, membros do exército, ministros do governo, e diplomatas, trocaram o regime pela oposição.[146] O ambiente regional era já de mudança acelerada. Ben Ali e Hosni Mubarak haviam sido depostos, as manifestações na Líbia haviam evoluído para uma insurgência armada e, na Síria, manifestantes eram brutalmente mortos por forças do regime. No Iémen, o presidente perseguido continuou a adiar a sua derrota iminente, demitindo o governo poucos dias depois do massacre na universidade, como se fosse uma decisão que pudesse acalmar a cólera.

Os iemenitas não se contentariam com mudanças cosméticas. Por finais de Março de 2011, vários comandantes do exército nacional haviam já passado para o lado da oposição, aumentando as possibilidades de um conflito entre facções das forças armadas.

Em Abril de 2011, Saleh admitiu abandonar o cargo em poucas semanas se lhe fosse garantida imunidade. A oposição iemenita e os países do Conselho de Cooperação do Golfo, que agrupa as monarquias do Golfo (a Arábia Saudita, o Omã, os Emirados Árabes Unidos, o Qatar, o Bahrein e o Kuwait) estruturaram um acordo para a saída imediata do presidente, e a criação de um governo de transição.

O presidente declarou que aceitaria o acordo. Mas, durante semanas que se transformaram em meses, Saleh recusou-se a assinar o documento. A tensão crescente levou a confrontos armados entre diferentes facções do exército nacional e líderes tribais.

Adiando uma solução política que lhe seria certamente desfavorável, Ali Abdullah Saleh foi arrastando o país enquanto tentava ganhar tempo. As posições extremaram-se. Em Junho de 2011, um atentado à bomba na mesquita do palácio presidencial quase matou Saleh. Ferido, foi enviado para a Arábia Saudita para tratamento médico. O presidente iemenita sofreu queimaduras em 40 % do seu corpo e foi sujeito a oito operações, em parte para retirar estilhaços alojados no seu peito. Com Saleh ausente, a chefia do governo e do exército ficou nas mãos do vice-presidente, Abd-Rabbu Mansour Hadi.

Dias depois, Ali Abdullah Saleh reapareceu numa emissão televisiva. Com as mãos cobertas de ligaduras e marcas de queimaduras, o ainda presidente do Iémen afirmou que aqueles que o haviam tentado matar tinham uma concepção errada da democracia.[147] Explicou que estava a favor de uma solução de poder partilhado. No entanto, a oposição exigiu que o poder fosse transferido exclusivamente para o vice-presidente Hadi até que novas eleições tivessem lugar.

Paralelamente às manifestações civis que continuavam a pedir a mudança de regime, diferentes milícias a favor e contra o governo confrontavam-se esporadicamente. Pouco a pouco, a crise política tornou-se num confronto civil em que várias facções tentavam determinar o futuro político do país.

Em Saná e noutras cidade do país, o exército continuou a atacar manifestantes desarmados de forma violenta. Em Setembro de 2011, forças de segurança lançaram água do esgoto e gás lacrimogéneo sobre um protesto pacífico na capital que pedia a renúncia de Ali Abdullah Saleh. Quando os manifestantes responderam com pedras, as forças do regime dispararam. Durante dois dias em Saná e Taiz, as forças de segurança mataram 27 pessoas e feriram centenas.[148]

Enquanto a revolução embatia na contra-revolução, os Estados Unidos continuaram a perseguir membros da Al-Qaeda na Península Arábica. No final de Setembro, Anwar al-Awlaki, um dos líderes do grupo, foi morto por um ataque de *drone* enquanto entrava num automóvel, a 140 quilómetros da capital. Al-Awlaki tinha dupla nacionalidade americana e iemenita, e havia tentado organizar vários ataques falhados dentro dos Estados Unidos.

* * *

O acordo para a transição política foi finalmente assinado em Novembro de 2011, com a mediação das Nações Unidas e dos países do Golfo. Ali Abdullah Saleh conseguiu assegurar imunidade. Mas foi um acordo bizarro: o líder deposto manteve o título de presidente até Fevereiro, quando se realizou um referendo para aprovar ou recusar a ascensão do vice-presidente Abd-Rabbu Mansour Hadi a presidente. Segundo o acordo, Hadi teria dois anos para organizar uma Conferência Nacional de Diálogo com as várias facções políticas, passar uma nova constituição, reformar o exército e o sistema político, e organizar novas eleições. Em finais de Fevereiro de 2012, um ano depois do início da revolta popular no Iémen, 7 milhões dos 10 milhões de votantes registados aprovaram a instauração de Hadi como presidente.[149]

Numa cerimónia tensa, Ali Abdullah Saleh transferiu finalmente o poder para o seu vice-presidente, passando a Hadi a bandeira do Iémen, a que chamou o «emblema da revolução». Após quase um ano a combater a vontade dessa mesma revolução, Ali Abdullah Saleh deixou de ser presidente do Iémen.

No discurso de transição, Saleh não parecia estar verdadeiramente a abandonar o poder. Pela sua expressão corporal, pelas palavras que não disse, parecia estar a comunicar aos iemenitas que continuaria por perto. Abd-Rabbu Mansour Hadi declarou que o referendo havia expressado claramente a vontade da população de virar a página para algo novo. Disse-o com um tom forçadamente assertivo, como se tentasse concretizar uma realidade que não estava ainda consumada.

Depois de Ben Ali na Tunísia (exilado na Arábia Saudita), Hosni Mubarak no Egipto (exilado na estância balnear de Sharm El Sheikh) e Muammar Kaddaffi na Líbia (morto violentamente por rebeldes), Ali Abdullah Saleh foi o quarto líder árabe a ser deposto pelas manifestações populares desse ano. Estima-se que a revolta dos iemenitas, entre o início dos protestos e o momento em que Saleh abandonou finalmente o poder, levou à morte de duas mil pessoas.[150]

No Iémen como noutros países da região, a saída de um líder autoritário deixava sempre desafios por resolver; acima de tudo, a reforma das forças armadas. Mesmo após a chegada de Hadi ao poder, vários tentáculos do clã de Ali Abdullah Saleh mantiveram o controlo de diferentes ramos das forças de segurança. Ahmed, o filho mais velho do presidente deposto, continuava a liderar a Guarda Republicana, uma força de elite do exército. Para conseguir afastá-lo, o novo presidente Abd-Rabbu Mansour Hadi nomeou-o embaixador iemenita nos Emirados Árabes Unidos em 2013. Outro familiar de Saleh, o seu sobrinho Tarek, manteve-se como um influente comandante das forças especiais. Outros líderes militares tinham ligações familiares com Ali Abdullah Saleh.

Estes homens asseguravam ao antigo presidente uma dose significativa de influência nos destinos do país. A manutenção do velho regime embrenhado nos alicerces do que tentava ser um novo regime foi um dos factores que impossibilitou a transição política no Iémen. Nos anos seguintes, as forças leais a Ali Abdullah Saleh, e a galvanização da insurgência houthi vinda do norte, descarrilariam o país a tal ponto que rapidamente se tornaria difícil lembrar que tudo havia começado com protestos da juventude iemenita contra um regime autoritário e incompetente.

Empurrado do poder, a primeira coisa que Ali Abdullah Saleh fez foi impedir que os iemenitas se esquecessem dele. Na mesquita de quase 60 milhões de dólares que havia mandado construir no sul de Saná em 2008 (à qual havia dado o seu próprio nome), Saleh abriu um museu dedicado às suas três décadas no poder. Por entre retratos e pinturas com a sua cara, foram colocados vários artefactos (uma espingarda oferecida pelo presidente americano George W. Bush, medalhas, espadas e punhais). Os visitantes podiam observar as calças chamuscadas e os pedaços de madeira e metal supostamente retirados do seu corpo pelos médicos após o atentando que sofrera em 2011.[151] Aos iemenitas, Saleh queria lembrar que era um sobrevivente e que, provavelmente, não iria a lado nenhum. Retirado pacificamente na sua casa na capital iemenita, esperou.

Transitando de vice-presidente discreto e impotente para presidente, Abd-Rabbu Mansour Hadi herdou um país dividido. A Conferência Nacional de Diálogo começou em Março de 2013, com centenas de delegados das diferentes correntes políticas e regiões do país.[152] Foi imediatamente boicotada por grupos que apoiavam a secessão do Sul do Iémen. Outra ausência foi a de Tawakul Karman, de 33 anos, uma militante de direitos das mulheres, premiada com Nobel da Paz em 2011 pelo seu papel nos protestos contra Saleh: «Não vou participar no diálogo pelo óbvio desequilíbrio de representação dos jovens, das mulheres, e dos grupos da sociedade civil e devido à participação de pessoas que tem o sangue da juventude da revolução nas suas mãos»[153], explicou. Não foram só os jovens que haviam iniciado a revolução que se sentiram postos de parte. Os grupos secessionistas no Sul e os insurgentes houthis no Norte ficaram de fora do acordo de governação, assegurando o falhanço futuro de qualquer negociação de paz.

* * *

A economia do Iémen havia sido praticamente liderada pelo investimento e emprego estatal, baseado nas receitas de exportação do petróleo, que representava três quartos dos ganhos do estado e 90 % das exportações.[154] Mas, com a revolta popular e o conflito entre diferentes facções políticas e militares, o estado iemenita deixara de funcionar. O desemprego, que era já superior a 14 % em 2010, duplicou com a crise política, e segmentos importantes da população continuavam sem acesso regular a água e alimentos.[155] Segundo números do Banco Mundial, 55 % da população do país vivia abaixo do limiar da pobreza, e em 2012 havia já quase um milhão de crianças abaixo dos cinco anos a sofrer de malnutrição.[156] No Norte, os rebeldes houthis continuavam a destabilizar ainda mais a situação. Islamistas sunitas, alguns ligados à Al-Qaeda na Península Arábica, viram a quebra na segurança como uma janela de oportunidade para fazer atentados pelo país e assassinar membros do exército iemenita. Numa operação audaciosa, militantes da Al-Qaeda entraram numa prisão em Saná, em Fevereiro de 2014, e libertaram 29 prisioneiros pertencentes ao grupo.[157]

Num crescente clima de instabilidade armada e escaramuças entre diferentes facções políticas, a Conferência Nacional de Diálogo completou o seu trabalho em Janeiro de 2014, produzindo um documento para preparar a nova constituição.

Não foi só uma falta de representatividade dos diferentes grupos que minou a transição política. Após um acordo relativamente consensual sobre a federalização do Iémen, a delineação das diferentes regiões do país revelou-se problemática. Os houthis opuseram-se ao facto de lhes ter sido atribuída uma região no norte montanhoso, sem acesso ao mar e com poucos recursos naturais. A divisão das províncias do sul também não foi aceite pelos grupos da região, alguns dos quais albergavam há muito tendências secessionistas. Em vez de tentar moldar a delimitação do que seriam as novas regiões do país com um consenso negociado, o presidente Hadi tentou forçar o seu plano de federalização. O país continuou ingovernável. A necessidade de reequilibrar o orçamento levou o governo a reduzir os subsídios de combustível em Julho de 2014.

No Iémen, como por toda a região, os subsídios haviam sido um dos aspectos irreformáveis do estado. Em 2013, por exemplo, o país gastou mais de 3 mil milhões em subsídios de combustível. Uma tentativa de reduzir apoios em 2005 desencadeou protestos que resultaram em 20 mortos, forçando o recuo do governo. Abd-Rabbu Mansour Hadi sabia que a medida seria impopular, mas não tinha muitas opções: de um momento para o outro, o preço do combustível no Iémen duplicou.[158]

Os houthis usaram o tema dos subsídios como um cavalo de Tróia. Desde o início da instabilidade em 2011 que o grupo havia avançado para sul a partir do seu bastião de Sadaa, no Norte. Tomaram posições nos arredores de Saná, e organizaram manifestações massivas pelas ruas da capital contra a subida dos preços. Com a crescente possibilidade de uma federalização do Iémen, o grupo queria assegurar autonomia religiosa e política nas suas zonas de influência no Norte.

As manifestações populares, mobilizadas em grande parte pelos houthis, levaram as forças de segurança a responder. Como já ocorrera múltiplas vezes durante os protestos de 2011, o exército matou nove pessoas e feriu outras 70.[159]

Enquanto o país tentava navegar a transição política pós-Saleh, a ofensiva houthi entrou em Saná em Setembro de 2014, após um Verão inteiro de protestos na capital. Foram ajudados por forças do exército alinhadas com o antigo presidente, que facilitaram a entrada da milícia invasora em vários edifícios estatais. Muitos desconfiaram que a mão do antigo presidente, Ali Abdullah Saleh, estava por trás da chegada do grupo insurgente xiita à capital. Os houthis exigiram ser parte do governo de transição. A capital continuou instável, acolhendo simultaneamente o governo legítimo liderado por Abd-Rabbu Mansour Hadi, e o movimento insurgente xiita.

Passaram-se meses. E, mais uma vez, o Iémen retorceu-se em variações intricadas de uma história política que era ao mesmo tempo inverosímil e admiravelmente inevitável. Os houthis atacaram o palácio presidencial em Janeiro de 2015, e puseram Abd-Rabbu Mansour Hadi em prisão domiciliária. Pouco depois, Hadi anunciou que se demitia da presidência. O primeiro-ministro e todo o governo de transição que havia sido estabelecido com a saída de Ali Abdullah Saleh também se demitiram. Pela capital, os houthis e os jovens activistas de 2011 mantiveram manifestações rivais.

Com a demissão de Hadi, a ofensiva dos houthis contra o governo de transição parecia completa. Mas um mês depois de ter sido forçado a demitir-se, Hadi fugiu para a cidade de Adém, no sul, e retirou a sua demissão. Num comunicado, Hadi afirmou ser ainda o presidente legítimo do país e estar comprometido com o acordo de transição democrática assinado em 2012. Declarou a tomada da capital pelos houthis como um golpe de estado.[160]

No meio da instabilidade, o Daesh lançou o primeiro de vários ataques em solo iemenita. Durante as orações, bombistas suicidas fizeram-se explodir em duas mesquitas xiitas controladas pelos houthis em Saná, matando 137 pessoas e ferindo outras 357.[161] Desde que consolidara o seu território na Síria e no Iraque, proclamando um califado, o Daesh empregava muitos dos seus recursos a atacar xiitas e outros muçulmanos que considerava hereges.

Em Adém, o presidente iemenita expulso da capital criou um governo no exílio, atraindo membros das forças de segurança e das tribos que lhe eram leais. Outros membros do seu governo, como o ministro da defesa, Mahmoud al-Subaihi, conseguiram também fugir de Saná para Adém. Mas os houthis foram-se aproximando e, pouco tempo depois de ter chegado a Adém, o presidente iemenita Abd-Rabbu Mansour Hadi optou por um segundo exílio, partindo para a Arábia Saudita.

* * *

Mohamed Bin Salman, o ambicioso ministro da Defesa e futuro príncipe herdeiro da Arábia Saudita, tinha 29 anos, e menos de dois meses à frente das forças armadas do reino, quando decidiu bombardear o Iémen. Para os sauditas, o fortalecimento dos insurgentes xiitas, influenciados e apoiados pelo Irão, era uma fonte de preocupação. Riade defendeu a operação com a necessidade de restaurar o controlo do presidente Abd-Rabbu Mansour Hadi e reduzir a influência houthi no país.

O próprio governo iemenita, cada vez mais encurralado na cidade de Adém, admitiu ser incapaz de lidar com a ameaça dos houthis, pedindo aos países do Conselho de Cooperação do Golfo que impedissem «o avanço houthi apoiado pelo Irão». Frente à ameaça de uma intervenção militar, um comandante houthi respondeu que, caso os sauditas se envolvessem no conflito, as tropas houthis não «parariam o seu avanço em Meca, mas sim em Riade».[162]

A Arábia Saudita tinha o hábito de coordenar com os Estados Unidos em todas as matérias ligadas à defesa e à segurança regional. Os americanos foram apanhados de surpresa quando as autoridades sauditas informaram Washington de que iriam avançar para a acção militar contra os houthis e convidaram os Estados Unidos a participar, se quisessem. Os americanos não quiseram tomar parte na ofensiva, mas ofereceram apoio logístico e militar.

Durante anos, os monarcas sauditas haviam sido parceiros cautelosos dos Estados Unidos. Mas Mohamed Bin Salman revelou ser uma mistura perigosa de ambição, húbris, e falta de preparação política e militar. Essa combinação revelou-se trágica para o Iémen. Para Bin Salman, impedir o estabelecimento de um regime xiita na sua fronteira foi um objectivo militar importante para a segurança a longo prazo do reino saudita e, acima de tudo, da família al-Saud que governa o país desde a sua fundação. Mas a campanha militar no Iémen foi também uma maneira de mostrar ao mundo que a Arábia Saudita tinha agora um líder proactivo, disposto a intervir na região sem precisar de ser levado pela mão americana.

A ofensiva militar saudita no Iémen começou a 23 de Março de 2015. Para efeitos de propaganda, fotografias de Mohamed Bin Salman a discutir planos de guerra com o alto comando militar e a estudar mapas de combate começaram a ser divulgadas com os primeiros bombardeamentos.

Os americanos ajudaram na escolha dos alvos e no fornecimento de armamento. Mas o seu papel mais importante foi o de reabastecer os aviões sauditas enquanto largavam toneladas de bombas sobre o seu vizinho do sul. Utilizando aviões de combate, posições de artilharia junto da sua fronteira do Iémen, navios de guerra, e um número limitado de forças terrestres, a intervenção da Arábia Saudita trouxe um novo nível de violência e de destruição a um país que atravessava múltiplas crises. O jovem príncipe saudita julgou que o Iémen seria uma campanha curta.

* * *

Os houthis tomaram Saná quando a construção do novo terminal petrolífero em Ras Issa ia a meio. A guerra espalhou-se, e o grupo xiita foi tomando controlo de mais território. A obra foi abandonada. O equipamento e os materiais de construção apropriados pelos combatentes, e o controlo houthi de várias instituições estatais afectou também a SEPOC. Um contabilista que trabalhava na empresa disse à revista *The New Yorker* que a milícia xiita se apropriou do dinheiro de toda a companhia, reduzindo para zero o orçamento canalizado para a manutenção do navio.[163] De dezenas de trabalhadores, o *FSO Safer* passou a contar com uma equipa reduzida de menos de dez pessoas.

Sem manutenção, e cada vez mais debilitado pela situação de conflito que envolvia o Iémen, o navio continuou a ser consumido pelos elementos. A salinidade do Mar Vermelho é mais acentuada do que em oceano aberto, o que acelerou a degradação do *FSO Safer*. Com mais de um milhão de barris de petróleo armazenados nas suas entranhas, o superpetroleiro continuou a flutuar e a esperar, cada vez mais vulnerável à possibilidade de uma violenta explosão, ou que o seu estado de degradação acabasse por afundá-lo, libertando a sua carga venenosa pelo Mar Vermelho, e pelo Corno de África.

* * *

Negligência, incompetência, ou uma sórdida mistura destas duas características. Apesar dos milhares de milhões de dólares gastos anualmente em armamento, os sauditas não tinham suficiente experiência nem capacidade técnica para utilizar o material de que dispunham. Os erros multiplicaram-se; os mapas usados pelos militares que planeavam os bombardeamentos e pelos pilotos nem sempre coincidiam; as coordenadas dos alvos estavam muitas vezes erradas; os sistemas de *laser* para guiar as bombas não estavam bem calibrados.[164]

A campanha de bombardeamentos teve um impacto limitado na capacidade de combate dos houthis. O grupo insurgente continuou a sua ofensiva para sul e este, conquistando a cidade de Ataq, na província de Shabwa em Abril de 2015.

Foi só em Maio desse ano, meses após a tomada da capital pelos houthis, que o ex-presidente, Ali Abdullah Saleh, admitiu ter acordado uma aliança com o grupo xiita. Não foi uma surpresa que o ex-presidente deposto pela revolta popular de 2011 estivesse ainda ligado às tragédias do país. A coligação com os houthis, contra os quais havia combatido seis guerras entre 2002 e 2009, mostrou a flexibilidade política de Saleh, disposto a fazer tudo para se manter influente no país.[165]

A campanha militar saudita no Iémen rapidamente se transformou numa calamidade. Com pouca experiência prática, a aviação saudita foi deixando cair bombas por todo lado, danificando a infra-estrutura existente, fazendo milhares de vítimas civis, piorando a situação humanitária. As Nações Unidas tentaram investigar a Arábia Saudita por crimes de guerra no Iémen. Mas o reino petrolífero pressionou a organização. Após Riade ter ameaçado congelar o apoio financeiro à organização, as Nações Unidas retiraram o nome da coligação liderada pela Arábia Saudita de uma lista de grupos ou países violadores dos direitos das crianças no seu relatório anual «Children and Armed Conflict».[166]

No Verão de 2015, os Emirados Árabes Unidos (que faziam parte da coligação saudita contra os houthis) enviaram tropas e equipamento militar para o Sul do Iémen, para assegurar os seus próprios interesses económicos. O apoio militar de Abu Dhabi fortaleceu forças separatistas em Adém, que desejavam recriar o Iémen do Sul, que existira entre 1967 e 1990.[167]

* * *

Na natureza, o vazio tende a ser rapidamente preenchido por um organismo ou espécie alternativa.

O mesmo aconteceu em Mukalla, uma cidade-porto com meio milhão de habitantes, na região de Hadramaute, no este do Iémen. Dias após o início da campanha aérea saudita, forças do governo iemenita abandonaram as cidades da região para ajudar no combate contra os houthis no noroeste do país. Tribos locais e membros da Al-Qaeda na Península Arábica atacaram a cidade. Os combatentes conseguiram libertar centenas de prisioneiros (incluindo dois dos seus líderes), saquear o edifício do Banco Central do Iémen em Mukalla (levando 100 milhões de dólares), e capturar equipamento militar do exército iemenita (incluindo lança-granadas e veículos armados).

A partir do sucesso em Mukalla, combatentes da Al-Qaeda estenderam o seu controlo ao longo de cinco províncias no Iémen, segurando vários portos ao longo de 600 quilómetros de costa no Sul do Iémen, entre Ash Shir a este, e os arredores de Adém, a oeste.

Num país em que o estado mal funcionava e uma milícia xiita tomava cada vez mais território, a Al-Qaeda posicionou-se como defensora dos sunitas. Em pouco tempo, tribos aliadas ao grupo militante passaram a controlar cerca de 80 % das reservas petrolíferas do Iémen. Líderes tribais de Mukalla chegaram a fazer um pedido oficial ao governo iemenita para obter uma autorização para exportar petróleo dos seus portos, oferecendo ao governo 75 % dos lucros e ficando com 25 %.

O governo recusou. Mas o gesto ilustrou a mudança que ocorrera no posicionamento da divisão iemenita da Al-Qaeda. Após anos a executar ataques terroristas contra governos locais e interesses americanos e europeus, a Al-Qaeda parecia pela primeira vez interessada em segurar território e montar uma economia local. Mesmo com a recusa do governo, o combustível de contrabando acabava por ser vendido pelos militantes da Al-Qaeda às estações de serviço da empresa estatal de distribuição.

Nas regiões que fora ocupando, a Al-Qaeda parecia ter retirado lições dos feitos do Daesh, que acabava de anunciar o seu próprio califado no Iraque e na Síria. O ataque ao banco central do Iémen em Mukalla, em busca de financiamento, foi uma cópia do que fizera o Daesh em Mossul quando conquistou a cidade iraquiana em 2014. A Al-Qaeda no Iémen começou também a produzir vídeos de propaganda mostrando as obras de pavimentação de estradas, reconstrução de pontes ou renovação dos *stocks* dos hospitais.[168] Para se financiar, cobrou taxas e impostos aos navios que passavam nos seus portos, e aos mercadores da região.

O grupo evitou o niilismo gráfico praticado pelo Daesh. Não havia vídeos de propaganda com execuções violentas de apóstatas ou estrangeiros, nem decapitações na praça pública. Embora tenha aplicado a *sharia*, não popularizou os seus actos com imagens de crueldade desmedida que haviam criado uma clivagem entre o Estado Islâmico e outros grupos de islamistas salafistas. Após anos de governo por um estado que tinha dificuldades em cumprir as suas obrigações, algumas populações civis sentiram-se confortáveis com o nível de serviços públicos prestados pela Al-Qaeda e tribos aliadas no Sul do Iémen.[169]

Contudo, o grupo evitou publicitar o seu domínio territorial ou anunciar o seu próprio califado. Em vez disso, passou formalmente a gestão dos territórios conquistados para conselhos locais. A estratégia permitia evitar a subjugação da Al-Qaeda ao Daesh, que conseguira aumentar a sua notoriedade e atrair milhares de jiadistas de todo o mundo.

Trazendo estabilidade e serviços públicos operacionais, a Al-Qaeda mostrou mais uma vez o perigo dos grupos jiadistas que se desdobram em projectos de governação territorial. Mas o sucesso (temporário) conseguido pelo grupo em Mukalla e outras regiões do Iémen foi também uma condenação ao falhanço do modelo de governo autoritário e rentista que durante anos havia sido incapaz de oferecer condições de vida estáveis.

O surgimento de um pequeno emirado islâmico governado pela Al-Qaeda foi visto com assombro pelos governos na região. Pouco depois da tomada da cidade de Mukalla, *drones* americanos conseguiram eliminar vários líderes da Al-Qaeda e, um ano depois de conquistar a cidade, o grupo foi obrigado a abandonar o seu território após uma ofensiva militar dos Emirados Árabes Unidos em 2016.

* * *

Um ano depois do início da intervenção saudita no Iémen, em Março de 2016, as Nações Unidas haviam contabilizado mais de três mil civis mortos.[170] Um bloqueio marítimo por parte da Arábia Saudita e dos Emirados Árabes Unidos impedia os iemenitas de acederem a mantimentos. E o país, que dependia de importações para 90 % da comida necessária, aproximava-se cada vez mais da fome generalizada. Nesse mesmo ano, uma epidemia de cólera agravou a situação humanitária no país.

As reverberações da campanha de bombardeamentos sobre o Iémen chegaram a Washington. O apoio militar dos americanos aos sauditas havia sido uma forma de reduzir as tensões com Riade após a assinatura do acordo nuclear com o Irão no ano anterior. Mas ao darem apoio à intervenção militar (especialmente com o fornecimento das bombas despejadas diariamente sobre o país), os americanos estavam, na prática, a participar em crimes de guerra.

O confuso estado das coisas no Iémen deu mais uma reviravolta no Verão de 2017. A aliança de circunstância entre os houthis e o ex-presidente Ali Abdullah Saleh via-se em dificuldades para gerir um território onde faltavam bens essenciais. As tensões levaram a um confronto militar entre forças aliadas ao antigo presidente e os houthis. Num país cada vez mais caótico, Saleh quis aproveitar a exaustão da população com as diferentes facções — os houthis, o governo de Abd-Rabbu Mansour Hadi, a coligação internacional que bombardeava o país constantemente — e estabelecer uma nova opção liderada por si.

No início de Dezembro de 2017, o antigo homem forte do Iémen anunciou mais uma mudança de aliança. Num discurso televisivo, afirmou ter quebrado a sua cooperação com os houthis, e propôs à Arábia Saudita negociar um cessar-fogo, e a suspensão dos bombardeamentos. Saleh culpou os excessos dos houthis pelo estado do país, e tentou posicionar-se como a alternativa ao governo de Abd-Rabbu Mansour Hadi, o seu ex-vice-presidente que o havia sucedido. Esta nova transformação política de Saleh, apoiada pelos países do Golfo, permitiria a Riade sair do lamaçal iemenita. O acordo com Saleh abria a porta à retirada de uma guerra que havia denegrido a imagem externa da Arábia Saudita e do seu novo homem forte, Mohammed Bin Salman.

Dias depois, os houthis anunciaram ter morto Ali Abdullah Saleh num ataque ao seu carro, enquanto o antigo presidente tentava sair de Saná. Um vídeo do corpo ensanguentado de Saleh a ser levado em cobertores numa carrinha de caixa aberta foi publicado. As imagens, povoadas por combatentes armados com metralhadoras, fizeram lembrar uma versão menos cáustica da morte de Muammar Kadhafi em 2011.

Olhando para a situação irresolúvel no Iémen, os governos autoritários da Arábia Saudita e dos Emirados Árabes Unidos julgaram que, se conseguissem separar Ali Abdullah Saleh dos houthis, poderiam reestabelecer um governo sunita baseado nas forças do antigo regime, e sair do Iémen sem perder a face. Contudo, a crença de que seria fácil manobrar em redor do grupo de militantes xiitas mostrou o amadorismo dos países vizinhos. Saleh havia morto o líder houthi em 2004. Por muito que o movimento se tivesse envolvido com o ex-presidente para chegar mais facilmente ao poder, os houthis conheciam a facilidade com que Saleh mudava de alianças políticas.

Durante mais de três décadas, Ali Abdullah Saleh havia navegado os caminhos políticos do Iémen, mantendo a sua influência e a da sua família. Mas a sua sorte mudou com a revolta popular de 2011. Contudo, a vontade de se manter relevante a qualquer custo agravou as múltiplas crises do país e levou à morte de milhares de iemenitas, vítimas da fome, da cólera, e da guerra.

Um painel das Nações Unidas estimou que Ali Abdullah Saleh havia acumulado entre 32 mil milhões de dólares e 60 mil milhões de dólares de fortuna pessoal durante mais de três décadas no poder.[171] A margem de estimativa é grande, como costuma naturalmente ser nos casos em que um estado é utilizado para acumular riqueza pessoal. Além do dinheiro enviado pelos americanos, Saleh foi acusado pela

ONU de cobrar comissões pelas concessões de gás e petróleo e de desviar fundos públicos. A fortuna ficou alegadamente espalhada por mais de vinte países, sob diferentes nomes, em propriedades, ouro, acções de empresas e recursos naturais.[172]

* * *

Com o governo baseado em Adém, e os houthis com o controlo da capital e outras partes do país, as forças do Sul que os Emirados Árabes Unidos haviam apoiado organizaram-se em 2017 no Conselho de Transição do Sul, com o objectivo de separar o território do resto do país. Numa estranha aliança, as forças do presidente legítimo do Iémen, Abd-Rabbu Mansour Hadi, colaboravam com as forças desse Conselho. Mas em Adém, e no resto do Sul do país, a tensão entre os dois campos foi aumentando.

Apesar de fazer parte da coligação internacional, composta maioritariamente por países árabes sunitas, que continuava a combater contra os houthis, os Emirados Árabes Unidos tinham interesses próprios para garantir. Em Maio de 2018, um contingente militar do país aterrou na ilha iemenita de Socotra, situada entre a Península Arábica e o Corno de África, para aumentar o seu músculo militar na região e controlar as rotas de comércio entre a Ásia e a Europa que haviam ajudado a diversificar as economias dos reinos sunitas no Golfo Pérsico.[173]

Desde o início do conflito que a artilharia houthi atacava território saudita na fronteira entre os dois países. Mas os ataques do grupo xiita empregaram formas cada vez mais ousadas. Em Março de 2018 mísseis e *drones* atacaram a capital saudita, dias antes da chegada a Riade dos representantes da Liga Árabe para uma reunião anual.[174] O exército saudita conseguiu interceptar os mísseis e destruir vários *drones* que, segundo forças houthis, haviam sido apontados ao Ministério da Defesa e outros alvos por Riade. Os houthis também atacaram uma das instalações petrolíferas da Aramco, a empresa saudita de petróleos, e um aeroporto em Abha, no sul.

O Iémen continuou a ser fustigado. Em Agosto de 2018, um avião da coligação liderada pela Arábia Saudita bombardeou um autocarro escolar, matando 51 pessoas, incluindo 40 crianças dos 6 aos 11 anos, e ferindo mais 79 pessoas. A bomba de 227 quilos havia sido fabricada pela empresa americana Lockheed Martin, e vendida aos sauditas,[175] aumentando a contestação ao envolvimento americano na campanha militar.

Acossados pela escassez, os cidadãos de Saná voltaram às ruas no Outono de 2018 para protestar contra o aumento do custo de alimentos básicos. Os houthis, firmemente no controlo da capital, prenderam dezenas de manifestantes, atacando alguns estudantes com bastões eléctricos.[176]

Num comunicado, os houthis explicaram que «forças de segurança na capital detiveram alguns mercenários comandados pelos agressores para semear rumores e perturbar a paz pública».[177] A maioria dos manifestantes foi libertada no final do dia, após assinarem documentos em que se comprometiam a não voltar a participar em manifestações. Na visão autoritária do grupo xiita, como na perspectiva do regime que ocupara a posição de poder durante mais de três décadas, a dissensão popular só poderia ser guiada por uma mão estrangeira.

* * *

A partir de 2017, por falta de manutenção, equipamento, e dinheiro, a maioria dos sistemas dentro do *FSO Safer* havia deixado de funcionar correctamente. Criticamente, o sistema que permite bombear gases inertes para dentro dos reservatórios de petróleo, para impedir a acumulação de gases inflamáveis, passou a funcionar intermitentemente. A SEPCO tentou vender o superpetroleiro por 60 milhões de euros. Sem sucesso.

Em 2018, tanto o governo do Iémen como os houthis começaram a comunicar com as instituições internacionais para resolver a situação do *FSO Safer* e evitar uma catástrofe. No ano seguinte, após negociações entre as Nações Unidas[178] e os houthis, uma equipa foi organizada para sair desde o Djibouti e fazer uma vistoria ao navio, para organizar a melhor maneira de retirar o crude. Na noite antes da visita, a liderança houthi cancelou a visita.

Desde então, as negociações têm sido dificultadas pelo grupo xiita, que parece utilizar a situação do navio, e a crescente possibilidade de que possa explodir ou afundar-se, como arma de negociação no conflito armado. Em várias comunicações entre os houthis e as Nações Unidas, o grupo parece exigir uma série de condições *a priori*, como a renovação do navio para que possa continuar a servir como lugar de armazenamento de crude, ou a sua substituição por um novo navio que possa cumprir a mesma função. A comunidade internacional tem estado focada em retirar o crude de dentro do navio, uma operação relativamente fácil, caso exista cooperação de todas as partes.

A tragédia adiada esteve perto de concretizar-se em Maio de 2020. Uma fuga provocada pela corrosão num cano começou a encher a sala das máquinas com água do mar, geralmente utilizada nos navios como o *FSO Safer* para arrefecer os sistemas. Caso a sala se enchesse com água, o barco começaria a afundar-se. Com muitas dificuldades, e trabalhando durante cinco dias, a tripulação conseguiu bombear a água para fora da sala das máquinas utilizando geradores eléctricos, e tapando parcialmente a fuga.

* * *

Durante os primeiros anos do conflito iemenita, a Arábia Saudita trabalhava em conjunto com os Emirados Árabes Unidos para ajudar o governo do presidente Abd-Rabbu Mansour Hadi a derrotar os houthis e a retomar o controlo do Iémen. Mas, a partir do Verão de 2019, separatistas no Sul começaram a atacar as forças governamentais de Hadi para restabelecer um Iémen do Sul independente.

Esta nova dimensão do conflito colocou as forças do presidente Hadi, apoiadas pela Arábia Saudita, a combater contra as forças do Conselho de Transição do Sul, apoiada pelos Emirados Árabes Unidos. Ou seja, dois países que inicialmente se coligaram para combater os houthis passaram a apoiar grupos opostos. Esta estranha dinâmica serviu os interesses de ambos. Tanto a Arábia Saudita como os Emirados Árabes Unidos querem determinar o futuro do Iémen, impedir a emergência de modelos de governação que se oponham às monarquias autoritárias do Golfo. A Arábia Saudita quer especialmente evitar o surgimento de um estado consolidado sob controlo houthi, que manteria forças xiitas apoiadas pelo Irão junto à sua fronteira sul.[179]

Para os Emirados Árabes Unidos, o interesse na separação do Iémen é mais económico.[180] Após ter criado um império comercial ligado à finança e ao comércio marítimo, Abu Dhabi quer manter alguma influência no porto de Adém — através dos seus aliados no Conselho de Transição do Sul — e impedir que o porto, situado no ponto estratégico de entrada para o Mar Vermelho, lhe faça demasiada concorrência.

Em Janeiro de 2021, dez anos após o início da revolta popular inspirada pelos acontecimentos na Tunísia e no Egipto, a guerra civil no Iémen havia morto mais de 100 mil pessoas e deixado a maioria da população com fome.[181] A fragmentação do país e o enfraquecimento das instituições do estado significa que o acesso a medicamentos, alimentação ou água varia de região para região. O sector privado, especialmente o que opera em regiões dominadas por milícias armadas, está constantemente sujeito a arbitrariedade de taxas e impostos.[182]

Até ao início de Abril de 2021, segundo informação recolhida pelo Yemen Data Project[183], um grupo independente que agrega informação sobre o conflito, mais de um terço dos bombardeamentos sauditas haviam caído em alvos não-militares: universidades, instalações de água e energia, mercados, armazéns de comida, hospitais, clínicas, mesquitas, estradas, pontes, empresas privadas e públicas.

Perdidas dezenas de milhares de vidas civis, gastos milhares de milhões de dólares, os houthis continuam a controlar uma parte significativa do Iémen. Seis anos de bombardeamentos conseguiram apenas criar uma das piores crises humanitárias desde que há memória. Em 2021, seis anos após o início da ofensiva saudita, e uma década depois da revolta popular que levou ao fim do regime de Ali Abdullah Saleh, 80 % da população iemenita dependia de ajuda humanitária, e milhões corriam o risco de morrer à fome.[184]

O presidente americano Joe Biden disse querer acabar com a guerra no Iémen durante a sua presidência.[185] Em Fevereiro de 2021, Biden retirou os houthis da lista de organizações consideradas terroristas pelos Estados Unidos. Mas esse gesto, que deveria ter encorajado o grupo a negociar, não alterou as movimentações no terreno. Em finais de 2021, os houthis disputavam com o governo o controlo da província de Marib, que permite o acesso aos campos de gás e de petróleo mais importantes do Iémen.

A Arábia Saudita tem tentando retirar-se da guerra que, em 2015, julgou que precisaria apenas de algumas semanas para ser ganha. O reino sugeriu um acordo de cessar-fogo, mas com os houthis a avançarem na província de Marib, a motivação para pararem a sua ofensiva é cada vez menor.

Com o presidente do Iémen, Abd-Rabbu Mansour Hadi, ainda na Arábia Saudita, o controlo dos houthis estendia-se a grande parte do norte e centro do Iémen, regiões que albergam algumas das principais cidades do país, e 70 % dos 30 milhões de Iemenitas. O grupo tem instaurado um regime teocrático, reduzindo as liberdades civis e individuais, perseguindo jornalistas e políticos da oposição, e expulsando os judeus iemenitas que ainda viviam no país.

* * *

Flutuando com dificuldade no Mar Vermelho, a bomba-relógio em que se transformou o *FSO Safer* continuava a contar a passagem do tempo, medida em aço corroído e acumulação de gases inflamáveis. É difícil prever o que precipitará a tragédia. Poderá ser um tiro desviado da terra em direcção ao mar. Poderão ser explosivos possivelmente colocados pelos houthis para impedir que a situação do *FSO Safer* seja resolvida sem o seu acordo. Talvez a corrosão complete um buraco no casco do navio e acabe por afundá-lo. Em Outubro de 2021, nem as Nações Unidas nem qualquer outro organismo internacional haviam conseguido autorização dos houthis para fazer uma inspecção e planear uma solução para o problema.

O interesse crescente pelo destino do navio tem aumentado o valor do mesmo como peça de negociação para os houthis. Mas a possibilidade de que o navio rebente de um momento para o outro, ou que comece a libertar a sua carga nociva pelo Mar Vermelho, aumenta a cada segundo.

Um derrame de petróleo (que libertaria cerca de quatro vezes o crude derramado pelo *Exxon Valdez* no Alasca em 1989) afectaria a costa do Iémen, da Arábia Saudita, do Djibouti e da Eritreia. Destruiria o ambiente marinho, impossibilitando a pesca em toda a região. Impactaria o comércio internacional, possivelmente bloqueando a passagem de navios pelo estreito de Bab el-Mandeb durante algum tempo. Fecharia o porto iemenita de Al-Hodeidah, por onde entra a maioria da ajuda humanitária que alimenta grande parte dos iemenitas.

Em terra e no mar, a tragédia do Iémen perpetua-se.

SEGUNDA PARTE

AS RUÍNAS DA DÉCADA

O País Despedaçado

A rotina de leitura de Yassin Al-Haj Saleh, de 59 anos, era dirigida por uma regra simples: cem páginas por dia, cem livros por ano. Mas quando chegou a revolução, Yassin passou a ter menos disposição para ler. A Síria sucumbia à repressão; com tudo o que acontecia à sua volta, era difícil concentrar-se. Passou a viver escondido, circulando de casa em casa, dependente da generosidade e do apoio de outros activistas e intelectuais. Lia menos. Mas escrevia mais, narrando o que acontecia ao país.

Na Síria, um primeiro protesto foi marcado para o início de Fevereiro, mas não mobilizou pessoas suficientes. Com revoltas na Tunísia, no Egipto, no Iémen e na Líbia, grupos de sírios juntaram-se em frente às embaixadas destes países em solidariedade, disfarçando insatisfação sobre a Síria com razões externas. Foi só em Março que a revolta ganhou solidez, antes de se transformar em monstruosidade.

Na cidade de Deraa, no Sul do país, quinze miúdos foram presos no dia 6 de Março de 2011 por escreverem *slogans* revolucionários nas paredes da cidade. Tinham entre 10 e 15 anos, e com latas de tinta escreveram: «O povo quer a queda do regime», numa parede e num silo de cereais; os mesmos *slogans* revolucionários usados por toda a região. Os miúdos foram espancados, e agentes de segurança arrancaram-lhes as unhas.[186]

Os pais das crianças falaram com o chefe da polícia política em Deraa para pedir que fossem libertados. «Esqueçam as vossas crianças. Vão dormir com as vossas mulheres e façam novas crianças, ou mandem-nas para mim que eu faço», respondeu Atef Najib, primo do presidente sírio.[187]

Dias mais tarde, milhares de pessoas reuniram-se em frente da mesquita de Omari, construída pelo Califa Ibn al-Khattab no século VII, para exigir a libertação das crianças. As forças de segurança responderam com canhões de água e tiros, causando a morte de quatro manifestantes. No dia seguinte, o funeral das quatro vítimas transformou-se em mais um protesto, com cerca de 10 mil pessoas.[188] Gritaram-se *slogans* contra o regime e a favor de uma revolução. As forças de segurança voltaram a reprimir, causando mais mortos.

Com tanques e milhares de soldados na cidade, o regime libertou as crianças e enviou vários ministros para falar com os manifestantes. Mas a situação piorou. A população incendiou a sede do partido Baath e edifícios governamentais. As forças de segurança ocuparam o hospital da cidade para perseguir os manifestantes que buscavam tratamento médico. A população transformou a mesquita de Al Omari num hospital temporário. As forças de segurança atacaram a mesquita, matando mais gente. As manifestações e a repressão continuaram. No dia 25 de Março de 2011, os manifestantes de Deraa deitaram abaixo uma estátua de Hafed Al-Assad.

* * *

Bashar Al-Assad chegou ao poder em 2000, após a morte do seu pai, Hafed Al-Assad.

Al-Assad pai, comandante da força aérea, tomou o poder num golpe militar em 1970. Membro da facção alauita, minoritária, Hafed foi o primeiro líder do país que não pertencia à comunidade muçulmana sunita.[189] Fortaleceu os poderes da presidência e aumentou a importância dos alauitas nas estruturas do exército sírio e do partido Baath. Através das purgas internas e da repressão, o novo presidente transformou o Baath num partido de massas e fundiu-o com a máquina do estado, permitindo aos seus membros acesso a benefícios económicos e empregos. Nos anos de 1980, uma década após a chegada de Hafed al-Assad ao poder, um em cada cinco sírios trabalhava para o estado. O exército tinha 200 mil efectivos, e havia mais de uma dezena de agências de segurança e várias milícias partidárias de apoio ao poder.[190]

Hafed Al-Assad melhorou as condições de vida nas comunidades agrícolas através da redistribuição de terras, e manteve a estabilidade nas cidades através de empregos no estado e bens subsidiados — o mesmo acordo autocrático praticado noutros países da região. Face aos conflitos que afectavam o Líbano, o Iraque e a Palestina, a autocracia Síria dava aos seus cidadãos estabilidade. Mas foi sempre brutal com qualquer sombra de dissidência.

O ataque da Irmandade Muçulmana à academia militar de Alepo em 1979, que matou 83 recrutas alauitas, agravou a disputa entre o governo e os islamistas.[191] O pico desse embate foi o massacre de Hama: a cidade de 180 mil habitantes era a base da oposição islamista desde os anos 1960. Em Fevereiro de 1982, o exército atacou a cidade com tanques, artilharia e dezenas de soldados. Estima-se que 10 a 20 mil morreram no ataque, mas Rifa'at Al-Assad, irmão mais novo de Hafez Al-Assad, e comandante da ofensiva em Hama, assegurou que foram 38 mil pessoas.[192]

Foi neste regime que Bashar Al-Assad, o actual presidente sírio, foi criado.

Bashar não foi, contudo, a primeira escolha para suceder a Hafed Al-Assad. O seu irmão mais velho, Bassel, coronel do exército sírio, estava a ser preparado para herdar o poder do seu pai quando morreu num acidente de automóvel em Damasco, em 1994. Bashar Al-Assad, que completava os seus estudos de oftalmologia em Londres, regressou à Síria e assumiu o papel de futuro presidente. Entrou no exército, e tomou cada vez mais responsabilidades no regime.

A preparação durou seis anos. Quando Hafed Al-Assad morreu, em 2000, após trinta anos no poder, a constituição Síria foi alterada para reduzir a idade mínima legal para ser presidente, de 40 anos para 34, a idade de Bashar.[193]

Estava completa a república hereditária da Síria.

* * *

Yassin Al-Haj Saleh conhece bem o sistema dinástico nas suas duas encarnações. Gamal Abdel Nasser, presidente do Egipto, era um ditador. Mas a Síria, segundo Yassin, é um estado de tortura com um regime genocida: *Souriyya al-Assad*, a Síria de Assad.

Quando estava no terceiro ano de medicina na universidade de Alepo, no final da década de 1970, Yassin sentia a tensão política a aumentar. O regime de Hafed Al-Assad utilizou a campanha contra a Irmandade Muçulmana para perseguir toda a oposição política. Foi uma tendência regional: com os islamistas, foram detidos centenas de opositores de esquerda e intelectuais. Yassin militava no Partido Comunista Sírio, próximo das aglomerações comunistas na Europa, e uma frente de oposição à ditadura. Era secular, não islamista. Viveu escondido durante dois meses, até que à uma da manhã do dia 7 de Dezembro de 1980 vieram por ele.

Durante a maioria dos 16 anos que passou nas prisões do regime, principalmente em Alepo e Damasco, Yassin conseguiu ler bastante. Foi das poucas coisas positivas da prisão. Durante o último ano, já não conseguiu ler. Passou-o em Tadmur, perto de Palmira, um dos principais centros de tortura do regime sírio.

Era tortura de humilhação; não tinha como objectivo conseguir informação dos prisioneiros. Que informação útil sobre a oposição poderia Yassin ainda ter após década e meia na prisão? Nenhuma. Para ele e para outros, Tadmur servia apenas para criar uma memória na mente do prisioneiro, para desencorajar o dissidente.

Quando saiu da prisão, em 1996, Yassin voltou para Alepo para acabar o curso, mas nunca exerceu medicina. Mudou-se para Damasco em 2000, o ano em que a liderança do país passou de Hafed Al-Assad para o seu filho Bashar. Yassin dedicou-se à escrita e à tradução. Digeriu o seu tempo na prisão, escreveu sobre o poder autocrático e hereditário que regia o país. Escrevia para jornais na região, especialmente para o *An-Nahar*, um jornal liberal publicado no Líbano. Nesse ano conheceu Samira Al-Khalil, prisioneira política do regime entre 1987 e 1991. A oposição à ditadura aproximou-os. Casaram dois anos depois.

* * *

No seu discurso inaugural, Bashar Al-Assad falou de transparência e democracia, da necessidade de crítica construtiva.[194] Inicialmente, opositores e intelectuais viram em Assad filho a possibilidade de reforma. Grupos informais começaram a reunir-se em casas privadas para discutir reformas. Centenas de prisioneiros políticos foram libertados, e algumas associações cívicas criadas.[195] A prisão de Mezzeh, em Damasco, conhecida por ser um repositório de prisioneiros políticos durante os trinta anos de Hafed Al-Assad, foi fechada pelo filho Bashar.[196]

Contudo, a situação regrediu a partir de finais de 2001. O estado de emergência, activado em 1963 para dar poderes reforçados às forças de segurança, foi mantido. O governo aprovou uma nova lei de censura para controlar toda a imprensa escrita. Opositores e jornalistas foram novamente detidos. Reformar um estado securitário seria sempre difícil para um novo líder. Mas mesmo quando assegurou a solidez do seu regime, o presidente sírio nunca avançou com verdadeiras reformas.

O país foi mudando. O número de utilizadores de internet aumentou de 30 mil para 4 milhões entre 2000 e 2010. Muitas páginas foram bloqueadas, obrigando os jovens sírios a utilizar *proxy servers* para navegar na internet. *Bloggers* e jornalistas críticos do regime continuaram a ser perseguidos.[197]

Bashar Al-Assad quis liberalizar a economia profundamente estatizada. Investimento estrangeiro, especialmente dos países do Golfo, permitiu a construção de imobiliário de luxo e o desenvolvimento de uma indústria de turismo. As trocas comerciais aumentaram, e entre 2005 e 2010 o PIB da Síria duplicou para 60 mil milhões de dólares.[198]

Como noutros países da região, os benefícios da abertura económica favoreceram os homens de negócios próximos do regime e as várias famílias ligadas ao poder. A corrupção e o nepotismo tornaram-se mais visíveis durante a primeira década de Bashar Al-Assad no poder. Cortes em alguns subsídios estatais aumentaram a pobreza, e a privatização de terras agrícolas do estado empurrou uma parte significativa dos agricultores para fora das zonas que haviam cultivado. Em 2010 havia 30 % de sírios a viver abaixo do limiar da pobreza.[199]

A oposição de Bashar Al-Assad à invasão americana do Iraque em 2003, e o apoio ao Hezbollah em 2006, mantiveram o regime popular para quem não sofria directamente dos seus abusos.[200] Adversários e dissidentes passavam anos em prisões. A tortura não era um excesso ocasional, mas uma parte integrante do sistema de governo. Uma lei de 1964, a mesma que criara a Divisão Geral de Informação, a *Idarat al-Mukhabaraat al-Ama*, uma das maiores estruturas de segurança do país, ilibava os seus funcionários de qualquer persecução judicial no cumprimento das suas funções. Em 2008, a mesma imunidade legal foi estendida por Bashar Al-Assad à polícia e a todas as outras agências de segurança.[201]

Apesar da brutalidade, Bashar Al-Assad e a sua mulher, Asmaa, cultivaram uma imagem de líderes modernos e reformadores. O presidente era visto a guiar o seu próprio carro por Damasco, a família ia jantar a restaurantes na cidade; em tudo diferente da imagem do seu pai, Hafed, raramente visto em público sem ser nos milhares de pósteres e fotografias por todo o lado. Asmaa al-Assad, filha de pais sírios, mas nascida no Reino Unido, foi promovida internacionalmente como o rosto ameno do estado policial. Numa entrevista publicada na revista *Paris Match*, em Dezembro de 2010, semanas antes do início das revoltas árabes, a primeira-dama disse que em casa da família Assad reinava a democracia, porque cada membro da família, pais e filhos, votava para decidir o jantar.

Não foi só a brutalidade do governo e instabilidade regional que impulsionaram os sírios a sair à rua a partir de Março de 2011. Durante quarenta anos de ditadura, a sociedade síria tornara-se mais complexa. Entre 1970 e 2011 a população cresceu de 6 para 22 milhões.[202] Muitos sírios haviam viajado e contactado com outras populações da região. Desde 2006, o país sofrera quatro secas consecutivas que, segundo as Nações Unidas, empurraram 2 a 3 milhões de pessoas para a pobreza.[203] Com a perda dos seus cultivos e animais de criação, muitos foram viver para acampamentos informais nos arredores das grandes cidades, especialmente em Damasco, Homs e Deraa. A percentagem da população Síria que trabalhava no sector agrícola, 30 % em 2001, tinha sido reduzida para 13 % na véspera da revolta.[204]

* * *

Após o seu estertor inicial, a revolta popular de 2011 espalhou-se por todo o país. Os sírios saíram à rua em Alepo, em Hama, em Homs, em Raqqa, em Deir Ez-Zor, em Damasco e até em Latakia, a zona costeira de maioria alauita. Mas o embate entre a energia revolucionária que assolava a região e a brutalidade particular do regime sírio deu origem a uma tragédia que desfez o país e a região.

Quando regressava de Raqqa para Damasco com Samira, a 25 de Março de 2011, Yassin assistiu pela primeira vez a um protesto contra o governo, na cidade de Homs. Não estava muita gente, talvez 3 mil pessoas. Havia *mukhabarat* e polícia por todo o lado, paralisados, como se aguardassem ordens. Tudo aquilo era novo para as forças de segurança: não era comum ver milhares de sírios na rua a gritar contra o regime.

Dias depois, Yassin decidiu entrar na clandestinidade. Não era ainda procurado pelo governo, mas queria escrever sem restrições sobre o que estava a acontecer. Juntou algumas coisas, o seu computador, uns livros, e saiu de casa. Era conhecido pelo regime, mas não era famoso. Passou a viver escondido no meio da capital, relatando a progressiva decomposição do país. No centro de Damasco, no início de Abril desse ano, assistiu pela primeira vez à repressão violenta do estado. Circulava de carro com um amigo para ver um protesto que pretendia ocupar uma praça no centro. Yassin viu as forças de segurança chegar de autocarro. Agentes da polícia secreta e as *shabiha*, milícias informais do governo, dispararam contra os manifestantes. Foi um massacre.

Muita da violência inicial do regime sírio conseguiu prevenir o surgimento de uma Avenida Bourguiba ou de uma Praça Tahrir, espaços públicos onde as revoltas se consolidaram na Tunísia e no Egipto. Na Síria, as manifestações nunca se transformaram em lugares seguros.

As reacções à repressão de outros protestos deram pistas ao regime sírio. Os Emirados Árabes Unidos e a Arábia Saudita enviaram tanques e soldados para acabar com os protestos no Bahrein a 14 de Março de 2011. Mas a comunidade internacional não respondeu de forma decidida. Três dias depois, o Conselho das Nações Unidas aprovou uma intervenção na Líbia para proteger os rebeldes do regime em Benghazi. Essa variabilidade da resposta internacional terá provavelmente encorajado o regime sírio a não reprimir de forma excessivamente militarizada logo no início, mas a subir incrementalmente os níveis de violência contra os manifestantes.[205]

Enquanto soltava violência, Bashar Al-Assad negou haver qualquer revolta. O presidente disse que os manifestantes eram agentes infiltrados, e avisou que terroristas salafistas queriam estabelecer um emirado islâmico. Mas contra as peças televisivas de propaganda estatal acusando Israel, os Estados Unidos, ou a Arábia Saudita de destabilizar a Síria, os vídeos filmados com telemóveis e distribuídos pelas redes sociais mostravam cidadãos desarmados a serem mortos pelo governo por todo país.

Contudo, a repressão não foi igual em todo o lado. Em alguns lugares, as forças estatais disparavam fogo real de forma indiscriminada. Noutras cidades, especialmente nos bairros centrais de Damasco e Alepo, as manifestações eram desmobilizadas com gás lacrimogéneo e bastões, evitando que a classe média-alta que beneficiara do regime de Assad fosse ostracizada pela violência.

Inicialmente, os protestos contra o governo aglutinaram pessoas de diferentes credos, etnias e religiões. Esta abrangência era a maior ameaça para o regime. Para sobreviver, Assad transformou a revolta num combate sectário.

* * *

Foi o acordo Sykes-Picot, negociado entre o Reino Unido e a França em 1916, que fez da Síria um estado com várias etnias e várias religiões. O objectivo do entendimento diplomático entre colonizadores foi definir esferas de influência na Mesopotâmia e no Levante para substituir o Império Otomano. As fronteiras artificiais satisfizeram os interesses políticos europeus, ignorando a distribuição histórica das populações do Médio Oriente.

No início da revolta de 2011, cerca de 70 % da população síria era muçulmana sunita. Outros 10–12 % (incluindo Bashar Al-Assad e a maioria da elite a ele ligada) faziam parte da facção alauita, associado ao xiismo. Existiam também 10 % de curdos e 5 % de cristãos, incluindo católicos, ortodoxos, assírios, arménios. Comunidades de drusos, xiitas, turcomanos, yazidis e ismaelitas também viviam no país.

O sectarismo foi sempre uma forma de estruturar o poder autoritário. Enquanto a revolta acelerava, Assad usou a diversidade étnica e religiosa da Síria para dividir a sociedade em pequenos subgrupos que manteve leais com concessões dirigidas. Agentes do governo viajaram a aldeias alauitas distribuindo sacos de areia e avisando as populações de que muçulmanos sunitas estariam prestes a atacar.[206] Rumores sobre massacres entre muçulmanos e alauitas ou cristãos foram propositadamente postos a circular, incutindo o medo nas populações minoritárias. Assad avisou que, se fosse derrubado, um regime muçulmano sunita que emergisse em seguida iniciaria um processo de vingança sobre as minorias.

Após o início dos protestos, Assad ofereceu aumentos de salário de 30 % a dois milhões de funcionários do estado. Para manter a paz nas zonas curdas do Norte, que habitualmente se opunham ao governo central, o regime ofereceu a nacionalidade síria a centenas de milhares de curdos que viviam há décadas sem estatuto legal.[207] O presidente apresentou um novo governo, e anunciou reformas para criar empregos e atrair investimento às zonas rurais do país. As concessões eram cosméticas. Enquanto ensaiava o teatro da reforma política, o regime continuou a deter, torturar e fazer desaparecer opositores e civis.

Durante a Primavera e o Verão de 2011, os protestos continuaram em vários pontos do país. Com soldados e tanques, o governo manteve centros de rebelião como Baniyas, Deraa ou Homs cercados, cortando a água e a electricidade. As imagens da repressão cruel do regime continuaram a circular, incendiando o descontentamento popular.

Depois de alguns meses no seu primeiro esconderijo, Yassin mudou-se para outro lugar, ainda em Damasco. Havia mais espaço para trabalhar, e Samira foi viver com ele. Naquele período inicial, a vida não era necessariamente muito difícil, apesar da violência que explodia por todo o lado. Yassin circulava pelas ruas com precaução, evitando as avenidas mais movimentadas. Não frequentava cafés nem restaurantes, não ia aos lugares onde costumava ir antes da revolução, mas conseguia falar com pessoas e ver o que estava a acontecer para escrever os seus artigos. Estava moderadamente optimista de que seria possível derrubar o regime. Em Junho de 2011 escreveu: «Para centenas de milhares de sírios, a revolta popular tem sido uma experiência extraordinária, eticamente e politicamente: uma experiência de auto-renovação e mudança social, uma insurreição para nos mudarmos a nós mesmos e para mudar a realidade.»

* * *

A realidade tornou-se cada vez mais complexa.

Não foi uma oposição unificada que decidiu responder à violência do regime com rebelião armada. Antes, a militarização dos protestos na Síria parece ter resultado de um número infinito de decisões individuais; vários actos de rebelião armada que se espalharam pelo país.

Várias razões levaram milhares de sírios a pegar em armas. As tropas do regime, assistidas pela *mukhabarat*, e as *shabiha*, começaram a utilizar força letal desde o início das manifestações. Esta força, tingida de actos massivos de represália e crueldade, galvanizou a revolta armada. As incursões do governo envolviam soldados, tanques, e helicópteros, veículos militares largados em zonas residenciais. As forças do regime atacaram protestos pacíficos e ocuparam as cidades e aldeias em busca de opositores e manifestantes. Raptos, tortura e violações foram utilizados de forma indiscriminada pelo regime.[208]

Opositores e activistas políticos pegaram em armas depois de passar pelas prisões e centros de tortura do regime. Alguns julgaram que os Estados Unidos protegeriam civis e apoiariam a rebelião, como ocorrera na Líbia. Parte da população organizou-se para proteger os bairros e aldeias dos ataques do governo. O serviço militar obrigatório de dois anos havia dado a muitos sírios uma experiência militar básica.

Aos rebeldes juntaram-se militares do exército sírio que desertaram. Perseguidos pelo governo, muitos desertores regressaram às suas aldeias e cidades, e organizaram milícias de resistência.

Uma das primeiras vitórias da revolta aconteceu no início de Junho de 2011, na vila de Jisr al-Shughour, perto da fronteira com a Turquia. Forças de segurança posicionadas no topo de um edifício começaram a disparar contra um funeral. Em resposta, os habitantes incendiaram o edifício, matando oito combatentes do regime. Em seguida atacaram uma esquadra de polícia e roubaram armas. A deserção em massa de soldados do regime ajudou a população a tomar a cidade. Nos dias seguintes, os rebeldes atacaram uma coluna militar e um quartel. Em Jisr al-Shughour abundava um ressentimento histórico. O anterior presidente, Hafed Al-Assad, utilizara helicópteros para reprimir islamistas em 1980, matando centenas de pessoas.[209]

Para os rebeldes, a tomada de Jisr al-Shughour foi um sinal encorajador, fazendo prever que mais soldados do regime trocariam de lado. O governo descreveu os combates com a mesma defesa que usava desde o início dos protestos: o país enfrentava insurgentes armados e não manifestantes pacíficos.

A militarização do conflito acelerou. Num vídeo publicado pouco depois, o tenente-coronel Hussein Harmoush, do exército sírio, anunciou a sua deserção. Mostrando a sua identificação militar, Harmoush afirmou que ele e 150 outros soldados haviam passado para o lado da «juventude Síria».[210] Foi a primeira deserção mediatizada. Harmoush anunciou a criação de um grupo de resistência contra o regime, o Batalhão de Oficiais Livres, que mais tarde daria origem ao Exército Livre da Síria.

O desertor convidou outros soldados a juntarem-se à rebelião. Revelou que os soldados do regime eram ordenados a disparar contra os manifestantes sob pena de morte, e que uma linha de forças especiais estava geralmente atrás deles para executar quem não cumprisse ordens.[211]

O seu vídeo motivou mais deserções, mas transformou-o num alvo. A sua casa foi atacada por forças de segurança, que mataram 14 dos seus familiares.[212] Outros membros da família Harmoush fugiram para a Turquia. Os corpos torturados de um dos seus irmãos e dois primos foram entregues à família pelo governo.[213]

Em Agosto, meses depois da sua deserção, Hussein Harmoush desapareceu de um campo de refugiados no Sul da Turquia. Emergiu em Damasco, nos ecrãs da televisão estatal, numa visível confissão forçada. Mais magro e sem o uniforme militar em que havia encorajado os sírios a juntarem-se à revolução, Harmoush parecia ter sido vítima de tortura. Negou ter sido ordenado a disparar contra civis e disse que a rebelião era orquestrada pela Irmandade Muçulmana. Meses depois, foi executado pelo regime.[214]

Por todo o país, os grupos armados de civis e soldados desertores começaram a organizar-se debaixo do emblema do Exército Livre da Síria. Contudo, o «exército» não era uma estrutura organizada de combate. Era antes um conjunto de milícias locais de resistência, reforçadas com desertores do exército sírio.

A partir do início de 2012, o Exército Livre da Síria passou a executar ataques mais complexos contra as forças do regime, coordenando diferentes brigadas. Estima-se que em Março de 2012 havia já cerca de 60 mil desertores do exército a combater do lado dos rebeldes.[215]

Vários países da região exigiram que Assad abandonasse o poder. Mas alguns regimes sunitas — a Turquia, o Qatar e a Arábia Saudita — passaram a enviar dinheiro e armamento militar a várias brigadas que combatiam sob o emblema do Exército Livre da Síria. Christopher Phillips, no livro *The Battle For Syria: International Rivalry in The New Middle East*, explica que a disponibilidade destes países em apoiar os rebeldes militarmente baseou-se em duas percepções erradas: que o regime sírio estava prestes a cair e que o apoio à rebelião aceleraria esse processo; e que a existência de uma oposição armada atrairia uma intervenção americana.[216]

Bashar Al-Assad percebeu rapidamente que a sua sobrevivência dependeria do apoio do Irão. Vendo regimes sunitas ameaçados, Teerão elogiou inicialmente as revoltas populares de 2011, afirmando que a Revolução Islâmica de 1979 (que estabeleceu a autocracia religiosa no Irão) poderia servir de modelo à nova onda de contestação que abalava a região.[217] Mas quando os protestos chegaram à Síria, o governo iraniano repetiu a desinformação de Damasco, caracterizando os manifestantes sírios como terroristas pagos por potências estrangeiras.

A relação entre os dois países durava desde o tempo de Hafed Al-Assad e o *Ayatollah* Khomeini. Desde a década de 1980 que a Síria era a chave logística para a criação e o apoio iraniano à milícia xiita Hezbollah, no Líbano. Para a Síria, o apoio ao Hezbollah fora uma maneira de cimentar as suas credenciais anti-Israel.

O general iraniano Qassem Soleimani foi enviado a Damasco logo no início de 2011. Soleimani comandava a força Quds, o braço armado da política externa iraniana. Foi através desse ramo das forças armadas que o Irão apoiou a guerra assimétrica do Hezbollah contra Israel a partir do Sul do Líbano. Foi também com a organização de Soleimani que as milícias xiitas no Iraque conduziram uma campanha contra forças americanas após a invasão de 2003.

Combatentes do Hezbollah começaram a participar em várias batalhas do lado do regime sírio. Os iranianos encorajaram Assad a segurar uma faixa útil de território. Em vez de tentar reconquistar todo o país, o regime deveria controlar o oeste da Síria, desde Suwaidia, no sul, passando pelas cidades importantes de Damasco, Homs, Hama, e até à região costeira de Latakia, que concentra a minoria alauita que sustenta o regime.

Enquanto coordenava o Hezbollah e outras milícias xiitas que operavam no terreno sírio, Qassem Soleimani reorganizou também o exército do regime. Os iranianos melhoraram o armamento e o treino das tropas de elite, e reduziram o papel de combate das divisões do exército com maiorias sunitas, para diminuir as deserções.

* * *

Bashar Al-Assad nunca admitiu que a contestação provinha da sociedade Síria. Ao chamar os seus opositores de terroristas ou acusá-los de pertencer à Al-Qaeda, o líder sírio não estava só a assustar alauitas, cristãos e drusos para manter estas populações do seu lado. Estava também a avisar os Estados Unidos e os europeus de que uma intervenção militar traria algo pior. «Querem ver um novo Afeganistão, ou dez afeganistãos?», avisou o presidente acossado numa entrevista com o jornal inglês, *The Daily Telegraph*, em Outubro de 2011.[218]

Paradoxalmente, a falsa narrativa de que a revolta era comandada por islamistas, tornou-se pouco a pouco realidade. Ao mesmo tempo que detinha e torturava manifestantes pacíficos e activistas, o regime de Bashar Al-Assad libertou cerca de 1500 salafistas jiadistas das prisões sírias,entre Março e Outubro de 2011, numa suposta amnistia.[219]

Muitos eram combatentes experimentados. Após a invasão do Iraque em 2003, o regime deixou extremistas operar dentro da Síria para enviar combatentes para defrontar os americanos no Iraque. Os que regressaram à Síria depois do conflito foram presos pelo governo. Mas, vendo a oportunidade de radicalizar a oposição, o regime sírio foi buscá-los aos calabouços. Alguns destes islamistas liberados formaram as suas próprias brigadas rebeldes.

Um deles, Zahran Alloush, era filho de um salafista de Douma chamado Abdullah Alloush, que partira para a Arábia Saudita e se tornara um pregador *wahhabi,* a visão conservadora e totalitária do Islão propagada pelos sauditas e que está na base da maioria dos movimentos de salafistas-jiadistas. Ao terminar os seus estudos na Universidade Islâmica de Medina, Zahran Alloush, o filho, havia sido detido pelo regime de Bashar Al-Assad. Mas, libertado em 2011, criou a sua própria brigada de combate e foi absorvendo apoios da Arábia Saudita, canalizados através dos contactos do seu pai. O seu grupo de combate foi crescendo até se tornar no Jaysh al-Islam (o Exército do Islão), que teria um peso significativo no conflito sírio e na vida dos civis e activistas, especialmente nos arredores de Damasco. Outros dois beneficiários da suposta amnistia de Bashar Al-Assad, Abu Athir al-Absi e Awad al-Makhlaf, chegariam a ser quadros importantes na hierarquia do Daesh.

* * *

O apoio militar dos regimes árabes sunitas melhorou as condições de vários grupos rebeldes, mas enfraqueceu a resistência armada como um todo. Em vez de desenvolverem uma estratégia comum, Doha, Ancara e Riade financiaram as brigadas de combatentes anti-regime que mais se alinhavam com os seus interesses políticos e ideológicos.

Isto espelhava a própria diversidade entre rebeldes. Todos os que combatiam contra o regime queriam derrubar Bashar Al-Assad. Mas a Síria que imaginavam depois da queda da ditadura não era necessariamente a mesma. Algumas brigadas moderadas apelavam a uma separação entre a religião e o estado; outras mais radicais ambicionavam estabelecer um estado teocrático. Em meados de 2012 havia já mais de mil brigadas de rebeldes a combater o regime.[220]

A necessidade de financiamento criou competição entre brigadas. Os grupos de rebeldes com mais sucesso militar atraíam mais recursos do estrangeiro, e combatentes de outras brigadas. A estrutura descentralizada e difusa do Exército Livre da Síria facilitou abusos. Homens armados que afirmavam pertencer ao Exército Livre da Síria foram também acusados de saques em zonas sob o seu controlo.[221]

Este contexto caótico fortaleceu as brigadas salafistas e jiadistas. A sua experiência de combate e superior organização ajudou-os a ganhar a supremacia no confuso panorama da oposição armada.

Receando armar extremistas, países como os Estados Unidos, a França e a Inglaterra, abstiveram-se de apoiar os rebeldes de forma decisiva no início da guerra civil, optando antes por coordenar os envios de armamento através do Qatar, da Turquia e da Arábia Saudita. Washington via na rebelião síria o legado amargo do seu apoio a insurgentes. A sua campanha contra os russos no Afeganistão, ajudando os *mujahideen* com armamento e dinheiro, havia levado à criação da Al-Qaeda.

Os americanos seleccionaram algumas brigadas mais moderadas às quais enviaram armamento, e o avanço do Estado Islâmico convenceu a administração Obama a treinar alguns rebeldes sírios em países vizinhos. Mas o apoio militar distribuído a conta-gotas enfraqueceu as brigadas mais moderadas.

Um ano após o início da revolta, na Primavera de 2012, os rebeldes sírios multiplicavam as suas vitórias militares. A captura de vários pontos fronteiriços facilitou o trânsito de armamento desde o estrangeiro. Uma mudança de estratégia recomendada pelos serviços de inteligência turcos e ocidentais impeliu os rebeldes a atacarem bases militares do regime sírio nas zonas rurais, em vez de tentar tomar cidades inteiras.[222] Esta alteração precipitou a perda de controlo estatal em muitas zonas do país.

As regiões que fugiam ao controlo de Assad foram selvaticamente bombardeadas. Muitos observadores viram a primeira utilização de mísseis *scud* pelo regime, lançados contra posições rebeldes em Alepo em Dezembro de 2012, como sendo um gesto desesperado de um governo prestes a cair.[223] Mas quando o seu uso não aumentou as possibilidades de uma intervenção internacional na Síria, o regime continuou a recorrer a mísseis balísticos para atacar cidades rebeldes.

* * *

Escondido no centro de Damasco, Yassin via na crescente violência do regime sinais de algo assustador e difícil de contemplar: Assad parecia disposto a destruir o país inteiro para continuar no poder. Desde o início que os combatentes do regime haviam distribuído essa mensagem pelas paredes semidestruídas das aldeias e das cidades: «Assad, ou queimamos o país». Essa guerra total contra os sírios estava já a acontecer. Frente ao niilismo aniquilador do regime, surgia também outro tipo de niilismo; religioso, personificado pelas brigadas de inspiração salafista que controlavam partes do país.

Damasco era a sede do regime, controlada por *checkpoints* das forças de segurança. Yassin evitava-os, caminhando a pé e contornando as ruas principais. Preferia trabalhar de noite, e acordar tarde. Mas uma noite, um dos seus amigos apareceu inesperadamente na casa onde vivia refugiado com Samira. A visita foi um aviso: as casas do bairro andavam a ser revistadas pelas forças de segurança, aquela poderia ser a próxima. Era perigoso circular de noite. Yassin esperou o nascer do dia para acordar Samira. Partiram às sete da manhã levando apenas os seus computadores.

Encontrara um novo refúgio em casa de amigos. Durante esse segundo ano da revolta, Yassin continuou a escrever. Com outros activistas, fundou a plataforma online *Al-Jumhuriya* (A República), onde ele e outros escritores e jornalistas faziam a sua análise da revolta Síria e da resposta beligerante de Assad.

A circulação por Damasco ficou mais perigosa. Mais casas a ser revistadas, mais *checkpoints*. A Síria controlada por Assad tornava-se cada vez mais pequena. E nesse espaço diminuído, era quase impossível respirar. Centenas de activistas e as suas famílias continuavam a ser detidos e a desaparecer.

Yassin e Samira começaram a planear a sua partida da capital. Ele foi o primeiro, uma fuga que exigiu semanas de preparação. Em Abril de 2013, depois de passar dois anos em Damasco, mudando de esconderijo e de bairro quando pressentia o perigo a aproximar-se, Yassin foi levado às escondidas por outros activistas para Douma e para Gouta Este, zonas controladas pela oposição armada que enfrentavam os ataques constantes do regime. Dali, pensava partir eventualmente para o norte, para ver a sua cidade, Raqqa, liberada do jugo do regime. Samira iria ter com ele mais tarde.

Em Douma e em Gouta, Yassin percebeu que o campo rebelde estava a ficar progressivamente nas mãos dos combatentes islamistas.

A milícia salafista Jaysh al-Islam parecia controlar cada vez mais território. Ficou um mês com a Unidade de Defesa Civil, ajudando e registando o trabalho dos grupos que respondiam aos bombardeamentos do regime para resgatar e tratar os feridos e enterrar os mortos. Ali, naquele canto liberado da Síria tão perto da capital, os activistas transformaram uma carrinha de gelados numa morgue para os corpos das vítimas dos ataques das forças estatais.

Quando o regime percebeu que Yassin havia saído de Damasco, começou a procurar Samira. Ela conseguiu arranjar transporte para os arredores, e encontrou-se com Yassin em Gouta Este, em meados de Maio de 2013. Viveram em Douma com Razan Zaitouneh, uma conhecida advogada e activista que participava na revolução desde o início. Zaitouneh montou o Centro de Documentação de Violações, dedicado a recolher informação sobre violações dos direitos humanos no conflito sírio. Em Douma, Yassin continuou a trabalhar. Escreveu perfis de combatentes do Exército Livre da Síria, entrevistou vítimas e médicos para relatar a utilização de armas químicas pelo governo em Jobar, um bairro na capital. Escreveu uma carta a intelectuais europeus para tentar reunir apoio internacional para a luta dos sírios contra o regime. Nessa carta, publicada no *Le Monde* e noutros jornais, Yassin falou do cerco militar que abraçava Ghouta, dos bombardeamentos indiscriminados do regime, da falta de comida e de armas que afectavam os combatentes rebeldes. Em Damasco existia o perigo da prisão e da tortura. Em Ghouta, mandava a lotaria dos mísseis que caiam diariamente.

* * *

A violência do regime, a permissividade com que destruía bairros inteiros a partir do ar, ajudou a dividir cada vez mais a resistência armada. As brigadas rebeldes eram corpos fluidos de combatentes que mudavam de bandeiras conforme os avanços e recuos no terreno. Enquanto os moderados ficaram cada vez mais fracos; os grupos extremistas fortaleceram as suas posições. A islamização da revolta tornou-se inevitável.

Em meados de 2013, grupos radicais controlavam já largas áreas de território sírio. Em Washington e nas capitais europeias, a dificuldade de distinguir as diferentes colorações ideológicas das brigadas anti-Assad arrefeceu o apoio militar numa altura em que ainda poderia ter feito diferença.

No Iraque pós-Saddam, a presença americana foi contestada por uma insurgência armada. Um dos grupos mais activos foi a Al-Qaeda, que em 2006 se juntou a outros grupos para estabelecer o Estado Islâmico do Iraque. A chegada de um novo líder em 2010, o islamista iraquiano Al-Baghdadi, fortaleceu a organização, que começou a recrutar antigos combatentes do exército de Saddam Hussein, desmobilizado pela administração americana.

Quando a revolta síria se militarizou, Al-Baghdadi enviou um islamista sírio, Abu Mohamed al-Jolani, para estabelecer uma brigada, a Jabhat al-Nusra (A Frente Islâmica). Escondendo as suas origens no Iraque, a Jabhat al-Nusra promoveu-se como uma organização Síria.

Quando começaram a expandir o território sob o seu controlo, em 2013, o Estado Islâmico do Iraque e do Levante, conhecido por Daesh, anunciou que a Jabhat al-Nusra seria incorporada na nova organização transnacional. Mas a Jabhat al-Nusra tinha ganho força própria, estabelecendo-se como uma das brigadas mais eficazes no conflito, e Al-Jolani rejeitou ser incorporado no Estado Islâmico, alinhando-se antes com o líder da Al-Qaeda, Ayman al-Zawahiri.

Como o Afeganistão nos anos 1980, a Síria de 2012 transformou-se no novo palco para jiadistas. Em finais de 2015, cerca de 30 mil combatentes estrangeiros haviam já entrado no país — sauditas, argelinos, tunisinos, egípcios, chechenos, e até combatentes da Europa.[224]

As deserções e o combate haviam diminuído as tropas do governo. Estima-se que o número de soldados do exército sírio passou de 325 mil, em 2011, para 178 mil em 2013.[225] Nesse ano, para atenuar as insuficiências do exército do regime, os iranianos ajudaram a criar a Força Nacional de Defesa. A nova organização paramilitar incluía várias milícias pro-Assad, compostas por combatentes sírios treinados pelos iranianos. No fundo, pretendia transformar um esforço militar desconexo numa estrutura oficial e com maior eficácia de combate. A nova milícia, que chegou a ter entre 70 a 100 mil combatentes, foi também uma forma para os iranianos construírem uma base de apoio na Síria caso Assad perdesse a guerra.[226]

Além do Hezbollah, que em 2014 teria já entre 4 a 5 mil combatentes na Síria, os iranianos enviaram cerca de 3 a 4 mil outros combatentes xiitas. Muitos deles haviam participado na insurgência contra os americanos. A afluência destes combatentes estrangeiros ajudou a cobrir as dificuldades do exército sírio, cada vez mais desprovido de homens.

A partir de meados de 2014, quando o Daesh conquistou a cidade de Mossul, no Iraque, muitos dos xiitas que faziam parte da legião estrangeira iraniana na Síria regressaram ao Iraque para combater. Para colmatar a falta de combatentes, Teerão começou a enviar afegãos da etnia Hazara para a Síria. Muitos viviam no Irão como refugiados, e foram recrutados pelo regime iraniano sob pretexto de defender locais religiosos xiitas na Síria. Outros lutaram em troca de promessas de cidadania iraniana.[227] Milhares de combatentes xiitas do Líbano, Iraque, Paquistão e Afeganistão combateriam na Síria contra rebeldes maioritariamente sunitas, agravando as tensões sectárias. As rivalidades regionais entre xiitas e sunitas — entre a Arábia Saudita e o Irão — passaram a ser desenhadas diariamente nos escombros das aldeias e cidades sírias. A internacional xiita contra a internacional sunita.

* * *

A guerra, as sanções económicas e a perda de território foram deixando o regime sírio cada vez mais fraco. Havia dificuldades em pagar salários aos soldados, adquirir armamento ao Irão e à Rússia, e manter serviços públicos. Inicialmente, muitos destes custos foram pagos com as reservas de moeda estrangeira, que caíram de 21 mil milhões de dólares em 2010, para menos de mil milhões em 2015.[228] As dificuldades económicas transformaram o Irão no principal patrono financeiro do regime sírio.

A Rússia também ajudou, dando protecção diplomática e vendendo armamento a Assad. Navios da marinha russa foram destacados para a base naval controlada por Moscovo em Tartous, na Síria. Os russos tentavam desencorajar uma intervenção militar mais musculada por parte de Washington e fortalecer a sua posição nas negociações de paz que decorriam sem progressos.

Moscovo estendeu várias linhas de crédito a Damasco. E quando as sanções económicas europeias impediram uma divisão do banco central austríaco, que habitualmente imprimia o dinheiro sírio, de fazer negócios com o regime de Assad, foram os russos que passaram a imprimir as libras sírias e a enviá-las para Damasco de avião.[229]

O prolongar do conflito aumentou o receio de que Assad utilizasse armas químicas, ou que a queda do regime colocasse essas armas nas mãos de grupos extremistas. O programa de armas químicas da Síria, desenvolvido durante as décadas de 70 e 80 com o apoio do Egipto e da Rússia, havia sido uma forma de contrabalançar o poderio nuclear de Israel.[230] Estimava-se que o regime sírio detinha reservas significativas de gás sarin, gás mostarda e gás VX, armazenado em vários locais pelo país. Em Agosto de 2012, o presidente americano Barack Obama avisou que a utilização de armas químicas pelo regime era uma linha vermelha, dando a entender que provocaria uma intervenção musculada por parte dos Estados Unidos.[231]

O aviso sugeriu que Washington estaria disposto a envolver-se mais directamente contra Assad. É provável que Bashar Al-Assad tenha começado a utilizar armas químicas numa escala menor, para testar as reacções da comunidade internacional.[232] Grupos de combatentes rebeldes e activistas denunciaram a utilização de armas químicas pelo regime desde finais de 2012.

O primeiro ataque químico de larga escala corroborado pelos rebeldes e pela comunidade internacional terá ocorrido mais tarde. Em Ghouta, um conjunto de povoações e bairros nos arredores de Damasco, combatentes rebeldes haviam aguentado as posições apesar das tentativas do regime de derrotá-los.

Na madrugada do dia 21 de Agosto, após mais uma rajada de artilharia do regime, os habitantes de zonas limítrofes da capital começaram a cair inconscientes, espumando da boca e do nariz. Alguns entraram em convulsões e espasmos, e os seus olhos reviraram-se.

O ataque em Ghouta matou entre 1400 e 1700 pessoas.[233] O governo sírio negou responsabilidade, alegando que haviam sido os rebeldes a utilizar armas químicas roubadas ao governo para desencadear uma intervenção internacional. Também a Rússia, apoiante de Bashar Al-Assad, culpou a oposição. Contudo o ataque tinha sido direccionado a Ghouta, uma zona sob o controlo dos rebeldes, utilizando *rockets* e artilharia que nenhum dos grupos oposicionistas detinha.

Pela sua escala e despudor, o ataque em Ghouta deixou a administração Obama numa posição complicada. Embora os serviços secretos americanos já tivessem recebido informação sobre outros ataques com armas químicas, Ghouta mostrou de forma inegável que a linha vermelha traçada por Obama fora ultrapassada.

Enquanto investigavam os acontecimentos em Ghouta, os americanos desenharam planos para uma possível acção militar. Assad transferiu algum equipamento e armamento para escolas vazias, e altos quadros do regime enviaram as suas famílias para o Líbano. A possibilidade de uma intervenção americana deixou os rebeldes em estado de alerta: esperavam a oportunidade para assegurar ganhos territoriais.

* * *

Quando as armas químicas caíram em Ghouta, Yassin já tinha conseguido sair da zona. Algumas semanas antes, despediu-se de Samira e, utilizando a rota que tinha demorado meses a planear, partiu para Raqqa. Foi uma viagem perigosa e complexa, e os dois combinaram encontrar-se mais tarde; em Raqqa, noutro lugar liberado do país, ou no estrangeiro. No dia que em que partiu, Yassin soube que o seu irmão Ahmed, um membro do conselho revolucionário que governava Tell Abyad, no Norte do país, havia sido raptado pelo Daesh.

Yassin percorreu o deserto com outros deslocados; um percurso que demoraria normalmente quatro horas e meia, levou 19 dias. Parou em vários lugares pelo caminho, esquivando-se a *checkpoints* e território controlado por combatentes islamistas, contornando a desordem generalizada de um país que desaparecia. Esperou em casebres onde escasseava a água. No pico do calor, deitou-se no chão do deserto com outros cidadãos perdidos e tentou dormir debaixo de uma tenda. A meio da viagem, Yassin conseguiu contactar amigos em Raqqa para saber do destino do seu irmão, mas só recebeu más notícias; o seu outro irmão, Firas, também havia sido raptado pelos jiadistas. Firas fora levado por organizar manifestações contra o Daesh pela libertação do seu irmão Ahmed.

Nos dias de viagem, Yassin conheceu um jiadista de 28 anos. Abu Abdullah al-Ansari, membro da Jabhat Al-Nusra, explicou-lhe que o sucesso dos jiadistas no conflito sírio havia sido obra de Deus. Ao libertar jiadistas das prisões, disse-lhe Abu Abdullah, «o regime foi astuto, mas Deus conspirou contra o regime, e Deus é o mais astuto dos planeadores», concluiu o jovem combatente, citando um verso do Corão.

Havia idealizado aquela viagem como a visita a uma cidade Síria fora do controlo de Assad. Mas quando chegou a Raqqa naquele Verão, Yassin percebeu que a cidade onde passara a sua adolescência havia sido deslocada para dentro de um pesadelo. As bandeiras negras do Daesh enchiam o mapa urbano. Jovens tunisinos, sauditas, egípcios e europeus patrulhavam as ruas, armados, galvanizados pela vitória e pelas possibilidades da violência. Em pouco mais de dois anos, Yassin havia atravessado a fronteira entre os dois territórios de escuridão que esmagavam a Síria: do absolutismo homicida do regime de Bashar al-Assad, passara para o absolutismo homicida do Daesh. Mas, contrariamente à obsessão estrangeira com a facção terrorista que levaria o grupo a ser avidamente estudado a retratado em reportagens de televisão e jornais na América e na Europa, Yassin via o Daesh apenas como mais um dos exércitos assassinos que operava nesta nova Síria desmembrada. Um grupo armado que, apesar da sua selvajaria mediatizada, havia morto muito menos sírios do que o próprio governo do país.

Durante dois meses, Yassin, impedido de passear pelas ruas que conhecia tão bem, ficou em casa. Pressentia o mundo a desenrolar-se lá fora, a escuridão a cobrir tudo. A Síria vivia já desmantelada em diferentes feudos militarizados; o regime controlava uma parte; grupos armados, mais ou menos extremistas, controlavam outros enclaves. «O Islão em que se baseiam estas múltiplas, e similares organizações, não é mais do que o suporte para o poder absoluto, que codifica o poder como sagrado e inalcançável e que legitima o interesse individual pela riqueza e pelo poder por parte de islamistas infantis», escreveu num desses dias de espera.

Sentia-se impotente. Continuava a escrever, mas impedido de caminhar na rua, de ir aos cafés, de falar com pessoas, estava privado de analisar em primeira mão as mudanças que dilaceravam a Síria.

Amigos próximos vinham visitá-lo em segredo e com cuidado, mas era uma existência esvaziada, dois meses e meio sem sair de casa. Os restantes irmãos de Yassin, exilados no estrangeiro, encorajavam--no a abandonar a Síria. Temiam que fosse preso ou morto pelo Daesh se ficasse em Raqqa.

Ainda por cima, estava sem Samira. Os dois falavam através de videochamadas. Ela também queria que Yassin abandonasse a cidade, onde poderia ser detido a qualquer momento pelos islamistas. Discutiam maneiras de sair da Síria, de partir para o estrangeiro. Em Ghouta, Samira criou um centro de mulheres para ajudar as pessoas a produzir o que precisavam para os seus lares.

Numa dessas conversas, Yassin soube que Samira estava bem apesar do ataque químico contra Ghouta. Por momentos, pensou que o regime seria punido. Com este excesso, Assad havia certamente convidado uma intervenção musculada dos Estados Unidos. O mundo prestaria finalmente atenção aos sírios e faria algo para acabar com o massacre.

* * *

Barack Obama não reagiu.

A instabilidade na Líbia após intervenção internacional e a expansão de grupos islamistas na oposição síria terão desencorajado a acção americana. O medo de acrescentar mais um envolvimento militar às guerras no Iraque e no Afeganistão também esfriou as possibilidades de uma acção militar contra o regime sírio. Mesmo uma campanha de bombardeamentos acarretava o risco de derrubar Bashar Al-Assad, e deixar um país instável dominado por extremistas mesmo ao lado de Israel.

Os Estados Unidos usaram a ameaça de uma intervenção para encenar uma negociação com Assad e com a Rússia. Os três países acordaram, em Setembro de 2013, desmantelar o arsenal de armas químicas do regime sírio.[234] O acordo acabou por ser uma forma para os Estados Unidos salvarem a face sem terem de atacar Assad. A implementação do acordo, envolvendo a remoção de uma grande quantidade de armas químicas no meio de uma guerra civil, seria uma quase impossibilidade. Ao não intervir de forma decisiva na Síria, os Estados Unidos enviaram uma mensagem clara a Bashar Al-Assad: o regime poderia continuar a atacar a população civil sem temer represálias.

Após o recuo de Obama, os governos da Arábia Saudita e da Turquia ficaram alarmados pelos Estados Unidos não agirem de forma contundente contra Damasco. O Irão e a Rússia sentiram-se fortalecidos para perseguirem os seus interesses na Síria e no Médio Oriente, sem preocupação pela oposição de Washington.

O ataque em Ghouta não foi o primeiro ataque químico e nem seria o último. A Syrian Network for Human Rights documentaria 217 ataques com armas químicas entre Dezembro de 2012 e Maio de 2019.[235]

* * *

Yassin saiu da Síria em Outubro de 2013.

De Raqqa, fez o caminho de três horas até à fronteira com a Turquia. Um amigo do seu irmão aceitou levá-lo. Yassin não conhecia quem o conduzia para o exílio, mas sempre que chegavam a um *checkpoint* ele parecia conhecer alguém que lhes dava passagem. Esperaram mais um par de horas na fronteira, para que chegasse o contacto do lado turco. Depois foi só atravessar.

Havia passado os dois anos e sete meses iniciais da revolução a tentar perceber e descrever o que acontecia à Síria. A população havia sido abandonada pela comunidade internacional, ao mesmo tempo que o país se tornara no campo de batalha de interesses estrangeiros. A revolta popular dera origem a um país fragmentado, cobiçado nas suas partes por diferentes bandeiras.

Na Turquia, Yassin ligou-se à diáspora síria, outros intelectuais, activistas e cidadãos expulsos do seu próprio país pela violência de Assad ou pelo extremismo dos jiadistas. Continuou a falar com Samira pelo Skype, contando-lhe o que via em Istambul, e da experiência de andar de avião pela primeira vez na sua vida, para chegar à cidade.

Ela dizia-lhe que a situação em Ghouta estava cada vez mais difícil. A zona continuava cercada pelas forças do regime. A ligação de satélite que utilizavam para comunicar dependia de um gerador a *diesel*.

Mas a economia de guerra levou ao aumento progressivo do custo do combustível, era cada vez mais difícil receber notícias de Samira e de Ghouta. Nas últimas conversas que tiveram, Yassin e Samira falaram de como ele poderia enviar-lhe dinheiro para que ela pudesse sobreviver até conseguirem uma maneira de tirá-la do país.

Na noite de 9 de Dezembro de 2013, Samira foi raptada em Douma, juntamente com Razan Zaitouneh, o seu marido, Wael Hamada, e Nazem Hamadi. Inicialmente, Yassin pensou que a questão levaria algumas semanas ou meses a resolver. Segundo as informações que recebera e alguns testemunhos, os responsáveis do rapto foram os milicianos da Jaysh al-Islam, a milícia liderada por Zahran Alloush, um dos islamistas libertados pelo regime no início da contestação popular em 2011.

A Jaysh al-Islam recebera financiamento da Arábia Saudita, e aumentara o seu poder, transformando-se na autoridade regente em Ghouta. O tempo foi passando, e Yassin nada soube da sua mulher e dos outros activistas. Samira nunca havia sido intimidada em Ghouta. Mas Razan Zaitouneh fora já ameaçada pelos islamistas da zona, devido ao seu trabalho a documentar os abusos de direitos humanos cometidos pelas milícias.

* * *

Do seu exílio, Yassin continuou a escrever e a tentar procurar informações sobre o paradeiro de Samira. Os americanos começaram a intervir abertamente na Síria no Verão de 2014, numa campanha para derrotar o Daesh. O grupo extremista crescia e ocupava território. Para Yassin e para os outros sírios que haviam tido esperança na revolta, a comunidade internacional falhara nas suas responsabilidades: evitando actuar contra Assad e a guerra brutal que comandava contra a sua própria população. A narrativa de Bashar Al-Assad havia funcionado, e os países que poderiam ter feito a diferença deixaram centenas de milhares de sírios morrer às mãos de Assad, para se juntarem agora ao combate sobre a égide da guerra contra o terrorismo.

Depois de anos de negociações falhadas, e apelos para que Assad abandonasse o poder, americanos, franceses, ingleses, jordanos, e outras nacionalidades, concentraram o poder de fogo no Califado decretado por Abu Bakr al-Baghdadi no Iraque e na Síria. Como tantos outros sírios, Yassin odiava o Daesh. Afinal, o grupo havia raptado dois dos seus irmãos e vários amigos. Mas ficou chocado com a forma quase obsessiva como o Daesh era tratado nos meios de comunicação ocidentais. Talvez fosse a espectacularidade dos seus vídeos de execuções. Ou os vários raptos e assassinatos de estrangeiros. Mas havia uma espécie de obsessão; o Daesh era um tema *sexy* para as mentalidades europeias e americanas. Yassin viu nessa abordagem uma representação visceral do próprio capitalismo, a novidade como forma de excitação.

Para ele, os grupos salafistas, os que estavam dispostos a utilizar a violência para atingir os seus fins, eram todos muito parecidos. Um deles, Jaysh al-Islam, era acusado por Yassin e outros activistas, de ter raptado a sua mulher e outros membros da oposição secular. O líder dessa milícia, Zahran Alloush, negara sempre o envolvimento dos seus combatentes no rapto. Yassin sabia de provas circunstanciais, e alguns nomes, mas poucas certezas conclusivas. Em Dezembro de 2015, Alloush foi dado como morto após um bombardeamento num subúrbio de Ghouta.[236]

* * *

Na primeira metade de 2015, após mais de quatro anos de conflito, o regime de Assad parecia estar novamente a perder terreno. A maioria era controlado pelo Daesh e por outras milícias de rebeldes. A guerra tinha já morto cerca de 230 mil pessoas, ferido um milhão, e enviado mais de 4 milhões de refugiados para fora do país.[237] Apesar do apoio militar e financeiro do Irão, e de forma mais contida, da Rússia, o regime parecia caminhar para a derrota.

A Síria transformara-se num emaranhado confuso de zonas de influência suportadas por uma intricada rede de apoios internacionais. Além do amparo iraniano e russo ao regime, o Qatar, a Turquia e a Arábia Saudita financiavam diferentes milícias sunitas que combatiam contra o regime de Assad. Uma coligação composta pelos Estados Unidos, França e Reino Unido, bombardeava posições do Estado Islâmico no Iraque e na Síria. Israel lançava ataques aéreos contra membros da hierarquia do Hezbollah que operavam na Síria, sem nunca tentar verdadeiramente derrubar Assad.

Forças rebeldes pertencentes aos grupos islamistas Jabhat al-Nusra e Ahrar al-Sham, fizeram avanços e seguraram terreno cada vez mais dentro da zona útil do oeste da Síria que o regime se concentrara em defender. Grupos rebeldes conseguiram conquistar Wadi Al-Dhaif, um importante centro militar no norte do país, e tomaram a cidade de Idlib, e várias aldeias na província de Hama.[238] O Daesh conquistara Palmira e dominava o leste do país.

O regime ficou cada vez mais encurralado. Num discurso em Julho de 2015, Bashar Al-Assad explicou que os anos de guerra haviam reduzido o número de soldados do exército, forçando a abandonar território para proteger áreas mais importantes. O governo tentava encorajar a sua população reticente a alistar-se no exército, prometendo melhores salários, e pelo menos uma refeição quente por dia.[239] Mas estima-se que nesse período haveria cerca de 70 mil sírios a evitar o serviço militar obrigatório nas zonas controladas pelo governo. A admissão de Bashar Al-Assad preparou o terreno para uma entrada mais assertiva da Rússia no conflito. Moscovo e o Irão passariam coordenar o esforço militar para evitar a queda de Assad.[240]

A Rússia comandaria uma campanha aérea contra os rebeldes. O Hezbollah e outras milícias xiitas avançariam com as forças do exército sírio. Os russos colocaram o seu centro de operações aéreas na base de Khameimim, em Latakia, cedida pelo governo sírio por um tempo indefinido. A pista de aterragem foi arranjada, uma nova torre de controlo aéreo construída e, em Setembro de 2015, cerca de 30 aviões russos haviam já chegado, com 2 mil militares para apoiar a operação.

Publicamente, a operação foi classificada como uma intervenção contra o Daesh. Os russos esclareceram que o aumento de presença militar na Síria respondia a um pedido oficial do governo sírio, ao contrário das intervenções dos Estados Unidos e de outros países. Antes da ofensiva militar russa, o regime havia perdido quatro quintos do território.[241]

Uma hora antes do início dos bombardeamentos na Síria, um diplomata russo entrou na embaixada americana em Bagdade para deixar um aviso: «Vamos lançar os ataques na Síria dentro de uma hora. Não se metam no caminho.»[242] Desde o início da campanha, a 30 de Setembro de 2015, ficou claro que o Daesh não era a prioridade dos russos. Durante toda a ofensiva, Moscovo privilegiou os ataques contra os grupos rebeldes que ameaçavam o regime, lutando pela sobrevivência de Bashar Al-Assad.

A coordenação dos ataques aéreos com os combatentes xiitas trazidos pelos iranianos influenciou a situação no terreno. A partir de Outubro, o governo começou lentamente a derrotar as brigadas rebeldes em Latakia, Homs, Idlib e Deraa.

Com a intervenção na Síria, a Rússia aumentou a sua influência na região e manteve a presença marítima no Mediterrâneo. Por outro lado, a insurgência contra Bashar Al-Assad havia atraído muitos combatentes islamistas do Cáucaso, especialmente da Chechénia, e Moscovo queria certificar-se de que esses islamistas não regressariam para destabilizar as zonas de influência russa no final do conflito.

Mas a forma indiscriminada como os aviões russos atingiram estruturas civis, incluindo hospitais, aumentou o número de baixas. Em Março de 2016, seis meses após a entrada das forças russas no conflito, o Observatório Sírio para os Direitos Humanos declarou que os bombardeamentos russos haviam morto mais de 4400 pessoas, incluindo 1733 civis.[243]

Nesse mesmo ano, a Turquia fez a primeira de várias incursões no Norte da Síria, governado pelos curdos como a região autónoma de Rojava. Após expulsar populações curdas de várias zonas, os turcos trouxeram populações árabes e milícias islamistas, com o intuito de criar uma zona de separação entre as milícias curdas e a fronteira turca. A última e talvez mais traumática destas incursões, no Outono de 2019, viu os turcos a entrar violentamente em território curdo, à medida que a maioria das tropas americanas localizadas na região para combater o Daesh evacuavam o Norte da Síria sob as ordens repentinas de Donald Trump.

Depois de servirem com capacidade e sacrifício contra o Daesh, as milícias curdas do YPG foram abandonadas pelos americanos. A recusa de Obama em punir Bashar Al-Assad pelo uso de armas químicas marcou um ponto de viragem no conflito. Mas a saída desorganizada da maioria das tropas americanas do Norte da Síria em 2019, ignorando os perigos para os aliados locais, afundou ainda mais a credibilidade e influência dos Estados Unidos no Médio Oriente.

* * *

A brutalidade do conflito sírio tem sido exaustivamente documentada. Por toda a região, as redes sociais e as imagens captadas por telemóveis permitiram que os protestos contra os regimes autoritários se espalhassem de forma quase imediata. Essa mesma infra-estrutura civil e informal transformou o conflito sírio na primeira guerra filmada desde o seu interior: a repressão inicial dos protestos com fogo real, os espancamentos, a destruição de hospitais, os mísseis de longo alcance lançados sobre quarteirões residenciais, ataques com armas químicas que deixaram bairros inteiros com pessoas a espumar da boca.

Bashar Al-Assad sobreviveu à guerra. Mas o que resta do seu regime está hoje subjugado ao Irão e à Rússia. Em Março de 2021, o regime controlava a maioria das grandes cidades e 60 % do território total da Síria, comparado com 30 % em 2014.[244] Celebrando a sua vitória pírrica, Assad organizou novas eleições presidenciais nas zonas que controlava. Sem surpresas, venceu com 95,1 % dos votos. Mais de meio milhão de sírios perdeu a vida desde o início do conflito.

A influência externa na Síria continuará durante anos. Os russos querem controlar o estado sírio, manter uma posição na região com a progressiva retirada dos americanos. Em várias partes do país, os iranianos estabeleceram famílias dos combatentes xiitas perto de alguns dos locais sagrados, ocupando casas e aldeias que pertenciam a populações árabes sunitas. Este redesenho demográfico pretende construir uma zona de influência desde o Irão, passando pelo Iraque, Síria, até ao Líbano, o «eixo de resistência» defendido por Teerão. Como fez no Líbano anos antes, o Irão tem oferecido serviços públicos nas zonas xiitas na Síria, e criado milícias locais, assegurando o apoio económico aos familiares dos combatentes xiitas mortos no conflito.

Nos últimos anos, o regime de Bashar Al-Assad transformou a Síria num narcoestado. A anfetamina Captagon, distribuída desde a Síria para o Médio Oriente, Europa, e Ásia, transformou-se na principal exportação do país, permitindo ao governo ganhar os dólares de que tanto precisa para sobreviver.

* * *

A década de guerra desmantelou a Síria em vários feudos, apoiados por potências estrangeiras, no que se designa já como a balcanização do país. Cada um destes pequenos estados é controlado por uma ou várias milícias, regula a sua economia de forma quase autónoma, e privilegia uma uma facção religiosa ou étnica específica. O regime de Bashar Al-Assad, as potências internacionais, e os islamistas jiadistas, uniram forças inadvertidamente, numa frente que acabou com as aspirações de 2011.

Yassin continuou a escrever e a falar sobre a Síria. Alguns dos textos que foi publicando durante o conflito, e no seu percurso até ao exílio — desde Damasco, até Douma, Raqqa, e até à Turquia — ficaram recolhidos no livro *The Impossible Revolution, Making Sense of the Syrian Tragedy*. Instalado na Alemanha, Yassin é hoje um dos mais de seis milhões de sírios a viver fora do país. Para ele, a Síria foi transformada num exemplo: isto é o que acontece quando as pessoas se tentam revoltar contra o poder autoritário. Em meados de 2021, Yassin continuava sem saber notícias de Samira. Ela é uma das mais de 100 mil pessoas desaparecidas durante o conflito.

O Fim do Estado Petrolífero

Na madrugada de 14 de Setembro de 2019, dezenas de *drones* com explosivos e mísseis atingiram os seus alvos em dois lugares distintos do Leste da Arábia Saudita.

Os houthis, a milícia xiita apoiada pelo Irão que havia conquistado grande parte do Norte do Iémen, reivindicaram a autoria do ataque.[245] Mas americanos e sauditas afirmaram que os ataques originaram a este e não a sul, onde a Arábia Saudita faz fronteira com o Iémen, apontando culpa directa ao Irão, que teria lançado o ataque do seu próprio território, ou de forças estacionadas no Golfo Pérsico.

O ataque não foi uma novidade. Desde que iniciou uma campanha de bombardeamento no Iémen, em 2015, para desalojar os houthis, a Arábia Saudita passou a ser um alvo regular do grupo. A dinâmica é o resultado do confronto pela supremacia regional que opõe a Arábia Saudita e o Irão há já várias décadas.

Mas a magnitude e o rigor do ataque surpreenderam os sauditas. Os dois locais atingidos, o campo petrolífero de Khurais, e a estação de processamento de crude em Abqaiq (separados por 180 quilómetros) foram escolhidos com cuidado. E dentro dessa precisão geral, houve também um nível alarmante de precisão detalhada.

Abqaiq é a maior central de processamento de petróleo do mundo e os ataques, que atingiram 18 pontos diferentes no complexo, provocaram enormes colunas de chamas que levaram várias horas a controlar.[246] Mas nenhuma das instalações destruídas precisou de muito tempo para voltar à produção. O bombardeamento pareceu mais uma demonstração de força do que uma tentativa para restringir a produção saudita a longo-prazo.

Com o ataque, o Irão mostrou à Arábia Saudita a facilidade que teria em danificar as suas instalações petrolíferas e a sua infra-estrutura de dessalinização de água do mar, essencial para o consumo hídrico do reino. As possibilidades bélicas de uma potencial guerra foram simuladas.

No passado, sempre que o Médio Oriente foi assolado por uma crise geopolítica, o preço do petróleo subiu. Aconteceu com a guerra entre árabes e israelitas e o embargo petrolífero em 1973; aconteceu com a revolução iraniana e cancelamento de contratos de Teerão com as petrolíferas americanas em 1978–1979; replicou-se durante a Guerra do Golfo em 1990; o 11 de Setembro e a invasão americana do Afeganistão em 2001; a invasão americana do Iraque em 2003; voltou a acontecer com as revoltas árabes e a guerra civil na Líbia em 2011.Contudo, o Médio Oriente em 2019 não era já o Médio Oriente de 1973, ou de 1990, ou de 2003.

Mas o bombardeamento das instalações petrolíferas sauditas em 2019 não originou um choque petrolífero. O ataque reduziu a capacidade de produção diária da Arábia Saudita, em 50 %: de cerca de dez milhões de barris diários para cinco milhões de barris. O corte provocou um aumento de 20 % no preço do petróleo nos mercados internacionais.[247] Porém, assim que o governo americano se mostrou disponível a libertar parte das suas reservas estratégicas para manter a estabilidade do mercado, os preços caíram. Os sauditas conseguiram repor o nível de produção em semanas, o impacto no preço do petróleo foi quase nulo.[248] O ataque em Abqaiq evidenciou uma nova realidade.

Durante anos, assegurar a estabilidade da Arábia Saudita e a presença americana no Golfo Pérsico havia sido uma premissa essencial da política de Washington para o Médio Oriente. Garantia o fluxo contínuo de crude na direcção do mercado americano, mantinha os preços baixos, e a estabilidade da economia mundial. Porém, quando os *drones* e os mísseis atingiram as instalações em Abqaiq, o mercado mundial já não dependia tanto da produção de petróleo da região.

* * *

Parte desta mudança tornou-se palpável anos antes do ataque às instalações sauditas. Se as revoltas de 2011 desafiaram a estrutura política dos regimes do Médio Oriente, foi a queda do preço do petróleo, a partir do Verão de 2014, que lhes retirou o seu fundamento económico.

Segundo cálculos do Banco Mundial, o período de 2014–2016 trouxe uma das quedas mais abruptas no preço do petróleo desde a Segunda Guerra Mundial, e a mais duradoura desde o colapso nos preços em 1986.[249] Entre Junho de 2014 e Janeiro de 2016, o preço do barril de Brent passou de 112 para 31 dólares, um tombo superior a 70 %. O alarme espalhou-se por várias capitais da região.

Os governos de países produtores como a Argélia, a Arábia Saudita, o Kuwait ou os Emirados Árabes Unidos sempre souberam que teriam de reduzir a sua dependência do petróleo. Vários países lançaram projectos incipientes de diversificação económica. Mas a abundância da renda petrolífera, e a sagacidade com que os regimes autoritários tendem a centralizar as receitas económicas, bloqueou sempre o processo de diversificação.

O colapso dos preços do petróleo a partir de 2014 teve várias causas. Em parte, houve um abrandamento económico global que reduziu a procura de petróleo, criando um excesso de oferta nos mercados. Mas uma mudança mais profunda estava a alterar estruturalmente o mercado do crude.

No final da primeira década de 2000, o estado americano do Texas assistiu a uma revolução energética, sediada na sua *Permian Basin*, uma zona rica em recursos petrolíferos que ocupa partes dos estados do Texas e do Novo México. A aplicação da tecnologia de *fracking* já permitia aceder a reservas não-convencionais de petróleo e gás localizadas em pequenos espaços entre as rochas. Contudo, a produção de petróleo e de *shale* na América tinha um custo demasiado alto para competir com os produtores mais eficientes no Médio Oriente.

Melhorias tecnológicas tornaram os produtores não-convencionais sediados na América mais eficientes. Em 2012 custava em média 70 dólares produzir um barril de *shale* nos Estados Unidos, mas esse custo desceu para 40 dólares em 2016.[250] A revolução do *shale* alterou o mercado mundial de hidrocarbonetos. Em 2018 os Estados Unidos foram, pela primeira vez em várias décadas, o maior produtor mundial de petróleo superando a Rússia e a Arábia Saudita.[251] No ano seguinte, o país importou apenas 3 % do seu consumo nacional de petróleo, comparado com 60 % em 2008.[252]

Actualmente, os Estados Unidos têm reservas estimadas de 80 mil milhões de barris de petróleo não-convencional. A América tem hoje uma influência no preço internacional do petróleo que não teve nas últimas décadas. A revolução do *shale* ajudou a levar à quebra dos preços a partir de 2014. A tendência para a descarbonização das economias nos próximos anos reduzirá cada vez mais a importância do crude nas economias mundiais. No longo prazo, esta alteração diminuirá a importância geoestratégica do Médio Oriente. Mas desde 2014 que as alterações estruturais nos mercados de energia têm dificultado a vida aos regimes autoritários da região que dependem do crude para sustentar as suas economias.

* * *

A era do petróleo no Médio Oriente começou com a descoberta de reservas importantes, primeiro na Pérsia, no início do século XX, e mais tarde no Iraque (1927), no Bahrein (1932), na Arábia Saudita (1938), no Kuwait (1938), na Argélia (1956), e na Líbia (1959). Na década de 1960, a descoberta de petróleo nos Emirados Árabes Unidos deu início à transformação das economias dos pequenos reinos do Golfo.

Inicialmente, a era do petróleo não foi mais do que uma extensão do colonialismo. Apesar de lidarem com estados independentes e soberanos, as empresas estrangeiras (dos Estados Unidos, França, Holanda, e Reino Unido) asseguraram contratos favoráveis nas suas concessões petrolíferas. Pagavam *royalties* aos estados, mas guardavam a maioria dos lucros. Estas empresas investiram muito dinheiro, construindo refinarias e sistemas de transporte de crude. Como explica Eugene Rogan no livro *The Arabs: A History*: «Os líderes árabes não tinham queixas, porque o dinheiro do petróleo era acumulado sem qualquer tipo de esforço da parte destes governos.»[253]

O mundo ficou cada vez mais viciado em petróleo. Conscientes da bênção geográfica e geológica de que gozavam, os estados árabes aumentaram a pressão para renegociar os contratos de exploração e produção. Em 1950, por exemplo, a Arábia Saudita conseguiu uma divisão 50/50 das receitas petrolíferas com as empresas de extracção, o que seria rapidamente replicado por toda a região.

Nos anos 1960, a produção petrolífera do Golfo Pérsico era já superior à produção dos Estados Unidos, aumentando o peso geopolítico da região. O Médio Oriente detinha 60 % das reservas conhecidas em todo o globo, e representava 25 % da produção mundial.[254]

Como as receitas petrolíferas, vários países da região criaram economias rentistas ou parcialmente rentistas. Em 1960, as exportações de petróleo representavam 81 % das receitas do estado na Arábia Saudita e 61 % no Iraque; a Síria e Jordânia financiavam 25 e 15 % respectivamente dos seus orçamentos nacionais com os direitos de passagem dos oleodutos que transportavam petróleo dos países vizinhos até ao Mediterrâneo.[255] Após anos a depender do conhecimento técnico das empresas estrangeiras, os estados árabes começaram a enviar os seus próprios quadros para estudar engenheira petrolífera em universidades americanas e europeias. O regresso dessas elites fortaleceu a posição soberanista dos dirigentes da região.

O poder das empresas era excessivo. Reduções do preço de venda do petróleo, decididas exclusivamente pelos executivos do sector, afectavam directamente os orçamentos nacionais de países como a Arábia Saudita, o Iraque ou o Kuwait. Esta vulnerabilidade acelerou a vontade dos governos de aumentar a percentagem dos lucros e de controlar os preços. Foi por isso que, em 1960, o Irão, o Iraque, a Arábia Saudita, o Kuwait e a Venezuela, se juntaram na Organização dos Países Exportadores de Petróleo (OPEP). A estrutura permitiu agrupar o interesse dos países produtores como resposta ao conluio das grandes petrolíferas. O cartel viria a agrupar 13 países com papel relevante nos mercados mundiais de crude.

A chegada ao poder de Muammar Kadhafi na Líbia, em 1969, fortaleceu os estados produtores. O líder líbio juntou as empresas petrolíferas que operavam no país e avisou que as condições seriam alteradas. Os dirigentes rejeitaram mudanças nos contratos. Kadhafi foi peremptório, anunciando: «Gente que viveu cinco mil anos sem petróleo, poderá viver outra vez sem petróleo durante uns anos para assegurar os seus direitos legítimos.»[256]

Incapaz de pressionar as grandes petrolíferas a aceitarem os aumentos de preços, Kadhafi apertou as empresas independentes, que não tinham relevo internacional. O governo líbio forçou cortes na produção da Occidental Petroleum, uma petrolífera que dependia inteiramente das reservas que explorava em solo líbio. Depois, impôs limites de produção nas outras empresas petrolíferas a operar no território. Os cortes acabariam por contribuir para o aumento dos preços, devido à redução da quantidade de petróleo extraído. Kadhafi conseguiu forçar a Occidental Petroleum a renegociar o contrato com o estado. Assim, em 1970, a Líbia passou a ser o primeiro país a conseguir assegurar a maioria dos lucros petrolíferos (55 %) em detrimento das empresas privadas.

As condições arrancadas à Occidental Petroleum foram estendidas a todas as petrolíferas que operavam na Líbia. Pouco depois, o exemplo foi aplicado por outros estados produtores de petróleo, que conseguiram assegurar 55 % das receitas de exploração das suas reservas em 1971. «Foi o fim da era dos barões do petróleo Ocidentais e o início da idade dos xeiques árabes do petróleo», explica Eugene Rogan.

Para os países produtores, o dinheiro fluiu em orçamentos estatais cada vez mais inflacionados. Eram, na sua grande maioria, países ricos em recursos com populações relativamente pequenas. Em 1970, a população dos Emirados Árabes Unidos estava abaixo dos 300 mil; a Líbia era composta por pouco mais de 2 milhões de pessoas; a Arábia Saudita tinha menos de 6 milhões de pessoas; o Iraque 10 milhões; a Argélia tinha uma população de 14 milhões; o Irão, dez anos antes da sua revolução Islâmica, tinha 28,5 milhões de habitantes.[257] A era dos xeiques árabes do petróleo estabeleceu o modelo de governação na região: vastos subsídios estatais e empregos públicos para os cidadãos, em troca da anuência da população ao poder autoritário.

* * *

O estado petrolífero do Médio Oriente solidificou-se como um estado de providência; um regime paternalista, que distribui dinheiro e cobra poucos impostos. O governo financia a generalidade dos serviços públicos aos seus cidadãos, e reduz o custo final de produtos como o pão, o açúcar, o óleo de cozinha, combustível e gás doméstico.

Tipicamente, estes recursos financeiros massivos, resultantes da venda de petróleo e gás, são controlados por regimes hereditários, ou estruturas de poder político com ligações privilegiadas ao sector privado. Estas estruturas autoritárias criam interdependências que permitem distribuir a renda petrolífera aos apoiantes, e encorajam a corrupção e o clientelismo.[258] Para agravar o problema, não existem instituições estatais que façam o escrutínio do gasto das receitas petrolíferas. O cidadão do estado petrolífero raramente tem direito a saber como são usados os recursos naturais do seu país. O dinheiro do orçamento do estado e o dinheiro da elite governante vivem muitas vezes num mesmo saco.

O petróleo e o gás constituem a espinha dorsal mais comum dos sistemas rentistas na região. Mas qualquer outro recurso raro pode cumprir esse papel. O controlo sobre o Canal do Suez permite ao estado egípcio arrecadar perto de 5,6 mil milhões de dólares anualmente.[259] No Líbano, as remessas dos emigrantes canalizadas para os bancos criaram outro tipo de operação rentista, dependente do sistema financeiro e do investimento em imobiliário. Na Jordânia foi o apoio internacional canalizado para ajudar os milhões de refugiados que se transformou num componente essencial do orçamento do estado e da monarquia Hachemita.

Autónomos em relação aos impostos dos seus cidadãos, os estados rentistas não precisaram de desenvolver capacidades de gestão pública, ou de mostrar transparência nas contas orçamentais. Na Arábia Saudita, na Argélia, na Líbia pré-Kadhafi, nunca foi necessário convencer os cidadãos para conquistar o seu voto e gerir o dinheiro dos seus impostos. Este acordo tácito estendeu-se no tempo.

As receitas petrolíferas asseguravam a conivência da população. Mas para as elites, a premissa oferecida pelo autoritarismo foi outra: permitir o acumular de riqueza desde que essa riqueza nunca fosse utilizada para disputar o poder político.[260] É por isso que em países como a Tunísia, a Argélia, o Egipto, a Líbia, ou o Iémen, a fronteira entre o regime no poder e a oligarquia económica foi sempre difícil de desenhar. A contestação popular que levou ao derrube dos líderes desses países durante a última década partiu sempre da pressão das classes mais desfavorecidas ou, pelo menos, dos grupos mais afastados da renda económica.

A dependência do petróleo tende a estender a vida do poder autoritário, financiando a repressão. Estabelece economias com pouca capacidade industrial, dependentes das importações, presas pela imobilidade dos regimes que distribuem a riqueza petrolífera de acordo com a lealdade ao poder. Mas à medida que os rendimentos do petróleo baixam, o autoritarismo deixa de ter um dos seus instrumentos cruciais.

* * *

No seu controlo da riqueza nacional, e na forma como bloquearam a emergência de outras indústrias, os estados petrolíferos impediram a iniciativa privada. Os cidadãos dependem do estado para a maioria dos empregos, seja na burocracia, seja nos projectos de construção que o dinheiro do petróleo permite financiar. Em muitos casos, as populações pagam poucos ou nenhuns impostos, mas isso só sublinha a forma como a falta de representação política se transforma na peça central da relação entre governo e governados.

O impacto económico da renda petrolífera estende-se aos países circundantes. A maioria das populações do Médio Oriente não vive em países com vastas reservas energéticas. Países como a Jordânia, a Tunísia, o Egipto, o Líbano ou a Síria, receberam vastas quantidades de rendimentos do petróleo indirectamente, através de investimento dos países do Golfo, empréstimos, ou das poupanças enviadas de trabalhadores emigrados em economias petrolíferas. Países como a Arábia Saudita, os Emirados Árabes Unidos, o Qatar, a Líbia, foram durante anos o destino para milhões de trabalhadores migrantes, centrais para a diáspora árabe.[261]

Os recursos petrolíferos são também uma arma de política externa, permitindo aos países com reservas de crude e gás influenciar os países vizinhos. Durante décadas, foram as receitas petrolíferas da Arábia Saudita que permitiram ao reino espalhar a sua versão conservadora do Islão por toda a região, galvanizando movimentos salafistas-jiadistas.

Recentemente, a renda petrolífera tem sido utilizada para esmagar qualquer tipo de movimento popular. Desde 2011, os países do Golfo têm apoiado financeiramente forças antidemocráticas. Este dinheiro tem condicionado a estrutura política da região, alimentando conflitos internos na Líbia, na Síria, no Iémen, e fortalecendo o autoritarismo no Egipto. O Irão usa as suas receitas petrolíferas para sustentar várias milícias xiitas no Iraque, na Síria, no Líbano e enviar apoio militar aos houthis no Iémen. A abundância de petrodólares tem ajudado a evitar qualquer reforma política no Médio Oriente.

* * *

A desigualdade económica, aliada à repressão política, levou ao eclodir das revoltas árabes em 2011. Mesmo com subsídios, os regimes não conseguiram manter o *statu quo* que regeu a região durante décadas. Com a diminuição das receitas petrolíferas, será ainda mais difícil.

Muitos países aumentaram o gasto público para conter o descontentamento popular. Na Arábia Saudita o rei Abdullah pôs de parte uma quantidade astronómica de dinheiro para comprar a paz social: 36 mil milhões de dólares.[262] Contudo, essa quantia exorbitante era, em 2011, apenas 8 % de todas as reservas em moeda estrangeira do reino.

Quando o preço do petróleo caiu em 2014, a Arábia Saudita conseguiu mais uma vez cobrir a diminuição das suas receitas usando as reservas. Entre 2014 e 2015, a almofada financeira do país, acumulada durante os anos de preços altos, passou de 722 mil milhões de dólares para 611 mil milhões de dólares.[263]

Recentemente, os estados rentistas foram obrigados a alterar o contrato social com os seus cidadãos. A partir de 2017–2018, países como a Arábia Saudita, o Bahrein, os Emirados Árabes Unidos, a Argélia, o Egipto, o Líbano e o Irão estabeleceram novos impostos ou aumentaram os impostos existentes. Vários governos começaram também a reduzir os subsídios de combustível e de electricidade. Pela forma como beneficiam o consumidor independentemente do estrato económico, os subsídios de energia e de alimentação acabam por encorajar o consumo excessivo nas classes mais favorecidas. Mas para as classes mais pobres, os subsídios são a fronteira entre a pobreza e uma vida digna.

A eliminação dos subsídios foi sempre uma fonte de instabilidade. Em Janeiro de 1977, quando o presidente Anwar Sadat tentou acabar com subsídios ao pão, arroz e óleo de cozinha, o Egipto foi engolido por protestos violentos que levaram à morte de 171 pessoas e centenas de feridos.[264] Sadat recuou. Recentemente, no Sudão, foi a eliminação de subsídios e o aumento do custo de vida que levou aos protestos que acabariam por derrubar Omar al-Bashir em 2019.

Os autocratas do Médio Oriente compreendem a necessidade de ter suficiente dinheiro para comprar a calma social. E se a queda do preço de 2014 foi considerada repentina, 2020 trouxe uma lição bastante mais aguda sobre os custos de gerir economias pouco diversificadas.

O início da pandemia de covid-19 levou a uma paralisação global da economia no fim do primeiro trimestre de 2020. À medida que a procura mundial por petróleo desacelerou, os países produtores continuaram a extrair. Incapazes de vender o crude às refinarias e com o espaço de armazenamento a desaparecer pelo excesso de produção, os *traders* de petróleo começaram a armazenar o excesso de crude em navios atracados em vários portos do globo. Em meados de Abril havia já cerca de 160 milhões de barris de petróleo armazenados em navios petrolíferos na entrada de portos por todo o mundo.[265] Nesse período, o custo de aluguer dos superpetroleiros duplicou, chegando em alguns casos a atingir 350 mil dólares por dia.[266]

Pouco depois da chegada da pandemia, dia 20 de Abril, uma segunda-feira, os mercados acordaram para uma singularidade histórica: os preços do barril do petróleo ficaram em terreno negativo. A quase-paralisação da economia mundial devido a medidas de confinamento levou a uma queda abrupta da procura. O excesso de oferta tornou-se superior à capacidade de armazenamento de crude, levando a que o preço de barril de petróleo *West Texas Intermediate*, a referência para preço do barril nos Estados Unidos, passasse de 18 dólares para -38 dólares em poucas horas.[267]

* * *

As receitas anuais do petróleo no Norte de África e Médio Oriente desceram de 1 trilião de dólares em 2012, para 575 mil milhões em 2019, segundo o Fundo Monetário Internacional.[268]

Acompanhando esta redução das receitas está o aumento exponencial das populações destes países. A Arábia Saudita tem mais de 34 milhões de pessoas; a Argélia é hoje um país com 43 milhões; mesmo a Líbia, fragmentada após a guerra civil iniciada com a queda de Muammar Kadhafi, tem quase 7 milhões de habitantes. Os estados rentistas enfrentam hoje populações maiores e mais propensas à mobilização política. Sem os mesmos recursos para suportar os gastos do estado providência, o autoritarismo no Médio Oriente tem cada vez menos mecanismos de suporte. Muitos governos aumentaram a repressão.

É plausível que uma aceleração económica pós-pandémica leve a um aumento do preço do petróleo. Isto seriam boas notícias para os autocratas do Médio Oriente. Em Setembro de 2021, por exemplo, o preço do petróleo superou um recorde dos últimos três anos, liderado essencialmente pelo aumento do preço do gás natural, devido a produção insuficiente para cobrir a procura: a redução do investimento em exploração petrolífera nos últimos anos também pressionará os preços a subir no curto prazo. Contudo, o mais provável é que os preços não voltem aos valores de pré-2014 de forma consistente.

Um ciclo de preços altos que venha com o fim da pandemia será provavelmente o último estertor do crude. A diferentes velocidades, o mundo está a afastar-se dos combustíveis fósseis, à medida que novas tecnologias limpas para a produção de energia e para o transporte ficam mais acessíveis. Os fabricantes de automóveis estão a substituir o fabrico de motores de combustão interna por motores eléctricos. Isto é importante, porque o consumo de combustível para transporte automóvel representa cerca de metade da procura mundial por petróleo.[269] Dezenas de países estão a retirar os combustíveis fósseis da produção de electricidade. Empresas como a BP ou a Shell defendem que o pico de procura de petróleo a nível mundial foi atingido em 2019, com cerca de 100 milhões de barris por dia, e que qualquer recuperação da procura após a pandemia ficará nesse pico ou abaixo. Outros observadores apontam que o pico de procura será atingido na próxima década. O óbvio é que a combinação de políticas ambientais de vários governos, e as tendências dos consumidores para reduzir as emissões de carbono apontam para um futuro com menos consumo de petróleo.

* * *

O petróleo ainda vai fazer parte do tecido económico global durante várias décadas. Mas vai ser progressivamente uma opção entre outras mais limpas e com menos custos económicos e ambientais.

Para os governos autoritários do Médio Oriente, haverá severas mudanças estruturais. No curto prazo, a redução das receitas petrolíferas vai trazer mais desordem política e económica. Os países rentistas vão ter menos dinheiro para investir em infra-estrutura e serviços sociais, e a eliminação de subsídios vai prejudicar a vida das populações mais vulneráveis. Esta desvalorização das reservas petrolíferas na economia global poderá acelerar novas vagas de desordem, e aumentar a possibilidade de migrações em massa.

A descoberta de petróleo e gás no Médio Oriente teve um impacto transformador na região. Mas a possibilidade de que a era dos preços altos de petróleo tenha chegado ao fim, abre novas oportunidades de mudança.

Regionalmente, poderá também amenizar tensões políticas. Foi em parte o excesso de oferta de petróleo, e a consequente descida nos preços internacionais, que acelerou o fim da guerra entre o Irão e o Iraque nos anos 1980, ambos países suportados pela renda petrolífera.[270] Será que mais alguns anos de preços baixos vão acelerar o fim de conflitos regionais na Líbia, na Síria e no Iémen? Em finais de 2021, isso ainda não tinha acontecido. Mas a diminuição de receitas petrolíferas para os países que financiam estes conflitos — Arábia Saudita, Emirados Árabes Unidos, Irão, Rússia — aumentou o custo financeiro e político das intervenções estrangeiras.

A redução das receitas petrolíferas não traz só por si governantes mais competentes e transparentes. Apenas elimina o suporte financeiro da autocracia. A queda dos preços, aliada à progressiva desvalorização do petróleo como recurso, já está a abalar regimes de países produtores. Além dos Emirados Árabes Unidos, talvez a economia mais diversificada do Golfo, há poucos estados produtores preparados para um mundo que consuma menos petróleo. A primeira década a seguir às revoltas árabes marcou o início do que prometem ser as décadas do pós-petróleo no Médio Oriente.

Prisioneiro do Daesh

Enquanto dormia no lugar do passageiro, Masoud Aqil foi acordado pelo seu colega, Farhad Hamo. Naquela manhã, em Dezembro de 2014, Hamo conduzia o carro que os levava à aldeia da Tal Alo, no nordeste da Síria.

Os dois jornalistas do canal de televisão curdo Rûdaw haviam partido cedo da cidade de Qamishlo. Seguiam para uma entrevista com o xeique Medi Daham Al-Hadi, o líder da tribo Shammar, árabes sunitas aliados dos curdos no combate contra o Daesh no Iraque e na Síria. Há quase dois anos que Masoud (operador de câmara) e Farhad (repórter) cobriam o conflito em que a revolução síria se havia transformado. Desde meados de 2013 que o Daesh tentava controlar os enclaves curdos no Norte da Síria, defendidos pelas Unidades de Protecção Popular (YPG), o braço armado do Partido União Democrática Síria Curda.

Frequentemente na linha da frente, os dois jornalistas estavam familiarizados com a situação no terreno. Os curdos haviam consolidado a sua autonomia no Norte da Síria em Janeiro de 2014, mas continuavam a combater contra o Daesh, que ocupava as regiões a sul de Rojava, o nome que os curdos deram à região que controlam, ao longo da fronteira entre a Síria e a Turquia.

Quando abriu os olhos, Masoud viu que a estrada estava bloqueada por um carro e vários homens. Tinham as caras tapadas, vestiam coletes com explosivos, e seguravam metralhadoras M16. Um deles aproximou-se do automóvel apontando-lhes a sua arma. Perguntou quem eram e para onde se dirigiam.

«Trabalhamos na instalação de petróleo», responderam.

O homem olhou para o banco de trás: câmaras e outro equipamento de gravação, roupas e mochilas com o logo cor de laranja da televisão Rûdaw TV.

«Não parecem trabalhadores do petróleo», respondeu o militante. Depois, entrou para o banco de trás e ordenou a Farhad que conduzisse. Os restantes homens que guardavam a estrada seguiram atrás no outro veículo.

O militante falou por *walkie talkie*. Pelo sotaque, Masoud percebeu que era da província de Hasaka. O homem pediu-lhes os telemóveis, garantindo que se faria explodir ali mesmo dentro do carro, se tentassem alguma coisa. Ao ouvir os dois jornalistas falar curdo, bateu na cabeça de Masoud com força: «Não falem curdo.»

A linha da frente era mais a sul. Masoud calculou que haviam sido capturados três ou quatro quilómetros dentro do território curdo. Lembrou-se que no dia anterior havia telefonado ao filho do xeique Medi Daham Al-Hadi a dizer quando pensavam sair de Qamishlo e a que horas planeavam chegar a Tal Alo. Talvez alguém tivesse ouvido a conversa e passado a informação ao Daesh, e por isso estavam ali parados na estrada. Talvez os militantes não estivessem especificamente à espera deles, tendo avançado no território com a esperança de apanhar quem quer que fosse.

Após 15 ou 20 quilómetros, pararam num *checkpoint* controlado por outros membros do grupo. Em Tell Hamis, uma aldeia árabe perto de Qamishlo, os dois colegas foram levados para uma escola, havia uns trinta militantes do Daesh. Masoud ouvira que muitas pessoas de Tell Hamis se tinham juntado ao grupo.

Ficaram dentro de uma sala de aulas com dois militantes. Um terceiro chegou mais tarde. Masoud percebeu que deveria ser o chefe, porque os outros diziam-lhe *emir* quando falavam com ele.

Os militantes bisbilhotaram os computadores dos jornalistas, perderam tempo a ver as suas fotografias da frente de combate. O emir ordenou que fossem levados para a prisão de Tell Hamis. Algemados e com os olhos vendados, foram metidos novamente no veículo de Farhad.

Na prisão, Masoud e Farhad foram interrogados e agredidos. Numa espécie de cozinha transformada em cela, perguntaram a Masoud quem era, para quem trabalhava, quem era a família dele. Quando lhe perguntaram de onde vinha, respondeu Qamishlo, o nome em curdo, mas o homem que o interrogava bateu-lhe, e disse que a cidade se chamava Qamishli, o nome em árabe.

Durante o interrogatório, os militantes gastaram-se em ameaças: iam cortar-lhes a cabeça; destruir-lhes a cidade; iam matar-lhes as famílias; fazer deles escravos. Três dias de pancada, enquanto os acusavam de ser ateus, e de trabalharem contra a divulgação do Islão.

Algemados e de olhos vendados, foram postos no carro de Farhad e levados. Um dos militantes falou-lhes em curdo: «Estivemos a ver fotografias nos vossos computadores. Porque é que as mulheres das vossas famílias não usam o *hijab*? Porque é que vocês não sabem rezar?»

* * *

Quando Masoud Aquil e Farhad Hamo foram raptados pelo Daesh, em finais de 2014, o grupo controlava uma área superior a 100 mil quilómetros quadrados de território sírio e iraquiano. Dentro desse espaço, 8 milhões de pessoas eram sujeitas a uma visão fanática do Islão. Mesquitas e igrejas foram destruídas, escolas foram transformadas em centros de doutrinação religiosa. Nas cidades e nas aldeias, a *sharia* era implementada através de multas, prisão, e punições bárbaras. As execuções públicas — com apedrejamentos, crucificações, decapitações — passaram a ser ocorrências comuns.

A rápida expansão do grupo, a sua capacidade para conquistar diferentes territórios simultaneamente, transformou a organização jiadista numa força militar e política. Mas esse percurso começou muito antes das revoluções árabes e da guerra na Síria.

Os Estados Unidos invadiram o Iraque em Março de 2003, derrotando as forças de Saddam Hussein com facilidade. Mas a guerra não passou de uma aventura orientalista. E a incapacidade americana de estabelecer uma administração política eficaz transformou a suposta libertação numa ocupação.

Além da invasão em si, o maior erro dos americanos foi a desmobilização forçada do exército iraquiano, que deixou milhares de soldados sem emprego. Oficiais do exército e membros do partido Baath de Saddam juntaram-se aos grupos armados que combateram os americanos. Como ocorrera com os russos no Afeganistão, a presença americana no Iraque facilitou o recrutamento de jiadistas locais e estrangeiros.

Pouco se sabe sobre o passado do iraquiano Ibrahim Awad Ibrahim al-Badri, que ficaria conhecido como Abu Bakr al-Baghdadi. Um ano depois do início da ocupação americana, Al-Baghdadi, líder de um dos grupos de insurgentes sunitas, foi preso quando visitava um amigo na cidade iraquiana de Fallujah. Foi enviado para Camp Bucca, uma prisão controlada pelos americanos no Sul do Iraque.

Reunindo insurgentes díspares e a alta-direcção da Al-Qaeda no Iraque, Camp Bucca acabou por ser um centro de recrutamento, ajudando o grupo extremista a crescer e organizar-se.

Na altura, Al Baghdadi foi considerado por outros prisioneiros como tendo uma espécie de carisma silencioso. Os próprios guardas americanos viam-no como a personalidade certa para resolver disputas entre presos. Al-Baghdadi passou dez meses em Camp Bucca, até ser considerado apto para ser libertado.[271] A Al-Qaeda no Iraque mudou o seu nome para Estado Islâmico no Iraque em 2006. Al-Baghdadi e outros prisioneiros libertados de Camp Bucca reorganizaram-se no exterior.

Nesse ano, o xiita Nouri al-Maliki chegou ao posto de primeiro-ministro do Iraque. Após anos de governação árabe sunita às mãos de Saddam Hussein e o caos da invasão americana, Al-Maliki privilegiou a maioria árabe xiita, que representa 65–70 % da população iraquiana. O novo primeiro-ministro estreitou relações com o vizinho Irão e estendeu o controlo dos xiitas no aparelho de estado, aplicando políticas discriminatórias contra os sunitas. A invasão americana havia desmantelado o estado iraquiano e a autocracia de Saddam, mas transformou o país num regime sectário que galvanizou as divisões sociais e religiosas.

Chegado à liderança do Estado Islâmico no Iraque em 2010, Abu Bakr al-Baghdadi aproveitou e alimentou o ressentimento sunita para recrutar mais combatentes. Nesses anos de caos social e sectário, o novo líder posicionou o Estado Islâmico como a única força que defendia os interesses sunitas face ao controlo do país pelo governo xiita de al-Maliki e influência das milícias xiitas treinadas pelo Irão. Contudo, foi o caos instigado pelas revoltas regionais de 2011 que deu ao Estado Islâmico a sua grande oportunidade de expansão.

O presidente Bashar Al-Assad respondeu aos protestos que chegaram à Síria em Março de 2011 com brutalidade. As forças do regime sírio reprimiram manifestações pacíficas com tiros de metralhadora, prendendo e torturando milhares de pessoas. Várias brigadas de opositores organizaram-se para combater as forças do regime. A revolta popular, inicialmente pacífica, militarizou-se. Vendo a sua abertura para o conflito, Al-Baghdadi enviou representantes do Estado Islâmico do Iraque para a Síria. Fazendo-se passar por um movimento doméstico, a Jabhat al-Nusra, foram ocupando terreno, atraindo mais recrutas e dominando os campos de batalha contra o governo e outros grupos armados.

Foi uma estratégia engenhosa e dissimulada. Abu Bakr al-Baghdadi anunciou em Abril de 2013 que a Jabhat al-Nusra, uma das brigadas islamistas com maior sucesso militar no conflito sírio havia sido uma criação do Estado Islâmico do Iraque, e que, a partir desse momento, as duas organizações se fundiriam sob a égide do Estado Islâmico do Iraque e da Síria. Mas o comando da Jabhat al-Nusra recusou esse plano e decidiu alinhar-se com a Al-Qaeda. Esse cisma dividiu o movimento, levando muitos combatentes estrangeiros da al-Nusra a alinharem-se com o novo Estado Islâmico do Iraque e da Síria, que havia concretizado de forma perspicaz a sua introdução no conflito sírio.

No meio da guerra civil síria, a expansão do grupo militante acelerou, capturando zonas urbanas na província de Idlib. Ao contrário de outros grupos rebeldes a operar na Síria, o Daesh não se interessou em derrubar o regime, mas sim em controlar território, absorver recursos económicos e impor a *sharia* às populações locais. No Verão de 2013, o grupo havia já expulso as forças do governo sírio e outras milícias rebeldes de Raqqa, dominando a cidade que viria a ser declarada a sua capital.

No vizinho Iraque, o grupo progrediu rapidamente desde a província de Anbar, combatendo o exército iraquiano e milícias tribais. Em Janeiro de 2014, as bandeiras negras do Daesh voavam já de vários edifícios governamentais em Fallujah e Ramadi. A chegada do grupo a Mossul, em Junho de 2014, levou à fuga desorganizada de 500 mil habitantes.[272]

Em vez de lutar, muitos soldados do exército iraquiano (treinados e equipados pelos americanos) abandonaram uniformes e armas, misturando-se com a população. Em cerca de seis dias, menos de 2 mil jiadistas conquistaram a segunda maior cidade iraquiana. Do edifício do Banco Central, em Mossul, o Daesh levou 500 mil milhões de dinares iraquianos, cerca de 425 milhões de dólares. Ouro e dinheiro foram também roubados de outros bancos na cidade.[273] O grupo terrorista capturou armas e equipamento militar, incluindo 2300 carros militares *Humvees* de fabrico americano e outras armas vendidas ao exército iraquiano por Washington.[274]

Do púlpito da mesquita de Al-Nuri, em Mossul, Abu Bakr al-Baghdadi declarou, no Verão de 2014, que o seu grupo havia restaurado o Califado nos territórios que controlava no Iraque e na Síria. Muitos grupos jiadistas, incluindo a Al-Qaeda, haviam utilizado a imagem do Califado como objectivo mobilizador. Mas nunca haviam transformado esse ideal num espaço geográfico.

Pelo mundo, dirigentes muçulmanos rejeitaram o posicionamento e a ideologia do grupo militante.[275] Mas, como lugar físico e identidade, o Estado Islâmico transformou-se num conceito unificador para extremistas; aglomerou jiadistas com experiência de combate, descendentes de comunidades muçulmanas na Europa, jovens árabes sem perspectivas de emprego, europeus mal integrados. Estima-se que mais de 40 mil combatentes[276] estrangeiros foram atraídos para o Califado.[277]

Pouco depois da declaração de Al-Baghdadi, um vídeo de propaganda mostrou militantes do Estado Islâmico a destruir os postos fronteiriços entre o Iraque e a Síria. O grupo queria assinalar o fim do acordo Sykes-Picot, assinado em 1916 entre franceses e ingleses para dividir o Império Otomano em colónias. As fronteiras artificiais do Médio Oriente, decididas cem anos antes nas capitais europeias, estavam a ser redesenhadas.

* * *

Desde cedo que Masoud Aqil sabia que a Síria não era um país, mas um conjunto de pequenos países; vários povos forçados a viver no mesmo território, esboçado por poderes coloniais.

Masoud não sabia rezar porque nem o seu avô nem os seus pais rezavam. Nascido em 1993, o mais novo de sete irmãos e irmãs, Masoud saíra da região curda aos sete anos para viver em Damasco com a sua família. Era proibido falar curdo e obrigatório aprender árabe.

Era muito novo durante os anos de Hafed al-Assad. Lembra-se de que havia pósteres do presidente por todo o lado. E depois, quando Hafed morreu e o seu filho Bashar herdou o regime, pai e filho começaram a aparecer juntos nos pósteres. Aos 12 anos, Masoud já ajudava o seu pai, membro de um partido político curdo, a escrever e imprimir secretamente o *Jin* (vida), o jornal do partido. Quando tinha 15 anos, um colega de partido do seu pai foi detido. Esperando que a polícia irrompesse pelo apartamento familiar para prender o seu marido também, a mãe de Masoud ordenou-lhe que queimasse vários livros em curdo que tinham pela casa. No terraço, no topo do prédio onde viviam, Masoud colocou os livros dentro de um barril de metal e deitou-lhes fogo. Cumpriu a sua missão a medo, temendo que alguém visse o fumo. Depois cobriu os restos queimados com areia e pó.

Quando a revolta popular começou na Síria, em 2011, Masoud estudava literatura inglesa na universidade de Alepo. Tinha amigos de outras comunidades, mas sentia que muitos membros da maioria sunita rejeitavam a existência dos curdos e de outras minorias. Era a mentalidade forçada pelo regime: somos todos sírios, não há problemas entre comunidades. E mesmo assim, milhares de curdos na Síria não tinham nacionalidade. Eram impedidos de viajar ou ter uma educação: mantidos ilegais no lugar onde haviam nascido.

A universidade de Alepo foi bombardeada em Janeiro de 2013 por aviões do regime, um ataque que vitimou mais de 80 pessoas. Masoud foi para Qamishlo, e começou a trabalhar como jornalista.

Ao cobrir o conflito sírio para uma televisão curda, pensou muitas vezes que poderia ser preso. Mas, na sua cabeça, seriam as forças do regime de Bashar Al-Assad que o levariam; não os jiadistas do Daesh.

Dias após serem detidos, Masoud e Farhad foram levados para o tribunal do Estado Islâmico em Al Shadadi. Um juiz, que falava com sotaque tunisino, preencheu os formulários de identificação dos prisioneiros Masoud e Farhad. Depois declarou que deveriam ser levados para o pátio e decapitados imediatamente. Masoud ajoelhado ao lado de Farhad, disse-lhe: parece que a nossa hora chegou, meu irmão.

Vendados e algemados, foram levados de carro. Mas o lugar parecia uma prisão, não um pátio para fazer execuções. Foram colocados numa cela com seis outros prisioneiros.

Alguns eram civis de Al Shadadi, outros pareciam membros do próprio Daesh, presos por infracções ou para serem interrogados. Um dos seus companheiros de cela confessou-lhe que era membro do Estado Islâmico e que, antes de ser preso, havia dado as coordenadas de locais para que os militantes pudessem bombardear cidades curdas. Disse-lhes isto porque julgava que Masoud e Farhad seriam executados.

Os homens que partilhavam a sua cela estavam pálidos. O cabelo e a barba estavam compridos, como se estivessem ali há muito tempo. Essa ideia, a possibilidade de ficar detido durante meses, anos, ou para sempre, assustou-o. Era Inverno, estava frio. Os militantes disseram a Masoud que não podia usar calças de ganga, porque eram muito apertadas, e isso era contra o Islão. Deram-lhe umas calças de pijama, calças largas, como o profeta usava, sempre acima do tornozelo, diziam-lhe.

Sempre que alguém era libertado, os militantes davam-lhe um saco de plástico para que levasse os seus pertences. Masoud deu as suas calças de ganga e outras roupas a um prisioneiro que ia sair. Pediu-lhe que, se pudesse, entregasse as suas roupas aos seus familiares. Quando os militantes tiravam alguém da cela, mas não lhe ordenavam que levasse as suas coisas, significava que o prisioneiro ia ser executado.

Para se orientar no pesadelo, Masoud começou a construir um pequeno calendário, uma folha de papel que escondia na roupa interior, marcando datas importantes e o passar lento dos dias. Foram cerca de quarenta dias em Al Shadadi, segundo esse papel.

Estavam há duas semanas em Al Shadadi quando o juiz tunisino apareceu novamente. Explicou-lhes que existiam dois tipos de apóstatas: os que se afastavam do Islão sem ter consciência disso, e os que sabiam que o Islão era a sua religião, mas que, mesmo assim, se afastavam. Segundo ele, Masoud e Farhad faziam parte do segundo grupo e, portanto, eram o pior tipo de apóstatas. Foram novamente condenados à morte.

Os guardas diziam-lhes regularmente que os iam matar. Avisavam-nos para se prepararem, porque, em breve, cavariam a sua própria sepultura. Se executavam um dos prisioneiros na prisão, Masoud e Farhad eram obrigados a ver por uma abertura na porta.

Se levavam um prisioneiro da mesma cela para ser executado no exterior da prisão, os jiadistas voltavam mais tarde, de telemóvel na mão. «Isto é o que fizemos ao vosso amigo», diziam, mostrando o vídeo da execução.

* * *

A expansão do grupo Daesh levou a sua bandeira pelo Iraque e pela Síria. E depois a outros lugares do mundo.

É uma bandeira de duas cores: preto e branco. A mancha branca no centro com caracteres é uma reprodução do selo que o profeta Maomé supostamente utilizava na sua correspondência. «Não há nenhum Deus além de Allah», escrito em cima ao comprido, e «Mohammed é o seu mensageiro», a preto, dentro de um círculo branco. Não são frases novas. É a *shahada*, a profissão de fé islâmica.

Sempre que um novo bairro, ou uma cidade inteira, eram conquistados pelos jiadistas, a bandeira era posta ao vento. Começou a esvoaçar de cima de edifícios, a ilustrar postéres nas ruas. Surgiu em paradas militares, agarrada a jipes e tanques transportando militantes armados com a cara tapada. Apareceu também em manifestações populares, agarrada por apoiantes. Nas zonas ocupadas, no território do Califado, pequenas bandeiras negras e brancas invadiram a papelada do dia-a-dia.

A bandeira acabou também por esvoaçar na pequena aldeia de Dabiq, no Norte da Síria. Rodeada de campos agrícolas, Dabiq fora uma das muitas povoações esquecidas pelo regime sírio. Não era um lugar militarmente importante, mas central para uma profecia islâmica adoptada pelo grupo. Um dos primeiros *hadiths* (ditos atribuídos ao profeta Maomé) refere Dabiq como o lugar onde uma batalha futura entre muçulmanos e infiéis teria lugar. Essa batalha, precursora do apocalipse, daria a vitória aos muçulmanos.

Foi por isso que os jiadistas chegaram a Dabiq às centenas a partir de 2014, ocupando casas da aldeia com as suas famílias. O controlo de Dabiq foi central à estruturação propagandística do grupo, uma espécie de promessa aos seguidores: ali teria lugar a batalha final.

Para os sírios que protestaram contra o regime de Bashar Al-Assad a partir de 2011, e para muitos dos que inicialmente pegaram em armas, a revolta na Síria era um confronto contra um regime autocrático e brutal. Para os jiadistas do Daesh, contudo, o que acontecia no país era o princípio de uma batalha prevista desde o início do Islão, e Dabiq era essencial para a profecia milenar.

Guiado por obscurantismo religioso e violência niilista, o Daesh foi a encarnação de um pesadelo para as minorias étnicas e religiosas do Iraque e da Síria. Na região de Nínive, no Iraque, viviam yazidis, turcomanos, assírios, cristãos e caldeus, os militantes jiadistas tentaram erradicar todas as populações não-islâmicas.[278] Em Agosto de 2014, atacaram Sinjar. A região, defendida por tropas curdas, era maioritariamente habitada por 400 mil Yazidis, uma minoria religiosa que combina várias práticas religiosas do Médio Oriente, incluindo o zoroastrismo, o judaísmo, o cristianismo e o islão. Para o Daesh, os Yazidis são «veneradores do diabo». Por isso, foram alvejados, queimados, enterrados vivos e decapitados. Em poucos dias, os militantes conquistaram a cidade e massacraram milhares de civis pelas aldeias da região. Mulheres e raparigas foram raptadas pelo grupo e transformadas em escravas sexuais. Perto de 50 mil habitantes conseguiram fugir para o monte Sinjar, onde ficaram encurralados pelos militantes.

Durante as semanas seguintes, militares americanos, ingleses e iraquianos deixaram cair comida e mantimentos no monte Sinjar e bombardearam as posições do Daesh. Combatentes curdos quebraram o bloqueio e permitiram a evacuação da população civil do monte Sinjar para território curdo na Síria. Os vestígios dessas semanas de terror ficaram espalhados pelas planícies de Nínive, em valas comuns descobertas anos mais tarde, após a derrota do Daesh.

Em suposta retribuição pelos bombardeamentos para proteger a população yazidi em Sinjar, o braço de propaganda do Estado Islâmico publicou vídeos com as execuções dos jornalistas James Foley e Steven Joel Sotloff em Agosto e Setembro de 2014.

A violência em Sinjar e as execuções repetidas de reféns ocidentais pareceram mobilizar a comunidade internacional. Os Estados Unidos e 68 países estabeleceram uma coligação para derrotar o Daesh. A partir de Setembro de 2014, aviões, mísseis *tomahawk*, e *drones* começaram a destruir posições dos jiadistas.[279]

Sublinhando a forma subtil como havia ajudado a transformar um movimento de oposição pacífica numa guerra civil, o presidente sírio declarou-se a favor de qualquer esforço internacional que combatesse o «terrorismo» na Síria[280], embora o regime sírio raramente atacasse o Daesh.

A oposição moderada na Síria recebeu o anúncio da intervenção internacional contra os jiadistas com incredulidade. Durante anos, pediam ajuda contra a hecatombe desencadeada por Bashar Al-Assad. Milhares de membros da oposição, entretanto torturados e desaparecidos, poderiam ter beneficiado do apoio militar internacional.

Como explicam Robin Yassin-Kassab e Leila Al-Shami no livro *Burning Country: Syrians in Revolution and War*, «... as milícias revolucionárias, por muito que odiassem o Daesh, odiavam Assad muito mais. Assad, afinal de contas, havia assassinado cem vezes mais sírios do que o Estado Islâmico. A grande maioria dos bombardeamentos, violações e torturas, haviam sido perpetradas pelas forças de Assad».[281] Derrotada pelo regime e pelas suas próprias insuficiências, a oposição democrática na Síria foi engolida por extremistas.

Mas o Daesh, na sua espectacularização da morte, no fanatismo religioso com que forçava a submissão de populações civis, era só uma versão mais depurada e agonizante dos regimes autocráticos que martirizavam há anos a região. O surgimento do Daesh e de outros grupos jiadistas na Síria, encorajado por Assad, garantiu que os grandes poderes escolheriam sempre um ditador conhecido, em vez de um cenário difuso e imprevisível.

Focado na sua expansão, o Daesh atacou Kobani, no Norte da Síria, em meados de Setembro de 2014, levando à fuga da maioria dos 40 mil habitantes da cidade em direcção à fonteira com a Turquia.[282] Dentro da cidade, tropas curdas YPG foram cercadas pelos militantes, que multiplicaram as salvas de artilharia contra Kobani.

A coligação internacional começou a bombardear as posições do Estado Islâmico nos arredores de Kobani. Mas três semanas após o início do cerco, em Outubro, os jiadistas haviam conseguido ocupar mais de metade da cidade.[283] Entre bombardeamentos contra o grupo terrorista, os americanos deixaram cair armamento e mantimentos para aliviar as condições do cerco.[284] Para os civis que ficaram na cidade, o dia-a-dia transformou-se num esquivar constante: os militantes atacavam diariamente com artilharia, tiros de *snipers* e carros-bomba.

As tropas do YPG eram lideradas por Ferhat Abdi Sahin, natural de Kobani. Mais conhecido por Mazloum, o comandante curdo e a sua milícia haviam ajudado a evacuar a população yazidi do monte Sinjar para a Síria, uns meses antes. Em Kobani, com a situação a deteriorar-se, os americanos recomendaram inicialmente que as milícias curdas de YPG entregassem a cidade, garantindo que cobririam a sua retirada. Mas Mazloum recusou.

O comandante havia dito aos seus combatentes que as tropas do Daesh nunca deveriam passar da rua onde crescera e onde estava a sua casa. Por duas vezes, os jiadistas chegaram a tomar a sua casa, e por duas vezes as tropas curdas conseguiram reconquistá-la. Quando os jiadistas ocuparam a sua casa uma terceira vez, Mazloum deu as coordenadas aos americanos para que a destruíssem do ar.[285]

Durante semanas, o exército turco manteve-se fora dos combates. Apesar de ter recebido cerca de 200 mil[286] refugiados da região de Kobani desde o início dos confrontos, o presidente turco, Recep Tayyip Erdogan, recusou ajudar as milícias curdas do YPG, devido à sua ligação ao Partido dos Trabalhadores do Curdistão (PKK), que combatera Ancara durante anos. Na Turquia, protestos curdos contra a inércia do governo em relação a Kobani levaram à morte de 40 manifestantes.[287]

O cerco à pequena cidade concentrou a atenção internacional. Alguns grupos dos combatentes em Kobani eram compostos exclusivamente por mulheres, integradas na Kurdish Women's Protection Units. Pressionado, Erdogan acabou por deixar que um contingente de combatentes *pashmerga* curdos iraquianos atravessasse território turco para chegar a Kobani e reforçar os combatentes YPG sitiados na cidade. Os reforços chegaram com armas pesadas em finais de Outubro.

Após quatro meses de cerco, os curdos expulsaram o Daesh da cidade em finais de Janeiro de 2015.

A batalha por Kobani destruiu a cidade. Mas mostrou uma forma de deter o Daesh: bombardeando desde o ar e coordenando ofensivas com forças locais. Os americanos concordaram em continuar a dar apoio aéreo a Mazloum se os combatentes YPG atacassem os jiadistas no terreno.[288] As milícias curdas foram aumentando o seu controlo no Norte da Síria, integrando combatentes de outras milícias rebeldes que lutavam contra o regime sírio e contra grupos jiadistas. A partir de 2015, passaram a designar-se como Forças Democráticas Sírias (SDF), aglomerando as milícias curdas do YPG com milhares de combatentes árabes, assírios, turcomanos e arménios.

* * *

Antes da derrota do Daesh em Kobani, Masoud e Farhad foram levados para Raqqa. Estavam há mais de mês e meio em cativeiro. Sempre que os transportavam, os jiadistas diziam-lhes para vestirem os fatos cor de laranja, porque seriam executados. Masoud pensava muitas vezes que seria morto violentamente, transformado em vídeo de propaganda.

O estádio municipal de Raqqa havia sido transformado em prisão e local de execuções, e as suas celas eram algures debaixo das bancadas. O cheiro da prisão é o cheiro da merda. O seu som é o barulho que fazem os homens sob tortura: gritos, levados e trazidos pelo eco. Há também o barulho constante de orações corânicas. Como não sabia rezar, Masoud aprendeu com outros prisioneiros.

Mas em Raqqa, o outro barulho constante era o dos aviões da coligação internacional que sobrevoavam a cidade. Massoud percebeu que naquela cidade, naquele momento, poderia morrer-se pela brutalidade do Daesh, ou pelas bombas largadas do ar. Masoud e Farhad foram filmados. Os militantes do Estado Islâmico ordenaram-lhes que dissessem que estavam a ser bem tratados.

As sessões de tortura eram quase sempre de noite, depois das orações: atado ao tecto com os seus braços atrás das costas, agredido com paus, esmurrado. Por vezes puxavam-lhe os cabelos e gritavam-lhe nomes, davam-lhe estaladas na cara, e chicotadas com cabos ou com cintos. Uma das chicotadas partiu-lhe os óculos. Masoud percebeu que, para os militantes, a tortura era uma cerimónia; quanto mais o torturassem mais perto chegariam do seu Deus.

Arrancou uma das páginas do Corão que tinha na cela e escreveu uma carta à sua família. Por um buraco na parede passou o bilhete a outro prisioneiro que estava prestes a ser libertado. Apesar da tortura, e das promessas repetidas da sua decapitação vindoura, em Raqqa, Masoud começou a pensar que se o tinham levado para ali, a capital do Califado, provavelmente não seria morto imediatamente.

A maior parte dos cem dias que esteve em Raqqa, passou-os em solitária. Tantos dias que começou a falar sozinho. Um dos guardas vinha perguntar-lhe quanto do Corão é que já tinha decorado. Deixavam-lhe comida duas vezes por dia. «Comida de merda»: pão velho, batatas podres, sopa repugnante; comida que esgotava o corpo com diarreia e doença.

De vez em quando, um ou outro prisioneiro ia parar à sua cela (dois metros por dois metros e meio) mas só se houvesse gente a mais na prisão. Ser levado da cela era assustador. Especialmente se ordenassem que vestisse o fato cor de laranja. Masoud sabia que à sexta-feira era o pior dia para ser levado da cela, porque sempre que alguém era levado da cela às sextas-feiras, acabava executado.

Em Raqqa, Masoud percebeu que um prisioneiro importante estava sempre a entrar e a sair. Mais tarde pensou que seria Moaz al-Kasasbeh, o piloto jordano capturado pelos extremistas quando o seu avião se despenhou perto de Raqqa. Moaz al-Kasasbeh foi queimado vivo dentro de uma jaula no início de 2015.

* * *

Muitos reféns do Daesh eram grotescamente executados.

Após a tomada de Palmira na Síria, em Maio de 2015, o grupo usou o anfiteatro romano da cidade antiga como cenário de um vídeo de propaganda. Terminada a leitura de uma sentença, 25 prisioneiros, alegadamente soldados do exército sírio, foram executados por 25 adolescentes, cada um segurando um revólver.[289] Outra vítima da selvajaria do Estado Islâmico em Palmira foi Khaled Asaad, de 82 anos. O director do Museu das Antiguidades da cidade foi morto pelo Estado Islâmico por recusar-se a dar informações sobre os tesouros de arqueologia da cidade. O seu corpo decapitado foi pendurado numa das colunas antigas, restos de uma povoação estabelecida no terceiro milénio antes de Cristo, que misturou influências greco-romanas, persas e árabes. Todas as camadas de história humana que os jiadistas pretendiam apagar do mundo.

No exterior, o Estado Islâmico foi visto exclusivamente como um agente de violência obscena. Os raptos, as execuções filmadas, a *sharia* (lei islâmica) imposta às populações, a forma como institucionalizou a escravidão sexual; tudo isto criou um fascínio no ocidente. A sucessão de artigos e reportagens sobre o Daesh pareciam mostrar, com uma espécie de exotismo sádico, um mundo distópico e atroz que se desenhava entre o Iraque e a Síria.

A forma selvática como o grupo punia os seus opositores contrastou com a atitude utilitária que aplicou à gestão dos seus territórios. Esta dualidade tornou o Daesh difícil de derrotar. Para os habitantes de lugares como Raqqa, Mossul, Fallujah, Deir Al-Zour, os jiadistas trouxeram um nível de ordem e de serviços públicos que as autoridades oficiais em Bagdade ou em Damasco há muito não conseguiam prover. A burocracia enquadrada com punições pesadas foi aplicada à gestão urbana, à moralidade, à distribuição de terras agrícolas, às redes de saneamento.

Alterando as leis dos territórios que ocupavam, aproximando-as da *sharia*, os militantes construíram o seu governo nas estruturas já existentes. Nos formulários burocráticos, os símbolos do estado iraquiano passaram a ter a bandeira negra do Estado Islâmico.[290] Semanas após a conquista da cidade iraquiana de Mossul, por exemplo, enquanto muitos habitantes continuavam em casa escondidos do grupo extremista, os altifalantes das mesquitas anunciaram que todos os trabalhadores públicos deveriam regressar ao trabalho. Estes organismos continuaram as suas funções, emitindo cartas de condução, licenças de casamento e contratos.

Toda esta burocracia estava, ao mesmo tempo, imbuída da visão estreitamente religiosa do grupo. Após tomarem o controlo da Direcção de Agricultura em Mossul, os jiadistas eliminaram uma das funções do organismo. A medição diária da precipitação deixou de ser precisa, pois, a chuva era um presente diário de *Deus*, não deveria ser avaliada por homens.[291]

Ao implantar-se nos sistemas burocráticos existentes, o grupo aproveitou o conhecimento e experiência existente nas administrações regionais dos territórios que ocupava, coagindo os trabalhadores do estado a continuarem a fornecer serviços públicos, e a melhorá-los. Membros das limpezas de rua e de recolha de lixo arriscavam penas de prisão caso faltassem ao trabalho.[292]

O grupo jiadista também criou novos ministérios e organismos de gestão para implantar a sua visão de governo. O ministro dos Despojos de Guerra, por exemplo, encarregou-se de recolher todos os objectos das casas abandonadas por quem fugira dos territórios do Daesh, e doá-los aos combatentes estrangeiros que se mudaram para o Califado com as suas famílias, a quem o grupo armado prometia alojamento.

A maioria dos grupos jiadistas assegura uma grande parte do seu financiamento com actividades criminosas e doações de indivíduos ou organizações. Mas a partir de 2013–2014, o Estado Islâmico tomou o controlo do território onde viviam milhões de pessoas, acedendo a terras agrícolas, recursos minerais e petróleo. Esta base diversificada de fontes de rendimento manteve a organização, mesmo quando o seu território se reduzia com os ataques da coligação internacional.

Em 2014, por exemplo, o Daesh obteve mil milhões de dólares da venda de petróleo dos cerca de 25 poços que controlava no Iraque e na Síria, segundo estimativas do Center for the Analysis of Terrorism (CAT).[293] O petróleo era vendido usando intermediários locais, e chegava a ser comprado pelo próprio governo sírio, agastado após anos de guerra. A intensificação da campanha militar contra o grupo focou-se rapidamente em instalações petrolíferas para reduzir este rendimento.

A extorsão de impostos às populações e empresários também rendeu muito dinheiro. O grupo cobrava um imposto sobre os salários dos funcionários públicos que residiam nas suas zonas. Estes trabalhadores haviam sido incluídos na burocracia do Estado Islâmico, mas continuavam a ser pagos pelos governos centrais em Bagdade e Damasco. Uma espécie de imposto de trânsito, entre 400 e 600 dólares, era cobrado a cada camião que entrasse no Califado. No Iraque, o grupo ocupou também algumas das terras mais férteis do país, e chegou a controlar mais de 70 % da produção síria de algodão, vendido a intermediários turcos abaixo do preço de mercado.

A *hisba*, a polícia da moralidade, rondava as ruas. Folhetos informativos e placares nas cidades ilustravam o comprimento ideal para as barbas dos homens. Um póster, intitulado «Porque devo destruir a minha antena parabólica» enunciava vinte razões para a proibição de televisão, alertando à imoralidade dos canais de televisão por satélite. O acesso à internet e telefones móveis foi banido.[294]

Infracções como fumar ou o uso de roupa proibida eram punidas com multas que variavam entre os 100 dólares a 500 dólares. As mulheres eram multadas caso não usassem o *niqab*, o véu islâmico que cobre toda a cabeça e cara menos os olhos. Em Mossul, alguns cidadãos foram detidos por cortar o cabelo de forma inapropriada, jogar dominós ou cartas, criar pombos, fumar *sheesha* e ouvir música.[295]

* * *

As únicas gravações que Masoud pôde ouvir enquanto esteve nas prisões do Estado Islâmico foram os discursos de Abu Bakr Al-Baghdadi, repetidos até à exaustão.

Depois de Raqqa, Masoud nunca mais voltou a ver o seu amigo Farhad. Um dia, os guardas foram buscá-lo à cela, e ele e Masoud nunca mais se cruzaram. Foi no dia 9 de Março de 2015.

As prisões por onde andou não eram as prisões para os criminosos comuns. Eram as prisões dos serviços secretos do Daesh. Os reféns destas prisões eram mudados de sítio com frequência, para que não fossem resgatados, ou para que não caíssem nas graças de algum guarda que decidisse libertá-los.

Sempre que chegava a um lugar novo, Masoud procurava pistas sobre o seu paradeiro. Às vezes era o sotaque dos guardas que indicava a cidade ou a região, outras vezes eram pósteres ou cartazes nas paredes da prisão.

Como qualquer outro regime repressivo, o Daesh vivia suspeito de si mesmo. Masoud cruzava-se com membros do próprio grupo, militantes que aguardavam investigações que determinariam os seus destinos. Conheceu todo o tipo de aderentes do Estado Islâmico: os ignorantes, os inteligentes, os soldados rasos, os médicos, os engenheiros. Começou a perceber que um muçulmano moderado poderia facilmente ser transformado num muçulmano radical se tivesse suficiente contacto com os xeiques conservadores em mesquitas, com a propaganda extremista, ou com as leis da *sharia*. Na prisão, muitos dos membros do Daesh, os que estavam nas celas e os que estavam fora delas, pavoneavam o sucesso do califado. Diziam que em breve estariam a atacar as cidades europeias, que chegariam a Londres, a Paris e a Bruxelas.

Um dia, após passar meses em solitária no Estádio Municipal de Raqqa, os guardas foram buscá-lo. Vendaram-lhe os olhos, algemaram-no. Depois da viagem, que calculou ter durado uma hora e meia, colocaram-no novamente em prisão solitária. Masoud esmoreceu.

Na cela havia alguns papéis e mensagens escritas na parede por membros do grupo ali detidos anteriormente. Encontrou um livro de teologia islâmica e reparou que tinha um carimbo da biblioteca de Tabqa. Percebeu que estava na cidade de Tabqa, 60 quilómetros a sul de Raqqa, e possivelmente, na biblioteca da cidade de Tabqa, transformada em prisão.

A retrete era dentro da cela, o cheiro era imundo. Havia mosquitos, moscas e outros insectos. Naquela cela, Masoud não conseguia comer. Ficou seis dias naquele lugar emporcalhado. Depois foi levado para uma cela com mais pessoas. Entre civis e membros do Daesh, Masoud ficou feliz de estar com gente.

Foram vinte dias em Tabqa.

Quatro militantes do Estado Islâmico puseram Masoud novamente no carro, por volta do dia 21 de Maio de 2015. Três horas até uma nova prisão, na cidade de Al Bab. Foi posto numa cela com umas 60 pessoas, havia velhos de 80 anos e crianças de 12. Tinham marcas de tortura nas suas caras. Inicialmente, olharam Masoud com desconfiança, tomando-o por um espião do Daesh. Mas depois Masoud percebeu que havia alguns curdos, gente que havia sido capturada em Kobani.

«Onde é que está o jornalista curdo?», perguntou uma voz um dia.

«Estou aqui», respondeu Masoud.

«Põe o fato cor de laranja, vais ser executado. Diz adeus aos teus amigos.»

Masoud, algemado, foi levado para fora da cela.

Dentro de uma sala, tiraram-lhe a venda dos olhos, e Masoud viu a câmara apontada à sua cara. Disseram-lhe que falasse aos curdos: que se dirigisse aos líderes das milícias YPG, às forças pashmerga, e às autoridades do cantão de Jazira, uma das zonas administrativas de Rojava. Deveria pedir-lhes uma troca de prisioneiros, e dizer que havia dezenas de outros curdos em cativeiro. Uma câmara filmava-lhe a cara, e a outra câmara focava as suas mãos algemadas. O vídeo demorou três horas a fazer. Devolvido à mesma cela, os outros prisioneiros receberam-no como se tivesse regressado do mundo dos mortos.

Na noite de 14 de Julho de 2015, Masoud estava na prisão de Al Bab há menos de dois meses. Por volta das duas da manhã, um estrondo fez tremer tudo.

Uma bomba lançada de um avião ou um míssil esbarrou contra o edifício. A prisão era debaixo da terra, e por isso, aguentou o choque. Mas Masoud lembra-se de ter visto labaredas a sair pela conduta de ar no tecto da cela. A explosão trouxe desordem: prisioneiros em solitária a chorar, combatentes do Daesh a dizer *Allahu Akbar*, como se tivesse chegado a hora de morrer.

Foram levados da prisão de madrugada. O edifício por cima da prisão havia sido completamente destruído no bombardeamento. Durante horas, Masoud ouviu um zumbido nos ouvidos.

* * *

Das ruínas da prisão em Al Bab, Masoud foi levado para Manbij, na província de Alepo. A sua folha de papel contava 230 dias em cativeiro. Em Manbij passou muito tempo com combatentes e civis curdos de Kobani, de Qamishlo, e de Afrin. A cela (dez metros por dez metros) tinha muita gente, e era Verão. Mas no tecto havia uma abertura por onde se via o céu.

Foi em meados de Setembro de 2015 que chamaram por Masoud e sete combatentes do YPG da mesma cela. Olhos vendados, pulsos e tornozelos algemados, foram levados para uma carrinha. Passaram para Tabqa, por Raqqa, e depois foram para a província de Hasaka, como se Masoud estivesse a reviver a sua digressão pelas prisões do Daesh em sentido inverso. Quatro dias depois, chegaram a uma povoação no deserto.

A troca seria feita entre aldeias: uma sob o controlo dos curdos, e outra dominada pelo Daesh. Havia já um intermediário, um membro das tribos árabes da região que não estava afiliado com nenhuma das duas partes, e que levaria os prisioneiros, um a um, na sua mota. Nada de armas pesadas, só metralhadoras, havia sido o acordo.

Levavam já vários anos a combater-se e a matar-se. Por isso, a confiança entre o Daesh e as milícias curdas era pouca. Tudo começou, portanto, com uma grande discussão através de *walkie talkies* sobre quem deveria enviar o primeiro prisioneiro. Masoud ouviu os militantes dizer que, se eles mandassem um dos curdos e o YPG não enviasse um dos prisioneiros que tinham, os outros reféns seriam prontamente executados.

A troca terá durado uma hora. Mas Masoud foi o último, essa hora pareceu estender-se indefinidamente. Os soldados do YPG foram partindo, sentados na mota atrás do intermediário. A cada vez que um partia, o intermediário trazia um militante do Daesh que tinha sido libertado pelos curdos. Masoud percebeu que quatro deles eram estrangeiros, do Norte de África.

Na aldeia de onde partiu para a liberdade, agarrado ao intermediário na sua mota, Masoud reparou que as mulheres andavam todas de *nikab*, nada à vista senão os olhos. Na aldeia onde chegou, as mulheres andavam todas destapadas; uma curta viagem de mota entre dois mundos opostos.

Foi libertado no dia 21 de setembro de 2015. Do lado curdo, Masoud foi recebido com beijos e abraços, cervejas e música. No seu bolso, levou alguns dos objectos que lhe fizeram companhia durante o cativeiro: a folha de papel que marca 280 dias de cativeiro, o que restou dos seus óculos partidos, um pequeno contador que os militantes lhe tinham dado para somar as vezes que rezava, uma escova rudimentar para lavar os dentes como o profeta supostamente os terá lavado, o pedaço de papel com o carimbo da biblioteca de Tabqa. Não guardou estas coisas como recordação, mas como prova dos lugares a que sobreviveu. Anos após ser libertado do seu cativeiro, Masoud sentiria a necessidade de lavar as mãos sempre que remexia nestes objectos.

* * *

A coexistência de diferentes comunidades em sociedades livres esvazia o projecto religioso e ditatorial do Estado Islâmico. Por isso, essa coexistência foi visceralmente combatida pelo grupo. O liberalismo, apesar de imperfeito, é uma contranarrativa forte contra o niilismo do terrorismo jiadista. Nas várias prisões por onde passou, Masoud Aqil ouviu os jiadistas falar de ataques à Europa.

A Alemanha, a Bélgica, ou a França foram importantes locais de recrutamento de novos seguidores. Em Paris e Bruxelas, há milhares de descendentes de famílias muçulmanas que se sentem ostracizados nas sociedades a que pertencem. Não têm qualquer ligação aos países de origem dos seus pais. Vivem no chamado «Primeiro Mundo», mas não se sentem parte dele. O espaço ocupado pelo sentimento de inferioridade e desconexão é facilmente preenchido com as certezas incutidas pelo islamismo militante. Entre 2011 e 2015, mais de 5 mil cidadãos europeus viajaram para o Iraque e para a Síria para combater.

O islamismo político só consegue recrutar novos aderentes convencendo-os de que os países ocidentais têm uma oposição inata ao Islão. O terrorismo jiadista tem sempre um objectivo: atrair a pressão securitária dos governos sobre as comunidades muçulmanas na Europa e aumentar o fosso entre muçulmanos e não-muçulmanos.

A partir de 2014, uma série de atentados organizados ou encorajados pelo Daesh envolveu a Europa. Em Maio desse ano, um atirador abriu fogo no museu judaico em Bruxelas, matando quatro pessoas. A 13 de Novembro de 2015 foi a vez de Paris, onde dez membros do Daesh detonaram bombas e dispararam metralhadoras contra civis em vários locais da cidade. No final, 130 pessoas tinham morrido, incluindo 90 vítimas só no teatro Bataclan, atacado durante um concerto. Em Março de 2016, três bombistas suicidas fizeram-se explodir no Aeroporto de Zaventem e na estação de metro de Malbeck em Bruxelas, matando 32 pessoas e ferindo mais trezentas. Nesse ano, na cidade francesa de Nice, um tunisino admirador do Estado Islâmico conduziu uma camioneta contra uma multidão que celebrava o dia da Tomada da Bastilha, matando mais de 86 pessoas.

Vários dos militantes envolvidos nos ataques em Paris e em Bruxelas haviam estado na Síria ou no Iraque a lutar com o Estado Islâmico.[296] Mas o que assustou os europeus foi a maneira como a ideologia jiadista destilada desde o Califado se movia como um vírus, transformando insatisfação pessoal em violência.

Este efeito foi deliberado. Na sua propaganda, o grupo terrorista encorajou os seus apoiantes na Europa a executarem os seus próprios ataques. Caso não tivessem acesso a armas de fogo, o Daesh recomendou o uso de facas ou de veículos. A violência perpetrada por atacantes individuais, *lone wolves* (lobos solitários), aumentou nos anos seguintes.

Um requerente de asilo tunisino na Alemanha roubou uma camioneta e conduziu-a por um mercado de rua em Berlim, matando 12 pessoas no Natal de 2016. Em frente ao palácio de Westminster, em 2017, um atacante atropelou várias pessoas e esfaqueou um polícia antes de ser abatido. Ataques similares repetiram-se em Espanha, França, Alemanha, Áustria, Dinamarca e Suécia. Nos Estados Unidos, ataques em San Bernardino e em Orlando, em 2015 e 2016, por seguidores do Daesh mataram mais de 60 pessoas. Estes atacantes agiam sozinhos, mas o Daesh reclamava autoria.

O efeito desta campanha foi multiplicado pela cobertura mediática, que ajudou a criar uma ideia de insegurança generalizada. Mas a maioria dos ataques mais violentos e mortíferos do grupo jiadista continuaram a ocorrer longe das cidades europeias ou americanas; vitimando maioritariamente árabes muçulmanos e cristãos, no Líbano, no Iraque, na Síria, na Tunísia, no Egipto, na Turquia.

* * *

A campanha militar para derrotar o Daesh foi um embate longo. Os bombardeamentos permitiram atacar colunas de veículos e destruir infra-estrutura petrolífera controlada pelo grupo. Mas a diversificação económica impediu o colapso imediato do Califado quando começaram a cair as bombas. Várias cidades e aldeias na Síria e no Iraque foram arrasadas, sofrendo pesadas baixas civis.

A sua visão apocalíptica do confronto fez dos militantes do Estado Islâmico guerreiros comprometidos. Foram necessárias inúmeras batalhas de proximidade — combatidas por forças locais curdas, pelos restos do exército iraquiano, por milícias xiitas apoiadas pelo Irão, e pelo apoio de forças especiais americanas — para derrotar os milhares de combatentes embutidos nas ruínas do seu Califado.

As forças iraquianas, com apoio americano, começaram a campanha para liberar a província de Anbar, no Este do Iraque, no Verão de 2015. A primeira vitória veio com a recuperação da cidade de Ramadi no final do ano. Fallujah, que havia sido a primeira cidade iraquiana a ser tomada pelos jiadistas, foi reconquistada em Junho de 2016. A aldeia de Dabiq, o fundamento ideológico do grupo, caiu para forças rebeldes sírias apoiadas pela Turquia em finais do mesmo ano. A batalha para reconquistar a cidade iraquiana de Mossul começou por volta da mesma altura.

O Daesh havia feito da cidade o ponto nevrálgico do Califado no Iraque. Retomar Mossul era tão importante que se transformou na maior ofensiva militar no país desde a invasão americana de 2003. Em emissões de rádio, o governo iraquiano pediu aos habitantes da cidade que ficassem dentro de casa. Panfletos lançados de aviões partilharam informação mais detalhada. Os vidros deveriam ser marcados com fita adesiva em forma de X, para reduzir os estilhaços. O gás nas casas deveria ser desligado. As jóias e o dinheiro deveriam ser escondidos. Os residentes foram aconselhados a ficar nos pisos térreos das suas casas, e a dizer às crianças que os estrondos e as explosões resultavam de trovoada.[297] Houve também um pedido aos homens jovens e capazes: que se erguessem contra o Daesh assim que começasse a ofensiva.

O exército iraquiano, tropas *pashmerga* curdas e soldados americanos começaram por conquistar as aldeias circundantes, no leste da cidade. Combatentes do grupo extremista incendiaram carros nas ruas para que o fumo escondesse os seus movimentos dos aviões inimigos.[298] Vídeos de propaganda mostraram os jiadistas a usar *drones* para largar granadas atrás das linhas inimigas. Aviões da coligação internacional deixaram cair bombas em algumas das avenidas principais da cidade, abrindo crateras para impedir a passagem dos carros armadilhados que o Daesh enviou na direcção das forças iraquianas durante o duro combate.

A tomada da cidade foi feita casa a casa, com combatentes inimigos por vezes a poucos metros de distância, em linhas de combate quase sobrepostas. Para manter o maior número de civis dentro de Mossul, os jiadistas alvejavam quem tentava fugir da cidade. Os iraquianos encontraram também várias casas com reféns, armadilhadas para explodir caso alguém entrasse ou saísse.[299] O tenente-general Stephen Townsend, que comandou as forças americanas, classificou a campanha para derrotar o grupo em Mossul como o mais intenso combate urbano desde a Segunda Guerra Mundial «... é difícil e é brutal».[300] Parte da complexidade em derrotar o grupo vinha da perspectiva apocalíptica que os jiadistas levavam para a luta. É difícil vencer um exército cujos combatentes olham a morte como uma medida de sucesso.

O exército iraquiano e a coligação tentaram doses de racionalidade escrita a letra encarnada em mais uma onda de panfletos largados do ar: «Salva a tua vida. O Estado Islâmico está a ficar cada dia mais fraco e não tem possibilidade de ganhar esta batalha. Estás a lutar por líderes que não se preocupam com o que te acontece a ti — és apenas um escudo que permite que eles se escapem. Não deves a tua vida a esses cobardes.»[301] Em Junho de 2017, num gesto de niilismo circular, o Estado Islâmico destruiu a Grande Mesquita de al-Nuri (e o seu minarete com mais de 800 anos), a mesma de onde Abu Bakr Al-Baghdadi havia declarado o Califado três anos antes.[302]

Nesse mesmo mês começou a ofensiva final das Forças Democráticas Sírias para retomar a cidade de Raqqa. A estratégia foi a mesma aplicada a outros lugares: o uso massivo de bombardeamentos aéreos, e a perseguição dos jiadistas por entre as ruínas da cidade destruída.

A campanha durou quatro meses. A Amnistia Internacional estimou que 1000–1600 civis morreram em consequência dos bombardeamentos de aviões americanos, ingleses e franceses que sobrevoaram os compactos bairros residenciais da cidade.[303] Um oficial do exército americano admitiu que Raqqa foi atingida com mais munições de artilharia do que qualquer outro lugar desde a guerra do Vietname. Em quatro meses esbarraram 30 mil obuses contra a cidade, um tiro de artilharia por cada seis minutos. A coligação internacional só se responsabilizou por 159 mortes civis durante a ofensiva.[304]

Raqqa ficou como todos os centros urbanos que o Daesh controlara: quilómetros de entulho, cimento e metal retorcido nos esqueletos de edifícios. Carros destruídos, crateras nas estradas. Na sua parada de vitória, as Forças Democráticas Sírias passearam-se pela cidade com as suas bandeiras amarelas e verdes, celebrando a conquista de um monte de escombros.

* * *

Alguns dos combatentes curdos que ajudaram a liberar a cidade entraram no Estádio Municipal de Raqqa. Por entre os vestígios do terror, encontraram a ficha de prisioneiro de Masoud, e fizeram-lhe chegar uma cópia.

Por esta altura, Masoud estava já longe de Raqqa, a viver na Alemanha. Quando foi libertado, a família decidiu que deveria sair do país. A ele e aos sete combatentes do YPG libertados, os militantes do Daesh deixaram-lhes um aviso: se os voltassem a ver, iriam morrer. Masoud percebeu que tinha alguma coisa que ver com a forma como os jiadistas interpretavam as leis islâmicas da guerra: os prisioneiros só poderiam ser trocados uma vez. Se fossem apanhados uma segunda vez, seriam mortos.

Ele preferiria ter ficado e combatido o Estado Islâmico como pudesse. Alguns dos soldados do YPG ficaram e combateram. Mas vendo a forma traumática como o seu cativeiro havia afectado os pais, Masoud acedeu à vontade da sua família e partiu para o exílio. Foi para o Curdistão iraquiano, e depois para a Turquia.

Desde a Turquia, demorou 25 dias a chegar à Alemanha pela rota dos Balcãs, uma viagem difícil, cheia de barreiras.

Na Alemanha, Masoud esperou sete meses até conseguir o estatuto de refugiado. No primeiro mês, percebeu que o país (e o continente) estava cheio de apoiantes do Daesh. Uma vez, esperando numa fila de um gabinete para o apoio de refugiados com a sua mãe, Masoud percebeu que os dois homens à sua frente falavam em árabe. Um disse que o Daesh estava a fazer um excelente trabalho a matar não-crentes. O outro apoiou-o: «Que os queimem vivos, que lhes cortem as gargantas», disse.

No Facebook, Masoud começou a perceber quem eram estes apoiantes do Estado Islâmico que abundavam pela Europa. Alguns haviam conseguido o estatuto de refugiado, tal como ele. Partilhavam propaganda abertamente nas redes sociais, muito orgulhosos de si próprios. Nas páginas de alguns deles, Masoud encontrou fotografias do tempo em que haviam estado na Síria; felizes e industriosos com metralhadoras. Vivendo o Califado, espalhando a destruição.

Masoud começou a trabalhar noite após noite, após noite. Consultava as páginas destes apoiantes e jiadistas, guardava fotografias das suas caras, lia os comentários e as suas respostas em árabe para perceber do que falavam e de que se vangloriavam, anotava as cidades alemãs onde diziam residir.

Numa das suas buscas nocturnas, Masoud percebeu que o homem que se havia gabado de ter ajudado os jiadistas a escolher alvos para bombardear cidades curdas, que conhecera na prisão de Al-Shadadi, vivia pacificamente na Suíça. Guardou também os seus dados no ficheiro que começou lentamente a compilar. O ficheiro foi crescendo, e Masoud começou a entregar toda esta informação às autoridades alemãs.

* * *

O avanço das Forças Democráticas Sírias, apoiadas pela coligação internacional, e os sucessos no vizinho Iraque, haviam já retirado ao Daesh 95 % do seu território em finais de 2017. Após as derrotas territoriais, os jiadistas voltavam em ataques de retribuição. Desde que o governo iraquiano celebrara a reconquista de todo o seu país ao Estado Islâmico em 2017, o grupo havia realizado mais de mil ataques só no Iraque até Março de 2019.

Na Síria, o combate ao grupo jiadista centrou-se no enclave de Baghouz. A aldeia, situada nas margens do rio Eufrates, perto da fronteira com o Iraque, foi o último reduto territorial do grupo. Durante semanas, a coligação internacional bombardeou posições dos jiadistas no pequeno centro urbano e nas aldeias em redor. Os avanços das Forças Democráticas Sírias foram interrompidos por carros armadilhados, *snipers*, e milhares de mulheres e crianças que fugiam de Baghouz.

Os militantes, incluindo vários combatentes estrangeiros da Tunísia, do Iraque, do Egipto, e até de países europeus, lutaram ferozmente. Com artilharia e bombardeamentos da coligação internacional a destruir, casa por casa, qualquer posição de combate, os militantes ficaram reduzidos a um espaço cada vez menor, empurrados das ruínas de Baghouz para as ribanceiras escarpadas nas margens do rio Eufrates.

Dezenas de milhares de mulheres e crianças, civis de Baghouz e familiares de combatentes do Estado Islâmico foram saindo da aldeia fumegante, encaminhados para campos de refugiados controlados pelos curdos no Norte da Síria. Durante toda a campanha, a guerra contra o Daesh fora sempre a cura que matara o paciente. Baghouz e os seus arrabaldes ficaram repletos de casas semidestruídas, roupas e pertences deixados por refugiados, restos calcinados de veículos, e o cheiro a morte por entre os escombros.

Quando declararam vitória sobre os jiadistas, a 23 de Março de 2019, as Forças Democráticas Sírias retiraram todas as bandeiras negras e brancas do Estado Islâmico e ergueram a sua própria bandeira amarela. Nas ruínas de Baghouz, os homens e as mulheres curdas que haviam conquistado os últimos metros do Califado dispararam as suas metralhadoras para o ar em forma de festejo, enquanto música curda tocava nos veículos militares. As operações de limpeza de alguns grupos de jiadistas, que se esconderam em túneis nas escarpas perto da aldeia, continuaram durante a maior parte do mês de Abril. Cerca de 11 mil combatentes da SDF haviam perdido a vida na campanha contra o Daesh.

Reduzido a uma insurgência, o grupo jiadista transformou-se numa ideia melindrosa: militantes habitando os vazios desérticos e as cadeias montanhosas do Iraque e da Síria, aguardando a sua hora nos cantos obscuros das cidades; atacando aqui e ali com a violência habitual.

Com o seu Califado destruído, Abu Bakr al-Baghdadi, líder do Estado Islâmico, refugiou-se no nordeste da Síria. Morreu em Outubro de 2019, durante uma operação militar americana nos arredores da aldeia de Barisha, na província síria de Idlib. Com a chegada das forças especiais à casa onde se escondia, al-Baghdadi desceu por uma rede de túneis com dois dos seus filhos. As forças americanas soltaram um *malinois* belga chamado *Conan* para perseguir al-Baghdadi.

Encurralado, o líder jiadista detonou o seu colete-bomba.

* * *

Masoud não sabe quantos membros do grupo foram detidos ou postos sob vigilância pelos serviços de segurança alemães. Não lhe interessa, fez o que tinha de fazer.

Sabe que há muitos extremistas por toda a Europa. Basta aproximar-se de algumas mesquitas para se perceber que há apoiantes do Daesh e de outros grupos, recrutados pelos imãs em cidades europeias e doutrinados. Estão prontos.

Em Junho de 2021, Masoud viu fotografias de crianças a brincar no Estádio Municipal de Raqqa. As imagens alegraram-no. Anos antes, ele próprio havia passado pelo estádio; nos dias piores desejara morrer.

Agora, havia miúdos a jogar à bola.

A Rota dos Balcãs

Para escapar de tudo o que conheciam, Silva Abo e a sua família fingiram ser o que não eram. Ela tinha 16 anos quando, em Janeiro de 2015, embarcou na misteriosa viagem desde Afrin, no Norte da Síria, até à Europa, saindo da sua terra natal mascarada de muçulmana praticante.

Quando a guerra na Síria começou, Silva tinha 12 anos e vivia em Alepo. Mas o seu pai decidiu regressar com a família para Afrin, onde a vida era mais segura. A guerra alastrou-se, espalhando vítimas e refugiados por outras partes da Síria. Árabes e curdos que fugiam do conflito começaram a chegar a Afrin de toda a província de Alepo e, aos 14 anos, Silva Abo trabalhava já como enfermeira voluntária com o Crescente Vermelho.

A situação em Afrin e nos arredores piorou, o espaço seguro foi encolhendo. A Turquia, receosa da crescente autonomia dos curdos no Norte da Síria, apoiou milícias extremistas em várias ofensivas pela região. Com o aumento da violência, os pais de Silva viam as possibilidades de uma vida segura encolherem. Os dois filhos rapazes já tinham sido forçados a combater no exército de Assad. Um deles havia desertado e partira para o Líbano. O outro vivia no Curdistão iraquiano, libertado do serviço militar com um suborno pago pela família. Faltava proteger Silva e as suas duas irmãs, e o território de sombra que crescia em torno de Afrin fazia com que este não fosse já um lugar com futuro. Para o pai dela, foi difícil deixar Afrin, as suas terras agrícolas, e o seu negócio de comércio. Mas a mãe de Silva estava convicta: deixar a Síria seria a única forma de ajudar as suas filhas a sobreviver, e acima de tudo, prevalecer.

A viagem demorou meses a planear, e Silva trabalhou com o Crescente Vermelho até ao seu último dia em Afrin. O seu pai contactou um traficante de pessoas para os levar até à Turquia. O primeiro *checkpoint*, controlado pelos curdos, foi fácil de passar. Mas, nos *checkpoints* seguintes, a família Abo teve de contornar as milícias islamistas. Ela, as suas duas irmãs, e a sua mãe, taparam o cabelo com o *hijab*, relembrando algumas passagens do Corão ensinado na escola. Precisaram de três dias, amedrontadas pela possibilidade de serem entrelaçadas na sua própria encenação.

No início de 2015, o destino dos refugiados misturava milhões de dramas pessoais com política internacional. Desde o princípio do conflito que a Turquia recebia milhões de sírios dentro das suas fronteiras. Pouco depois, começaria a encaminhá-los para a Europa, exercendo pressão sobre a União Europeia para extorquir concessões financeiras e políticas.

Silva e a família conseguiram entrar na Turquia no final do dia, e foram imediatamente abordados por quatro soldados. Durante dez minutos, os militares turcos agrediram e insultaram. Nesses poucos minutos, a família Abo ficou sem o dinheiro que traziam ou qualquer objecto de valor, amedrontados e pontapeados. Bem-vindos à Turquia.

Um taxista ajudou, levando-os para um terminal rodoviário. Outra família curda deu-lhes dinheiro para o autocarro até Gaziantep. Aí pediram mais dinheiro e compraram bilhetes até Istambul. Na metrópole turca, ficaram quatro dias em casa de primos, conseguiram mais dinheiro e organizaram a viagem até Esmirna, na costa do Mar Egeu.

Durante o caminho (dois autocarros levando famílias inteiras de migrantes), foram parados pelas autoridades turcas. Silva e a sua família foram levados para uma prisão, e interrogados individualmente: «Quem são vocês? Porque estão na Turquia? Têm ligações com o partido curdo? Para onde vão depois de serem libertados?» Dois dias depois, novamente livres, continuaram para a costa.

Esperaram quatro dias numa floresta nos arredores de Esmirna. Várias famílias com muito frio, pouca comida, e quase nenhuma água. O traficante de pessoas, um curdo, chegou um dia ao acampamento na floresta e disse-lhes que era hora de partir, porque o mar estava favorável. Dezenas de pessoas andaram pelo bosque a meio da noite, havia crianças e idosos. Quatro horas depois, chegaram à costa.

Na praia, Silva Abo viu os verdadeiros chefes que traficavam pessoas: três turcos com metralhadoras. Quem se recusava a entrar no barco era agredido e ameaçado. O ponto de não-retorno era ali, numa praia, à beira de uma floresta, em Esmirna. Só depois do barco partir, sobrelotado e lento, é que Silva e a sua mãe perceberam que o pai e as suas duas irmãs não estavam a bordo.

O motor aguentou três horas, depois parou. Dezenas de pessoas ficaram a flutuar na incerteza. A marinha turca passou por eles e deixou-os à deriva. Duas horas depois, apareceu a marinha grega, que os rebocou até à ilha mais próxima. Silva e a sua mãe ficaram num campo entupido de gente, comendo sardinhas enlatadas à mão. Não havia garfos, nem colheres, nem pão.

Foram levadas para o continente e, ao quarto dia, na Grécia, conseguiram falar com o pai e as duas irmãs. Não tinham conseguido entrar no barco nem arranjado outra maneira de sair de Esmirna. Silva e a sua mãe seguiram o percurso de tantos outros migrantes naquele Inverno. Uma sucessão de caminhadas, viagens de autocarro e comboio, longas esperas na fronteira, e em campos de refugiados, noites passadas ao relento do Inverno europeu.

Da Grécia foram para a Macedónia, onde esperaram mais um dia num campo de refugiados. Uma associação humanitária mostrou-lhes o caminho para a Sérvia e depois para a Croácia. Mais uma caminhada e viagem de autocarro até à Eslovénia.

No mar de gente na fronteira para entrar na Áustria, Silva perdeu-se da sua mãe. Entraram em autocarros diferentes. Quatro horas de pânico mais tarde, reencontraram-se. Levavam já dez dias de viagem.

No dia seguinte, entraram na Alemanha.

* * *

A crise social e política no Médio Oriente originou uma cadeia humana de refugiados sem precedentes desde a Segunda Guerra Mundial. Atravessaram fronteiras a pé, cruzaram o mar em embarcações rudimentares, ficaram meses ou anos em acampamentos sem condições de higiene, foram capturados e torturados por máfias. Milhões de pessoas experimentaram o êxodo. Muitas destas pessoas fugiram das guerras na Síria, na Líbia, no Iraque, e no Iémen. Outros tentavam navegar no caos do Norte de África para abandonar a falta de perspectivas económicas nos seus países na África Subsariana ou no Afeganistão.

O impacto destas migrações no continente europeu foi, em parte, previsto por quem se tornaria uma das vítimas mais mediáticas das revoltas de 2011. Numa visita a Roma em 2010, o líder líbio Muammar Khadafi sugeriu que a União Europeia deveria pagar à Líbia 5 mil milhões de euros anualmente para impedir que a Europa fosse invadida por imigrantes africanos. «Amanhã, a Europa poderá já nem ser europeia, poderá tornar-se negra, porque há milhões que querem entrar.»[305] No ano seguinte a proferir estas palavras, o líder líbio fugia do seu próprio povo enfurecido e dos bombardeamentos da NATO.

Durante anos, a Líbia havia servido de tampão, impedindo que migrantes económicos oriundos da África subsariana chegassem à Europa. Em parte, porque o país era um pólo de atracção para migrantes vindos de todo o continente. Khadafi percebia bem a forma como ele e outros líderes autoritários da bacia do Mediterrâneo podiam exercer pressão sobre os europeus.

Na altura em que sugeriu que deveria receber dinheiro de Bruxelas para impedir a chegada de novos migrantes à Europa, Khadafi tinha já um acordo com a Itália, assinado em 2008, prevendo que os migrantes interceptados pela marinha italiana fossem entregues às autoridades líbias sem que o governo italiano tivesse de fazer uma apreciação de quem tinha ou não fundamento para pedir asilo na União Europeia.[306] O acordo gerou críticas internacionais, mas o número[307] de migrantes que tentaram entrar ilegalmente em Itália desceu de 32 052 em 2008 para 7300 em 2009.

Por muito que os europeus criticassem os abusos de direitos humanos, o autoritarismo estável nos países do Médio Oriente mantinha a desordem do lado de lá. Mas os protestos regionais iniciados em 2011, e o tumulto resultante durante a década seguinte, mostraram o falhanço da estratégia de tolerância colaborativa com os regimes da região.

As razões que empurraram estas pessoas a arriscarem a vida em travessias imprevisíveis variaram. Mas quase sempre ilustraram as diferentes formas de fracasso dos modelos autoritários. Os eritreus que chegavam à Europa, ou que ficaram presos em campos de refugiados pelo caminho, afirmaram querer escapar do serviço militar obrigatório exercido pela ditadura unipessoal de Isaias Afewerki. Iemenitas fugiram do colapso estatal causado pela guerra, que colocou uma parte significativa da população em situação de fome e originou uma epidemia de cólera. Muitos sírios escapavam à repressão do regime de Bashar Al-Assad, ou à perseguição bárbara empreendida pelo Daesh às minorias étnicas e religiosas.

Outros eram migrantes económicos; jordanos, egípcios, marroquinos, tunisinos, não fugiam necessariamente de uma ameaça imediata às suas vidas. Escapavam da impossibilidade de progresso, do imobilismo social e económico cimentado pelas autocracias da região. A emigração para a Europa sempre fora um recurso para a progressão, permitindo a quem chegava ao outro lado sustentar famílias no país de origem através do envio de remessas.

* * *

O êxodo acelerou a partir de 2014. Sem um governo central, e com o país tomado por diferentes milícias armadas, a Líbia transformou-se numa plataforma para o tráfico de seres humanos. Nesse ano, cerca de 170 mil pessoas tentaram chegar ao sul da Europa pelo Mediterrâneo, quase quatro vezes mais do que o número de pessoas que tentou chegar pelos Balcãs. Os traficantes de pessoas cobravam dinheiro aos migrantes e, tentando maximizar o lucro, enchiam os barcos muito para lá da capacidade máxima, originando inúmeros naufrágios.

Com a guerra, a Síria em particular assistiu a um aumento explosivo de migração interna e externa. Quase metade da população teve de abandonar as suas casas, mudando-se para outras zonas do país, ou para o estrangeiro. Em 2015, cerca de 3,5 milhões de sírios, como Silva Abo e a sua família, haviam já entrado na Turquia.[308]

A forte pressão humanitária alterou as rotas de migração. A degradação da situação da Líbia e os constantes naufrágios mortais, evidenciaram os perigos da rota do Mediterrâneo central, que liga o Norte de África à Itália. Entre Janeiro e Maio de 2015, pelo menos 1800 pessoas haviam morrido afogadas.[309] Mudanças nas leis de vários países do Médio Oriente tornaram a permanência de refugiados mais difícil, impedido a sua passagem pela região para chegar à Líbia.[310]

As dificuldades no Mediterrâneo mudaram parte do fluxo de pessoas para a rota dos Balcãs. Da Turquia, tentaram atravessar através da fronteira terrestre com a Grécia, ou então navegando da costa turca para uma das ilhas gregas. Muitos seguiram depois pela Macedónia ou pela Bulgária, e depois através da Sérvia até chegar à Hungria. Tiveram de contornar autoridades fronteiriças mal preparadas e por vezes hostis, vulneráveis à desumanidade dos traficantes de pessoas que viam nos migrantes uma oportunidade de lucro.

A incapacidade europeia de reagir à afluência de pessoas por terra e por mar era pautada por uma repetição de incidentes aterradores. Nessa Primavera, um barco que partira da Líbia afundou-se, levando consigo mais de oitocentas pessoas que tentavam chegar à Europa.[311] A maioria das vítimas mortais ficou trancada nos compartimentos inferiores da embarcação enquanto se afundava. Cerca de 27 sobreviventes foram salvos pela marinha italiana, que respondia diariamente a pedidos de socorro de embarcações carregando refugiados do Norte de África. O primeiro-ministro italiano, Matteo Renzi, criticou a falta de apoio europeu, comparando a tragédia no Mediterrâneo a uma outra ocasião em que o continente falhara por negligência. «Há vinte anos, nós e a Europa fechámos os olhos a Srebrenica. Hoje não é possível fechar os olhos novamente e comemorar estes acontecimentos mais tarde.»[312]

No Verão, uma carrinha de transporte de frangos, que pertencera à empresa eslovaca Hyza, foi encontrada abandonada numa auto-estrada austríaca. Tinha 71 cadáveres no seu interior.[313] Os refugiados haviam sido transportados desde a vizinha Hungria, sufocando no caminho.

O governo húngaro usou a crise migratória para se promover e galvanizar a xenofobia. Em cartazes publicitários (supostamente dirigidos aos refugiados que transitavam pelo país, mas escritos em húngaro), o governo apelou aos refugiados que respeitassem a cultura húngara, que não tentassem tirar empregos aos húngaros, e que observassem as leis do país.[314]

Por esta altura, Angela Merkel, a chanceler alemã, deu o exemplo contrário, anunciando que a Alemanha tinha uma política aberta para receber refugiados e requerentes de asilo. O tom desafiante face à crise que o país enfrentava marcou a governação de Merkel, dando alento às centenas de milhares de refugiados sírios que tentavam chegar à Europa. Mas o continente continuaria dividido entre os que queriam fazer mais pelas pessoas forçadas abandonar os seus países para sobreviver, e os que viam a crise dos refugiados como uma invasão.

No início de Setembro, os *media* globais propagaram a imagem de Alan Shenu, uma criança síria que se afogara no Mediterrâneo. A fotografia do rapaz curdo de três anos, imóvel na areia de uma praia turca, parcialmente banhado pela maré, provocou controvérsia. A forma como a fotografia se espalhou pelo mundo inteiro pareceu anular a violência da curta experiência humana que se extinguira no Mar Egeu. A última imagem de Alan Shenu, morto na praia, ficou como um símbolo daquele êxodo acelerado, que se desenrolava há vários anos, embora só recentemente se tornasse visível para a maioria dos europeus.

Alan Shenu nascera na cidade de Kobani, no Norte da Síria. A família Shenu havia mudado de residência várias vezes desde o início do conflito sírio, partindo de Damasco para Alepo, e depois para Kobani, antes de atravessar a fronteira para a Turquia. Alan Shenu com o irmão, Galip, a mãe, Rehan, e o pai, Abdullah, viajavam numa embarcação demasiado pequena para suportar tanta gente. Entre Akyarlar, na Turquia, e a ilha grega de Kos, o barco virou-se nas difíceis condições marítimas. Abdullah, o pai, foi o único da sua família a sobreviver. Depois do incidente, regressou a Kobani para enterrar a sua família.[315] Regularmente, Bruxelas descrevia os eventos de 2015–2016 como uma crise europeia. Mas a verdadeira tragédia acontecia no Médio Oriente e no Norte de África, onde milhões de pessoas viam as suas vidas reviradas de forma brutal.

Porém, a crueldade da imagem de Alan Shenu não foi suficiente para forçar um consenso na União Europeia. Dias depois, contudo, Angela Merkel, disse que não haveria um limite para o número de refugiados que podiam pedir asilo na Alemanha.[316]

No final de 2015, as Nações Unidas contabilizaram mais de um milhão de refugiados e migrantes chegados à Europa de barco, e pelo menos 4 mil que se haviam afogado a tentar.[317] Mais de metade das pessoas que chegaram por mar provinham da Síria, e outros 20 % do Afeganistão.

* * *

Muitos refugiados tentaram chegar à Alemanha e à Suécia, países favoráveis aos requerentes de asilo. Mas a recepção de muitos estados e cidadãos europeus não foi calorosa. Como explica Anchal Vohra: «O antagonismo em relação aos refugiados emanou de uma islamofobia profundamente imbuída nas mentes de muitos europeus. No entanto, a emergência do Estado Islâmico no Iraque e na Síria, e uma onda de ataques terroristas executados pelos membros do grupo ou pelos seus apoiantes na Europa, ajudou ainda mais os populistas. A imigração exacerbou o medo de ataques extremistas e mudou a cara da política europeia, talvez para sempre.»[318]

A divisão europeia fez-se ao longo de linhas geográficas. Países como a Grécia e a Itália, onde desembarcaram milhares de pessoas todas as semanas, tentaram apelar à solidariedade europeia no processamento e acomodação destes migrantes. Segundo a regulação de Dublin, as pessoas que busquem refúgio político na União Europeia devem pedir asilo ao Estado em que entrem. Mas, sobrecarregados pelo fluxo de pessoas e sem uma resposta solidária de outros países, os estados na linha da frente deixaram milhares de refugiados seguirem viagem em direcção ao centro do continente.

Ao longo da rota dos Balcãs, países como a Macedónia, a Bulgária, a Hungria, a Eslovénia, e a Áustria, ergueram vedações nas suas fronteiras para tentar conter a coluna de pessoas desesperadas que se deslocava para norte.[319]

Para reduzir a pressão nos países da linha da frente, a União Europeia tentou implementar um mecanismo de quotas para a distribuição de migrantes por todos os estados membros. Mas a proposta esbarrou na oposição por parte dos governos da Hungria, da Polónia e da República Checa, que recusaram participar no programa. Muita da oposição a uma resposta comum e solidária da União Europeia foi liderada pelo primeiro-ministro húngaro, Victor Orbán. «Se quisermos parar esta migração em massa, teremos, antes de mais, de parar Bruxelas», disse Orbán. «O maior perigo para o futuro da Europa não vem daqueles que querem vir para cá, mas dos fanáticos do internacionalismo em Bruxelas.»[320]

O impasse político fortaleceu os populistas e os antieuropeístas por toda a união. No meio das imagens diárias na comunicação social, da interpretação política dos acontecimentos, a diferença entre refugiados e migrantes esbateu-se.

Os refugiados são obrigados a abandonar as suas casas por forças maiores que não controlam. Partem para fugir à perseguição religiosa, para não terem de combater numa milícia, ou para escapar à repressão política de um governo autoritário. Procuram asilo no estrangeiro por estarem ameaçados de vida no país de origem. Os migrantes económicos escolhem partir para procurar uma vida melhor num país com mais oportunidades. Esta diferença exige respostas políticas distintas.

Independentemente da diferenciação, qualquer estado soberano teria dificuldades políticas se deixasse entrar um número ilimitado de pessoas de outros países. Mas ao deixar as vozes mais extremistas definir o assunto, a União Europeia limitou as possibilidades de uma solução eficaz para o problema. Por todo o continente, os partidos políticos populistas viram no tema uma plataforma simplista na qual desenhar aspirações políticas. A crise de refugiados foi essencialmente retratada como uma crise de migrantes económicos.

* * *

O impacto na coesão europeia foi profundo. Foi só por uma estranha coincidência histórica que o Reino Unido se preparava para votar no referendo sobre a potencial saída do país da União Europeia na altura em que milhares de refugiados tentavam entrar na Europa.

A 23 de Junho de 2016, os eleitores foram às urnas: 51,9 % escolheram sair da União Europeia, contra 48,1 % que preferiam manter o Reino Unido no bloco europeu. Uma margem mínima. Mas a campanha pelo «*Leave*» soube aproveitar a miséria humana para amedrontar e mobilizar o eleitorado. Inquéritos realizados durante o referendo, apontaram imigração e controlo de fronteiras como a motivação mais forte dos que votaram para sair.

Há muito que a imigração era importante para os eleitores do Reino Unido. Mas o assunto era guiado pela chegada de milhares de trabalhadores do Leste da Europa, não refugiados do Médio Oriente. O United Kingdom Independence Party (UKIP), liderado por Nigel Farage, foi particularmente acutilante na forma como conseguiu alterar a linguagem ligada à imigração.

Uma das imagens de campanha utilizada pelo partido foi inaugurada pelo próprio Farage a uma semana do referendo. Mostrava uma fila interminável de refugiados a caminho da União Europeia. Por cima, a encarnado, a frase «*Breaking Point*» (Ponto de Ruptura). O póster encorajava ainda os votantes a libertarem-se da União Europeia e a retomarem o controlo das suas fronteiras.

A intenção do UKIP foi encorajar os cidadãos do Reino Unido a rejeitar a pertença à União Europeia, que supostamente deixava o país à mercê de vagas de migrantes indocumentados. Mas toda a campanha era um chorrilho de invocações emocionais com pouca factualidade. O UKIP utilizou a discussão da Comissão Europeia sobre a possibilidade de permitir turistas turcos entrarem na União Europeia sem visto. «A nova fronteira da Inglaterra é com a Síria e o Iraque», dizia um póster da campanha do *Leave*, ignorando o facto de que o Reino Unido não fazia parte do espaço Schengen.[321]

Em 2015, um ano antes do referendo e no pico da crise, o Reino Unido era um dos países da União Europeia que havia recebido menos pedidos de asilo, cerca de 39 mil. Em comparação, a Alemanha recebera mais de 441 mil, a Hungria 174 mil, a Itália mais de 83 mil, e a França recebera cerca de 70 500 pedidos de asilo.[322]

Na Alemanha, a humanidade e coragem demonstradas pelo governo na recepção de mais de um milhão de refugiados em 2015 e 2016 acabaria por ter um impacto político. O partido de extrema-direita

Alternativa para a Alemanha (AfD), que se posicionava como um guardião de valores tradicionais cristãos, fundamentou a sua campanha para as eleições federais de 2017 nos ataques à política de recepção de refugiados encabeçada por Angela Merkel. Fundado em 2013 com uma mensagem de oposição ao apoio financeiro da União Europeia aos países do Sul durante a crise das dívidas soberanas, a AfD agarrou-se ao tema dos refugiados para tentar aumentar a sua base eleitoral. Numa conferência de imprensa a um mês das eleições, Alice Weidel, uma das candidatas do partido ao parlamento alemão, começou por pintar um cenário apocalíptico, em que milhões de imigrantes de África chegariam à Alemanha nos anos seguintes.[323]

Entre outras medidas, o AfD prometeu acabar com o direito dos refugiados de se candidatarem para asilo na Alemanha, e usar a marinha alemã para retornar os migrantes capturados no Mediterrâneo aos países de origem. O partido sugeriu canalizar o dinheiro gasto a receber refugiados para projectos de desenvolvimento nos países de origem, como se a simples transferência acabasse com os conflitos e a persecução política e religiosa que forçava milhões de pessoas no Médio Oriente a abandonar as suas casas. As medidas eram populistas e desligadas da realidade. Contudo, nas eleições de Setembro de 2017, o AfD assegurou 12,6 % dos votos, tornando-se na terceira força política e o primeiro partido de extrema-direita a entrar no parlamento alemão em cinquenta anos.

Comentando o resultado, Martin Schultz, líder do Partido Social Democrata (SPD), disse que «o facto de termos recebido mais de um milhão de refugiados continua a dividir o nosso país. O que para muitos foi visto como um acto de humanidade e caridade, é, para outros, ameaçador, estranho e cheio de receio. Não conseguimos persuadir todos os nossos votantes de que a Alemanha é suficientemente forte para não deixar ninguém para trás».[324]

Em Itália, um dos países na fronteira sul da União Europeia, a maior afluência de migrantes também ajudou a mudar a composição do sistema político. O primeiro-ministro, Matteo Renzi, continuou a apoiar a operação Mare Nostrum, utilizando navios e aviões italianos para operações de busca e salvamento no Mediterrâneo. Com o agravamento da crise na Líbia, a Itália passou a receber um número cada vez maior de pessoas pela rota marítima do Mediterrâneo. O custo da operação, e a falta de apoio de outros países europeus, tornou a Mare Nostrum impopular para muitos votantes e um alvo habitual dos políticos de direita italianos. Bruxelas prometeu distribuir 40 mil requerentes de asilo de Itália para outros países europeus. Entre 2014 e 2016, mais de meio milhão de pessoas havia chegado às costas italianas.[325] Contudo, durante esses dois anos, menos de 3 mil refugiados haviam sido transferidos para outros países europeus. A maioria dos parceiros europeus recusou receber pessoas.

O ambiente político em Itália virou à direita. Matteo Renzi demitiu-se em finais de 2016 e o governo anulou muitas das políticas e operações que ajudavam os migrantes e refugiados. Como resposta à crise no Mediterrâneo, várias organizações não-governamentais empreenderam missões regulares para salvar a vida aos milhares de migrantes lançados ao mar desde a Líbia todos os meses. Mas a partir de 2017, a Itália implementou restrições legais ao trabalho destas organizações, limitando o número de manobras que podiam efectuar para salvar migrantes à deriva, como por exemplo, transferir pessoas de um barco para outro. Para o governo em Roma, as operações das ONG encorajavam os traficantes de pessoas a enviar mais pessoas por mar. Contudo, as organizações defenderam que o seu trabalho evitava ainda mais afogamentos.

As limitações impostas pelo governo italiano aumentaram o número de mortos no Mediterrâneo. Entre 2014 e meados de 2017, mais de 13 mil pessoas haviam já morrido a tentar a travessia até Itália.[326] Porém, a reacção italiana foi em parte possível pela ausência de uma política europeia para lidar com o problema.

Nas eleições italianas de Março de 2018, o Norte do país apoiou maioritariamente a Liga, liderada pelo populista Matteo Salvini, que havia feito campanha com um discurso xenófobo defendendo a deportação de todos os imigrantes indocumentados. O Sul de Itália apoiou o Movimento Cinco Estrelas, que advogava um tipo de democracia mais directa e o estabelecimento de um rendimento mínimo. Ambos os partidos tinham na sua origem uma hostilidade intrínseca contra Bruxelas e a União Europeia. Mas a percepção real de que os outros países não se importavam com o impacto da chegada de milhares de pessoas à costa italiana cimentou o apoio popular aos dois partidos populistas. Em Maio desse ano, formaram o governo de coligação liderado por Giuseppe Conte. Matteo Salvini ficou com a pasta do Ministério do Interior, de onde continuaria a utilizar os migrantes como estratégia de galvanização política.

Na Dinamarca, o parlamento aprovou uma lei, em Janeiro de 2016, que permitia à polícia revistar os requerentes de asilo que chegassem ao país e confiscar bens não-essenciais que valessem mais do que 10 mil coroas (1350 euros) e que não tivessem valor sentimental, como forma de pagar a estadia dos refugiados.[327] O governo dinamarquês justificou a decisão alertando para o facto de que que mesmo os cidadãos dinamarqueses eram obrigados a usar as suas poupanças e recursos financeiros, antes de terem direito a receber ajuda estatal.

Ao passar uma lei que permitia a polícia revistar os requerentes de asilo, a Dinamarca estava a corporalizar muito do sentimento europeu em relação aos estrangeiros que chegavam à União. Pernille Skipper, do partido de esquerda Enhedslisten e integrante do parlamento dinamarquês, referiu a forma melindrosa como a Europa estava pouco a pouco a cair numa repetição das partes mais obscuras da sua história. «Moralmente, é uma forma horrível de tratar pessoas a fugir de crimes em massa, guerra, violações. Eles fogem da guerra e como é que os tratamos? Confiscamos-lhes as jóias.»[328]

* * *

Apesar das dificuldades criadas por vários governos, e da forma como os partidos da extrema-direita atiçaram o medo contra os requerentes de asilo, várias iniciativas de solidariedade surgiram pelo continente. Na Hungria, grupos da sociedade civil organizaram-se para juntar comida e roupas para os refugiados que atravessavam o país vindos da Sérvia. Na Alemanha, um serviço online, Refugees Welcome, juntou pessoas com quartos para alugar com migrantes a precisar de alojamento, ajudando a estabelecer o pagamento de rendas através dos benefícios do governo alemão para os refugiados ou campanhas de *crowdfunding*. Na Ilha de Lesbos, na Grécia, voluntários montaram campos para acolher refugiados.[329]

Mesmo assim, o pânico nas capitais europeias criou as condições para uma série de acordos vergonhosos entre a União Europeia e vários países para estancar o fluxo de pessoas. O objectivo destes entendimentos foi transferir a gestão do problema dos refugiados e migrantes para fora das fronteiras europeias. Estas soluções representam uma nódoa moral nas aspirações humanistas e civilizacionais da União Europeia.

Em Março de 2016, Bruxelas assinou um acordo com Ancara. A Grécia passaria a reenviar para a Turquia os refugiados e migrantes que chegassem ilegalmente ao país. Em troca, a União Europeia processaria o acolhimento de milhares de refugiados sírios estabelecidos na Turquia, pagando 6 mil milhões de euros ao governo turco até 2018 para ajudar a suportar os custos adicionais do influxo de refugiados sírios.

O acordo com a Turquia levantou várias questões morais. Ao aceitar o rácio de «um por um» — ou seja, um refugiado acolhido legalmente na União Europeia por cada pessoa que fosse reenviada da Grécia para a Turquia — a União Europeia não garantiu que os requentes de asilo chegariam por vias legais. Antes, criou o incentivo para que refugiados e traficantes de seres humanos mantivessem o fluxo de pessoas em direcção ao continente europeu. E para que as autoridades turcas os deixassem passar. O acordo levantou também o problema ético de reenviar refugiados para um país que não respeita os direitos humanos.

O compromisso com a Turquia lembrou o acordo assinado entre a Itália e o governo de Muammar Khadafi em 2008. Fortaleceu o poder dos líderes autoritários na utilização da migração como arma política, e abriu o caminho para acordos ainda mais vergonhosos. Em 2017, a Itália assinou um acordo bilateral com as autoridades líbias para tratamento de refugiados e migrantes que tentassem atravessar o Mediterrâneo. Com o apoio da União Europeia, Roma acordou transferir milhões de euros em financiamento para treinar e equipar a marinha Líbia. Esse dinheiro serviu para comprar barcos de patrulha, viaturas, treinar oficiais e construir um centro de operações da guarda costeira líbia. Em troca do financiamento, os líbios comprometeram-se a interceptar os barcos e forçá-los a regressar à Líbia, onde os migrantes e refugiados são instalados em centros de detenção.

A rede de locais onde são hospedados os migrantes incluiu estabelecimentos controlados pelas autoridades líbias, que estão geralmente ao alcance das organizações humanitárias encarregadas de verificar as condições de segurança e saúde oferecidas aos deslocados. Mas existem vários outros centros sob o controlo de milícias armadas e traficantes de pessoas, onde milhares de migrantes são retidos contra a sua vontade. Assim, a União Europeia tornou-se cúmplice numa cadeia de abuso generalizado de seres humanos. Entre Janeiro e Junho de 2021, cerca de 15 mil pessoas que tentaram atravessar o Mediterrâneo foram interceptadas e forçadas a regressar à Líbia.[330]

Algumas das pessoas barradas pela marinha Líbia foram levadas para o centro de detenção em Souq el Khamis, na cidade costeira de Khoms. Foram vendidos a grupos de traficantes de seres humanos pelos próprios guardas do centro. Os traficantes contactam depois as famílias dos migrantes, extorquindo dinheiro para garantir a sua libertação.[331] A Organização Internacional para as Migrações (IOM) e a televisão americana CNN relataram casos de mercados de escravos na Líbia, em que migrantes africanos eram vendidos para servirem como trabalhadores agrícolas.[332]

Num relatório publicado em 2021, a Amnistia Internacional retratou a série de abusos infligidos às pessoas forçadas a regressar à Líbia. Muitos, incluindo crianças, são detidos sem condições de higiene e saúde, sujeitos a tortura e maus-tratos, violência sexual e homicídio. Milhares destes migrantes desapareceram no caos líbio. Tudo isto parcialmente financiado com dinheiro da União Europeia.

Se a guerra civil na Síria, na Líbia e no Iémen, bem como a instabilidade económica regional, foram os motores iniciais da vaga migratória da segunda década do século XXI, novas crises económicas e ambientais continuarão a empurrar populações do Médio Oriente e do Norte de África em direcção à Europa e outros países do Hemisfério Norte. O problema é estrutural, não conjuntural.

A pandemia de covid-19 piorou as condições económicas na região. Restrições sanitárias impediram que milhões de trabalhadores informais pudessem trabalhar. Na Tunísia, onde a revolta de 2011 originou uma democracia frágil, a economia foi fortemente afectada pelo desabar da indústria do turismo. Em Julho de 2020, os tunisinos representavam já o maior grupo por nacionalidade dos migrantes que chegavam à Itália em barcos.

No Líbano, a crise política e económica agravada pela gigantesca explosão no porto de Beirute, em Agosto de 2020, ameaça derrocar o pouco que resta do estado. Durante a guerra que durou de 1975 a 1990, entre 600 mil e 900 mil libaneses saíram do país. Hoje, o aumento da pobreza está a levar muita gente a emigrar de novo. À medida que o país se afunda numa crise sem solução, o Líbano, refúgio de palestinianos e sírios, transforma-se num lugar de partida para novas odisseias migratórias. «É por isto que a União Europeia está em pânico com o impasse no país, não porque amem o Líbano, mas porque temem uma nova inundação de refugiados na Europa. Seria novamente disruptivo para o continente», diz Sami Nader, um economista libanês sediado em Beirute. O êxodo já começou. Durante anos, pequenas embarcações partiram do norte do Líbano levando refugiados palestinianos e sírios até ao Chipre, a fronteira mais próxima da União Europeia. Hoje, esses barcos levam cada vez mais libaneses.

* * *

A crise dos refugiados mostrou a necessidade de consenso europeu, ao mesmo tempo que tornou esse consenso mais difícil de assegurar. Em Setembro de 2020, a Comissão Europeia propôs um novo pacto para a imigração. Entre outras coisas, sugere um sistema flexível de solidariedade, a ser activado durante os períodos de crise.

Em vez das quotas obrigatórias que forcem os estados-membros a receber um número determinado de refugiados, os países podem contribuir financeiramente. Esse dinheiro seria usado para pagar o regresso ao país de origem das pessoas cujo asilo na União Europeia seja rejeitado. Outra forma de contornar a obrigatoriedade de receber refugiados é fornecendo ajuda operacional aos países na linha da frente. O novo pacto prevê também a criação de um novo organismo europeu encarregado de unificar a legislação por todos os estados-membros, oferecer ajuda técnica, e mais dinheiro para a segurança de fronteiras e para analisar pedidos de asilo.[333] Ao suprimir as quotas obrigatórias de refugiados, o novo acordo tentou eliminar as diferenças de ideologia e política entre os diferentes países do bloco.

Mas as divergências na União Europeia parecem cada vez mais difíceis de resolver. A falta de consenso abre a porta a soluções extremas. Em 2021, o governo da Dinamarca decidiu retirar ou não renovar o estatuto de residência temporária a pelo menos 250 refugiados sírios, alegando que algumas zonas da Síria são suficientemente seguras para que estes possam regressar. O governo anunciou também que o estatuto de outros 500 refugiados originários da região de Damasco seria avaliado pelas autoridades. Apesar de ter sido o primeiro país europeu a assinar a Convenção das Nações Unidas para os refugiados em 1951, a Dinamarca é hoje um dos países da União com as políticas de asilo mais restritivas. Com uma população de 5,8 milhões, tinha em 2021 cerca de 500 mil imigrantes, 35 mil dos quais sírios.[334]

A possibilidade de reenviar refugiados na Dinamarca de regresso à Síria serve acima de tudo para desencorajar novos requerentes de asilo. Salvo pela intervenção do Irão e da Rússia, o regime de Bashar Al-Assad sobreviveu. Muitos dos sírios que partiram do país seriam imediatamente vistos com suspeição pelo regime.

O parlamento dinamarquês aprovou também uma lei para processar os pedidos de asilo fora das suas fronteiras. Segundo a nova regulação, a Dinamarca pode enviar requerentes de asilo que já estejam no país para centros de acolhimento fora das fronteiras da União Europeia. A Comissão Europeia afirmou que o novo mecanismo vai contra as leis comunitárias. A Dinamarca não disse em que países se daria esse putativo processamento dos pedidos de asilo.

O caso dos centros de detenção na Líbia é um precedente perigoso. A terciarização do problema dos refugiados tem encorajado o tratamento desumano de refugiados e migrantes, procedimentos abusivos que são financiados pela União Europeia, e por impostos europeus. Ao criminalizar os refugiados, ao dificultar o processo de pedido de asilo, a Europa deu mais poder aos regimes autoritários para decidirem o destino de milhares de pessoas e utilizá-las como arma política.

Em finais de 2021, Bruxelas tinha ainda de aprovar um novo pacto para a migração que englobasse as diferentes visões dos governos do bloco e permitisse cooperação entre os países para lidar com o problema migratório. A Europa está dividida entre dois campos. Basta uma nova onda de refugiados para que a destabilização se acentue.

* * *

A crise de 2014–2016 mostrou que a integração europeia tem pouca elasticidade para lidar com acontecimentos inesperados. Desde então, o fluxo de migrantes e refugiados diminuiu, mas milhares de pessoas continuam a tentar chegar à União Europeia. A ausência de um sistema eficiente para lidar com os requerentes de asilo, e as decisões erradas tomadas no pico da crise deixaram a Europa exposta novamente ao abuso de poderes autoritários.

Em Maio de 2021, Marrocos deixou que mais de 10 mil pessoas atravessassem ilegalmente até ao enclave espanhol de Ceuta. A onda migratória, ocorrida em apenas dois dias, destabilizou as autoridades espanholas, que tiveram de enviar o exército para ajudar a gerir a pressão da chegada de pessoas, incluindo famílias e milhares de crianças. Os migrantes eram maioritariamente marroquinos, que tentavam fugir à crise económica provocada pela pandemia de covid-19, mas havia também migrantes subsarianos. Uma pessoa morreu afogada durante a travessia.

O governo de Marrocos não tentou disfarçar responsabilidades. Mesmo enquanto culpava o fluxo inusual numa suposta descoordenação dos guardas fronteiriços, Rabat optou por um tom directo com os seus interlocutores espanhóis. Em diplomacia «certos actos têm consequências», disparou a embaixadora marroquina em Madrid, antes de ser chamada para consultas com o seu governo.

A aparente onda migratória foi uma mera punição. O governo marroquino ficou enfurecido que o governo espanhol tivesse permitido Brahim Ghali, líder da Frente Polisário, do Sara Ocidental, viajar para tratamento médico num hospital em Saragoça. Ghali, de 73 anos, chegou a Espanha com um passaporte falso. O governo espanhol alegou razões humanitárias para receber o líder militar.

A onda migratória não foi apenas uma forma de punir Espanha. Marrocos queria também mostrar uma posição assertiva em relação à União Europeia como um todo. Quando Donald Trump reconheceu a soberania marroquina sobre o Sara Ocidental (em troca da decisão marroquina de estabelecer relações diplomáticas com Israel), o governo marroquino pensou que haveria um afluxo de países, incluindo na

Europa, que lhe seguiriam os passos. No entanto, meses depois, essa esperança havia já arrefecido.

Ao mostrar que poderia enviar milhares de pessoas ilegalmente para a Europa, Marrocos manifestou estar disponível a chantagear a União Europeia para conseguir concessões políticas.

O modelo viria ser repetido pouco tempo depois. Em finais de 2021, milhares de migrantes da Síria, do Iraque, do Afeganistão, da Eritreia apareceram na fronteira entre a Bielorrússia e a Polónia, tentando entrar na União Europeia. A onda de migração irregular foi instigada pelo presidente bielorusso, Alexander Lukashenko. Após se ter declarado vencedor de uma eleição considerada fraudulenta pela comunidade internacional no Verão de 2020, Lukashenko manteve-se no poder, reprimindo violentamente a contestação popular e prendendo os seus opositores. Em resposta, a União Europeia estabeleceu sanções contra o seu governo e recusou-se a reconhecê-lo como presidente legítimo da Bielorrússia. Cada vez mais isolado internacionalmente, o líder acossado engendrou uma manobra ofensiva.

A partir do Verão de 2021, a empresa estatal da aviação da Bielorrússia, a Belavia, adicionou novas rotas, ligando Minsk a Damasco, Istambul, Dubai e outros destinos no Médio Oriente. O regime de vistos de turismo para cidadãos do Iraque, da Síria, do Iémen, do Afeganistão, e outros países, foi facilitado. Hotéis estatais hospedaram estes migrantes na capital bielorussa, e veículos militares transportaram estas pessoas até à fronteira com a Polónia, onde as autoridades bielorrussas forneceram alicates e outros objectos para os ajudar a cortar as vedações e entrar na União Europeia.

* * *

Na Alemanha, em 2015, Silva Abo e a sua mãe esperaram dois dias em Munique, e depois foram levadas por uma prima para um centro de acolhimento de refugiados perto de Düsseldorf. Esperaram oito meses até serem interrogadas pelas autoridades alemãs. Três meses depois, conseguiram a residência. O pai e as duas irmãs de Silva conseguiram asilo na Alemanha. Silva terminou o liceu, e está a estudar para ser médica. Ocasionalmente, chora com saudades de Afrin.

Os Estilhaços da Administração Trump

A 12 de Outubro de 2019, Hevrin Khalaf, de 34 anos, partiu de madrugada da cidade de Al-Hasaka. Secretária-geral do Partido Síria Futuro, Khalaf viajava muito pelo nordeste da Síria, uma região de maioria curda, também conhecida como Rojava. O jipe escuro em que circulava era reforçado e tinha vidros à prova de bala.

Hevrin Khalaf nascera na cidade síria de Derik (Al-Malikiyah em árabe), numa família ligada à causa curda. Derik, na ponta oriental da Síria, faz parte do Curdistão histórico, que abarca partes do Iraque, Irão, Síria e Turquia. Formada em engenharia na universidade de Alepo, Khalaf transformara-se numa das referências políticas mais importantes da região autónoma curda e, de certa forma, num símbolo do que poderia vir a ser uma Síria mais aberta e democrática.

O automóvel em que viajava era conduzido por Ferhad Ramadan, de 22 anos, que começara a trabalhar com ela há pouco tempo. Como tantos homens e mulheres da sua geração, Ramadan combatera nas milícias curdas contra o Daesh.

A viagem entre Al-Hasaka e Raqqa demoraria cerca de três horas e meia. O percurso, habitual para Khalaf, era simbólico do que havia acontecido à Síria na década anterior. A 28 de Janeiro de 2011, quando Ben Ali tinha já abandonado o poder na Tunísia e manifestantes no

Cairo lutavam os primeiros dias da sua própria revolta popular, um jovem chamado Hassan Ali Akleh imolou-se pelo fogo em Al-Hasaka. O gesto, copiado de Mohamed Bouazizi, teve pouca ou nenhuma repercussão. Mas foi o primeiro estertor da revolta contra o presidente Bashar Al-Assad. A revolução síria provocou uma resposta visceral do regime. Após o início da guerra civil, os curdos conseguiram estabelecer uma região autónoma em 2012. Mas o caos sírio deu uma abertura ao Daesh, que durante três anos controlou partes do país. Os americanos aliaram-se aos curdos para combater o grupo terrorista, e foram as unidades curdas que fizeram a maioria do esforço de combate no terreno, contando com apoio aéreo americano. O grupo islamista havia já sido derrotado na manhã em que Hevrin Khalaf se dirigia de automóvel para Raqqa, a ex-capital do Daesh, onde estava sediado o Partido Síria Futuro.

Fundado em 2018, o partido tentava estabelecer um regime que abarcasse toda a variedade étnica e religiosa do Norte da Síria; curdos, árabes, siríacos; cristãos ortodoxos, católicos, muçulmanos sunitas, yazidis.

O facto de a vitória contra o Estado Islâmico ter sido assegurada por um exército de maioria curda originou fricções em cidades e aldeias árabes. Alguns acusavam as milícias curdas de exercer demasiada influência e poder. O partido, e Hevrin Khalaf em especial, tentavam desfazer as tensões entre diferentes grupos étnicos e religiosos. Khalaf visitava regularmente os líderes tribais árabes explicando que o projecto do partido para a região era inclusivo.

Por defender um projecto político secular, o Partido Síria Futuro transformou-se num aliado preferencial de Washington. Numa reunião com oficiais do Departamento de Estado na sede do partido em Raqqa, dez dias antes daquela manhã, Hevrin Khalaf recebera garantias de que os americanos impediriam que a Turquia atravessasse a fronteira e avançasse sobre Rojava como ameaçava fazer há já algum tempo.[335] Foi por volta dessa altura também que os americanos lhe providenciaram o jipe reforçado com vidros à prova de bala em que ela viajava naquela manhã, receosos de que alguém tentasse matá-la.

A Síria estava desfeita pela guerra. Milhões de pessoas a viver em condições miseráveis nas ruínas urbanas do país. A multitude de forças estrangeiras e milícias locais impedia uma paz duradoura ou o apoio aos deslocados. Mas, com Rojava pacificada, os curdos esperavam assegurar a autonomia de que gozavam.

Essa esperança esfumou-se após uma chamada telefónica entre o presidente americano Donald Trump, e o seu homólogo turco, Recep Tayyip Erdogan. Trump anunciou, a 6 de Outubro de 2019, que os Estados Unidos iriam começar a retirar parte do seu contingente de mil militares de algumas zonas do Norte da Síria, e que a Turquia iria começar a sua ofensiva militar para tomar uma faixa ao longo da fronteira entre os dois países.

A retirada apressada apanhou as tropas no terreno e o próprio Pentágono de surpresa. A Turquia começou a bombardear o Norte da Síria com artilharia e aviões a 9 de Outubro de 2019. Habitantes das povoações na fronteira começaram a encher os hospitais, longas filas de automóveis entupiram as estradas à medida que 150 mil pessoas fugiam da região.

Ao partirem de várias pequenas bases que haviam estabelecido pelo território, os americanos queriam evitar confrontos com as milícias jiadistas árabes que avançavam do norte equipadas pelos turcos.

Erdogan defendeu a operação com a necessidade criar uma zona para onde enviar os 3,6 milhões de sírios refugiados na Turquia.[336] Mas o presidente turco queria usar a operação para atacar os curdos de Rojava, que o governo turco acusava de terem ligações aos militantes do Partido dos Trabalhadores do Curdistão, inimigo de Ancara.

A viagem de Hevrin Khalaf até Raqqa deveria ter durado cerca de três horas. Mas na auto-estrada M4, que cruza a região paralelamente à fronteira com a Turquia, situada cerca de 30 quilómetros a norte, o caminho estava cortado. Homens armados haviam tomado o *checkpoint* de Tirwaziya e estavam a parar todos os carros que passavam. Ferhad Ramadan, o condutor, terá saído da estrada para contornar o *checkpoint* pela terra batida. Vários tiros de metralhadora começaram a atingir o lado esquerdo do jipe, furando os pneus.

* * *

Há muito que Donald Trump manifestara a vontade de tirar as tropas americanas das guerras do Médio Oriente. A retirada do Norte da Síria havia sido inicialmente anunciada em Dezembro de 2018. Na altura, James Mattis, o general veterano do Iraque e do Afeganistão que servia como secretário da Defesa, tentou convencer o presidente a recuar e a deixar as tropas americanas na Síria; mas sem sucesso. Na sua carta de demissão, Mattis indiciou que a administração Trump parecia não ter noção de quem eram os amigos e os inimigos da América.[337] Semanas depois, membros da administração conseguiram convencer Donald Trump a recuar na decisão. Mas foi um recuo temporário.

As forças especiais americanas na Síria tinham suportado muito poucas baixas. A missão era infimamente mais barata do que qualquer outra aventura bélica dos Estados Unidos. Um pequeno contingente americano no Norte da Síria impedia o avanço turco, evitava o ressurgimento do Daesh, e assegurava que a América teria uma palavra a dizer sobre o futuro da Síria. Durante parte de 2019, parecia que Trump abandonara a ideia da retirada. Até ao anúncio repentino de 6 de Outubro.

A retirada de parte das tropas americanas do Norte da Síria foi um dos maiores erros da presidência de Donald Trump. Depois do papel essencial que tiveram no combate ao Daesh, os curdos de Rojava sentiram-se traídos pela América. Mas permitiu que a Turquia entrasse novamente no Norte da Síria de forma violenta.

Dias depois da retirada, vídeos de repórteres e mercenários russos a passear por bases americanas foram publicados na internet. Os russos filmaram as tendas onde os americanos haviam dormido, zonas de refeitório ainda com comida, tanques de água. Tudo abandonado à pressa.

Era mais um exemplo do comportamento errático do presidente, provavelmente convencido de que o anúncio da retirada de uma guerra no Médio Oriente melhoraria a sua imagem pública. Na realidade, a América havia abandonado a única zona relativamente pacificada da Síria, deixando os curdos vulneráveis às forças turcas, russas e ao exército de Bashar Al-Assad.

Carente de estratégia, a política de Donald Trump para o Médio Oriente não foi diferente da que aplicou a outros pontos do globo. Mas a complexidade da região — a forma como acumula cisões religiosas, autoritarismo, extremismo militante, e considerações energéticas, por uma vasta área geográfica — fez com que a sua presidência deixasse um rastro particular de desordem.

Não era necessariamente novo. Os antecessores de Trump haviam tido efeitos devastadores no Médio Oriente: George W. Bush invadiu o Iraque em 2003, deixando uma guerra civil, galvanizando o extremismo islâmico, e aumentando a influência do Irão. Para assassinar militantes, Barack Obama aumentou o uso de *drones*, levando a inúmeras baixas civis.[338] Obama também feriu a influência americana ao ameaçar o regime sírio e depois recusar intervir após a utilização de armas químicas. Mas com Donald Trump a credibilidade de Washington na região seria definitivamente enterrada.

* * *

A 27 Janeiro de 2017, dias após a sua chegada à casa branca, Donald Trump publicou uma ordem executiva proibindo a entrada no país a cidadãos de sete países de maioria muçulmana. Nacionais da Líbia, Sudão, Iémen, Somália, Iraque, Síria ou do Irão foram barrados nos aeroportos. Muitos tinham residência americana. A administração alegou a necessidade de proteger o país da ameaça do terrorismo, explicando que os Estados Unidos deveriam aprender com os ataques de 11 de Setembro de 2001. Contudo, a Arábia Saudita, país de origem da maioria dos 19 terroristas envolvidos nos ataques contra as Torres Gémeas, não estava na lista dos países banidos.

Foi uma decisão populista. Mas a forma vaga como foi instaurada paralisou os aeroportos americanos. Mais de 700 pessoas foram temporariamente detidas, e 60 mil vistos para os Estados Unidos suspensos. A ordem também congelou um programa americano para receber refugiados sírios.

A resolução foi imediatamente contestada pelos tribunais americanos, levando a meses de decisões e recursos. Mas institucionalizou a xenofobia e racismo da base política de Trump. Demonstrou também a atitude imediatista do presidente; infinitamente obcecado com medidas de força, mas sem o temperamento para equacionar os seus impactos a longo prazo. Para os extremistas da Al-Qaeda ou do Daesh, estes tipos de medidas contra países muçulmanos funcionaram sempre como argumentos para o recrutamento.

Depois de oito anos de Barack Obama, que pelo menos levantava questões sobre direitos humanos, os homens fortes do Médio Oriente viram com bons olhos uma administração americana moralmente atónita aos seus abusos. Trump não se preocupava com assuntos de direitos humanos, liberdades de expressão ou protecção de minorias religiosas. Isso permitiu aos regimes da região fortalecerem o autoritarismo nos seus próprios países sem temer reprimendas de Washington.

As vociferações de Trump contra a comunicação social na América abriram o caminho às ditaduras árabes. A expressão *fake news*, frequentemente utilizada pelo presidente americano, emergiu insidiosamente numa onda de novas leis. Países como a Arábia Saudita, o Egipto, a Argélia ou os Emirados Árabes Unidos já perseguiam cidadãos ou activistas com opiniões desfavoráveis ao governo com prisão e multas. Mas a indiferença do governo americano abriu novas oportunidades para afogar a sociedade civil que tentava emergir.

No Egipto, onde as redes sociais tinham ajudado na revolta de 2011, o regime de Abdel Fattah el-Sisi criou uma lei em 2018 que criminaliza a publicação de notícias consideradas falsas pelo regime. Qualquer página, blogue ou conta de rede social com mais de 5 mil seguidores passou a ser susceptível de punição.[339] A nova lei permitiu ao governo fechar dezenas de páginas na internet e prender jornalistas e opositores. No mesmo ano, a Jordânia tentou incluir uma mudança na sua lei de cibercrime, proibindo a publicação de «notícias falsas» e de «discurso de ódio» nas redes sociais. Mas a oposição da sociedade civil fez o governo recuar.[340]

Por toda a região, estas leis têm avançado, reduzindo o espaço de expressão da população. No início de 2020, as notícias sobre o tratamento dado aos trabalhadores estrangeiros que construíam as infra-estruturas para o Mundial de Futebol de 2022 levou o Qatar a penalizar a publicação de «notícias falsas» e «propaganda inflamatória» com até cinco anos de prisão e 25 mil dólares de multa.[341] Na Argélia, o governo criminalizou a publicação de «notícias falsas» em Abril de 2020, pouco mais de um ano depois do início dos protestos populares contra a autocracia militar.[342] Também a Turquia criou várias leis para regular as plataformas online. Estes regimes não ficaram anti-democráticos por causa da indiferença do presidente americano. Mas aproveitaram a sua presidência para exercer os seus impulsos autoritários com soltura.

* * *

Os líderes do Médio Oriente ignoraram a imprevisibilidade do novo presidente americano e concentraram-se em estimular a sua vaidade para extrair concessões políticas. Numa das etapas da sua primeira viagem internacional, Donald Trump aterrou na Arábia Saudita em Maio de 2017. Caças da força aérea saudita sobrevoaram o aeroporto de Riade, desenhando as cores da bandeira americana. Descendo do *Air Force One*, Trump foi recebido pelo rei Salman. Homens a cavalo com as bandeiras dos dois países escoltaram a limusine presidencial pelas ruas da capital. O presidente americano recebeu um luxuoso banquete no Palácio Murabba. Empunhando uma espada, Trump parecia desajeitadamente feliz executando a *ardha*, a tradicional dança de guerra dos beduínos da Península Arábica.

A recepção calorosa foi muito diferente do que tinha sido preparado para Barack Obama em 2016. Obama havia abandonado Hosni Mubarak durante os protestos no Egipto em 2011 e, através do acordo nuclear com o Irão, em 2015, reduzira as sanções económicas contra o rival xiita da Arábia Saudita. Riade também não gostava das repetidas críticas de Washington à sua campanha militar no Iémen, que desde 2015 fizera milhares de vítimas civis.

Com Donald Trump, os sauditas viram uma oportunidade para voltar a influenciar a política americana. Em reuniões bilaterais, os dois países assinaram acordos de cooperação e defesa, incluindo a promessa de venda de 110 mil milhões de dólares em armas americanas.

A viagem ficou marcada por outro momento. Durante a inauguração do Centro Global de Combate à Ideologia Extremista (*Global Center for Combatting Extremism Ideology*), em Riade, o presidente americano Donald Trump apareceu ao lado do rei Salman da Arábia Saudita e do presidente egípcio Abdel Fattah el-Sisi, os três líderes com as mãos sobre um globo brilhante.

A imagem lembra a representação ficcionada de vilões de banda desenhada, três déspotas que se juntam para tomar o mundo. Mas ilustrou o aspecto mais nocivo da relação do presidente com o Médio Oriente. Trump nunca escondera a sua apreciação por líderes autoritários. Demonstrava um misto de adoração e inveja por quem exercia o seu poder sem ter de responder aos mecanismos de equilíbrio governativo das democracias liberais.

* * *

Meses após a viagem à Arábia Saudita, o Médio Oriente deu a Trump o seu primeiro triunfo militar. Num discurso filmado na Casa Branca, o presidente anunciou, a 27 de Outubro de 2017, que Abu Bakr al-Baghdadi, líder do Daesh, morrera durante uma operação americana no noroeste da Síria. «Morreu como um cão, morreu como um cobarde. O mundo é um lugar muito mais seguro», disse Trump.

O golpe contra Al-Baghdadi foi o tipo de êxito que o então presidente americano procurava. O líder do Daesh era um objectivo óbvio para os militares americanos. Mas era também um alvo facilmente assimilável para o público americano. A sua eliminação permitiu a avaliação simplista entre o bem e mal que geralmente permeia o discurso americano em relação aos outros países. Trump sentira sempre um complexo de inferioridade em relação a Barack Obama. E a morte de Al-Baghdadi era comparável à eliminação de Osama Bin Laden por forças especiais americanas em 2011, no Paquistão.

Foi em parte o sentimento de inferioridade para com o seu antecessor, e a vontade de desfazer o seu legado, que encorajaram o presidente americano a retirar unilateralmente os Estados Unidos do acordo nuclear com o Irão, em Maio de 2018. O acordo fora assinado em 2015 pela administração Obama, com o Irão, a China, o Reino Unido, a Rússia, a França e a Alemanha. Estabeleceu o aliviar das sanções económicas, se o Irão se comprometesse a não produzir urânio enriquecido nem plutónio, e a limitar as operações das centrais nucleares a objectivos não-bélicos durante uma década.[343] O objectivo foi retirar a Teerão a capacidade de produzir uma arma nuclear num curto espaço de tempo.

O acordo incomodou a Arábia Saudita (que não foi incluída nas negociações) e contou com a oposição absoluta de Israel. Uma parte importante da comunidade de defesa em Washington também não aprovou.

Em parte, isto devia-se a uma obsessão com o Irão, que remontava aos anos 70 do século XX. Os Estados Unidos tinham sido um dos grandes aliados do regime autoritário do Xá Reza Pahlavi do Irão. Apesar de torturar regularmente os seus opositores, o regime era secular e anticomunista, critérios mais do que suficientes para Washington. Mas com a chegada dos *Ayatollahs* na Revolução Islâmica de 1979, a animosidade entre os dois países cresceu. Revolucionários mantiveram 52 diplomatas americanos reféns durante mais de um ano. Em 1983, dois bombistas suicidas alegadamente pertences ao Hezbollah, a milícia xiita financiada pelo Irão, explodiram camiões carregados de explosivos no quartel que albergava militares da força internacional de manutenção de paz no Líbano. O ataque matou 241 americanos e 58 franceses.

Focado na questão nuclear, o acordo de 2015 com o Irão não incluía medidas contra a influência militante de Teerão no Iraque, no Líbano, e na Síria. Mas permitia um acompanhamento próximo das actividades nucleares do Irão pela comunidade internacional. Era uma solução pragmática numa região difícil, um avanço considerável (se incompleto) para reduzir a crispação bélica no Médio Oriente. Trump defendeu que os Estados Unidos poderiam negociar um acordo mais vantajoso. Mas, à semelhança do que fizera com outras medidas de Barack Obama, a administração destruiu o que existia sem ter um plano para fazer melhor. Desde a retirada dos Estados Unidos do acordo nuclear com o Irão, o país enriqueceu urânio a níveis superiores ao que permitia o acordo.[344]

* * *

A chegada de Donald Trump foi palpável também no reino do Bahrein, no Golfo Pérsico. O pequeno estado de 1,3 milhões de habitantes, onde uma minoria sunita governa uma maioria xiita, foi abalado pelos protestos regionais de 2011. Após um mês de manifestações e repressão, 2 mil soldados da Arábia Saudita e dos Emirados Árabes Unidos entraram na pequena ilha, a pedido do rei, Hamad bin Isa al-Khalifa, para acabar com a mobilização popular. O governo instaurou a lei marcial.

Os monarcas do Golfo sabiam que Washington não iria abandonar o reino. O Bahrein é a base da Quinta Frota da marinha americana, e, portanto, essencial para a defesa dos EUA da Arábia Saudita face ao Irão.

Se no Egipto os Estados Unidos haviam deixado cair Mubarak no início de Fevereiro de 2011, sublinhando que os egípcios deveriam «escolher o seu próprio destino»,[345] o Bahrein foi um cenário mais complexo. O próprio Barack Obama reconheceu posteriormente a situação delicada: «Eu não tinha nenhuma maneira elegante de explicar a aparente incongruência, além de reconhecer que o mundo é confuso; que, no exercício da política externa, eu tinha constantemente de balançar diferentes interesses, interesses formados pelas escolhas das anteriores administrações e pelas contingências do momento...»[346]

Durante os protestos, enquanto as forças do regime dispersavam manifestações com fogo real, Barack Obama ainda ligou ao rei do Bahrein, pedindo-lhe que aliviasse a repressão. Mas a capacidade de pressão diplomática era limitada.

Contudo, Donald Trump deu uma nova energia repressiva aos regimes do Golfo. O movimento de contestação no Bahrein havia já sido violentamente esmagado quando Trump chegou à presidência. Durante a sua visita a Riade em 2017, o líder americano garantiu ao rei Hamad bin Isa al-Khalifa que não incomodaria o reino pelos seus abusos de direitos humanos, ao contrário da administração Obama.[347] Meses depois, o governo do Bahrein lançou um ataque contra um protesto pacífico da oposição na aldeia de Duraz, matando cinco pessoas e ferindo dezenas, e fechou o único jornal independente, o *Al-Wasat*. Desde então, vários activistas do país receberam pesadas sentenças de prisão. Outros perderam a nacionalidade.

* * *

A ausência de uma condenação musculada de Washington após o desaparecimento do jornalista saudita Jamal Khashoggi, no consulado do seu próprio país em Istambul, em finais de 2018, foi outro reforço positivo ao autoritarismo da região.

Jamal Khashoggi transformara-se num crítico do novo príncipe herdeiro saudita, Mohammed Bin Salman. Fugindo do ambiente cada vez mais repressivo no país, o jornalista abandonou a Arábia Saudita em Setembro de 2017, e foi viver para os Estados Unidos.

Em textos publicados no *The Washington Post*, Khashoggi criticou o príncipe herdeiro pela repressão dos *media* e dos activistas de direitos humanos sauditas. Explicou que a falta de experiência de Bin Salman em assuntos internacionais impactava negativamente a política saudita em países como o Líbano ou o Iémen. «O príncipe herdeiro da Arábia Saudita está a comportar-se como Putin», escreveu no título de um dos seus artigos, publicado em Novembro de 2017.[348]

Pouco depois de iniciar o seu exílio, Jamal Khashoggi conheceu uma académica turca de 36 anos, Hatice Cengiz, durante uma conferência em Istambul. Decidiram casar-se. O jornalista agendou uma visita ao consulado saudita em Istambul para recolher alguns documentos.

A 2 de Outubro de 2018, os noivos foram à representação saudita na cidade turca. Ciente do risco que corria, Khashoggi disse a Hatice Cengiz que deveria ligar para Yasin Aktay, um dos homens próximos do presidente turco Recep Tayyip Erdogan, em caso de problemas, e entrou no consulado pelas 13h14 da tarde.

Durante três horas, Cengiz esperou à porta. Quando perguntou a um funcionário por Khashoggi, disseram-lhe que havia saído do consulado por uma porta das traseiras. Ela ligou ao adido do presidente turco por volta das 16h40, e pouco tempo depois, os *media* turcos chegaram ao local. Seria o começo de uma macabra saga diplomática entre Ancara e Riade.

Logo no dia seguinte, o governo saudita reconheceu que o jornalista tinha desaparecido, alegando que este tinha abandonado o consulado. A presidência turca defendeu imediatamente o contrário: Jamal Khashoggi nunca havia saído do consulado.[349]

A Arábia Saudita deu justificações cada vez mais implausíveis, que foram rapidamente desmontadas pelo cuidadoso libertar de informação do governo turco. Quatro dias após o desaparecimento de Khashoggi, o cônsul saudita organizou uma visita ao interior do consulado para jornalistas internacionais. Mohammaed Al-Otaibi afirmou que, embora existissem câmaras no interior do consulado, o equipamento não havia recolhido imagens no dia do desaparecimento de Khashoggi.

Desde o início do processo, os turcos pareciam ter toda a informação sobre o sucedido. No entanto, deixavam que os sauditas se enredassem nas suas próprias mentiras ao tentar encobrir o crime. A polícia turca disse suspeitar que o jornalista havia sido morto no consulado.[350] Donald Trump afirmou estar preocupado pelas notícias sobre o desaparecimento do jornalista. Mas disse pouco mais.

Eventualmente, os turcos comunicaram que um esquadrão de 15 homens teria sido enviado a Istambul para assassinar Khashoggi. Publicaram imagens de videovigilância dos agentes sauditas: a chegada ao aeroporto, o *check-in* no hotel, a entrada e a saída do consulado. A informação começou a ser corroborada pelo próprio *The Washington Post*, para o qual Khashoggi escrevia, que noticiou que os serviços de informação americanos interceptaram comunicações entre os agentes enviados a Istambul e membros do governo saudita.

Mesmo assim, Riade continuou a negar que Khashoggi tivesse sido morto dentro do consulado. O governo turco libertou os nomes dos agentes sauditas nos *media*, mostrando que eram membros dos serviços de segurança do reino. Alguns deles faziam parte da guarda pessoal controlada pelo príncipe herdeiro saudita, Mohamed Bin Salman.

Os turcos foram mais longe: o som dos últimos momentos de vida do jornalista dentro do consulado havia sido gravado. Apesar disso, o ministro do Interior saudita, Abdulaziz bin Saud bin Naif bin Abdulaziz, afirmou que as alegações do assassinato de Khashoggi eram mentiras para prejudicar a Arábia Saudita.

A justificação da existência das gravações alterou abruptamente a disputa entre os dois países: os turcos tinham escutas dentro da representação da Arábia Saudita e, portanto, a verdade definitiva sobre o incidente seria conhecida.

Foi nesta fase, a 15 de Outubro de 2018, quase duas semanas após o desaparecimento do dissidente saudita, que a Casa Branca ensaiou o que viria a ser a defesa saudita: Donald Trump disse que Jamal Khashoggi poderia ter sido morto por agentes sauditas a operarar de livre iniciativa, usando a expressão «*rogue agents*».

Dias depois, beneficiando das fugas a conta-gotas por parte do gabinete do presidente Recep Tayyip Erdogan, os jornais turcos noticiaram que Khashoggi havia sido morto minutos após entrar no consulado.[351] No mesmo dia, Donald Trump confirmou o que se tornara impossível de negar. «Certamente parece que Khashoggi está morto.» Os turcos afirmaram que os agentes sauditas haviam chegado na madrugada de dia 2 de Outubro, em dois aviões pertencentes ao governo saudita.

Partiram de Istambul no próprio dia. Antes de regressarem a Riade, um dos aviões parou no Cairo, e o outro no Dubai.

Foi só a 18 de Outubro que sauditas confirmaram publicamente que Khashoggi tinha sido morto dentro do consulado. Falaram de uma morte acidental, explicando que os agentes haviam sido enviados a Istambul para negociar o regresso de Khashoggi ao reino. No meio de uma discussão que se transformou em luta, o jornalista teria sido acidentalmente morto. Riade anunciou também a detenção de 18 sauditas ligados ao caso. Nenhuma informação sobre a localização do corpo foi dada pelos sauditas.

Os verdadeiros detalhes sobre o crime continuaram a vir a público. Televisões internacionais começaram a emitir imagens de um duplo de Khashoggi que os sauditas fizeram sair pela porta traseira do consulado, vestido com as roupas da vítima. O duplo havia sido enviado para Istambul com o resto da equipa saudita. Outro membro do esquadrão foi identificado como sendo Maher Abdulaziz Mutreb, um coronel nos serviços de inteligência da Arábia Saudita.[352] Imagens de Mutreb em várias visitas de estado do príncipe herdeiro Mohamed Bin Salman começam a aparecer pelas televisões e jornais, mostrando a ligação entre a equipa enviada a Istanbul, e o príncipe herdeiro saudita. Outro dos sauditas que viajara à cidade turca, o médico de 43 anos Salah Muhamed al-Tubaigy, era especialista em medicina forense do Ministério do Interior saudita. Havia levado uma serra na sua bagagem. Os turcos alegam que nas gravações se pode escutar Tubaigy a encorajar membros da equipa a escutarem música com auscultadores enquanto desmembram o corpo já sem vida de Jamal Khashoggi.[353]

Recep Tayyip Erdogan acusou a Arábia Saudita de orquestrar o homicídio do jornalista. Os turcos partilharam as gravações do assassinato e desmembramento de Jamal Khashoggi com os governos da Arábia Saudita, Estados Unidos, França, Alemanha e do Reino Unido.[354]

Questionado por Chris Wallace da *Fox News* sobre o assassinato do jornalista saudita e a gravação partilhada pelos turcos, Donald Trump afirmou que não pretendia ouvir a gravação, mas que sabia exactamente o que lá estava. Depois disse que, provavelmente, nunca se saberia exactamente o que tinha acontecido a Jamal Khashoggi, explicando que o próprio príncipe herdeiro saudita, Mohamed Bin Salman, lhe assegurara não ter qualquer envolvimento no crime.

Trump acabou desmentido pelos seus próprios serviços de informação. Em Novembro de 2018, vários jornais americanos publicaram as conclusões da CIA sobre o caso. Segundo a agência, Jamal Khashoggi foi morto por uma equipa de sauditas, às ordens do príncipe herdeiro Mohamed Bin Salman.[355] A relatora especial das Nações Unidas, Agnes Callamard, concluiu que o príncipe herdeiro deveria ser investigado, pois o crime tinha sido planeado e executado por oficiais sauditas com meios estatais.

Tanto a CIA como Callamard concluíram que o crime e o desaparecimento do corpo haviam sido premeditados. Após injectarem o jornalista com um sedativo, os sauditas sufocaram-no com um saco de plástico, desmembraram o seu corpo e embrulharam os pedaços em sacos de plástico.[356] Os turcos suspeitam que esses mesmos sacos foram levados para a casa do cônsul saudita, ao lado do consulado, e que os restos mortais foram queimados num forno construído pouco tempo antes.[357]

No Verão de 2019, um mês depois da publicação do relatório das Nações Unidas sobre o caso Khashoggi, Donald Trump vetou várias medidas legislativas aprovadas por democratas e republicanos no Senado americano para suspender a venda de armas à Arábia Saudita.[358] O presidente disse que a venda de armas criava empregos americanos, e que se Washington recuasse, os sauditas comprariam o armamento aos russos ou aos chineses.[359]

O assassinato de Jamal Khashoggi pelos sauditas, e a decisão de não denunciar o crime, foi um sinal muito claro da administração americana aos homens fortes da região. Se Washington não se opunha ao homicídio brutal de um jornalista que colaborava para um jornal americano, dificilmente criaria obstáculos aos abusos de direitos humanos que ocorriam diariamente na região.

A venda de armas à Arábia Saudita, apesar do assassinato de Jamal Khashoggi e da guerra saudita com o Iémen, pode ter sido um exercício de *realpolitik*, com vantagens concretas para a América que elegeu Donald Trump. Mas desde 2011 que a contra-revolução também se esconde nestes gestos das democracias liberais.

* * *

A morte de Al Baghdadi foi um sucesso na presidência de Donald Trump. Mas o assassinato de um outro senhor da guerra semeou a possibilidade de um novo conflito no Médio Oriente. A 2 de Janeiro de 2020, um *drone* americano atacou o automóvel em que viajava Qassem Soleimani. O general iraniano de 62 anos comandava a Força Quds, a unidade da Guarda Revolucionária Iraniana encarregada das operações externas. Na altura do ataque, Soleimani ia no carro com Abu Mahdi al-Muhandis, xiita iraquiano aliado do Irão e líder da Kata'ib Hezbollah, uma milícia pró-iraniana no Iraque que atacara soldados americanos.

Soleimani vinha a Bagdade discutir com o seu aliado iraquiano o recrudescimento dos protestos antigovernamentais. Uma onda de manifestações, iniciada em 2019 por jovens iraquianos, contestava o marasmo económico e político vivido no país. Cada vez mais iraquianos se opunham a influência do Irão nos assuntos do Iraque.

À medida que se afastava do Aeroporto Internacional de Bagdade, vários mísseis explodiram contra o veículo que levava Soleimani e Al-Muhandis. Um terceiro míssil atingiu o segundo carro, onde viajavam os seguranças. Imagens captadas pouco depois do ataque mostraram uma mão decepada pela explosão, identificada pelos iranianos através do anel com uma pedra encarnada que Soleimani usava. Nada restou de Al-Muhandis. A eficácia do ataque foi uma mostra do poder militar americano. Mas também um sinal da impetuosidade com que esse poder era comandado. O assassinato de Soleimani fora ordenado desde Mar-a-Lago, a estância de golfe que Donald Trump detém na Florida.

Qassem Soleimani era numa peça essencial no conflito entre xiitas e sunitas no Médio Oriente. Para aumentar a sua influência, Teerão passou as últimas décadas a distribuir treino militar e armamento por várias milícias xiitas na região. Soleimani era o coordenador dessa estratégia.

O general iraniano foi também encarregado de ajudar Bashar Al-Assad a resistir às reverberações de 2011. Deserções e o violento confronto com grupos armados enfraqueceram o exército sírio, ameaçando a permanência de Al-Assad no poder. Mas a partir de 2013, Soleimani e a Força Quds recrutaram xiitas pela região para combater do lado do regime sírio. Pouco depois, essas mesmas forças ajudariam a derrotar o Estado Islâmico na Síria e no Iraque, colocando o Irão e os Estados Unidos numa momentânea aliança de interesses.

O governo americano explicou que a Força Quds fora responsável pelas mortes de centenas de soldados americanos no Iraque, e que Soleimani preparava novos ataques. O seu assassinato em Bagdade, portanto, havia sido um acto preventivo. Mas nenhuma prova específica de um ataque iminente foi alguma vez produzida.

No Irão, o assassinato de Soleimani provocou violentas reacções. O funeral do general atraiu dezenas de milhares de pessoas às ruas da cidade de Kerman, no Sudeste do Irão, e os distúrbios provocaram quarenta mortos. Teerão prometeu vingança.

Nos círculos militares americanos, o assassinato foi visto como uma declaração de guerra. «É o equivalente ao Irão assassinar o nosso secretário da defesa», opinou dias depois do ataque Hillary Mann Leverett, uma analista que havia feito parte do Conselho Nacional de Segurança americano.[360] Apesar de defender a retirada das infindáveis guerras americanas no Médio Oriente, a escalada de Trump arriscava começar um novo conflito. O ataque destabilizou temporariamente a capacidade do Irão para continuar com a sua guerra assimétrica pelo Médio Oriente. Mas não alterou a sua estratégia.

* * *

A inexperiência arrogante não era exclusiva do presidente. A incompetência e a húbris permeavam quase toda a administração americana. No início de 2018, o *The Washington Post* noticiou que os governos de pelo menos quatro países — Emirados Árabes Unidos, Israel, China e México — consideravam o genro de Donald Trump, Jared Kushner facilmente manipulável. O artigo citava fontes anónimas no governo americano e nos serviços de segurança, explicando que a vulnerabilidade advinha das pesadas dívidas de que sofriam alguns dos seus negócios. Especificamente, a família Kushner precisava de investidores para salvar um prédio de escritórios na 5.ª Avenida em Nova Iorque, e o governo dos Emirados Árabes Unidos viu nisso uma alavanca de influência sobre o genro do presidente.

Donald Trump fabricara a ilusão de que era bom a fazer acordos. Toda a sua carreira fora construída sobre essa mentira. Na realidade, herdara uma fortuna e afundara milhões atrás de milhões de dólares em maus negócios e múltiplas falências.

Em vez de seguir os canais normais da diplomacia, Trump privilegiou as relações pessoais com outros líderes, de quem julgava ser capaz de extrair concessões. Essa fantasia, a ideia de que os instintos valiam mais do que o conhecimento ou a experiência, arruinou a diplomacia americana. Para os líderes do Médio Oriente (habituados a ordenar tortura, invasões, golpes militares), Trump era impulsivo, mas ingénuo. Fácil de cortejar e manipular.

Um dos países que mais se aproveitou desta nova América disfuncional foi Israel. O primeiro-ministro israelita, Benjamin Netanyahu, sempre trabalhara para enterrar definitivamente a opção de dois Estados como a solução para o conflito na Palestina. Com Trump na Casa Branca, tentou obter o maior número possível de concessões.

Desde o início do seu mandato, o presidente americano falou de conseguir um acordo histórico para o conflito entre israelitas e palestinianos, que seria o «Acordo do Século». Tudo não passaria de vacuidade e ignorância, aproveitada por Israel para fortalecer a sua posição.

O presidente escolheu Jared Kushner para liderar o processo. O genro do presidente começou a viajar pela região para promover e negociar a paz. Numa entrevista à *Sky News Arabia*, afirmou que estava capacitado para o desafio porque tinha estudado o conflito e falado com muita gente. «Eu li 25 livros sobre o assunto», completou Kushner.

O conflito Israelo-Árabe continua a ser um dos problemas mais complexos da região, origem de múltiplas guerras, violência estatal e terrorismo. O consenso de já várias décadas fora o de negociar a paz em troca de terra, como decretado na resolução 242 das Nações Unidas. Ou seja, os governos árabes da região trabalhariam para a paz e a normalização das relações com Israel, mas só depois de Israel abandonar a ocupação das terras palestinianas conquistadas depois da Guerra dos Seis Dias, em 1967. Há décadas que Israel bloqueia a criação de um estado palestiniano, continuando a construir colonatos em território palestiniano.

O tiro de partida da América foi dado com uma medida drástica. Em Dezembro de 2017, Donald Trump anunciou a transferência da embaixada americana de Telavive para Jerusalém, reconhecendo a cidade como a capital de Israel.[361] A Liga Árabe, a Turquia, a Jordânia e outros países avisaram que essa decisão poderia atear novas ondas de violência e enterrar as possibilidades de paz. Enquanto a cerimónia para a inauguração da nova embaixada decorria, 58 palestinianos foram mortos e 2 mil feridos pelas forças israelitas durante protestos na demarcação entre a Faixa de Gaza e Israel.[362]

O estatuto da cidade foi sempre uma das questões mais contundentes do conflito. Não se tratava apenas de decidir como dividir o controlo das zonas da cidade entre israelitas e palestinianos, mas também como regular o acesso aos lugares de culto para árabes, judeus e cristãos.[363] O leste de Jerusalém foi capturado pelos israelitas na Guerra dos Seis Dias, em 1967, e mais tarde anexado. Mas a comunidade internacional nunca reconheceu a soberania israelita sobre essa parte da cidade.[364] Para os árabes, o Este da cidade continua a ser considerado como a capital de um futuro estado palestiniano.[365]

Ao declarar unilateralmente o domínio de Israel sobre a cidade, o presidente americano ignorou o consenso internacional sobre o conflito. Em vez de ser um ponto a ser negociado entre israelitas e palestinianos, a administração Trump tentou que o estatuto de Jerusalém se decidisse entre israelitas e americanos.[366] Idioticamente, os americanos afirmaram que retirar um dos assuntos mais contundentes de cima da mesa das negociações facilitaria o processo. Na realidade, o gesto americano deu uma concessão astronómica a Israel sem exigir nada em troca.

Para os palestinianos, a alegada mutação na política externa americana não era verdadeiramente uma alteração. Há muito que os Estados Unidos haviam deixado de ser isentos. Na realidade, a administração Trump abandonou a aparência de neutralidade, dando cobertura à política expansionista de Israel.

No Verão de 2018, Washington cortou o financiamento americano à agência das Nações Unidas responsável por apoiar os refugiados palestinianos.[367] Duas semanas depois, o governo americano ordenou o fecho da missão diplomática da Organização para a Libertação da Palestina em Washington.[368] Todas estas acções tentavam enfraquecer a posição palestiniana e pressionar a aceitação da proposta para a paz que os americanos diziam estar a finalizar.

Essa proposta foi finalmente apresentada em Janeiro 2020. Intitulada *Peace to Prosperity*,[369] foi desenhada por americanos e israelitas sem ter a participação dos palestinianos. Essencialmente, a proposta era uma promessa vaga de investimento (50 mil milhões de dólares num período de dez anos) em troca de uma renúncia por parte dos palestinianos a muitas das suas exigências políticas.

O acordo incluía Jerusalém como a capital de Israel, afirmando que um futuro estado palestiniano poderia fazer a sua capital a partir de algumas zonas de Jerusalém oriental, mas só das zonas a este do muro construído por Israel, ou seja, nos subúrbios da cidade, longe das zonas tradicionalmente palestinianas. Prometia uma espécie de revolução económica que transformaria a vida dos palestinianos, sem explicar de onde viria o dinheiro.

Na proposta americana, o estabelecimento de um estado para os palestinianos é discutido de forma condicional. Ou seja, os palestinianos poderiam ter um estado quando os Estados Unidos e Israel julgassem que os palestinianos estavam prontos para ter um estado.[370]

O «acordo de paz» proposto pelos americanos morreu à nascença. Após a rejeição imediata dos palestinianos e da maioria dos países da região, Trump perdeu o interesse. A administração focou-se em apressar pequenos acordos bilaterais que permitiram o estabelecimento de relações diplomáticas entre Israel e vários países árabes.

* * *

Estes acordos, denominados Acordos de Abraão, permitiram ao presidente americano gabar-se de pacificar a região. Embora tenham trazido potenciais melhorias, é difícil fugir ao cinismo inerente ao esforço. Incapaz de exigir verdadeiras concessões ao governo israelita, a administração Trump limitou-se a oferecer vantagens económicas e políticas a um conjunto de governos árabes para que reconhecessem Israel.

Muitos países árabes mantinham já ligações discretas com o estado hebraico, mas só dois haviam reconhecido oficialmente o país. O Egipto de Anwar Sadat assinou um acordo de paz com Israel em 1979, após as negociações em Camp David com o presidente americano Jimmy Carter. O Egipto foi temporariamente suspenso da Liga Árabe. Sadat foi assassinado em 1981, mas no ano seguinte o seu sucessor, Hosni Mubarak, estabeleceu relações diplomáticas com os israelitas. O acordo transformou o Egipto no segundo maior receptor de ajuda militar americana, depois de Israel.

Na sequência dos acordos de paz de Oslo, a Jordânia instituiu relações de paz com Israel em 1994.[371] Marrocos e a Tunísia acordaram a abertura recíproca de missões de representação com o país em 1994 e 1996 respectivamente. O sultanato do Omã e o Qatar também haviam estabelecido representações de comércio com Israel em 1996.

Há muito que os governos árabes na região mostravam fadiga com o assunto. Era impossível progredir com o apoio incondicional dos Estados Unidos ao governo israelita. Apesar das razões legítimas de autodeterminação para o povo palestiniano, que há décadas vivia privado de direitos básicos, a questão da Palestina era há muito instrumentalizada nas capitais árabes. Para muitos homens fortes do Médio Oriente, já só servia para desviar a atenção dos seus próprios falhanços. Nas últimas duas décadas, a oposição a Telavive havia também sido enfraquecida pela cooperação entre Israel e as monarquias sunitas do Golfo contra o Irão.[372]

Ineficaz a negociar um verdadeiro acordo de paz, a administração Trump focou-se em aumentar o reconhecimento de Israel pela região. O primeiro destes acordos foi assinado entre Israel, os Emirados Árabes Unidos e o Bahrein em Setembro de 2020 na Casa Branca.[373] Benjamin Netanyahu esteve presente, mas os dois estados do Golfo enviaram apenas os seus ministros dos Negócios Estrangeiros, compreendendo a oposição visceral da larga maioria das populações árabes a uma pacificação com Israel.

Nem os Emirados Árabes Unidos nem o Bahrein estavam em guerra com Israel. A base dos entendimentos era estabelecer relações diplomáticas, e voos regulares para facilitar o comércio. A cerimónia de assinatura permitiu a Trump apresentar uma vitória diplomática a menos de um mês das eleições presidenciais em que se jogou a sua reeleição, que viria a perder. «Este é um dia incrível para o Mundo», disse Donald Trump.

Para os Emirados Árabes Unidos, o acordo com Israel foi a formalização de uma relação que já existia. Para tornar o acordo mais digerível, Abu Dhabi exigiu que Israel congelasse um plano para anexar uma parte dos colonatos construídos em território palestiniano na Cisjordânia, embora a suspensão do plano não viesse mencionada no texto do acordo.[374] Em Outubro de 2020, Donald Trump anunciou que os Estados Unidos venderiam até cinquenta aviões de combate F-35 aos Emirados Árabes Unidos por 10,8 mil milhões de dólares, uma enorme vantagem para o pequeno estado com operações militares pela região.[375] A administração Trump conseguiu garantir que Israel aceitasse a venda dos aviões a Abu Dhabi, assegurando que os Estados Unidos venderiam outro armamento que permitisse aos israelitas manter a sua vantagem bélica na região.

Para a administração Trump, conseguir que mais países reconhecessem Israel era um trunfo diplomático, e útil para mobilizar o eleitorado de cristãos evangélicos. Na recta final antes das eleições americanas de 2020 os esforços aumentaram de velocidade. A Casa Branca apontou em seguida ao Sudão.

A relação entre Washington e Cartum estava paralisada nos anos 90 do século XX. O Sudão, onde a Irmandade Muçulmana detinha um peso político importante, tivera sempre uma vertente conservadora. Foi Hassan Al-Turabi, um dos ideólogos do islamismo radical, que convidou Osama Bin Laden e outros *mujahideen* veteranos do Afeganistão a estabelecerem-se no Sudão, após a expulsão de Bin Laden da Arábia Saudita em 1992. Por albergar os militantes, os Estados Unidos designaram o Sudão como país apoiante do terrorismo em 1993, excluindo-o do sistema financeiro internacional.[376] A pressão americana conseguiu que o Sudão expulsasse Bin Laden em 1996.

Mesmo assim, como retaliação pelo envolvimento da Al-Qaeda no bombardeamento simultâneo das embaixadas americanas no Quénia e na Tanzânia em Agosto de 1998, que matou 224 pessoas, Bill Clinton ordenou bombardeamentos contra a organização no Sudão e no Afeganistão. Vários mísseis de cruzeiro atingiram a fábrica Al-Shifa, no norte de Cartum, matando uma pessoa e destruindo as instalações inauguradas um ano antes. Clinton, na época acossado pelo caso Mónica Lewinski, esclareceu que a fábrica produzia armas químicas para a Al-Qaeda. Mas a informação estava incorrecta: Al-Shifa produzia uma quantidade importante de medicamentos essenciais para o Sudão.

Em meados de 2020, quando as delegações americanas começaram a aterrar em Cartum para forçar um acordo de normalização com Israel, o Sudão estava numa fase de rápida mudança. Um movimento de contestação popular levara o exército a remover o presidente sudanês Omar Al-Bashir em Abril de 2019. Com um governo transitório, o ambiente em Cartum não estava propício a decisões polémicas. Militares e civis navegavam uma transição perigosa que já tinha tido vários momentos de violência. Mas a administração Trump, absorvida pela campanha pela reeleição, continuou a pressionar o Sudão a aceitar um acordo com Israel.[377]

A pacificação com Israel seria sempre um tema explosivo em qualquer país de maioria muçulmana. Mas no Sudão ameaçava descarrilar uma ténue transição política após três décadas de ditadura. A população continuava a exigir mudanças, e além da pandemia do covid-19, a crise económica trouxera uma inflação de 200 %. O acordo só aumentaria o descontentamento popular. O governo de transição recusou comprometer-se.

Washington transmitiu a Cartum uma ideia simples, mas demolidora: sem acordo de normalização com Israel, Washington não retiraria o Sudão da lista dos países apoiantes do terrorismo. Fazer parte da lista coloca entraves ao investimento estrangeiro e até a alguma ajuda humanitária. Seria difícil reequilibrar a economia sem ter acesso a financiamento de emergência, e investimento privado e público.

Cartum acabou por aceitar a pacificação com Israel em Outubro de 2020, alertando que o acordo teria de ser aprovado por um conselho constitucional ainda por formar. Os Estados Unidos retiraram o Sudão da lista de países apoiantes de terrorismo, exigindo ainda que Cartum pagasse uma compensação de 335 milhões de dólares pelas vítimas dos ataques no Quénia e na Tanzânia. Foi o acordo possível, e deu a Trump mais uma carta para juntar aos seus Acordos de Abraão. Nas ruas sudanesas, a pacificação com Telavive continuou a levantar discórdia.

A última investida da Casa Branca para promover a normalização de relações diplomáticas juntou Israel e Marrocos. A monarquia marroquina sempre protegera a sua comunidade judaica no país, descendente dos judeus expulsos da Península Ibérica. Muitos partiram de Marrocos com a fundação de Israel em 1948, mas a ligação histórica manteve-se.

O acordo entre os dois países foi anunciado a 10 de Dezembro de 2020. O rei, Mohamed VI, assegurou que Marrocos continuaria dedicado à causa palestiniana e a uma solução do conflito baseada em dois estados. Mas rapidamente se tornou claro por que razão Marrocos aceitara um acordo contra os desejos da sua própria população. Dias depois, os Estados Unidos reconheceram a soberania marroquina sobre o Sara Ocidental.

Localizado entre Marrocos e a Mauritânia, o Sara Ocidental havia sido uma colónia espanhola. Quando os espanhóis estavam prestes a abandonar o território, o rei de Marrocos, Hassan II (pai do actual monarca), organizou a Marcha Verde, em Novembro de 1975, encorajando civis marroquinos a caminhar para sul e recuperar o território soberano do país. O processo de ocupação por Marrocos deu início a uma guerra de 15 anos com o movimento independentista sarauí, a Frente Polisário. Em 1991, as Nações Unidas conseguiram um cessar-fogo, prometendo um referendo para determinar o estatuto final do território. O conflito ficou congelado. O referendo nunca aconteceu.

A maioria do território, incluindo toda a costa, ficou sob o controlo de Rabat. Investindo dinheiro em infra-estrutura, o estado marroquino encorajou a emigração de cidadãos para o que chama as suas «províncias do sul» e reprime os sarauís que se manifestem a favor da independência.

Só um quinto do território está hoje sob o controlo dos Sarauís. Uma muralha de areia e minas, construída por Marrocos, separa os dois lados do putativo país, e milhares de sarauís vivem em campos de refugiados de Tindouf, na Argélia, que apoia o movimento de autodeterminação.

Para as Nações Unidas, o Sara Ocidental é um território descolonizado não-autónomo: um problema por resolver. Rabat oferece apenas uma espécie de autonomia dentro da nação marroquina. Essa possibilidade é rejeitada pela Frente Polisário e por muitos sarauís que vivem em território controlado por Marrocos

Para as autoridades marroquinas, o estatuto do Sara Ocidental é inquestionável. Todos os mapas têm de mostrar o território como sendo parte integrante de Marrocos, e, portanto, todos os objectos que incluam um mapa do Mundo ou da região (planisférios, globos, livros, pequenas agendas vendidas em papelarias) são feitos especialmente para o mercado marroquino.

No seu apoio a Rabat, a Casa Branca afirmou que «um Estado independente sarauí não é uma possibilidade realística para resolver o conflito».[378] O reconhecimento da autoridade marroquina sobre o território disputado foi uma das últimas decisões que Donald Trump tomou sobre a região.

O encontro de Donald Trump com o Médio Oriente vai deixar marcas durante décadas. A sua ignorância, e a admiração pueril pelo autoritarismo, aniquilou o peso moderador que Washington poderia ter exercido nos regimes repressivos da região. A personalização da política externa americana num homem sem qualidades de bom senso ou raciocínio resultou num misto de comédia e desastre.

Trump procurou sempre dividendos a curto prazo, deixando novos obstáculos para o futuro. E à semelhança do que aconteceu quando os americanos abandonaram os curdos no Norte da Síria, as consequências foram quase sempre trágicas.

* * *

No *checkpoint* de Tirwaziya, na manhã de Outubro de 2019 em que Hevrin Khalaf viajava para Raqqa, os homens que dispararam tinham acabado de tomar aquela secção da auto-estrada M4. Pertenciam a Ahrar al Sharqiya, uma milícia jiadista de árabes sunitas que entrara com as forças turcas no Norte da Síria poucos dias antes. Num vídeo filmado por um dos combatentes nessa manhã, o carro de Hevrin Khalaf aparece repleto de marcas de tiros. Sete ou oito membros da milícia investigam o automóvel.

A porta do condutor está aberta e há um corpo no chão, provavelmente o de Ferhad Ramadan. Ouve-se um dos combatentes a dizer: «Aqui está mais um porco fugitivo que foi eliminado.» Outros combatentes espreitam para dentro do carro. No vídeo pode ouvir-se a voz de Hevrin Khalaf a identificar-se aos homens armados: «... *raizza hisib...*», a *líder do partido*.

Segundo o relatório médico, Ferhad Ramadan morreu imediatamente com dois tiros na cabeça. Hevrin Khalaf foi tirada do carro pelos combatentes, torturada, e baleada múltiplas vezes no corpo e na cara.

TERCEIRA PARTE

A NOVA VAGA DE PROTESTO

Fotografias de Cartum

A primeira vez que Ala Kheir se atreveu a levar a sua máquina fotográfica para um dos protestos no centro de Cartum, em Dezembro de 2018, demorou cinco horas até conseguir voltar para casa.

Desde o início da revolução que Kheir frequentava as manifestações. Mas nunca se atreveu a tirar a máquina do saco de pano onde a transportava. Ser apanhado com uma máquina fotográfica dava prisão. Kheir não queria ser detido porque o seu trabalho de engenheiro industrial sustentava a mulher e o filho de 3 anos. O mais importante era sair. Mas sem fotografias dos protestos, era difícil chamar mais pessoas às ruas.

Naquele dia, a primeira fotografia que tirou dos protestos foi a de um jovem, de costas para a sua lente, uma mão erguida em forma do sinal da paz. Do outro lado, de frente para o manifestante, uma linha desorganizada de polícias bloqueia o caminho em direcção à baixa de Cartum e ao palácio presidencial. Alguns dos homens das forças de segurança seguram metralhadoras, outros estão apoiados nos bastões geralmente utilizados para bater nos sudaneses. Era o início, um tempo em que manifestantes e polícias se mediam mutuamente, cada lado a tentar perceber até onde o outro iria. Kheir já tinha um plano delineado, uma estratégia para não ser preso: tirar algumas fotografias e abandonar o lugar antes de ser descoberto.

Naquele dia, a carga foi rápida. Uma hora depois de começar o protesto, a polícia começou a prender pessoas. Ala Kheir e outros manifestantes dispersaram. Normalmente, não era difícil encontrar uma casa para servir de esconderijo: a maioria das pessoas não tinha muito amor pelo regime. Mas aquela parte do centro de Cartum tem muitos escritórios e poucas zonas residenciais.

Durante um tempo escondeu-se numa casa de banho. Esperou. Vendo o caminho livre, avançou mais um pouco, subindo a um dos terraços no topo de um prédio; lá em baixo, polícias com armas em busca de activistas pelas ruas. Esperou. Finalmente, conseguiu esconder-se em casa de alguém, usufruindo da hospitalidade subversiva até conseguir abandonar o centro da cidade.

* * *

Em Dezembro de 2018, de um dia para o outro, o preço do pão triplicou no Sudão.

A população saiu à rua por todo o país. Não foi só contra o preço do pão que os sudaneses se insurgiram, embora essa seja, só por si, razão suficiente para sair à rua. Desde o início do ano, quando o governo anunciou um orçamento de estado em que reduzia os subsídios à população, vários protestos pacíficos foram organizados pelo país. Mas a subida do preço do pão foi um momento de ruptura. Em Atbara, os manifestantes incendiaram a sede local do Partido Nacional do Congresso (NCP), o partido do regime, o partido de Omar al-Bashir.

Durante grande parte dos seus anos de domínio, al-Bashir foi um operador político eficaz. Apoiado nas forças armadas e na Frente Nacional Islâmica, o movimento que representava a Irmandade Muçulmana no Sudão, al-Bashir chegou ao poder em 1989 com um golpe militar. Estabeleceu um regime autocrático personalizado, alinhando os interesses de diferentes ramos das forças de segurança com a sua permanência no poder. Usando redes de clientelismo, al-Bashir manteve a lealdade de militares e políticos, afastando potenciais concorrentes.[379]

Para impedir um novo golpe militar que o retirasse do poder, al-Bashir utilizou um método semelhante ao de outros líderes autoritários, fragmentando os diferentes ramos do aparelho securitário. Dava-lhes responsabilidades similares, mas dificultava a comunicação entre eles, criando competição entre as diferentes agências de segurança, que estariam também mais dispostas a denunciar um golpe num organismo securitário concorrente.[380]

No início, havia dinheiro. O país chegou tarde aos mercados internacionais de petróleo, começando a exportar grandes quantidades de crude em 1999. O aumento da exploração fez do Sudão um dos vinte maiores produtores a partir de 2007.[381] Enquanto antes vivia essencialmente da agricultura e do pastoreio, o país beneficiou das altas receitas de petróleo, especialmente durante a primeira década dos anos 2000, caracterizada por preços altos. Ao enfocar-se no crude, o regime autoritário em Cartum descurou os outros sectores económicos.

É fácil gerir um país com dinheiro do petróleo. Mas quando o dinheiro se esgota, ficam os vícios económicos rentistas: fraca produção doméstica; grande volume de importações; gasolina subsidiada a preços baixos, mas preços altos em quase tudo o resto; ausência de diversificação económica.

O dinheiro do petróleo acabou por uma aventura geopolítica. Um referendo, parte de um acordo de paz para terminar a guerra civil entre o sul cristão e o norte muçulmano, decretou a divisão do país em dois estados. O Sudão do Sul ficou com 75 % dos poços de petróleo.[382]

Antes da secessão, Cartum dependia das receitas petrolíferas para mais de metade do seu financiamento e 90 % das suas exportações.[383] O transporte de petróleo vindo do Sudão do Sul pelos seus portos no Mar Vermelho ainda assegurou algumas receitas ao Sudão, mas os anos de riqueza petrolífera terminaram abruptamente. Para o Sudão, a secessão do Sul foi uma tragédia económica. Sem os dólares que as vendas de petróleo asseguravam, o governo sudanês deixou de conseguir pagar medicamentos e outros bens importados.

A progressiva desvalorização da libra sudanesa agravou a inflação.

Quando a primeira vaga de manifestações em vários países árabes eclodiu, em 2011, o líder sudanês resistiu. Outras ondas de protestos populares contra a crescente austeridade desafiaram o regime nos anos seguintes. Mas a repressão violenta do governo, que provocou a morte de duas centenas de civis em menos de uma semana, em 2013, remeteu a população para um silêncio feito de crescente consciência política e instabilidade económica.

* * *

Ala Kheir cresceu em Cartum, mas nasceu em Niala, no Darfur, em 1985. Mudou-se para a capital com os seus pais quando tinha quatro anos. Nas décadas de 80 e 90, com o país cada vez mais centralizado, muita gente emigrou para a capital. Alguns fugiram dos conflitos no Sul do Sudão ou no Darfur, procurando a estabilidade relativa de Cartum. Outros abandonaram as suas aldeias em busca de melhores escolas para os seus filhos, empregos, e serviços públicos.

Sempre teve uma ligação muito próxima com Cartum. Na avenida que leva ao palácio presidencial, Ala Kheir costumava ir visitar o escritório do pai que trabalhava como tradutor na Alliance Française e na Renault. Nessa época, durante os anos do petróleo, a baixa de Cartum era um lugar dinâmico e movimentado pela rotina diária dos profissionais que chegavam e partiam dos seus escritórios, gente que cumpria os seus afazeres diários, fazendo respirar a cidade de calor sufocante.

Nunca se interessara por política. Por isto: era uma actividade para um número restrito de indivíduos, gente com competência para gerir assuntos de governação. Não existia competição política, embora os sudaneses gostassem de seguir e discutir acontecimentos políticos. Mas com cuidado: o regime era forte, havia agentes da segurança interna por todo o lado; exprimir uma opinião entre amigos poderia dar prisão. Porém, foi a repressão violenta de 2013 que enfureceu muita gente.

Mais sudaneses passaram a odiar o governo.

* * *

Após a secessão do Sudão do Sul, o regime tentou aguentar-se como pôde. Para garantir o apoio do exército, al-Bashir deixou que os militares aumentassem as suas próprias fontes de rendimento. A indústria de produção de armamento, centrada na empresa estatal Military Industry Corporation, gerida pelo exército, transformou o Sudão num dos maiores produtores de armas em África em 2015. Eram vendidas a grupos armados e a forças militares na Somália, no Chade, na Costa do Marfim, no Uganda, e na República Centro Africana.

De Cartum também se exportavam mercenários. As Rapid Support Forces (RSF), uma força paramilitar próxima de Omar al-Bashir, foram contratadas pela Arábia Saudita e pelos Emirados Árabes Unidos para combater contra as forças houthis no Iémen, desde que os dois países do Golfo iniciaram a sua campanha militar naquele país em 2015. Mercenários sudaneses foram também enviados para a Líbia, para combater pelo general Khalifa Haftar.[384]

O regime gastava os recursos do estado para manter a lealdade dos soldados, descurando infra-estruturas básicas. Em 2016, por exemplo, já após ter perdido a maioria dos seus poços petrolíferos, o Sudão gastou mais de 25 % do seu orçamento com as forças de segurança, e apenas 3,3 % com educação e saúde.[385] A necessidade de gastar dinheiro em defesa residia também no variado número de conflitos que assolavam diferentes zonas do país. Mas a ausência de investimento estatal encorajava tribos e grupos locais a combaterem o regime.

O governo culpou a situação calamitosa das finanças nas sanções económicas impostas pelos Estados Unidos em 1997, e levantadas em 2017. Na verdade, o país já não tinha receitas petrolíferas para esconder as ineficiências económicas.

Como outros regimes autoritários da região, o Sudão subsidiava o preço de bens essenciais como o pão, o combustível, e a electricidade, fixando os seus preços abaixo do preço do mercado e pagando a diferença. Em Setembro de 2018, por exemplo, na véspera do início do movimento de contestação, o Sudão tinha um dos preços mais baixos da gasolina de todo o mundo, 30 cêntimos de dólar por litro.[386] Os preços artificialmente baixos eram um sorvedouro nos recursos do país: em 2018, por exemplo, o governo gastou 20 % do orçamento em subsídios de combustível.[387] Sem dinheiro, o governo deixou de pagar aos importadores e distribuidores de combustível. Os sudaneses estavam saturados: longas filas para encher o depósito do carro, restrições à quantidade do seu próprio dinheiro que podiam levantar do banco. O Fundo Monetário Internacional recomendou ao governo sudanês a eliminação dos subsídios ao combustível e do pão para equilibrar a situação financeira. O regime pensava que a oportunidade oferecida pelo levantamento das sanções económicas poderia ajudar a economia a atrair investimento. A taxa de inflação chegou aos 60 % em Setembro de 2018.[388] A população sentia a crescente escassez económica.

Passou a haver menos dinheiro para distribuir pelas elites económicas e políticas.

Os lugares no governo, por exemplo, habitualmente utilizados pelo regime para assegurar apoio, foram escasseando. Com a crise económica, al-Bashir reduziu o número de ministérios do seu governo de 49 para 21 em Setembro de 2018.[389] As medidas de contenção tiveram pouco impacto na situação financeira. Motivados pela situação económica, os protestos rapidamente evoluíram para contestação generalizada contra o regime.

* * *

Quem era preso ficava sem trabalhar e não podia alimentar a sua família. Ala Kheir lembra-se de que, nos primeiros meses, os protestos eram quase sempre pequenos.

E difíceis de organizar. A *mukhabarat*, a polícia secreta, estava sempre um passo à frente. Os activistas chegavam ao lugar acordado para um protesto e encontravam a polícia à sua espera. As autoridades estavam sempre a tentar penetrar nas comunicações electrónicas dos organizadores.

Mas na sociedade sudanesa toda a gente se conhece. A comunidade começou a comportar-se como uma máfia da subversão. Quando escolhiam uma zona para protestar, os activistas sabiam quem eram os pais e as mães que viviam por perto e que poderiam escondê-los depois da manifestação, quando as forças de segurança andavam à caça de activistas para prender.

No início, todas as suas fotografias eram para mostrar que havia pessoas na rua, para motivar outros sudaneses a sair. Pensou que as imagens poderiam dar massa crítica aos protestos.

A violência começou no primeiro dia. Quem fosse apanhado pela polícia num protesto era chicoteado e pontapeado, desde a rua até chegar ao carro da polícia. Ala Kheir viu esse tratamento ser distribuído a gente nova, a velhos, a mulheres; era indiferente. Polícias que agiam como pastores violentos, a levar ovelhas pelas ruas.

O mais assustador eram os tiros. A polícia disparava com intenção, especialmente se vissem quem eram os organizadores dos protestos, ou se apanhassem alguém a tirar fotografias. Verificavam os telemóveis. Se encontravam fotografias de protestos, levavam as pessoas para a esquadra, atiravam os telemóveis ao chão e espezinhavam os aparelhos; *software* e *hardware* esmagado no chão poeirento de Cartum.

Se alguém era detido a protestar, era levado para a esquadra. Mas se alguém era apanhado com equipamento de fotografia, então havia fundamento para um verdadeiro caso judicial. Ala Kheir, fotógrafo nas horas livres e engenheiro mecânico nas outras, abriu um buraco no seu saco de pano para tirar as fotografias, escondendo a máquina e as suas intenções. As imagens eram passadas aos seus amigos nos grupos de Facebook, que as publicavam sem o seu nome. Durante meses, ninguém sabia quem era o autor daquelas fotografias.

* * *

O movimento de protesto de finais de 2018 cresceu de forma rápida. Em menos de uma semana, três coisas importantes ocorreram: as manifestações chegaram à capital e a outras cidades do país; os manifestantes passaram a pedir a demissão do presidente, Omar al-Bashir, e não apenas a redução do custo de vida; a repressão policial matou 12 manifestantes.[390] Estes três acontecimentos aumentaram o dinamismo da contestação. E, portanto, provocaram uma resposta ainda mais beligerante do lado do governo, que rapidamente acusou os manifestantes de serem «infiltrados» e restringiu o acesso à internet.

Semanas depois do início dos protestos, uma coligação de grupos da oposição assinou uma Declaração de Liberdade e Mudança. O documento juntou associações profissionais, elementos da sociedade civil, partidos políticos contra o regime, associações de mulheres, agricultores. No primeiro parágrafo declararam ao que vinham, explicando que o movimento continuaria na sua «luta pacífica até que o regime totalitário fosse removido do poder».[391] Exigiram a demissão do presidente, Omar al-Bashir, e a criação de um governo de transição. Nos seus detalhes, a declaração pedia uma total reformulação do estado sudanês: um sistema judicial imparcial; o fim dos abusos de direitos humanos; o fim da discriminação das mulheres; uma nova constituição para um país que se preocupasse com o desenvolvimento humano.

Estes objectivos eram o oposto do que tinha sido oferecido aos sudaneses durante trinta anos de al-Bashir. Por isso, a população sabia que o ditador não acederia facilmente às suas exigências. Havia, no entanto, uma herança cultural e política. Movimentos de oposição liderados por grupos de médicos e professores derrubaram os antigos líderes Ibrahim Abboud em 1964 e Jaafar Mohamed Nimeiri em 1985, usando protestos e greves.[392]

Ao longo de Janeiro de 2019 a oposição consolidou-se. Protestos e marchas foram organizadas através das redes sociais e utilizando panfletos de papel. Manifestações simultâneas em vários bairros espalharam as forças de segurança por diferentes lugares das cidades. A repressão piorou. A morte violenta de um professor de primária de 36 anos, em Fevereiro de 2019, incendiou ainda mais a população.

Ahmed al-Khair foi detido pelas forças de segurança na sua própria casa, após participar num protesto na povoação de Khashm al-Qirba, no Este do país. O seu corpo inerte foi levado para o hospital dois dias depois. A polícia afirmou que al-Khair morrera por «doença». Mas, no hospital, a família constatou que o seu crânio foi fracturado e que a geografia do seu corpo estava coberta pelas marcas de um espancamento. O relatório da autópsia, eventualmente publicado, revelou que o seu ânus fora rasgado com um objecto afiado de cerca de meio metro. Já outros manifestantes haviam sido mortos. Mas o caso do professor Al-Khair detalhou o que o regime militar fazia para sobreviver. Ou então foi sintomático da forma como o poder e a impunidade empurram grupos de seres humanos para a violência extrema; a barbarização socializada pelo poder autocrático.

Numa série de discursos públicos pelo país, o presidente prometeu que as coisas iam mudar. O governo melhoraria o acesso da população à electricidade e a água potável, haveria melhores condições de educação e saúde. Mas as pessoas continuaram a sair para a rua. E o ciclo familiar de protesto, repressão policial, e funerais que se transformavam em protestos espontâneos reproduziu-se também no Sudão.

Quando Omar al-Bashir declarou um estado de emergência em Fevereiro de 2019, já 60 pessoas haviam sido mortas pela polícia, centenas de outros activistas estavam detidos.[393] Contudo, a declaração do estado de emergência deu novos poderes às forças de segurança, novas oportunidades para fazer buscas e deter pessoas suspeitas de «atentar contra a segurança nacional», sem precisar de um mandado judicial.[394] O presidente substituiu os governadores de todas as regiões por chefes militares e nomeou um novo vice-presidente e um novo primeiro-ministro.

* * *

Meios de comunicação internacionais passaram a acompanhar a situação no Sudão. Um deles publicou algumas fotografias tiradas por Ala Kheir, e atribui-as a Ala Kheir. Ele já tinha trabalhado com jornais no estrangeiro, se calhar alguém partilhou o seu nome. A partir de Fevereiro, a segurança interna já sabia que havia sido ele tirar muitas fotografias dos protestos contra o regime. Contudo, a polícia estava num labirinto: o nome dele aparecia associado às fotografias, mas não o haviam apanhado a tirá-las; o caso judicial contra Ala Kheir era fraco.

Não podiam pô-lo na prisão, mas não queriam que ele fotografasse os protestos. Então, sempre que novas manifestações estavam prestes a ocorrer, Ala Kheir habituou-se a receber um telefonema para que se apresentasse no departamento de *media* da segurança interna, no centro da cidade. Era sempre uma convocação amigável, diziam-lhe, só lançariam um mandado de captura caso ele não aparecesse.

Era um gabinete num edifício do centro, perto do Instituto Goethe. Não era uma prisão, mas havia guardas no portão, não podia sair quando quisesse. Sentava-se na sala confortável com ar condicionado, como se esperasse pelo favor de um burocrata amigo e bem colocado no estado.

Eram horas e horas de conversa para mantê-lo longe dos protestos. No total, Ala Kheir deve ter passado cerca de vinte dias a beber chá nos gabinetes da segurança interna, só para que não tirasse fotografias. Ao contrário de tantos outros sudaneses importunados durante esses meses, Ala Kheir não foi torturado, nem agredido, nem interrogado com veemência. Sentava-se, esperava, e bebia chá.

Tentavam assustá-lo. Diziam-lhe que sabiam tudo sobre ele. Sabiam onde morava, e podiam fazer-lhe a vida muito difícil. Mas quando lhe mencionaram a sua antiga morada, a morada onde ele vivera oito anos antes, em vez da morada actual, Ala Kheir ficou mais descansado. No meio do tom de ameaça suave, a segurança interna não sabia, afinal, nada sobre ele. As capacidades de investigação da *mukhabarat* não eram muito boas. Só tinham jeito para a brutalidade.

Durante todo o mês de Março, Ala Kheir perdeu a maioria dos protestos. Um dia, enquanto esperava no gabinete da segurança nacional interna, surgiu um rasgo de esperança. Uma tenente chamada Walaa, oficial de segurança interna, chefe do departamento de *media*, foi ter com ele e falou-lhe. Mais tarde, ele pensou que ela talvez soubesse que ali, naquele canto do escritório onde era obrigado a esperar, não havia câmaras de segurança. A tenente Walaa aproximou-se e disse-lhe que um dia, em breve, tudo aquilo acabaria, e que ele ficaria a conhecer os oficiais de segurança de uma maneira diferente. Walaa passou-lhe o seu número de telefone, e disse-lhe que se alguma vez precisasse de alguma coisa, se estivesse metido em problemas, que poderia ligar-lhe. Ala Kheir percebeu que ela não estava com o poder. Como Walaa, deveria haver muitos homens e mulheres espalhados pelo sistema; ligados ao regime por trabalho, mas esperando um dia vindouro em que as coisas poderiam ser diferentes.

* * *

Nas ruas também havia muitas mulheres contra o regime.

Omar al-Bashir havia forçado a islamização da sociedade, a polícia da moral regulava o vestuário das mulheres em público, obrigando-as a tapar o cabelo e proibindo o uso de calças. As restrições impactavam também o acesso ao mercado de trabalho.

As leis islâmicas eram um instrumento político; usadas abundantemente para perseguir mulheres que falassem contra o regime ou fizessem alguma coisa subversiva. Para o mundo exterior, a participação das mulheres na revolução tornou-se viral com a publicação de uma fotografia mostrando Alaa Saleh, uma activista de 22 anos, em cima de um automóvel, vestida de branco, a cantar e a encorajar os protestos.[395] Como sempre, os *media* internacionais destilaram a revolução num único símbolo, uma imagem fácil de absorver e reproduzir, uma mensagem clara de desafio feminista ao regime patriarcal. Mas Ala Kheir vira as mulheres nos protestos desde o início; estavam na linha da frente, a serem presas. Quando os homens viam as mulheres atirar pedras contra a polícia, era impossível que não participassem também.

Nos protestos, Ala Kheir provou todos os tipos de gás lacrimogéneo. Há gás que magoa os olhos e a garganta, mas que permite a fuga. Outras variações de gás lacrimogéneo parecem ir directamente ao sistema nervoso, amolecendo os músculos, tornando os movimentos do corpo mais difíceis.

A partir de Março e Abril, as forças de segurança mudaram de táctica. Em vez de disparar algumas latas de gás contra os manifestantes, lançavam rajadas para o ar em rápida sucessão. Ao cair, as latas espalhavam o seu interior nefasto por uma área gigantesca do centro da cidade. Ala Kheir, como outros manifestantes, encontraram a solução na *Azadirachta indica*: a árvore *neem*, trazida pelos ingleses da Índia e plantada por Cartum (uma das cidades mais quentes e secas do planeta), para criar sombra. Desfeitas, as suas folhas amargas ajudam a combater os piores efeitos do gás: basta esfregar as mãos e inalar.

* * *

Entre as forças de segurança que reprimiam os protestos, as Rapid Support Forces (RSF) sobressaíam. Andavam sempre com uniformes diferentes, nos seus próprios veículos. São, na sua maioria, árabes do Darfur; mais do que uma milícia, uma milícia tribal. Era fácil perceber quem eram.

Circulavam como se fossem donos da cidade, cinco ou seis soldados por carro. Bem armados com metralhadoras, um *sniper*, um lança-rockets, e uma metralhadora na caixa-aberta da Toyota *pick-up*. Caixas e caixas e caixas de munições, prontas para horas de combate.

As RSF haviam sido constituídas como a principal força paramilitar do regime em 2013, usando combatentes Janjaweed, que lutaram pelo governo nas campanhas contra as tribos africanas no Darfur. Durante anos, estes mercenários foram acusados de inúmeros crimes, incluindo violações em massa, homicídios e a destruição de aldeias.[396] Desde a sua oficialização como a guarda pretoriana do regime que as RSF eram comandadas por Mohamed Hamdan Dagalo, conhecido como Hemeti.

Crescido nos desertos do Darfur, Hemeti não acabou a escola primária, tornando-se comerciante de camelos, actividade em que o seu clã, da tribo Reizagat no Darfur e no Chade, se destacara. Durante o conflito do Darfur, Hemeti subiu na vida combatendo pelo regime de Omar al-Bashir. Anos depois, ameaçou rebelar-se contra Cartum por salários que ele e os seus homens tinham a receber pelas várias campanhas militares em nome do governo.

Omar al-Bashir fez um acordo: integrou Hemeti e os seus combatentes numa nova unidade, as Rapid Support Forces, bem equipadas e financiadas, e com patentes militares. A manobra deixou muitos líderes do exército sudanês descontentes. As RSF foram postas sob o comando directo de Omar al-Bashir, que apelidava Hemeti de *Himayti*, «meu protector». Apoiado pelo governo, o líder das RSF foi aumentando o seu poder, com novas campanhas no Darfur e no estrangeiro, tornando-se também num dos maiores comerciantes de ouro do país, e com interesses espalhados pelo resto da economia sudanesa. Quando os protestos aceleraram, Hemeti era já um dos homens mais ricos do Sudão e comandava uma força de mais de 70 mil homens.[397]

* * *

Uma transformação definitiva aconteceu a partir de dia 6 de Abril de 2019. A Associação de Profissionais Sudaneses apelou a um protesto de milhões. A data escolhida celebra o aniversário da contestação popular que derrubou Jaafar Mohamed Nimeiri. Ala Kheir lembra-se desse dia como a primeira vez que os manifestantes conseguiram chegar à porta do Comando Geral do Exército. Mas só chegaram porque algumas forças do exército os deixaram passar. Havia divergências dentro das forças armadas. Alguns dos soldados queriam ver-se livres de Omar al-Bashir.

Os manifestantes acabaram numa vigília em frente à sede do Comando Geral do Exército, ao longo da Buri Road, uma artéria importante da cidade. Enquanto o número de manifestantes crescia, a oposição e a sociedade civil decidiram ficar no lugar até que conseguissem precipitar a queda do regime. Ala Kheir não tirou fotografias nesse dia porque não tinha a sua máquina. Mas voltou no dia seguinte e tirou tantas fotografias que precisou de ir a casa esvaziar os cartões de memória. Postou muitas imagens, tentando chamar mais gente para a vigília, dizendo que eram precisas mais pessoas para guardar a posição em frente à sede dos militares. Centenas de pessoas converteram-se em milhares de pessoas. Havia um ambiente de festa na vigília, como se o Sudão inteiro tentasse convencer os militares a negociar. Pela primeira vez, Ala Kheir sentiu-se confortável a tirar fotografias. Alguns soldados pareciam rejeitar as ordens do governo de reprimir os protestos, e juntaram-se aos activistas. Mas Omar al-Bashir ainda estava no poder.

O protesto transformara-se num acampamento, com tendas e música e ambiente de festa. Mas transformara-se também na fogueira que aquece um acampamento à noite. Fora da área iluminada, a escuridão. E nos extremos do que parecia ser uma celebração, circulavam as viaturas das RSF, como os predadores que visitam o acampamento, vigiando da escuridão.

Passaram cinco dias.

Na manhã do dia 11 de Abril de 2019, a televisão sudanesa avisou que o exército estava prestes a fazer um comunicado. A rádio passou o mesmo anúncio toda a manhã. Bem cedo, Ala Kheir pegou na sua câmara fotográfica e dirigiu-se para o acampamento de protesto em frente à sede do Comando Geral do Exército. Todos sabiam o que estava prestes a acontecer. Horas mais tarde, o alto comando militar anunciou que Omar al-Bashir havia sido detido. O vice-presidente e ministro da defesa, o general Awad Ibn Auf, comunicou aos sudaneses que um Conselho Militar de Transição havia tomado o poder. A constituição fora abolida e o estado de emergência duraria três meses. O exército, afirmou o general, governaria o país durante dois anos. Depois disso, os sudaneses teriam eleições livres.

Nas ruas, a população celebrou, porque um dos objectivos da revolução era livrar o país de Omar al-Bashir. Mas, misturada com a alegria de ver o presidente fora do poder, havia também a tristeza de viver ainda num regime militar. No vizinho Egipto, em 2011, também havia sido o exército a forçar a saída de Hosni Mubarak, para depois afundar o país em massacres e repressão contra civis. Embora felizes, os sudaneses sabiam que ficar na mão dos militares e das milícias não era muito diferente de viver sob o jugo de Omar al-Bashir.

Tal como acontecera no Egipto, remover o presidente do poder transformou-se no único caminho possível para as forças armadas sudanesas. A manutenção do presidente era contra os interesses estratégicos dos generais, que ansiavam por um retorno à normalidade. Meses de protestos haviam abalado os seus interesses financeiros e prejudicado a imagem do exército como instituição.

A população havia conseguido empurrar Omar al-Bashir do poder. Mas as vitórias das massas tendem a ser galvanizadoras e, poucas horas após a saída do presidente, os sudaneses começaram a manifestar-se a favor da demissão do general Awad Ibn Auf, demasiado próximo do antigo presidente e, portanto, parte integrante do regime.

Ibn Auf resistiu 36 horas. Um novo chefe do Conselho Militar de Transição, o tenente-general Abdel Fattah al-Burhan, foi anunciado pouco depois. O posto de vice-chefe do conselho ficou com Mohamed Hamdan Dagalo, Hemeti, comandante das Rapid Support Forces.

* * *

Os sudaneses não se haviam revoltado contra a ditadura militar para continuarem a ser governados por soldados. A vigília à frente da sede do Comando Geral do Exército continuou depois de Abril, e de Maio de 2019. Omar al-Bashir já não estava no poder, mas os manifestantes continuaram a pedir a instauração de um governo civil.

O protesto cresceu. Atraiu mais artistas e mais músicos e mais activistas. Transformou-se numa expressão da cultura nacional, das novas liberdades que pouco a pouco se conquistavam. Havia alimentação e serviços de saúde, como se os revolucionários tentassem mostrar aos soldados o tipo de coisas que esperavam de um governo. As paredes dos edifícios coloniais foram pintadas a grafíti com as imagens de alguns dos mártires que a revolta já produzira. Alguns soldados misturaram-se com os manifestantes, cantando, tocando saxofone, mostrando que dentro das fardas batiam corações iguais aos dos civis, de gente que queria outro tipo de país. Contudo, esses soldados que se aliaram aos manifestantes na rua contavam pouco. O mais importante era convencer as chefias lá dentro do edifício.

Na sede do Comando Geral do Exército, representantes da coligação de oposição que havia mantido a revolta popular negociavam com os soldados uma possível transição política. Começaram a discutir-se potenciais arranjos governativos. Um deles foi a criação de um governo de transição híbrido, que incluísse membros das forças armadas e civis. Mas as negociações entre a coligação do Movimento das Forças para a Liberdade e para Mudança e o Conselho Militar de Transição ficaram bloqueadas por desacordo. Entre as várias divergências, estava a decisão sobre quem deveria governar o país até novas eleições. A oposição sabia que o exército não merecia a sua confiança. Mas estava obrigada a negociar com os homens que detinham as armas e o controlo económico.

Os movimentos de contestação queriam uma transição liderada por civis, e organizaram dois dias de paralisação. Milhares de pessoas continuaram a participar nas manifestações pacíficas em frente ao Comando Geral do exército em Cartum. Foi então que a violência voltou sem aviso. Ou melhor, foi anunciada na linguagem particular dos autoritarismos: o Conselho Militar de Transição afirmou que o protesto punha em causa a segurança nacional. Rumores sobre o que estava para acontecer espalharam-se entre os manifestantes.

* * *

No último dia do Ramadão, havia estado a chover durante toda a noite. Na madrugada do dia 3 de Junho de 2019, combatentes paramilitares das Rapid Support Forces, os mesmos combatentes que haviam combatido pelo governo no Darfur, começaram a circular pela cidade. Os manifestantes tentaram prevenir o ataque, construindo barricadas com pedras em algumas das ruas. Não foi suficiente.

Os paramilitares e a polícia começaram a disparar contra civis desarmados pelas cinco da manhã. O exército regular sudanês deixou que os milicianos das RSF perseguissem pessoas pelas ruas, agredindo manifestantes feridos no chão. Usaram ferros, chicotes e baionetas. Médicos e enfermeiros foram alvejados e agredidos dentro de hospitais enquanto tratavam os feridos. As tendas do acampamento foram incendiadas. O massacre foi mostrado em directo na internet, filmado por manifestantes enquanto fugiam das balas.

Informações sobre o ataque das forças de segurança em Cartum foram partilhadas por mensagem, levando manifestantes noutras partes da capital e noutras cidades a bloquearem estradas e incendiarem pneus em protesto, atraindo mais violência das forças de segurança.

Segundo o Comité Central de Médicos Sudaneses, que faz parte da oposição, mais de 124 pessoas foram mortas.[398] Houve também mais de 900 feridos, e várias dezenas de desaparecidos. Muitos manifestantes foram torturados pelas forças de segurança, e houve dezenas de casos de violação. Dias depois do massacre, os corpos de vários manifestantes mortos pelos paramilitares e pela polícia começaram a aparecer no Nilo, alguns tinham blocos de cimento atados aos pés.[399] Logo após o massacre, o Conselho Militar de Transição bloqueou o acesso de internet no país durante semanas para impedir que as imagens das atrocidades cometidas pelo poder transitório circulassem pelo país e pelo mundo.

Hemeti, líder das RSF, negou ter tido responsabilidade no massacre, chegando a dizer que os uniformes caqui utilizados pelos seus homens podem comprar-se nos mercados do país, e que os mortos do dia 3 de Junho eram da autoria de agentes infiltrados.

Após a repressão desse dia e dos seguintes, a oposição marcou outro protesto para o fim do mês. Dezenas de milhares de pessoas saíram novamente pelas ruas de Cartum e de outras cidades.

* * *

Ala Kheir não estava no protesto pacífico em frente ao Comando Geral do Exército em Cartum no dia 3 de Junho, foi poupado a um dos dias mais violentos na história recente do Sudão. Mas as marcas desse dia ficaram por todo o movimento revolucionário. Muitos activistas perderam amigos, mortos e feitos desaparecer pelas forças de segurança. Nenhum oficial do exército, agente da polícia ou miliciano das RSF foi acusado ou questionado em relação aos acontecimentos daquela manhã. O massacre de Junho de 2019 foi um aviso sobre os perigos da transição sudanesa: o povo saiu à rua e conseguiu que Omar al-Bashir fosse deposto pelo exército. Mas as armas e a força continuaram do mesmo lado. Enquanto esse lado não estiver disposto a ceder um pouco da sua influência e poder, armados e desarmados continuarão a desafiar-se em ciclos de protesto e repressão.

No seu sentido mais vasto, foi uma mostra da distância obscura que os regimes autoritários estão dispostos a percorrer para assegurar o estado das coisas. Numa região ainda envolta em caos político e social, o massacre em Cartum mostrou a capacidade da contra-revolução para evitar o progresso político.

* * *

Semanas depois, o Conselho Militar de Transição e o Movimento das Forças para a Liberdade e para Mudança anunciaram um acordo para a partilha do poder.

Estabeleceu-se um conselho de governação, composto por cinco membros das forças armadas, cinco civis, e um décimo-primeiro membro que deveria ser uma escolha de consenso dos dois lados. O conselho ficaria a governar o país até eleições, marcadas para 2023.

A oposição civil escolheu o primeiro-ministro. Abdalla Hamdok, um economista reputado que havia trabalhado no Ministério das Finanças sudanês, no Banco Africano de Desenvolvimento e nas Nações Unidas, foi nomeado para o posto em Agosto de 2019. Hamdok decidiu a composição do novo governo, mas a nomeação dos responsáveis dos Ministérios do Interior e da Defesa ficou reservada ao exército.

* * *

Gradualmente, a mudança de regime alterou algumas leis que reprimiam liberdades individuais. Em finais de 2019, o governo de transição aboliu o *Public Order Act*. Passado pelo governo islamista de Omar al-Bashir, no início dos anos 1990, o regulamento era baseado na *sharia* e funcionava como uma lei de moralidade, proibindo diferentes comportamentos individuais, como o uso de vestuário supostamente indecente e o consumo de álcool. Pela forma vaga como estava escrito, o *Public Order Act* era muitas vezes utilizado pela polícia e pelos juízes para criminalizar os comportamentos das mulheres sudanesas.[400] As penas poderiam incluir multas, prisão, chicotadas, e a confiscação de propriedade pelo estado.

Após a abolição da lei, o primeiro-ministro do governo de transição, Abdalla Hamdok, disse: «Esta lei era conhecida por ser uma ferramenta de exploração, humilhação, e violação de direitos. Presto tributo às mulheres e à juventude do meu país que suportaram as atrocidades resultantes da aplicação desta lei.»[401] A mutilação genital feminina, que, segundo as Nações Unidas, afectou 9 em cada 10 mulheres sudanesas, foi proibida em Abril de 2020, com penas de prisão e multas para quem execute a operação.[402]

Após ser detido pelos militares, Omar al-Bashir foi levado para a prisão de Kobar, a mesma onde mantivera milhares dos seus opositores no passado. Um ano depois do início dos protestos, os sudaneses puderam ver na televisão nacional uma imagem que pouco tempo antes parecera impossível: Omar al-Bashir, o ex-presidente de 75 anos, num tribunal, atrás das grades, enquanto um juiz lhe lia a sentença. Al-Bashir foi condenado a dois anos por crimes de corrupção. Não dois anos de prisão, mas dois anos numa instituição de reforma, com segurança mínima. O juiz justificou a opção devido à idade avançada do antigo presidente. O tribunal ordenou também que os vários milhões de euros e libras sudanesas encontradas na casa de al-Bashir quando fora preso pelo exército fossem confiscados pelo estado.

Foi o primeiro dos casos judiciais contra o ditador deposto, um primeiro passo. A imagem de al-Bashir a ser julgado fez mais pelo futuro do Sudão do que uma pesada condenação poderia ter feito. O Partido Nacional do Congresso, que durante anos servira como rede de influência e corrupção ligada ao regime, foi abolido. O antigo presidente sudanês tem ainda uma acusação pendente no Tribunal Penal Internacional em Haia por genocídio e crimes de guerra.

Um tribunal na cidade de Omdurman condenou 27 membros das forças de segurança à morte por enforcamento, pela responsabilidade no homicídio de Ahmed al-Khair, o professor de escola primária torturado até à morte pela polícia em Khashm al-Qirba durante os protestos iniciais da revolta. Os condenados eram polícias que trabalhavam na prisão para onde al-Khair foi levado.

O juiz decretou que al-Khair havia sido torturado durante a sua detenção e que a tortura havia provocado a sua morte. Seguindo os preceitos da lei islâmica, o juiz ofereceu à família de al-Khair a possibilidade de perdoar os seus assassinos, o que poderia levar à suspensão da pena de morte.

A família recusou.

* * *

Em meados de 2021, o Sudão parecia seguir, passo a passo, na sua transição atribulada. As milícias do RSF haviam ficado mais discretas. Mas continuavam pela cidade e pelo país.

Durante a maior parte de 2021, Ala Kheir deixou de tirar fotografias dos protestos que ocasionalmente abalavam partes de Cartum. Para ele, o novo governo de transição e o primeiro-ministro, Abdalla Hamdok, deveriam ter uma oportunidade para melhorar as coisas.

No dia 25 de Outubro de 2021, o general Abdel-Fattah al-Burhan lançou um golpe militar detendo o primeiro-ministro, Abdalla Hamdok, e o resto do governo civil. Ala Kheir, como milhares de sudaneses, voltou para a rua. O exército reprimiu os protestos que pediam o regresso à transição democrática liderada por civis. Dezenas foram mortos pelas ruas. O primeiro-ministro, Abdalla Hamdok, foi eventualmente libertado pelo exército, e reinstituído no seu posto, semanas após o golpe militar. Mas os militares haviam conseguido passar a sua mensagem à sociedade civil: nós ainda temos as armas.

A Independência Confiscada

Na tarde do dia 5 de Julho de 2019, Djamila Bouhired, de 84 anos, avançou lentamente pela multidão que descia a Rua Didouche Mourad, em Argel.

Vestia um blazer branco, e tinha a cara protegida do sol por um chapéu de palha. Movia-se rodeada de um cortejo de seguidores. De braços juntos, criaram um cordão humano, protegendo Djamila dos empurrões e da sagacidade humana que há vários meses enchia as ruas argelinas, especialmente às sextas-feiras.

A cada cinco metros, Djamila era reconhecida por gente que queria cumprimentá-la. O grupo baixava a guarda e abria uma entrada no círculo. Ela, sorrindo, oferecia generosamente o seu tempo, falando a estes novos revolucionários, gente que tentava completar a revolução iniciada há décadas por pessoas como ela. Das janelas dos prédios deixados pelos franceses, várias mangueiras deitavam água para refrescar os manifestantes em baixo.

O dia 5 de Julho celebra o aniversário da independência da Argélia, em 1962. E, naquele dia tórrido, contavam-se 57 anos desde que os argelinos conseguiram finalmente acabar com a presença colonial francesa através de uma guerra brutal.

Essa guerra e essa brutalidade contaram com o contributo dedicado de Djamila. Nascida numa família de classe média, de mãe tunisina e pai argelino, Djamila juntou-se à causa nacionalista quando ainda estava na escola. Com outras mulheres revolucionárias (como Zohra Drif, Hassiba Ben Bouali, Samia Lakhdari), Djamila Bouhired fez parte do esquadrão de bombistas da Frente de Libertação Nacional (FLN), encarregado de depositar explosivos nos locais de convívio e nas lojas dos colonos franceses durante a batalha de Argel em 1956–1957.

Eventualmente, Djamila foi ferida com um tiro no ombro e capturada pelas autoridades coloniais francesas. Com 22 anos, foi torturada por recusar-se a dar os nomes dos seus companheiros e companheiras na FLN, sendo condenada à guilhotina por um tribunal militar em Argel. Mas após cumprir cinco anos de prisão em França, acabou por ser libertada no Verão de 1962, regressando a casa para ver a Argélia independente.

Em parte, Djamila foi salva pelo realizador egípcio Yousef Chahine, que lhe dedicou um filme, *Djamilah,* de 1958. O filme sublinhou o papel das mulheres durante a guerra de libertação, mas, principalmente, tornou o caso de Djamila conhecido internacionalmente. As suas acções de guerrilha urbana apareceram também no filme de Gillo Pontecorvo, *La Battaglia di Algeri*, de 1966, filmado numa Argélia já independentizada e utilizando alguns dos verdadeiros combatentes independentistas como actores.

A presença de Djamila nas ruas de Argel naquela tarde de calor excessivo, em Julho de 2019, não celebrava a independência conseguida em Julho de1962. Ela, como milhões de outros argelinos, saiu para apoiar uma nova onda de protestos desencadeada por jovens.

A história da Argélia representa a nacionalização do colonialismo. A independência de 1962 foi confiscada pelos militares, dando origem a um regime de partido único; uma autocracia militar financiada por exportações de petróleo e gás. Como disse Ali Yahia Abdennour, outro veterano da libertação e militante dos direitos humanos, falando sobre a guerra da independência: «Libertámos a terra, mas não o povo.» Abdennour morreu em Abril de 2021. Chegou aos 100 anos, e, mesmo assim, não foi suficiente para ver a Argélia emancipada do domínio militar.

Fartos de viver num país rico, mas profundamente atrasado, os argelinos começaram a manifestar-se contra o regime em Fevereiro de 2019. Foi preciso menos de uma década para que a mobilização incipiente durante as revoltas regionais de 2011 fosse superada por algo mais consistente e duradouro. O *Hirak* (movimento) iniciado por uma nova geração de manifestantes tem posto pressão nos generais. Os argelinos já conseguiram demitir um presidente e vários ministros, mas o sistema continua de pé. Ainda não alcançaram um dos seus principais objectivos: um estado civil em vez de um estado militar.

* * *

Desde que se libertou do poder colonial francês, que durou 132 anos, a Argélia foi sempre gerida por uma oligarquia obscura de militares e oficiais dos serviços secretos, denominada pelos argelinos como *le pouvoir*. São os diferentes clãs dentro das forças armadas e dos serviços secretos que decidem quem deve servir como chefe de estado, levando depois o candidato até ao palácio presidencial com eleições mais ou menos manipuladas.

O país é totalmente centralizado: o presidente, encarregado pelos militares para governar o dia-a-dia, nomeia todos os dirigentes relevantes no governo, na administração estatal, no poder judicial. O governo e o parlamento são, portanto, a fachada civil do poder dos soldados.

As posições no estado e no governo são distribuídas de acordo com a fidelidade e obediência ao regime, não por mérito individual. Qualquer nomeação para o estado precisou de uma aprovação dos serviços secretos, a polícia política decide quem é suficientemente bom cidadão para gozar da benevolência e protecção estatal. Durante anos, este sistema afastou as pessoas competentes que não quiseram fazer parte dele. O governo foi sendo degradado nas suas capacidades de gestão, o aparelho de estado transformou-se numa vasta ramificação de incompetência ou nomeados políticos. Com o dinheiro do petróleo e do gás a desaparecer, o país assemelha-se a um gigantesco navio cujo único motor parece já não servir para navegar.

Em 2019, os protestos começaram com o anúncio de que Abdelaziz Bouteflika, o presidente de 82 anos, decidira candidatar-se a um novo mandato. Vitimado por um acidente cardiovascular em 2013, Bouteflika aparecia tão pouco que os rumores sobre se estaria ainda vivo circulavam há vários anos. Tornara-se num ser espectral, presente apenas em retratos oficiais nas paredes dos edifícios do estado, ou em velhas imagens da televisão pública. Quando aparecia, o presidente chegava sempre de cadeira de rodas, com o olhar vítreo e distante das pessoas que parecem já não saber onde estão.

Imóvel e taciturno, Bouteflika era, portanto, o símbolo perfeito do regime que representava: um bando de militares e ex-militares de 70 e 80 anos à frente de um país de gente nova.

Abdelaziz Bouteflika chegou à presidência em 1999, nos últimos anos da guerra civil entre o governo militar e os islamistas. Conseguiu trazer uma certa paz, escondendo os abusos de direitos humanos (dos islamistas e os do governo) debaixo de leis de reconciliação e imunidade. A Argélia tornou-se no país do esquecimento; era proibido falar dos massacres de civis, dos desaparecimentos forçados, dos atentados, e da violência perversa da guerra civil.

* * *

A 10 de Fevereiro de 2019, o regime argelino anunciou que Abdelaziz Bouteflika se candidataria a um quinto mandato presidencial, em eleições marcadas para Abril do mesmo ano. Os argelinos perceberam imediatamente duas coisas: primeiro, que o *pouvoir* não tinha encontrado outra figura de consenso para cumprir o papel cerimonial de presidente da república. Segundo (e verdadeiramente ultrajante), os generais estavam tão desligados da população que julgaram que os argelinos aceitariam mais um mandato de um presidente invisível.

Dias depois começaram a aparecer pósteres por algumas cidades e aldeias da Cabília, a região montanhosa de maioria berbere, a este de Argel. «Chamamos toda a população a participar numa marcha pacífica contra o quinto mandato e contra o sistema vigente», dizia um dos cartazes, em Kheratta, uma cidade de 40 mil habitantes nos montes arborizados da província de Bejaïa. «O mundo não será destruído por aqueles que fazem o mal, mas por aqueles que ficam a ver, sem reagir.»[403]

Há anos que pequenas manifestações eclodiam por todo o país: queixas contra despedimentos, contra o aumento de preços, contra projectos de construção. Mas eram protestos locais, longe da capital. Grupos de pessoas que fechavam uma estrada, facilmente ignorados pelas autoridades, porque não punham verdadeiramente em causa o poder central. Estas populações não pediam necessariamente uma democratização. Pediam um estado funcional.

A partir de 2019, contudo, todo o descontentamento popular cimentou-se em oposição politizada. Em Kheratta, as manifestações contra o regime começaram a 16 de Fevereiro de 2019. Depois, espalharam-se por todo o país. Às terças-feiras saíam os estudantes, e às sextas-feiras, depois das orações, o país inteiro. As semanas passaram, a massa humana foi crescendo, trazendo cada vez mais segmentos da população argelina para as ruas. Famílias inteiras, como se fossem passear ao parque, levavam cartazes contra o presidente e contra o estado envelhecido pelo imobilismo.

A negação por parte do regime alternava entre a minimização e a loucura: com milhões de pessoas na rua, a televisão pública argelina passava documentários sobre leões marinhos e outros temas; escondendo a humanidade do país com a fauna e flora de lugares longínquos.

Alguns manifestantes foram detidos, lançaram-se latas de gás lacrimogéneo e ligaram-se as torneiras dos camiões antimotim. Milhares de polícias na rua, mas nada da brutalidade generalizada que o estado demonstrara noutras situações.

Esta contenção espantou inicialmente os argelinos, habituados a ser violentamente agredidos pelo regime cada vez que saíam para fazer exigências políticas. Aconteceu em Outubro de 1988, quando a queda do preço do petróleo e a exigência de reformas políticas levou a protestos e motins. Quinhentos mortos. Aconteceu novamente em 2001, na Cabília, na repressão do estado contra os berberes. Cento e vinte e seis mortos.

Os manifestantes do Hirak mantiveram-se pacíficos desde o início, ignorando as provocações do regime. Mas a repressão em massa foi também evitada no início porque o número de mulheres e crianças nos protestos cresceu rapidamente. Habituados a desmobilizar violentamente manifestações de jovens impetuosos, os generais ficaram paralisados ao ver famílias inteiras na rua, crianças com a bandeira da Argélia pintada na cara, a segurar cartazes contra o regime e a gritar contra Bouteflika.

Cinicamente, Abdelaziz Bouteflika elogiou os argelinos que pacificamente expressavam as suas opiniões. Mas avisou que os protestos poderiam ser infiltrados por forças internas e externas que queriam destabilizar o país.

Eventualmente, o presidente ofereceu uma primeira concessão: numa carta lida na televisão estatal, prometeu que, se ganhasse as eleições, cumpriria apenas parte do mandato. Organizaria uma conferência política e novas eleições nas quais não participaria. As promessas de Bouteflika foram muito parecidas a tudo o que haviam dito os líderes acossados da região em 2011 e 2019: após décadas de imobilismo repressivo, a vontade repentina de mudar as coisas.

Mas o número de manifestantes continuou a crescer por todas as cidades do país. No início de Março, um milhão de pessoas marcharam em Argel.[404] A 11 de Março de 2019, um mês após o anúncio de que seria candidato às presidenciais, um novo comunicado de Abdelaziz Bouteflika anunciou que, afinal, o presidente não se candidataria a um quinto mandato.[405] O governo seria remodelado, e uma nova constituição preparada antes do final do ano.

Estas cedências superficiais abriram brechas no muro. Os argelinos continuaram a sair à rua às terças e, especialmente, às sextas. Em finais de Março, o exército tomou uma decisão. Num discurso televisivo, o chefe do estado maior das forças armadas, o general Ahmed Gaïd Salah, disse que Abdelaziz Bouteflika deveria demitir-se ou então ser declarado «medicamente incapaz». Dias depois, a presidência anunciou que Abdelaziz Bouteflika abandonava o posto de presidente.[406]

Nessa noite, a televisão estatal mostrou imagens arrebatadoras de mais um solavanco no regime: Abdelaziz Bouteflika, vestido com uma *djellaba* bege em vez do fato escuro com colete que o caracterizava, a esticar-se com dificuldade desde a sua cadeira de rodas para entregar a sua carta de demissão ao presidente do conselho constitucional. Nos movimentos lentos, na aparência de alguém que havia sido acordado a meio da noite; as últimas imagens do presidente pareciam ter sido estudiosamente compostas para cristalizar a ideia de que o regime de Bouteflika acabava definitivamente.

Nessa noite, os argelinos celebraram a demissão do chefe de estado que os governava há duas décadas, mas que raramente viam em público. Mas festejaram conscientes de que nada mudava verdadeiramente com a saída do presidente. Por entre os cânticos e as bandeiras e as buzinadelas e o trânsito nocturno, a população sabia que o *pouvoir*, ameaçado pela instabilidade social, havia sacrificado um dos seus para manter o sistema. A presidência, o parlamento, o governo, sempre foram o poder aparente na Argélia. Mas o poder real reside nos militares. Eliminado o presidente, os argelinos continuaram a protestar contra o regime como um todo, «um estado civil em vez de um estado militar; um país gerido por instituições em vez de gangues», continuaram a pedir pelas ruas.

O chefe do exército, Gaïd Salah, colocado nesse lugar pelo próprio Bouteflika em 2004, ficou então à frente do país. Os militares começaram uma purga contra os membros do círculo próximo do ex-presidente. Ali Haddad, um dos homens mais ricos do país e membro da oligarquia económica de Bouteflika, foi preso enquanto tentava atravessar a fronteira em direcção à Tunísia, poucos dias antes da demissão forçada do presidente. Influentes homens de negócios, como Issad Rebrab, ou políticos que haviam exercido funções com Bouteflika, como Ahmed Ouyahia e Abdelmalek Sellal (ambos ex-primeiro-ministros), e Saïd Bouteflika, irmão do presidente, foram mergulhados em longos processos judiciais. O general Mohamed Médiene, chefe dos serviços secretos durante 25 anos, considerado um dos homens mais poderosos do país, foi também detido. Ouyahia, primeiro-ministro de Abdelaziz Bouteflika, viria a admitir mais tarde durante o seu julgamento por corrupção que uma parte importante dos milhões de dólares que povoavam as suas contas bancárias resultaram da venda no mercado negro de 60 barras de ouro, que havia recebido como presente de países do Golfo.[407]

Ao atacar a cúpula de Bouteflika, os militares queriam substituir as partes mais influentes do regime. Afinal, o poder no país emergiu sempre da concorrência entre diferentes clãs político-militares. Mas ao mesmo tempo, Gaïd Salah queria mostrar à população que os militares estavam a perseguir a corrupção política do passado recente. Lançando diatribes regulares contra os anos de Abdelaziz Bouteflika como se não tivessem beneficiado do regime, os mandos militares tentaram parecer alinhados com os desejos da população. Mas os argelinos levavam décadas a ver os jogos de poder dos generais, a constante teatralização que criava a ilusão de mudança enquanto mantinha tudo na mesma. Logo após a demissão forçada do presidente, os generais prometeram eleições livres para o Verão. Manifestações massivas por todo o país obrigaram o regime a recuar.

* * *

O movimento popular de contestação que agita a Argélia desde 2019 conseguiu desafiar o regime militar porque rompe com narrativas históricas impostas por esse mesmo regime. Após quase 60 anos de independência, o país continua aprisionado por dois eventos históricos: a guerra contra o poder colonial francês (1954–1962), e a guerra entre o estado e várias milícias islamistas (1992–2002).

A primeira guerra foi sempre utilizada pelo regime como forma de legitimação política. O exército liberou os argelinos do jugo colonial. Mas uma parte dessa força militar, o exército de fronteiras, esperou o fim da guerra de libertação fora da Argélia e acaparou-se do poder.

A seguir à colonização dos franceses, veio a colonização dos generais. É assim há décadas. Em emissões diárias na televisão pública, altas patentes discursam para a população envergando as suas fardas militares. Alertam para os perigos da «influência estrangeira», sublinham o imperativo de proteger as fronteiras das infiltrações de grupos armados, apontam o dedo a «forças obscuras» decididas a destabilizar a Argélia e os seus patriotas. São discursos imbuídos de falso nacionalismo e desinformação conspirativa.

O segundo conflito, a guerra civil da década de 90, é usado pelos generais como um aviso. A instabilidade começou com os protestos e motins de 1988, quando a Argélia enfrentava uma situação económica catastrófica, provocada pela queda do preço do petróleo. Após uma repressão brutal que matou centenas de pessoas, o regime abriu o sistema à competição política. Criaram-se novos jornais e partidos para disputar o monopólio institucional detido pelo Front de Libération

National, e pelo exército desde a independência em 1962. Mas a abertura democrática rapidamente se transformou em tragédia. Em Janeiro de 1991, quando os islamistas estavam prestes a chegar ao poder pelas urnas, o exército cancelou o processo eleitoral e obrigou o presidente a demitir-se. O resultado foi uma guerra civil que durou mais de uma década. Foram anos de selvajaria, em que a população civil foi aprisionada entre o autoritarismo religioso e o autoritarismo militar, uma catástrofe que provocou entre 150 mil e 200 mil mortos, e milhares de desaparecidos.

O regime sempre caracterizou esse período como uma consequência da contestação popular; ou seja, o terrorismo e o extremismo surgiram porque a população se manifestou contra a ordem vigente. O governo utilizou a violência contra os islamistas e contra cidadãos inocentes. Depois, escondeu todos os crimes e as responsabilidades políticas dos militares num programa forçado de reconciliação.

Em 2011, enquanto o Norte de África e o Médio Oriente se consumiam em revolta, a maioria dos argelinos ficou em casa. Na época, o regime tinha folga financeira para aumentar salários e apoios sociais. Mas o imobilismo político da população resultou essencialmente do trauma violento da guerra civil dos anos 1990.

Em 2019 a maioria dos manifestantes que começaram a sair às ruas com a bandeira argelina aos ombros não eram ainda nascidos durante a guerra civil argelina. Livres dessa herança pesada, canalizaram as frustrações da população para a rua. Foram convencendo os seus pais e avós a sair também e, poucas semanas após o início da contestação popular em Kheratta, as manifestações estavam cheias de argelinos de todas as idades, agastados por viverem num regime mantido em formalina.

Apesar de não terem passado pela guerra civil na Argélia, estes jovens manifestantes viram o resultado da desordem de 2011. Síria, Líbia e Iémen: várias revoltas de 2011 transformaram-se em conflitos que destruíram países inteiros. Por isso, desde 2019, os activistas do Hirak têm mantido a contestação pacífica, cientes de que, presenteado com suficiente pretexto, o regime argelino não hesitará em recorrer à violência generalizada.

* * *

Com Abdelaziz Bouteflika deposto pelos generais, o resto de 2019 foi ocupado por duas narrativas concorrentes. Os militares alegavam que a remoção do presidente e os casos judiciais contra os membros dos seus governos estavam, no fundo, a «limpar» o país. Em seguida, faltaria apenas eleger um novo presidente, para que a mudança exigida pelos argelinos nas ruas estivesse completa. Mas os argelinos não se deixaram enganar. Para eles, a saída de Bouteflika era um início, quase insignificante, para uma verdadeira mudança do regime.

Enquanto os generais ofereciam novas eleições presidenciais, a população pedia eleições para uma assembleia constituinte, uma nova constituição, e que o exército deixasse de exercer o poder real no país. Uma mudança do regime autocrático, orquestrada pelo próprio regime autocrático, seria impossível.

Durante os meses seguintes, os manifestantes seguiram a mesma estratégia: manter a civilidade nas ruas, cercar o regime. Não havia vandalizações de lojas ou destruição do mobiliário urbano. Ocasionalmente, os manifestantes nas linhas da frente atiravam garrafas de água aos polícias de choque, alguns eram detidos. Mas foram meses de protestos maioritariamente pacíficos.

Mulheres e famílias com crianças protegeram os protestos das estratégias de radicalização normalmente empreendidas pelo regime. Porque não tinha líderes oficiais, ou representantes escolhidos, o movimento popular manteve-se imune à intervenção repressiva do regime. Não havia insígnias políticas, só pessoas. Mesmo os partidos políticos da oposição, tradicionalmente afundados entre a cooptação estatal ou a insignificância, foram impedidos de se apropriar do movimento pelos próprios manifestantes.

Durante décadas, o governo havia anulado os espaços públicos e afogado qualquer expressão cívica. Mas em 2019, de repente, nenhum político ou representante do estado era visto em público. Nas regiões, nenhum *wali* (uma espécie de governador) caminhava pelas ruas. Mourad Ouchichi, professor de economia na Universidade de Bejaïa, classificou esse período como uma reversão total do que havia sido o país nas últimas décadas. «Parece que o povo aprisionou o regime que o manteve preso desde 1962.»[408]

Às segundas-feiras, Gaïd Salah visitava uma base militar no vasto país. Em discursos surrealmente barrocos («O povo está mais que nunca consciente, e não pode ser induzido em erro ou arrastado para impasses repletos de perigos»), proclamava a dedicação do exército à segurança do país, afirmando proteger o povo e a sua liberdade de expressão. Mas em cada discurso, Gaïd Salah ia soltando ameaças veladas contra os manifestantes. À terça-feira, os estudantes respondiam nas ruas e, às sextas-feiras, todo o país se manifestava contra o regime, pedindo a demissão do general, e eleições para uma assembleia constituinte.

* * *

Não é por acaso que as mulheres aderiram ao movimento de protesto de 2019 em massa. Para elas, a independência de 1962 havia sido duplamente confiscada.

Djamila Bouhired e outras mulheres argelinas participaram na revolta contra os franceses de forma total. Primeiro juntaram-se as mulheres de militantes e combatentes. Foram seguidas pelas viúvas e pelas divorciadas. As mulheres solteiras, como Djamila Bouhired, foram inicialmente rejeitadas pela dificuldade que tinham em sair das suas casas de família.[409]

A dada altura, mulheres solteiras, jovens de 18 e 19 anos, por vezes menos, começaram a ser aceites na resistência. Trocaram o seu lugar na estrutura patriarcal da família pela clandestinidade. Puseram bombas, combateram nas montanhas, viveram em grutas e florestas com os outros combatentes. Desapareciam durante meses sem comunicar com as suas famílias. Algumas casaram no *maquis*.

Subjugadas às regras da casa familiar até ao casamento, as mulheres viram na luta anticolonial uma forma de liberdade. Apesar da disciplina imposta pelas estruturas militares da FLN, muitas combatentes encontraram a liberdade individual e igualdade que não tinham na sociedade argelina.

Mas as esperanças de transportar os ganhos da militância armada para a vida normal morreram com a Argélia independente. Depois de 1962, as mulheres, como os combatentes masculinos, desarmaram e regressaram para a sociedade. Mas não foi fácil. «A emancipação das mulheres ficou atrás das promessas dos anos de guerra, com a igualdade de que tinham gozado esquecida em período de paz», explica Alistair Horne no livro *A Savage War for Peace, Algeria 1954–1962*.

Muitas foram rejeitadas pelos seus novos maridos, e pelas suas famílias. Este paradoxo caracterizou a Argélia depois da independência: o país recentemente liberado misturou a dinâmica de querer mudar o mundo com o Islão político que restringe as energias dentro da estrutura familiar. De certa forma, isto nunca mudou nas décadas seguintes.

O país esqueceu a contribuição feminina para a luta pela independência. Com a crescente islamização, as mulheres foram as principais vítimas de uma sociedade progressivamente mais conservadora e patriarcal. Um novo Código da Família, baseado na *sharia*, foi aprovado pela Assembleia Popular Nacional em 1984. Na prática, relegou a mulher para o estatuto de menor; subjugada primeiro ao seu pai e irmãos e, mais tarde, ao seu marido. O documento cimentou a desigualdade em assuntos como o casamento, o divórcio, a tutela dos filhos ou a herança familiar. Foi mais uma agressão do estado argelino às mulheres. Na década seguinte, muitas morreriam pela forma como se vestiam ou comportavam, engolidas pelo furor islamista que tomou o país. O Código da Família foi parcialmente reformado em 2005, mas manteve a mulher argelina com menos direitos do que as mulheres em Marrocos e, especialmente, na Tunísia.

Uma das poucas promessas mantidas pelo regime independente foi o aumento da escolaridade. Para as mulheres, o acesso à educação foi uma oportunidade para sair do lar. Em 2019, representavam 60 % de todos os alunos que terminavam o liceu e entravam na universidade em todos os cursos, mas apenas 17 % da força de trabalho. «Isto mostra o desperdício proporcionado pelas receitas do petróleo: formamos pessoas e nem as utilizamos», explica Fatma Oussedik, socióloga na universidade de Argel. «Mas esta educação mudou as mulheres, quer trabalhem ou não, porque retirou-as do espaço privado e permitiu-lhes entrar no espaço público.»[410]

Sem as mulheres não teria havido Hirak em 2019. Foi a presença de tantas mulheres nos protestos que impediu a repressão violenta nas ruas. É por isso que a presença de Djamila Bouhired e de outras feministas argelinas nos protestos é essencial ao movimento de contestação.

A sociedade argelina foi progredindo de outras formas. A urbanização acelerada, o consumo dos *media* e das redes sociais, o aumento da escolaridade e do ensino superior: todos estes aspectos afastaram cada vez mais a população da mentalidade securitária imposta pelos generais. A Argélia é um vasto território, o maior país de África (desde a secessão do Sudão do Sul em 2011). Mas a maioria da sua população de 44 milhões mudou-se para as cidades do norte do país, especialmente para Argel. Partindo da aldeia, muitos argelinos libertaram-se do controlo da família e da comunidade. Na cidade, vieram procurar trabalhos; muitas mulheres começaram a trabalhar fora de casa, a contribuir para o orçamento familiar. Cresceu o individualismo, as famílias compraram carros, viajam.

A população foi mudando. Mas o *pouvoir* ficou imóvel, forçando a dicotomia única: nacionalismo ou islamismo. Apodrecido por dentro, o regime continua ancorado aos velhos *slogans* independentistas e de libertação, mesmo enquanto mantêm a população num sistema oligárquico e autoritário. O regime de hoje foi erguido na eliminação de todos os verdadeiros símbolos e heróis da luta contra os franceses, todos os que tentaram combater o partido único com pluralidade política. Os *slogans* soberanistas servem apenas para esconder o enorme saque a que se dedicou a classe política e militar da Argélia desde 1962.

Parte desse saque foi baseado na criação de uma identidade nacional artificializada pelo regime. A Argélia é um país de influência árabe e maioria muçulmana. Os árabes chegaram com uma mensagem religiosa que foi aceite pela população, e os argelinos foram arabizados pelo Islão e pelo Corão. Mas a maioria dos argelinos são berberes, *amazigh*, a população que residia no território antes da chegada do Islão. A população que ainda fala a língua berbere são os descentes dos que se refugiaram durante a invasão árabe; nas montanhas da Cabília a este de Argel, nos desertos a sul, e nos oásis em Timimoun e Adrar, e em Tourgout, ou nas montanhas do habitadas pelos *chaouis*.

Toda esta diversidade foi apagada pelo regime que se apropriou do país após a independência. A Argélia independente tinha de ser um país árabe-muçulmano, e essa escolha foi também um esforço para impor os modelos de dominação culturais e religiosos. Perseguindo os intelectuais, o regime nunca deixou que o país se pensasse a si próprio. Portanto, quando os argelinos saíram à rua, muitos levaram a bandeira da Argélia e a bandeira *amazigh*. Foi uma revolta contra o autoritarismo, mas também um apelo à recuperação das várias culturas do país.

* * *

Durante meses, as duas bandeiras conviveram entre a multidão sem criar problemas. Em Junho de 2019, o general Gaïd Salah avisou que nenhum outro emblema além da bandeira da Argélia deveria ser exibido durante as manifestações, e que as forças de segurança tinham ordens expressas para deter quem mostrasse outras bandeiras. O aviso foi uma tentativa de criminalização do símbolo *amazigh*, na esperança de criar divisões dentro do movimento de protesto. Os argelinos responderam trazendo ainda mais bandeiras berberes para a rua. Dezenas de pessoas foram detidas por marchar com bandeiras *amazigh*: o regime autoritário queria definir a melhor forma de protestar o regime autoritário.

Semanas depois, com o pretexto de «proteger os manifestantes», forças de segurança começaram a fechar os acessos à capital antes de cada sexta-feira. Não havia comboios, nem autocarros a chegar a Argel. As auto-estradas foram fechadas, os camiões da polícia distribuídos pela avenida Didouche Mourad, polícias com capacetes e bastões deixados à espera no seu interior. Polícias à civil misturavam-se com os manifestantes de forma pouco discreta.

* * *

Ao mesmo tempo que se expressava em favor das manifestações, o regime ia detendo opositores, quer fossem jovens manifestantes ou heróis nacionais. Em Junho, Lakhdar Bouregaa, um veterano da guerra contra os franceses, foi mais uma vítima da repressão.

Com 86 anos, Bouregaa era um ícone da independência argelina e, portanto, uma presença popular nos protestos. Por se opor à tomada do poder pelos militares após a independência, Bouregaa já havia sido detido em 1967, torturado pelo mesmo exército de que havia feito parte. Passou sete anos na prisão.[411]

Em 2019, Bouregaa irritou o regime por dizer o que todos os argelinos já sabiam: «O *pouvoir* tem um plano. Já tem o nome do futuro presidente e tenta legitimá-lo. Eles já têm o nome do presidente, e nós não podemos participar numa comédia política na qual o resultado é conhecido antecipadamente», afirmou Bouregaa numa entrevista ao jornal argelino *Liberté* em Junho de 2019.[412] Pouco depois, foi preso por dois polícias à civil no bairro de Hydra, na zona alta de Argel. Colocaram-no numa Renault *Kangoo* e levaram-no para parte incerta, impedindo-o de comunicar com a sua família durante várias horas. Ao prender uma figura tão prestigiada da luta pela independência, o regime queria mandar a mensagem de que não havia intocáveis.

Com Bouregaa na prisão, o regime fez tudo para denegrir o seu nome lançando uma campanha de difamação. Órgãos de comunicação próximos do exército afirmaram que Lakhdar Bouregaa era um impostor que havia usurpado a identidade de um outro combatente. A invenção rocambolesca foi mais uma forma de tentar apagar qualquer símbolo da Argélia independente por um regime cada vez mais inseguro. Bouregaa era tudo o que os militares no governo e no exército nunca tinham sido.

A cara do antigo combatente pela independência começou então a aparecer em máscaras nos protestos. Lakhdar Bouregaa, como Djamila Bouhired, são a ligação entre o passado e o presente da Argélia; o fio condutor entre o primeiro esforço revolucionário, que culminou com a independência confiscada de 1962, e esta nova tentativa, iniciada em 2019.

O regime continuou a falar em eleições presidenciais para acabar com a crise política. As pessoas nas ruas retorquiam, «Nada de eleições com o gangue». Nos protestos semanais e nos seus *slogans*, os argelinos continuavam a pedir a saída de Gaïd Salah.

Mesmo enquanto gozavam com o chefe do exército em cartazes caricaturais e canções, os manifestantes distinguiam o mando militar do exército em si. Os generais comandam os desígnios do país e, em muitos casos, enriqueceram através do controlo das receitas petrolíferas e da corrupção. Mas os soldados e os mandos intermédios passavam pelas mesmas dificuldades económicas que afectavam a população. Essa foi provavelmente outra das razões que impediram os generais de enviar militares para reprimir os protestos. Ordenar aos soldados agredir civis desarmados ou disparar contra a população na rua criaria uma ruptura dentro das forças armadas.

* * *

Há anos que a situação económica tem piorado. A Argélia não é uma economia produtiva. A única coisa que os números macroeconómicos traduzem é a venda de petróleo e gás. As receitas bilionárias da venda de reservas energéticas foram sempre controladas pelo *pouvoir*, que distribuiu esta riqueza de acordo com a fidelidade ao regime. Por isso, é um país rico com uma população pobre. Os generais e os homens de negócios do sistema mantiveram o país improdutivo e informal, vivendo de importação-exportação e de comissões, comandado pela autocracia para fazer dinheiro fácil sem investir verdadeiramente em tecido produtivo. O regime nunca tentou aumentar as receitas que recebe dos impostos porque procurou sempre desligar-se da população, controlando o dinheiro do petróleo sem ter de justificar o seu uso.

Enquanto os preços do crude estiveram altos, entre 2003 e 2014, a Argélia acumulou reservas financeiras massivas, lançando enormes projectos de construção de infra-estruturas de transporte. Mas este investimento é só parcialmente visível. O país continua atrasado, aprisionado por regulação estatista.

O crescimento do gasto público levou ao aumento do *fiscal breakeven oil price* da Argélia, ou seja, o preço mínimo internacional a que o petróleo tem de estar para que o país consiga financiar o seu orçamento com receitas. Em 2003, esse preço mínimo era 20 dólares por barril de petróleo, mas, em 2015, o estado argelino já precisava do preço do petróleo a 125 dólares por barril para poder pagar as suas despesas.[413]

Com a queda no preço do petróleo a partir de 2014, a Argélia passou a viver das reservas acumuladas durante anos. De 194 mil milhões de dólares de reservas em 2014, a almofada financeira do país havia já perdido 97,3 mil milhões de dólares em Dezembro de 2017.

De certa forma, o regime argelino sempre mentiu a si próprio. Não há estatísticas oficiais sobre a produção agrícola ou industrial. Ou melhor, as estatísticas existem, mas são feitas de números geralmente fabricados. Um ministro que viaje de Argel para visitar a região de Bejaïa, ou qualquer outra das dezenas de cidades do país, repara que a estrada por onde circula foi pintada para ficar bonita antes da sua chegada, uma simulação de desenvolvimento. É uma mentira. Mas uma mentira que o ministro reconhece imediatamente porque, antes de chegar a ministro, esteve também na administração local e regional. Durante anos, as receitas extraordinárias do petróleo permitiram esconder o país verdadeiro. Mas com os cofres cada vez mais vazios, a tinta deixou de ser renovada, e o país surge progressivamente mais empobrecido e degradado.

Muitos dos jovens que começaram a protestar pelas cidades argelinas são estudantes universitários, conscientes da dificuldade em arranjar emprego depois de terminar o curso. Ser jovem na Argélia é viver sem perspectivas de emprego, sem a possibilidade de ter uma casa ou sustentar uma família. É viver pobre, em cima de um subsolo suficientemente rico para construir um país inteiro de raiz.

* * *

Em Setembro de 2019, o exército marcou eleições presidenciais para Dezembro desse ano. Após vários meses de detenção, Lakhdar Bouregaa, acusado entre outras coisas de «atentado contra a moral do exército», foi apresentado ao tribunal de Bir Mourad Raïs em Argel. Recusou-se a responder às perguntas do que considerou ser um «juiz de um sistema ilegítimo». A recusa de participar no teatro da justiça argelina era a mesma atitude que motivava a população que protestava semanalmente, rejeitando interagir com um sistema que tentava rapidamente colocar outro presidente civil às ordens dos generais.

Nove meses após o início da contestação popular, em Novembro de 2019, o regime anunciou os cinco candidatos aprovados para concorrer às eleições. Sem surpresas, os argelinos assistiram ao habitual desfile de reciclagem política que os atormentava há décadas. Antigos ministros, membros do FLN, e dois ex-primeiros-ministros. Todos os candidatos haviam feito parte do *pouvoir* ou sobrevivido na sua sombra.

Após meses na rua, a população continuava prisioneira da mesma encenação. Durante toda a campanha eleitoral, os pósteres com as imagens dos candidatos à presidência duravam pouco tempo nas paredes, prontamente arrancados pela população. Amedrontados pela ira popular, os candidatos não podiam andar na rua, condenados em vez disso a organizar comícios em salas esparsamente ocupadas pelos seus apoiantes directos.

* * *

Desencorajados pela falta de progresso, a maioria dos argelinos boicotou as eleições presidenciais de 2019. As formas de protesto foram várias. Pelas aldeias da Cabília, funcionários da administração estatal recusaram-se a organizar as eleições. A população juntou-se e emparedou as entradas para os locais de voto com tijolos.[414] Algumas urnas foram retiradas e destruídas. A Cabília sempre foi uma região anti-regime. Mas o desinteresse e o boicote espalharam-se por todo o território. Mesmo em Argel, os locais de voto viram pouca afluência, contrastando com o movimento nas ruas, onde a população marchou pelo centro cantando «Não há eleições hoje», «Não votamos com a máfia», enchendo a rua Didouche Mourad e a Praça Maurice Audin, que se haviam transformado em lugares centrais dos protestos desde o início do Hirak, onze meses antes.

No dia seguinte, o regime anunciou que Abdelmadjid Tebboune, de 74 anos, ganhara, com 58 % dos votos, e que 40 % dos 24,5 milhões de argelinos que podiam votar haviam participado no escrutínio. Alguns observadores independentes colocaram o nível de participação mais perto dos 10 %. Os argelinos saíram novamente à rua para protestar todo o processo. Como esperavam, havia sido o exército e não a população a escolher o chefe de estado.

Abdelmadjid Tebboune entrou no papel de presidente com promessas de reforma. Disse querer acabar com as ligações entre economia e política, e insurgiu-se contra a corrupção do passado. Prometeu que ajudaria a consagrar as exigências de mudança expressas no movimento de contestação popular. O novo presidente criticou também os oligarcas que haviam beneficiado de lucrativos contratos estatais durante o período de Abdelaziz Bouteflika. Mas, tendo sido ministro cinco vezes entre 1992 e 2017 (e até primeiro-ministro de Bouteflika durante 24 dias em 2017), Tebboune é mais um produto do regime opaco que gere o país há décadas, reciclado pelo sistema para servir de filtro civil à autocracia militar. Depois da sua tomada de posse, ordenou a libertação de alguns presos políticos, afirmando-se a favor do diálogo com o movimento de contestação. Mas nos protestos, as forças de segurança continuaram a deter activistas.

Poucos dias após concluir a polémica colocação de Abdelmadjid Tebboune na presidência, o chefe do exército, o general Ahmed Gaïd Salah, morreu aos 79 anos com um enfarte. Desde que havia retirado Abdelaziz Bouteflika do poder meses antes, Gaïd Salah transformara-se no alvo principal do escárnio popular. Ao engendrar a eleição de um novo presidente, o general havia conseguido reerguer a fachada civil que esconde o poder militar na Argélia.

Abdelmadjid Tebboune continuou a ser visto como um presidente ilegítimo, mais um de vários colocados no poder pelo exército. Embora não tivesse assegurado mudanças políticas significativas, o movimento de contestação tornara-se num espelho social que sublinhava de forma barulhenta o apodrecimento e a falta de apoio popular do regime. Nos centros urbanos, os protestos continuaram a encher as ruas às terças e sextas-feiras.

Enquanto publicavam comunicados elogiosos sobre o Hirak, o governo e os militares continuaram a prender activistas e jornalistas. Khaled Drareni, um jornalista que cobria os protestos semanais, foi detido em Março de 2021, enquanto filmava a repressão policial de manifestantes na rua Didouche Mourad, no centro de Argel. Foi acusado de «apelar a uma manifestação ilegal de pessoas» e de «minar a unidade nacional».[415]

* * *

O primeiro caso de covid-19 na Argélia foi registado a 25 de Fevereiro de 2020. O número de casos foi aumentando e, em meados de Março desse ano, o movimento de contestação optou por interromper as manifestações para evitar um aumento de contágios ligado às aglomerações.

Copiando medidas utilizadas por outros governos, a Argélia fechou escolas, cafés e mesquitas e bloqueou as suas fronteiras internacionais. O mundo reduziu o consumo de petróleo, levando a uma queda ainda mais acentuada dos preços internacionais. O Sahara Blend, o tipo de crude produzido no Sul da Argélia, passou de valer 50 dólares para 17 dólares entre Fevereiro e Março de 2020, agravando a situação orçamental do país.[416]

A pandemia foi utilizada para aumentar a repressão sobre os dissidentes. Em Abril, o governo de Abdelmadjid Tebboune passou novas leis para criminalizar a distribuição de «notícias falsas». As medidas punitivas, que envolvem milhares de euros em multas e até cinco anos de prisão, podem ser aplicadas aos responsáveis de páginas noticiosas ou a quem escreva textos nas redes sociais. Em finais de Agosto de 2020, quando o país havia já registado 45 mil casos de covid-19 e 1500 mortes[417] (embora o número reduzido de testes indicasse que os números reais seriam largamente superiores) o regime argelino tinha já conseguido deter vários manifestantes e jornalistas, apoiando-se nas novas leis. Arrumados em casa, vários activistas do Hirak foram detidos simplesmente pelas mensagens políticas que escreviam na internet. O acesso às páginas de vários órgãos independentes de notícias foi bloqueado. Desde Fevereiro de 2019 que os generais e a velha classe política viviam acossados pela contestação. Mas com o vírus o regime conseguira livrar-se das manifestações semanais.

Com as forças de segurança a perseguir opositores, Abdelmadjid Tebboune continuou a promover o seu projecto de revisão constitucional, sem discussões públicas ou a intervenção da sociedade civil. O governo, os militares, os deputados, e todos os que vivem na sombra do regime promoveram a revisão constitucional como a única forma de renovar o sistema político argelino.[418]

Tebboune caracterizou o documento como um passo importante na concretização das exigências dos manifestantes. Poucos argelinos foram persuadidos. Segundo os números do governo, só 23,7 % decidiram votar (ou seja, 5,6 milhões, em 24,4 milhões de eleitores). A afluência às urnas foi tão baixa que alguns locais de voto fecharam mais cedo. A nova constituição foi aprovada com 66 % dos votos.

Um dos argelinos que não foi votar foi o próprio presidente. Tebboune havia sido infectado com covid-19 em finais de Outubro e, após alguns dias em isolamento profiláctico, foi enviado num avião militar para a Alemanha para receber tratamento de emergência.

* * *

Lakhdar Bouregaa cumpriu sete meses de prisão, e acabou por ser condenado a uma multa. Foi libertado em Janeiro de 2020, juntamente com 75 outras pessoas presas pelo regime por participarem em manifestações ou criticarem o exército nas redes sociais. À porta da prisão de El Harrach, em Argel, um jornalista perguntou-lhe se estava contente por voltar a ver a sua família. Bouregaa respondeu que estava acima de tudo orgulhoso de regressar para a sua «grande família, que vai de Tlemcen a Tebessa, e de Tizi Ouzou a Tamanrasset». Prometeu continuar a luta pela revolução dos jovens, alertando os argelinos para que se mantivessem pacíficos.

Meses depois, debilitado por covid-19, Bouregaa acabou por morrer, em Novembro de 2020. Inicialmente, a televisão estatal argelina anunciou que o antigo combatente seria enterrado no Carré des Martyres de la Revolution Algérienne no cemitério de El Alia, o destino geralmente reservado aos heróis do país e antigos presidentes. Mas a família revelou que essa informação estava incorrecta. Antes de morrer, Lakhdar Bouregaa pediu aos seus familiares que o enterrassem no cemitério de Sidi Yahia em Argel, perto dos seus pais. Foi o seu último gesto contra o *pouvoir*, a recusa da instrumentalização da sua morte pelo regime.

* * *

Abdelmadjid Tebboune marcou o primeiro ano de presidência com um vídeo filmado na Alemanha, onde estava internado a receber tratamento médico. Há semanas que o governo lançava anúncios vagos sobre a saúde do presidente e o seu iminente regresso. Mas a falta de informação pública lembrou aos argelinos os últimos anos da presidência de Abdelaziz Bouteflika, em que o presidente passava meses no estrangeiro em tratamentos médicos.

O vídeo de Tebboune teve todos os contornos de uma prova de vida. Mais magro e visivelmente debilitado, prometeu regressar brevemente ao posto. O vídeo parecia uma estratégia dos apoiantes políticos de Abdelmadjid Tebboune no governo para afastar qualquer movimentação do exército contra o presidente.

Em vez de ter estabilizado o regime, a presidência de Abdelmadjid Tebboune enfraqueceu ainda mais a legitimidade do *pouvoir*. Tebboune voltou definitivamente à Argélia em Fevereiro de 2021. Mas os meses de ausência ajudaram a estagnar ainda mais o país. Decisões importantes, para lidar com a pandemia e a grave crise económica, haviam sido adiadas. O sistema centralizado ficou bloqueado com a ausência do presidente. O regime começou 2021 como havia terminado 2020, e 2019: acossado pela rápida delapidação das reservas financeiras e por uma população cada vez mais descontente. No início de Janeiro de 2021, o Ministério de Energia anunciou que as receitas da venda de petróleo e gás tinham diminuído 40 % em 2020, para 20 mil milhões de dólares.[419]

O retorno de Tebboune ao país marcou também o regresso da contestação. Celebrando os dois anos desde o início do movimento de protesto, milhares de pessoas juntaram-se em Kheratta, local das primeiras manifestações em 2019. Os protestos voltaram também a Argel, Orão, Bejaïa, Annaba, Constantine. O regime conseguira mudar o presidente e passar uma nova constituição. Mas fartos do teatro do poder, os Argelinos continuaram a exigir uma verdadeira mudança, pedindo um estado civil em vez de um estado militar.

Em meados de 2021, a Argélia continuava num impasse político. Há décadas que o regime gere o país como uma caserna militar. Mas o dinheiro do petróleo está quase a acabar, e o mais provável é que os anos de preços altos não voltem.

Ocupado em forçar uma narrativa de mudança apesar do imobilismo, o regime argelino engendrou eleições parlamentares em meados de Julho de 2021. Após anunciar que a participação popular havia sido de 30 %, foi forçado a admitir que pouco mais de 23 % dos eleitores haviam participado.[420] Um recorde de abstenção, mesmo tomando os números do governo como credíveis.

Não é por falta de interesse político que os argelinos recusam participar em eleições. Fazem-no por saberem que, no actual sistema, os resultados eleitorais são sempre usados para perpetuar o sistema. A «democracia» mantida pelos generais argelinos é uma estrutura vácua; gere o país de forma incompetente, canaliza o dinheiro do petróleo para se manter no poder. A Grande Mesquita de Argel, a maior mesquita de África, foi inaugurada em 2020. Tem um minarete de 265 metros, e espaço para acolher 120 mil crentes. Começou a ser construída em 2012, e custou mais de mil milhões de dólares. Um ano depois da sua inauguração, a população da capital tentava adaptar-se à escassez de água. A falta de investimento na rede de distribuição, aliada à seca, forçou o racionamento, cortando o acesso a água canalizada a cada dois dias em vários bairros da capital.

Usando novas leis antiprotesto, o regime parece ter conseguido abafar os protestos semanais do Hirak, pelo menos na capital. Mas as manifestações contra a escassez económica e o desemprego continuavam um pouco por todo o lado. A inflação acelerou e os argelinos continuaram a ver o valor do dinar a desmoronar-se. Muitos lançaram-se ao Mediterrâneo em barcaças para chegar à Europa. A população espera uma nova oportunidade para encher as ruas; a tensão política e a escassez económica parecem misturar-se de forma tóxica e irreversível. Existe a vontade de reconquistar as ruas, de reconquistar o país. Mas o regime é brutal. O sistema dura há sessenta anos porque é um regime violento.

Inoperantes e bloqueados, os generais pareciam aguardar uma nova subida no preço do petróleo para tentar comprar a paz social. Em Março de 2021, as reservas de moeda estrangeira do país haviam decrescido para 42 mil milhões de dólares.

A resolução para a crise talvez esteja num acordo que permita aos generais sair de cena com garantias de imunidade. Uma Argélia liberada e com instituições funcionais perseguiria muitos membros da classe militar e política por corrupção económica e abusos de direitos humanos. Manter o poder é uma questão de sobrevivência para a cúpula militar. Entretanto, o país afunda-se.

A Cleptocracia à Caça dos Activistas

De todas as histórias sobre a brutalidade de Saddam Hussein, uma das que mais caminho fez de boca em boca pelo país é a que descreve uma visita do líder iraquiano a casa de uma família. Ao ver o presidente, uma das crianças disse a Saddam que, sempre que a imagem do presidente aparecia na televisão, o seu pai cuspia furiosamente contra o ecrã. Como resultado da confissão inadvertida do seu filho, o pai de família foi dado como desaparecido pouco tempo depois. As ditaduras, particularmente as que misturam a brutalidade arbitrária com poder personalizado, são terrenos férteis para histórias tão inacreditáveis como prováveis. Yasser Mekki, de 28 anos, ouviu essa história toda a sua vida.

Não sabe se aconteceu realmente, ou se não passava de um rumor lançado pelo partido Baath para manter a população com medo. Mas lembra-se de que a ditadura de Saddam era oleada pela delação. Em sua casa, o pai dizia-lhe sempre para nunca falar do presidente, nem mencionar o seu nome, porque no Iraque até as paredes espiavam os cidadãos.

Nascido numa família de crentes, na cidade de Najaf, uma das mais importantes para o Islão xiita, Yasser começou por acreditar. Quando tinha 11 ou 12 anos, durante as férias da escola no Verão, frequentava a escola religiosa onde as crianças eram instruídas nos mistérios do Islão por clérigos xiitas. Era visto como um estudante religioso promissor. Mas, algures pelo caminho, começou a ler os livros do sociólogo iraquiano Ali Al-Wardi, que escrevera sobre a história e a mentalidade do país. A partir de 2003, com a queda de Saddam, Mekki começou a ter acesso a mais livros, a mais canais de televisão, afastando-se cada vez mais da mentalidade dogmática da religião.

Enquanto estudava medicina dentária na universidade de Kufa em Najaf, começou a juntar-se com outros activistas, médicos, farmacêuticos, engenheiros. Em 2013 fundaram a Moja (Onda), uma associação cívica para promover a mudança política no Iraque. Mas Mekki e os seus amigos participavam nas manifestações desde 2011.

Em Fevereiro desse ano, vários milhares de iraquianos começaram a protestar nas cidades de Bagdade, Baçorá, Mossul, Diwaniya e Ramadi. Oito anos depois da invasão militar americana que havia derrubado Saddam Hussein, queixavam-se do estado calamitoso do país. A electricidade falhava regularmente em várias cidades. O governo acabara de cortar as rações de alimentação distribuídas desde a invasão. Semanas de protestos contra o governo iraquiano e contra a presença americana no Iraque levaram à morte de dezenas de manifestantes. Os protestos continuaram durante os anos seguintes, mas nada mudou realmente. A elite governante no Iraque pós-Saddam tem sido uma mistura corrosiva de políticos de diferentes facções, e de milícias armadas.

Mas as coisas começaram a mudar em Outubro de 2019, quando os iraquianos saíram novamente para protestar em massa. Os manifestantes juntaram-se aos milhares, primeiro em Bagdade e por outras cidades. Exigiram a melhoria dos serviços públicos, a acesso à água e electricidade, saúde, e mais oportunidades de emprego.

A reacção do estado e dos grupos armados foi brutal.

* * *

Após a ditadura repressiva de Saddam Hussein, e as sanções económicas a seguir à primeira Guerra do Golfo, os iraquianos suportaram a destruição da invasão americana em 2003. A incursão externa trouxe anos de conflito sectário entre diferentes milícias, e a emergência do Daesh, que controlou cerca de um terço do país a partir de 2014, até ser largamente derrotado em 2017. Os impactos desta história beligerante ficaram impregnados no tecido social e político do país.

No Iraque de Saddam, como em todos os países rentistas da região, a maioria dos empregos dependia do estado. Para entrar no sector público, os iraquianos tinham geralmente de ser também membros do partido Baath. Quando derrubaram Saddam, os americanos embarcaram na ideia radical e mal-informada de «desbaathificar» o país.

Milhares de burocratas, militares, professores, médicos, e outros profissionais que exerciam funções no estado foram despedidos. A destruição das instituições iraquianas após a invasão americana ocorreu sem que o país tivesse sido estabilizado, sem que tivesse havido reconciliação.[421] O desmembramento do exército nacional, composto maioritariamente por árabes sunitas, foi uma das decisões que mais comprometeria os anos seguintes no Iraque.

Durante mais de trinta anos, Saddam Hussein, sunita, governou um país onde 70 % da população é árabe xiita. Nouri Al-Maliki, do partido islamista xiita Dawa, tornou-se primeiro-ministro com as eleições de 2006. Condenado à morte no final dos anos 1970 por ser opositor de Saddam, Al-Maliki havia passado grande parte do seu exílio no Irão e na Síria. Chegado ao topo, o novo chefe do governo centralizou as alavancas do poder na sua base xiita.

Durante anos, várias milícias xiitas e sunitas combateram os americanos. Parte da insurgência iraquiana contra a ocupação foi baseada em militares desmobilizados. Alguns desses grupos armados, como a milícia comandada pelo clérigo xiita Moqtada Al Sadr, tornaram-se forças paramilitares de grande envergadura e com apoio de alguns segmentos da população. Os confrontos sectários aumentaram, com milícias sunitas e xiitas a disputar posições em diferentes regiões do país. O exército americano foi acelerando a sua retirada do Iraque, e o governo de Al-Maliki foi afastando representantes sunitas e curdos do poder. Ao retirarem a maioria das suas tropas do Iraque em 2011, os americanos receberam garantias do governo de que os membros das tribos sunitas que haviam combatido grupos extremistas como a Al-Qaeda seriam incorporados no exército iraquiano e receberiam um salário.[422]

Mas o governo de Nouri al-Maliki não cumpriu o acordo. Milhares de sunitas foram presos, oficiais sunitas do exército foram despedidos sem receber salários ou pensões.[423] Com a mudança de regime, os sunitas seriam agora a minoria num país dominado por xiitas. Sem uma atitude conciliatória por parte do governo dominado por xiitas, grupos extremistas como o Estado Islâmico do Iraque (que se transformaria no Daesh) cresceram. O ressentimento de milhares de árabes sunitas facilitou o recrutamento de combatentes e apoio logístico.

Nouri Al-Maliki permitiu a crescente influência das milícias pró-iranianas durante os anos seguintes. A conquista do Iraque havia sido um objectivo estratégico de Teerão desde a revolução iraniana de 1979. Os dois países, que partilham 1600 quilómetros de fronteira, travaram uma guerra entre 1980 e 1988 que matou mais de um milhão de pessoas. Mas o Iraque, maioritariamente xiita e estrategicamente localizado, é uma plataforma essencial para aumentar a influência iraniana pelo Médio Oriente. Esse potencial havia estado vedado pela ditadura de Saddam Hussein, até à invasão americana. No Iraque, o Irão conseguiu usar o mesmo modelo que aplicara ao Líbano com o Hezbollah: apoiar milícias xiitas pró-iranianas que se transformaram em agrupamentos políticos com influência parlamentar e governativa.

* * *

A corrupção associada ao regime de Saddam era quase caricatural; desde o tamanho dos seus vários palácios, até às colecções de automóveis de luxo dos seus filhos. Mas a corrupção dirigida pelo regime beneficiava os círculos próximos do poder. O medo que a brutalidade dos serviços de segurança de Saddam Hussein causava nos restantes membros do governo e na burocracia serviu, provavelmente, como dissuasor da corrupção generalizada a nível do estado.[424] A situação piorou a partir da década de 90, com as sanções económicas impostas ao Iraque por ter invadido o Kuwait. O nível de vida piorou, e para alguns burocratas, a corrupção passou a ser uma forma de compensar os salários diminuídos.

No Iraque «democratizado» à força pelos americanos, a corrupção generalizou-se, encrustando-se na maioria dos organismos e do estado.

A ocupação americana trouxe muito dinheiro para reconstrução, esse volume de liquidez cilindrou um país com instituições fracas. A falta de segurança permitiu que muitos dos juízes e burocratas encarregados de investigar a corrupção fossem assassinados. A classe política xiita que foi ganhando terreno no aparelho e no parlamento nunca se comprometeu verdadeiramente com o combate à corrupção.[425]

Quando chegou aos comandos do estado, Al-Maliki trouxe uma oligarquia de governantes. Muitos destes novos membros da elite haviam vivido no exílio. Com acesso ao poder, políticos xiitas encarregaram-se de caçar contratos estatais e desviar fundos públicos de projectos de construção. Um esquema recorrente consiste em inflacionar o número de trabalhadores no sector público. Ministérios ou administrações inventam trabalhadores fantasma para poder cobrar dinheiro do orçamento supostamente alocado ao pagamento de salários.

Após cada eleição, os líderes dos partidos vencedores juntam-se e chegam a um acordo sobre a distribuição de posições no aparelho do estado. O acesso aos ministérios, aos seus orçamentos, aos lugares na burocracia tem sido o verdadeiro objectivo da maioria dos partidos políticos iraquianos.[426] Isto desencoraja a criação de governos competentes que resolvam problemas, enchendo a administração de afiliados partidários com acesso ao pote de dinheiro estatal.

* * *

A queda do preço do petróleo a partir de 2014 reduziu o tamanho das receitas do país. A guerra contra o Daesh destruiu muita da infra-estrutura existente. Paralelamente, a pressão demográfica aumentou o número de descontentes. Numa população com mais de quarenta milhões de habitantes, 60 % têm menos de 25 anos, e cerca de meio milhão de iraquianos chegam ao mercado de trabalho a cada ano.[427] São assolados pela falta de oportunidades económicas e pela inaptidão geral do governo.

A expansão do Daesh pelo Iraque a partir de 2014 levou ao colapso das forças iraquianas. O grande estandarte deste rápido avanço foi a fuga do exército nacional da cidade de Mossul em Junho desse ano. Como muitos iraquianos da sua geração, Yasser Mekki viu nessa derrota um ponto de viragem. As imagens de soldados iraquianos a abandonarem as suas armas e os seus uniformes para sair da cidade evidenciou a forma como a política sectária do partido Dawa e do primeiro-ministro Al-Maliki haviam esburacado o tecido do estado. Partidos islamistas, o domínio sectário contra outras comunidades, corrupção exacerbada, tudo havia levado àquela imagem: soldados adultos, equipados e treinados pelo melhor exército do mundo, a virarem as costas à luta.

Milhares de iraquianos quiseram ajudar na luta contra o grupo extremista. Mas, em vez de se juntarem ao descredibilizado exército nacional, alinharam-se com diferentes milícias. Estas forças paramilitares, reconhecidas e encorajadas pelo governo iraquiano, organizaram-se numa estrutura geral, *Al-Hashd al-Shaabi*, as Forças de Mobilização Popular. O conjunto de milícias, que contava com mais de 140 mil elementos divididos por mais de 50 milícias diferentes em 2016, teve um papel fundamental na reconquista do território iraquiano ao Daesh, apoiado por fòrças especiais americanas e paramilitares curdos. As Forças de Mobilização Popular foram maioritariamente compostas por milícias xiitas, mas incluíram também algumas combatentes sunitas e yazidis.

Desde que a invasão americana levara ao desmembramento do exército de Saddam Hussein os iraquianos viviam num país onde o estado não detinha o monopólio da força. A vitória contra o Daesh aumentou o perfil das Forças de Mobilização Popular; os seus mártires passaram a ser honrados em fotografias e canções populares. Muitos civis das zonas xiitas do país quiseram alistar-se como voluntários. Mas com os jiadistas vencidos, as Forças de Mobilização Popular transformaram-se numa das principais fontes da disfunção política e securitária do país.

As Forças de Mobilização Popular foram reconhecidas pelo governo, e muitos combatentes passaram a receber salários do estado.[428] Porém, várias destas milícias, como a Kataib Hezbollah (sem ligação com o Hezbollah libanês) transformaram-se em impérios económicos, forçando a entrada em negócios legítimos dos quais se apoderaram. Várias milícias incluídas nas Forças de Mobilização Popular respondem directamente a Teerão, forças paramilitares reconhecidas pelo estado iraquiano que recebem ordens das Forças Revolucionárias do Irão.

O Iraque já tinha assistido a várias ondas de protesto e contestação: especialmente em 2011, 2015 e 2018. Os protestos na cidade de Baçorá, no Sul do Iraque, durante o Verão de 2018, tiveram um sabor especial a incompetência estatal: após beber água contaminada, milhares de pessoas tiveram de ser hospitalizadas. Os protestos duraram meses, e a repressão da polícia provocou várias mortes. Porém, as manifestações exigiam mais do que água potável. Os jovens iraquianos estavam cada vez mais cientes da influência crescente do Irão, que controlava alguns dos seus grupos armados e protegia os políticos iraquianos corruptos. Os manifestantes de Baçorá queimaram o consulado do Irão na cidade.

A corrupção e a ineficiência estatal diluíam pouco a pouco qualquer possibilidade de futuro. Em Março de 2019, os habitantes de Mossul saíram à rua para protestar a morte de 95 pessoas no afundamento de um *ferry* no rio Tigre.

O parlamento ordenou uma investigação ao caso e a exoneração do governador de Nínive. Em Maio, milhares de manifestantes em Bagdade, Baçorá e outras localidades do Sul do Iraque saíram novamente à rua para protestar contra a corrupção e a falta de serviços básicos como água e electricidade. Manifestantes e jornalistas que cobriam os protestos foram detidos e ameaçados por grupos armados. Nesse Verão, estudantes universitários protestaram em frente a vários ministérios em Bagdade por oportunidades de trabalho. Foram reprimidos. A partir de Setembro, apelos a uma mobilização geral começaram a aparecer pelas redes sociais.

Pouco depois, uma alteração de pessoal nas forças de segurança, em finais Setembro, ateou a ira popular. De um dia para o outro, o tenente-general Abdul Wahab al-Saadi, comandante das forças de contraterrorismo, foi retirado do seu posto e estacionado numa secretária no Ministério da Defesa.

Al-Saadi, muçulmano xiita de 56 anos, era considerado um herói nacional pelo papel na luta contra o Daesh. Entre 2014 e 2017, fora ferido quatro vezes nas duras batalhas que desalojaram os jiadistas de Mossul, Fallujah, Tikrit e Beiji. Abdul Wahab al-Saadi era também um aliado preferido dos Estados Unidos, que haviam treinado a sua unidade de combate.[429] Num país melindrado por conflitos sectários, a força comandada por Al-Saadi era composta por nacionalistas não-sectários de todas as etnias. Ficou tão conhecido pelos seus sucessos militares que, apesar de ser xiita, a população maioritariamente sunita de Mossul decidiu homenageá-lo com uma estátua. Antes que pudesse ser inaugurada, o governo removeu-a.

Quando o primeiro-ministro anunciou a sua despromoção, os iraquianos suspeitaram imediatamente de influência estrangeira. Possivelmente, os políticos iraquianos apoiados pelo Irão sentiam-se ameaçados pela popularidade do militar. Al-Saadi classificou a sua exoneração como um insulto e um castigo. Não era só a sua atitude apartidária e anti-sectária que o distinguia do marasmo político-militar que arruinava o Iraque. Al-Saadi era também conhecido por não aceitar subornos.[430] Nas redes sociais, as mensagens de apoio ao militar rapidamente se transformaram em apelos ao protesto. Muitos iraquianos prepararam pósteres com a fotografia de Abdul Wahab al-Saadi e saíram à rua dias depois.

* * *

Os protestos do que viria a ser conhecido como o movimento *Tishreen* (Outubro em árabe) começaram a 1 de Outubro de 2019, na capital Bagdade, em Baçorá, em Nasiriya, e por outros centros urbanos no centro e Sul do Iraque, onde se concentra a maior parte da população xiita do país.

Em Najaf, Yasser Mekki e alguns amigos foram os primeiros a chegar ao local de um protesto, na Praça de Sadrayn. Foram prontamente detidos e levados por agentes da segurança interna. Era o tipo de acontecimento que os activistas costumavam divulgar pelas redes sociais, para criar pressão nas autoridades. Mas acima de tudo, para que se soubesse onde estavam. Com o início dos protestos, o governo cortara o acesso à internet. Os agentes pareciam estar à espera de ordens, ou a tentar decidir o que fazer com os activistas. Não lhes bateram, mas pareciam estar à espera para ver se poderiam começar.

Um dos activistas detidos enviou uma mensagem a um amigo que conhecia o governador, e avisou outros manifestantes. O governador, sabendo que qualquer derrapagem seria rapidamente publicitada, ligou para a Segurança Interna e exigiu a libertação dos activistas de Najaf. Yasser e os amigos tiveram sorte.

Pelo resto do país, o estado respondeu de forma violenta. Gás lacrimogéneo, canhões de água, fogo real. O uso indiscriminado de força contra civis desarmados mostrou aos iraquianos o que eles já sabiam: a elite política faria tudo para proteger os interesses do Irão e dos seus clientes dentro do Iraque.

No terceiro dia, manifestantes em Bagdade começaram a notar a presença de *snipers* nos telhados dos edifícios em redor da Praça Tahrir, onde decorriam os maiores protestos na capital. Vestiam uniformes pretos, tinham as suas caras tapadas com *baclavas*, alvejavam os manifestantes desarmados.

A intervenção das milícias teve um impacto matemático na repressão. De meia dúzia de mortos nos dois primeiros dias, o número de baixas entre civis subiu rapidamente para cinquenta no terceiro dia de protestos. Segundo noticiou a Reuters, a entrada em acção das milícias pró-iranianas havia sido recomendada numa reunião entre a segurança interna iraquiana e membros das Guardas Revolucionárias do Irão enviados a Bagdade no segundo dia dos protestos.[431]

O aumento da violência na capital forçou os manifestantes a improvisarem soluções. Os *tuk-tuks*, antes associados aos trabalhadores informais da cidade, e proibidos de entrar no centro de Bagdade, passaram a servir de ambulâncias, retirando manifestantes feridos das zonas de protesto. As forças de segurança destruíram hospitais improvisados para assistir manifestantes feridos, o governo misturava a repressão brutal com um tom conciliatório.

Em Kerbala, a 28 de Outubro de 2019, as forças de segurança dispersaram uma manifestação matando 18 manifestantes e ferindo mais de 800. Um mês depois, as cidades de Nasiriya e Najaf assistiram a eventos de igual violência, com a polícia e milícias não-estatais a alvejarem manifestantes desarmados, matando 91 pessoas e ferindo 700.[432] Os manifestantes apontaram a sua raiva a alvos específicos destruindo sedes de várias milícias e partidos, juntamente com as representações diplomáticas do Irão.[433]

O líder espiritual dos xiitas do Iraque, o Grande *Ayatollah* Ali al-Sistani, apelou aos membros do parlamento que retirassem o seu apoio ao primeiro-ministro iraquiano Adel Abdel Mahdi, e pediu eleições antecipadas. A desaprovação pública da maior figura religiosa do país, uma referência para xiitas de toda a região, deixou o líder iraquiano sem opções. No final de Novembro de 2019, dois meses após o início dos protestos, o primeiro-ministro anunciou que se demitiria do cargo.[434]

Mesmo com a demissão do governo, o mês de Dezembro continuou a trazer milhares de iraquianos à rua para denunciar os atropelos de direitos humanos e exigir a punição dos oficiais e milicianos envolvidos na morte de manifestantes. Uma década e meia de um regime político dominado por políticos xiitas havia concretizado pouco pelos iraquianos.

* * *

O movimento *Tishreen* em 2019 permitiu superar narrativas sectárias. Mesmo no Sul, nas cidades de população xiita que haviam dado as vitórias à classe política sectária desde 2003, a população saiu em fúria contra o governo. Os anos de sectarismo haviam beneficiado os políticos e as milícias xiitas. Mas a população xiita, os civis, os que não faziam parte da elite governante, sentiam as mesmas dificuldades que os curdos, sunitas, cristãos e yazidis. Os manifestantes tinham uma mensagem clara para os seus governantes: «*Nureed Watan*» («Queremos um país»). E isso era uma ameaça directa às redes de criminalidade militarizada que haviam florescido no país.

A Comissão Suprema de Direitos Humanos do Iraque estimou, em finais de 2019, que o número de mortos da repressão estatal chegou aos 500. O relatório oficial do próprio governo confirmou que 70 % das vítimas mortais dos primeiros dias de protestos haviam recebido balas no peito ou na cabeça.[435] Mais de 10 manifestantes morreram pelo impacto de latas de gás lacrimogéneo directamente na cabeça ou no tronco. Cerca de 19 ficaram presos em edifícios que arderam. Estes detalhes não descrevem um governo negligente, falam de um estado capturado pela violência autoritária de milicianos.

As mortes não resultaram apenas da repressão de protestos. Muitos activistas e organizadores civis começaram a ser assassinados em atentados à bomba ou alvejados, enquanto saíam de casa, por homens de cara tapada. Pelos muros e pelas ruas do país, as caras dos mortos foram reaparecendo em grafítis e fotografias.

A tensão geopolítica também aumentou. Desde a ocupação americana que o Iraque se tornara numa arena para o confronto entre os Estados Unidos e o Irão. Mas foi no final do turbulento ano de 2019 que o confronto se materializou em quase guerra. Um *rocket* lançado por uma milícia pró-iraniana matou um americano que trabalhava numa base militar no Iraque. Em retaliação, os americanos bombardearam a base da milícia pró-iraniana, matando 25 dos seus membros.[436] Dezenas de membros das milícias pró-iranianas seguiram do funeral dos seus colegas em direcção à embaixada americana em Bagdade. Invadiram o perímetro exterior, incendiaram uma zona de recepção, tentaram entrar no edifício principal, sem sucesso. Dias depois, no início de 2020, os Estados Unidos assassinaram o general iraniano Qasem Souleimani em Bagdade, explodindo o veículo onde seguia com vários mísseis lançados de um *drone*.

* * *

A demissão do primeiro-ministro não trouxe avanços. A mesma classe política, influenciada pelo Irão e corrompida pelo acesso ao estado, continuava no poder. Nos meandros do parlamento iraquiano seria fácil estabelecer um novo arranjo político que mantivesse tudo na mesma.

A contestação e a sua repressão continuaram. Em Najaf, em Fevereiro de 2020, Yasser participava num protesto com outros jovens na Praça de Sadrayn. Os apoiantes de Moqtada Al-Sadr entraram e começaram a destruir as tendas montadas pelos manifestantes. Alguns jovens defenderam-se com pedras e paus, e os sadristas responderam com fogo de *Kalashnikov*. Yasser escapou às balas, e saído da praça foi para o hospital ajudar a tratar os jovens que iam chegando ao longo do dia. Havia muitos ferimentos de balas, e nove activistas perderam a vida.

Desde o início do movimento de protesto que o ciberespaço se transformara num território de combate, com *hackers* do regime e das milícias a penetrarem as aplicações e as contas de redes sociais usadas pelos jovens iraquianos para organizar protestos. Os ataques cibernéticos não serviam apenas para espiar ou ameaçar activistas. Vários contaram à *Aljazeera* que por vezes chegavam ao local onde haviam organizado uma manifestação e eram confrontados por milicianos pró-regime que esperavam com paus e facas.[437]

No entanto, foi a campanha de assassinatos que elevou a fasquia da luta contra o poder autoritário. Desde o início da mobilização popular que os activistas nas ruas do país viam pessoas estranhas nos protestos. Estes homens não pareciam interessados em protestar. Não carregavam cartazes, nem gritavam palavras de ordem. Antes, pareciam vigiar os manifestantes, tiravam fotografias, especialmente em Bagdade.[438]

Em Najaf, Yasser começou a ser alvo de ameaças indirectas. Amigos seus passaram a receber mensagens anónimas. Afirmavam preocupação com o destino de Yasser Mekki. Era melhor que parasse de falar com os *media* ou fazer *posts* nas redes sociais, porque poderia facilmente ir parar à lista de pessoas a assassinar, diziam vozes obscuras aos seus colegas e amigos.

Um dia, o chefe de Yasser no Ministério da Saúde disse-lhe que o tinha estado a proteger das milícias. Ameaçavam enviá-lo a trabalhar para uma clínica bem longe de Najaf e da sua família, «lixá-lo» burocraticamente. Ou então, visitariam a clínica onde Yasser trabalha para o deixarem em mau estado. Era bom que parasse de criticar Moqtada Al-Sadr, e as outras milícias, disse-lhe o chefe. As mensagens eram regulares, numerosas. Mas Yasser não foi exposto ao terror que começava pouco a pouco a dizimar os apoiantes do movimento *Tishreen*.

Vários começaram a ser raptados por homens encapuçados, abordados e atirados para dentro de carrinhas, e depois interrogados. As pessoas que faziam as perguntas pareciam saber bastante informação sobre os jovens e a sua participação nos protestos.

Rapidamente, os activistas e jornalistas iraquianos perceberam que andavam a ser caçados. Uma combinação do estado autoritário e de forças não-estatais andava atrás de cidadãos desarmados que pediam água potável, electricidade, e o fim da corrupção.

Em Janeiro de 2020, Ahmad Abdessamad, um correspondente da televisão iraquiana *al-Dijah* e o seu operador de câmara foram mortos dentro do seu carro, na cidade de Baçorá. Estavam estacionados perto de uma esquadra de polícia, após cobrirem os protestos na cidade.

Um veículo todo-o-terreno parou ao lado deles e vários ocupantes começaram a disparar.[439]

No Verão de 2020, Hisham al-Hashimi, um investigador e especialista de segurança que falava regularmente nos *media* iraquianos e estrangeiros foi assassinado à porta de sua casa em Bagdade por dois homens numa mota. Al-Hashimi estudava os grupos armados como o Daesh e as milícias paramilitares apoiadas pelo Irão. Já tinha recebido ameaças de ambos.[440]

Em Agosto desse ano, Reham Yacoub, uma médica e activista política que fazia parte do movimento de contestação, foi morta a tiro por homens que se aproximaram de mota enquanto circulava no seu carro por Baçorá.

Na mesma cidade, Tahseen Osama al-Shahmani, foi morto com vinte balas disparadas por homens que entraram no seu centro de internet.[441] Salah al-Iraqi foi baleado cinco vezes à porta de sua casa, em Bagdade, em Dezembro de 2020, por atiradores que viajavam numa mota.[442] Ihab Al-Wazni, conhecido como o «herói de Karbala», pela forma como organizou os protestos na cidade, foi morto de madrugada, em Maio de 2021, por homens armados que entraram em sua casa.[443] Até Junho de 2021, cerca de 30 activistas políticos haviam sido assassinados por todo o Iraque.[444] Outros tiveram de abandonar o país.

* * *

O primeiro-ministro demissionário, Abdel Mahdi, manteve-se como interino até que o parlamento conseguiu finalmente chegar a um acordo quanto ao seu substituto. O escolhido foi Mustafa al-Kadhimi, que assumiu funções no início de Abril de 2020, em preparação para novas eleições parlamentares.

Escapando do Iraque de Saddam Hussein em 1985, Al-Kadhimi exilou-se no Irão e no Reino Unido. Regressou ao Iraque após a invasão americana de 2003, e foi chefe dos serviços secretos iraquianos desde 2016. Pouco depois de ser escolhido para chefiar um novo governo, Mustafa al-Kadhimi reintegrou o general Abdul Wahab al-Saadi na unidade de luta contra o terrorismo e promoveu-o.

* * *

Só 41 % dos eleitores iraquianos votaram nas eleições parlamentares de Outubro de 2021, o nível mais baixo de participação eleitoral desde que Saddam Hussein foi retirado do poder pela invasão americana.

As eleições — que atribuíram os 329 lugares do parlamento — mostraram em votos o que a população iraquiana tentava dizer nas ruas há dois anos, enquanto evitava balas e bastões. A Aliança Fattah, uma aglomeração de partidos e milícias apoiadas pelo Irão, perdeu 28 dos 48 lugares que detinha no parlamento. As milícias xiitas com preponderância para a violência armada foram úteis para combater o Daesh. Mas os votantes pareciam indicar que os iraquianos querem as milícias fora da vida política e económica do país, especialmente as que mobilizam influência estrangeira.

Porém, as eleições trouxeram novos agentes políticos para o sistema. O partido Imtidad, surgido do protesto de 2019, conseguiu ganhar nove lugares no parlamento. Quase quarenta lugares foram para independentes, políticos maioritariamente seculares, ou pelo menos não-sectários. Acima de tudo, gente que ainda não foi corrompida pelo sistema político.

O grande vencedor das eleições, contudo, foi um dos homens mais influentes do Iraque nas últimas duas décadas: Moqtada Al-Sadr, cujo grupo político assegurou 73 lugares no novo parlamento. Al-Sadr comanda uma milícia armada e, ao contrário das milícias apoiadas pelo Irão, cujos objectivos são claros, tem um comportamento demasiado errático para prever: por vezes está com os iranianos, outras vezes contra. Depois de um longo silêncio, apoiou os protestos do Tishreen, antes de enviar homens armados atacar os manifestantes.

Os resultados, que juntam avanços com a permanência de problemas antigos, poderiam ter sido diferentes. Muitos activistas aderiram a um movimento de boicote das eleições.

Depois de anos de activismo político, inúmeros confrontos com a polícia em protestos, e o assassinato de muitos colegas e amigos, Yasser Mekki sentiu na abstenção nas eleições parlamentares em 2021 como que um murro dos seus semelhantes. Muitas das pessoas que não foram votar eram as mesmas que partilharam as ruas com ele, que gritaram contra o estado corrupto, que evitaram as balas assassinas, que disseram que queriam ter um país. Não deixou de vê-los como colegas e amigos. Sentiu que haviam sido afectados por um discurso mais simplista e radical: queriam deitar tudo abaixo, e, portanto, votar não valia a pena. Queriam, pensou Yasser Mekki, a moralidade do tudo ou nada, mas não o trabalho penoso dos pequenos passos.

Esperar que o regime esteja no chão antes de participar, pensou Yasser, é falta de pragmatismo. As milícias têm as metralhadoras, o dinheiro, o controlo de grupos de *media*. Os activistas só têm as redes sociais e os votos. As soluções radicais nunca poderiam ganhar contra homens armados sem medo de matar. No entanto, quando as eleições terminaram, Yasser não resistiu a computar os números na sua cabeça, a realidade aritmética alternativa se toda a gente que havia pedido a queda do regime, e os cidadãos apolíticos, tivessem votado. Yasser calculou: o clérigo Moqtada Al-Sadr teria ganho talvez 30 lugares em vez de mais de 70; as milícias iranianas teriam sido votadas para fora do parlamento; dois dos grandes males do Iraque teriam sido diminuídos.

* * *

Não é fácil calcular quanto dinheiro foi ilegalmente desviado do Iraque. Mas há estimativas de que entre 125 mil milhões a 300 mil milhões de dólares roubados aos iraquianos estavam em contas bancárias no estrangeiro em meados de 2020.[445]

O país está mergulhado num confronto entre duas narrativas. De um lado está o conservadorismo religioso, o sectarismo, o islamismo. É um Iraque preso às ideologias, envolvido na demonização do Ocidente, obcecado com a ideia de superioridade dos xiitas em relação às outras facções. É representado pelas milícias pró-iranianas, pelo campo do ex-primeiro ministro, Nouri Al-Maliki, pelos sadristas.

Do outro lado estão os iraquianos que querem um estado funcional, que cumpra as suas responsabilidades, liberto de identidades sectárias. Querem um país moderno, com hospitais, e acesso a electricidade sem cortes. Estão fartos do discurso de ódio entre facções dentro do próprio Iraque. São representados pelos activistas da sociedade civil, pelos iraquianos que passaram os últimos anos a protestar e, de certa forma, até pelo círculo do *Ayatollah* Ali Al-Sistani em Najaf. Yasser Mekki vê este último lado a ganhar o combate, eventualmente. Antes de mais, porque os iraquianos estão fartos da podridão política que os envolve há anos. Mas o outro lado tem as armas.

Em finais de 2021, Yasser levava já vários meses sem ser ameaçado. Talvez a segurança estivesse finalmente a melhorar. Ou possivelmente, as milícias pró-iranianas passaram a estar mais preocupadas com as milícias de Moqtada Al-Sadr do que com activistas com contas de redes sociais. Yasser só sabe que o Iraque é um lugar complicado. A bala que te mata pode vir de qualquer lado.

Muitas vezes, nem é uma bala.

A 7 de Novembro de 2021, dois *drones* com explosivos atingiram a casa do primeiro-ministro, Mustafa al-Kadhimi, em Bagdade. Al-Kadhimi sobreviveu à tentativa de assassinato sem ferimentos.

Uma Explosão em Beirute

Nos anos da guerra civil, o pai de Jana jogava um jogo.

A cada detonação, ela e o seu irmão tinham de decifrar que parte de Beirute explodia. «Terá sido no bairro de Barbeer ou em Cola? Será que foi em Ben Mathraf?»

Esse jogo relaxava-a.

Mas quando as explosões se ouviam perto do lugar onde viviam, em Corniche el Mazraa, a família ia toda para a casa de banho interior: cimento sem janelas e um pequeno ventilador; a parte mais forte da casa. Assim que a situação piorava, os miúdos e os valores iam para dentro da casa de banho.

Nascida em 1980, Jana cresceu enquanto milícias e exércitos desfizeram o Líbano. A mãe de Jana é cristã maronita. O seu pai é muçulmano xiita do sul. As duas facções massacraram-se durante o conflito. Os pais dela decidiram casar. O Líbano dentro de casa sempre fora diferente do Líbano lá fora. A guerra civil terminou em 1990. No final do conflito, os mesmos milicianos que combateram durante 15 anos transformaram-se em políticos.

* * *

A aceleração histórica que caracterizou as revoltas árabes chegou mais tarde ao Líbano, concentrada num curto período. Em 2019 e 2020, o país foi consumido por contestação popular, uma crise económica e política, a mesma pandemia que o resto do mundo, e uma das maiores explosões não-nucleares da história.

Essa explosão, que destruiu o porto de Beirute e grande parte da cidade à sua volta, foi em si mesma uma aceleração histórica. Toda a imobilidade política, a corrupção, os carros-bomba, as intervenções estrangeiras, a decadência da infra-estrutura, a crise económica, tudo destilado em segundos de fogo, fumo, e o vidro de uma cidade inteira estilhaçado pelas ruas.

Mas antes da explosão no porto, veio a explosão social.

Outubro de 2019, mais seco e quente do que o costume, trouxe uma vaga de incêndios alimentada por ventos fortes. Espalharam-se por todo o Líbano, consumindo florestas, varrendo montanhas, queimando aldeias. Em poucas semanas, havia mais de cem fogos activos.

Os incêndios (que tiraram a vida a duas pessoas, e a casa a muitas mais) relembraram aos libaneses os falhanços do estado: três helicópteros Sikorsky de salvamento e combate às chamas ficaram em terra por falta de peças de substituição. As autoridades tiveram de usar as carrinhas antimotim da polícia, direccionando as mangueiras normalmente apontadas a manifestantes nas ruas das cidades libanesas, para combater as chamas nos trilhos do Monte Líbano. O Chipre, a Grécia, e a Jordânia, enviaram aviões para ajudar na luta.

Por essa altura, com o país a caminhar para uma crise financeira, o governo estudava um novo pacote de austeridade. Estava carregado de medidas impopulares que afectariam os pobres de maneira desproporcional. Os libaneses esperavam cortes nos salários e nas pensões, a redução do financiamento das organizações não-governamentais que compensam as insuficiências do estado, subidas de impostos em produtos importados, e o aumento do IVA.

No entanto, foi uma medida de última hora que sacudiu as ruas. O governo anunciou uma taxa de 6 dólares mensais pelas chamadas feitas por *Voice Over Internet Protocol* (VOIP) em aplicações como o *WhatsApp*. Anos de corrupção haviam mantido os serviços públicos num estado desastroso, mas enriquecido a classe política. As duas operadoras de telemóvel, ambas estatais, cobravam aos libaneses os preços de telecomunicações mais altos da região. Com este imposto, o estado predatório tentava ganhar dinheiro com um serviço gratuito.

Os protestos começaram em Beirute no dia 17 de Outubro de 2019. Imagens das manifestações espalharam-se pelas redes sociais, e centenas de pessoas transformaram-se em milhares. Várias fogueiras bloquearam o trânsito nas principais avenidas da cidade. Um incêndio num edifício matou dois refugiados sírios.[446] O governo cancelou o imposto, mas os libaneses já estavam na rua com a raiva galvanizada por anos de má gestão.

No centro da cidade, a população confrontou o ministro da Educação Superior, Akram Chehayeb. Um dos seus seguranças tentou afastar as pessoas disparando a sua *kalashnikov* para o ar. Malak Alaywe, uma manifestante, agarrou-o pela sua *t-shirt* como se o quisesse manter por perto. Apoiando-se na sua perna direita, projectou um pontapé repentino nas partes baixas do segurança. O homem recuou, apontando a metralhadora para o chão e anunciando a sua rendição com uma mão no ar.

* * *

No final do século XIX, otomanos e europeus criaram um protectorado para a comunidade cristã na região do Monte Líbano, deixando as zonas costeiras e os portos de Beirute, Sídon, Trípoli e Tiro sob o controlo otomano. Com o acordo Sykes-Picot de 1916 entre a França e o Reino Unido, o Império Otomano no Levante foi dividido entre potências europeias. Mas o território do Monte Líbano não era nem suficientemente grande nem suficientemente fértil para suportar uma população significativa. Os cristãos do Monte Líbano, aliados a França, engendraram a criação do Grande Líbano, que incluiria as zonas costeiras ao longo do Mediterrâneo e o planalto do vale do Bekaa. Com a extensão do seu estado, queriam também libertar-se do controlo europeu.

A política francófona do Monte Líbano era diferente do arabismo das províncias costeiras.

Muitos libaneses, especialmente os que haviam emigrado para outras partes do mundo, consideravam-se parte de um território maior, ambicionavam a independência de França, mas incluídos no que seria uma Grande Síria, juntando o que é hoje a Síria com o Líbano. Nas zonas costeiras do Mediterrâneo, onde viviam muçulmanos sunitas e cristãos ortodoxos gregos, a ideia de fazer parte de um estado árabe mais alargado era preferível a ser uma minoria num novo estado cristão.

Contudo, ignorando as pretensões dos árabes nacionalistas de se associarem ao território sírio para leste, os franceses avançaram com a criação do estado do Líbano em 1920, estendendo as suas fronteiras até ao Mediterrâneo. Os postos na Comissão Administrativa do território foram distribuídos pelas diferentes comunidades religiosas em proporção ao seu peso demográfico. Mas imbuído neste confessionalismo estava a vontade de fazer do Líbano um estado cristão.[447]

Os cristãos haviam sido mais de 75 % da população no Monte Líbano, mas eram apenas 58 % no novo território que incluía as zonas costeiras e territórios adjacentes.[448] A administração francesa privilegiou os cristãos com dez lugares na Comissão Administrativa, contra quatro lugares para os muçulmanos sunitas, dois para os muçulmanos xiitas, e um lugar apenas em representação dos drusos. Em vez de criar uma identidade nacional, o modelo confessional mantinha as diferenças religiosas como o denominador de sociedade, encorajando dirigentes políticos a trabalhar para as suas denominações particulares e não para um estado comum.

Havia, contudo, o objectivo partilhado de independência. O Pacto Nacional de 1943 foi acordado entre líderes nacionalistas das várias facções representadas no território. O acordo não-escrito decretou que, no Líbano independente, o presidente seria sempre escolhido entre os cristãos, o cargo de primeiro-ministro seria entregue a um muçulmano sunita, e que o parlamento seria chefiado por um muçulmano xiita. Outras minorias (existem 18 facções reconhecidas), teriam acesso a postos nos governos. Como explica Eugene Rogan, em *The Arabs, A History*, apesar de ter incluído as diferentes comunidades religiosas na divisão do poder, o pacto «cristalizou o mesmo princípio de confessionalismo mantido pelos franceses, rigidamente distribuindo postos com base na comunidade religiosa, minando a política libanesa, e evitando que o país atingisse uma verdadeira integração. Desta maneira, os franceses deixaram um legado de divisão que sobreviveria muito depois da sua presença no Líbano».[449] O país tornou-se independente em 1943. Mas décadas depois, a destabilização do sistema confessional levou à guerra civil, que entre 1975 e 1990 matou mais de 100 mil pessoas, feriu centenas de milhares, e encorajou uma parte importante da população a emigrar.

Qualquer guerra é demasiado complexa para resumir em alguns parágrafos. Mas sobre a guerra civil libanesa ajuda dizer que envolveu: a Frente Libanesa, composta pelos falangistas das milícias cristãs maronitas; o Movimento Nacional Libanês, que juntou esquerdistas seculares e muçulmanos sunitas; o Movimento Amal, que aglutinou os muçulmanos xiitas; a Organização de Libertação da Palestina, que defendia os interesses dos refugiados palestinianos no Líbano; batalhões do exército libanês; o exército israelita; o movimento xiita Hezbollah e o exército sírio. Foi, ao mesmo tempo, uma guerra ideológica entre diferentes correntes nacionais, e o palco de uma guerra mais vasta entre potências regionais.

O país ficou em ruínas. O acordo de paz de Taif, assinado em 1989 para acabar com a guerra, manteve o sistema confessional. Em finais de 1990, um governo de salvação nacional com trinta ministérios foi estabelecido, incluindo representantes de quase todas as facções do conflito. Uma lei de amnistia permitiu aos líderes milicianos, os mesmos que haviam ordenado massacres de civis, que trocassem as fardas de combate por fatos e gravatas. Perceberam que seria mais fácil dividir os despojos do estado em paz do que em guerra. As justiça para as vítimas, para os milhares de mortos e desaparecidos, foi esquecida.

O acordo de Taif permitiu uma renegociação subtil do Pacto Nacional, traduzindo a alteração demográfica e o aumento da população muçulmana nas décadas precedentes. Os poderes inerentes ao primeiro-ministro e ao chefe do parlamento foram ampliados, o número de lugares no parlamento reservado a deputados muçulmanos foi aumentado até à paridade com o número de deputados cristãos.[450]

As milícias foram obrigadas a entregar as suas armas, e os combatentes que assim o desejassem convidados a integrar as forças armadas libanesas. O único grupo que não foi desarmado foi a milícia xiita Hezbollah, que contava com o apoio do Irão e da Síria, e que combateu a ocupação israelita no Sul do Líbano. Mas os israelitas retiraram-se do Líbano em 2000, e mesmo assim o grupo manteve as suas armas. O acordo de paz previa também a retirada das tropas sírias do território libanês, mas sem delinear um prazo. O assassinato do antigo primeiro-ministro Rafik Hariri, em 2005, com um camião-bomba, desencadeou protestos populares contra a presença da Síria, forçada a retirar as tropas do Líbano meses depois.[451]

* * *

Após a guerra civil, reforçado o sistema sectário, os políticos impediram o surgimento de um estado funcional. Fizeram-no para manter a população dependente dos líderes sectários; cristãos garantindo os interesses de cristãos, muçulmanos sunitas olhando por muçulmanos sunitas, xiitas trabalhando para xiitas. O estado libanês não existe verdadeiramente. Está submerso num aglomerado de redes clientelistas que disputam entre si os recursos limitados do país.

O bilhete de identidade identifica a comunidade a que pertence o seu portador. Serviços públicos, casamento, herança, e até o acesso aos tribunais são regidos pelas estruturas específicas de cada facção, quer sejam praticantes, crentes ou ateus. Em troca do apoio dos cidadãos, os líderes de cada comunidade religiosa ajudam na alocação de empregos, no acesso a educação e saúde nas suas comunidades.[452] O que seriam as obrigações básicas de um estado estão distribuídas por grupos políticos aos seus seguidores como se fossem favores.

Depois da guerra, a classe política pediu milhares de milhões de dólares em empréstimos para reconstruir o país. Mas a electricidade nunca foi verdadeiramente restabelecida, as auto-estradas continuaram a inundar por falta de redes de esgotos, o acesso à água potável funcionou sempre mal.

O sistema permitiu a estes líderes milicianos construírem fortunas. Adquiriram imobiliário a preços reduzidos, e passaram a controlar activos financeiros espremidos do açambarcamento do aparelho do estado.[453] O sectarismo serviu sempre a corrupção e a imutabilidade; o sistema controlou os recursos económicos e, acima de tudo, impediu que novos movimentos políticos surgissem contra o *statu quo*. As diferentes facções disputam posições estratégicas no governo, contratos públicos, e peso político. Essas posições são depois distribuídas — em empregos e salários — aos seus constituintes. Esta disfunção está espelhada no pesado aparelho do estado: em 2019 empregava cerca de 400 mil pessoas de uma população de 4,5 milhões de habitantes[454] (sem contar com os refugiados palestinianos que há várias décadas vivem no país, ou os refugiados sírios que chegaram na última década). As contratações dependem do apoio e influência dos líderes comunitários, não do mérito individual. Coisas simples como uma licença para abrir um negócio dependem por vezes de uma carta de um membro do parlamento.[455] A chefia militar também está sujeita a um sistema de quotas, que exige ter o número certo de cristãos, de sunitas, de xiitas, de arménios, de drusos.

A corrupção corroeu as empresas estatais. A Electricité du Liban, a empresa pública de electricidade, recebia anualmente cerca de 1,5 mil milhões do estado. Mas três décadas após o final da guerra civil, o país ainda não restabeleceu a electricidade 24 horas por dia.[456] O Líbano funciona a geradores, pagos por habitantes ou grupos que controlam o fornecimento de electricidade em cada bairro. Os libaneses já se habituaram a pagar duas contas para ter acesso a serviços públicos; uma ao estado, e outra a grupos privados que compensam as lacunas do estado.

Não foi só o papel do estado que foi capturado. A própria economia transformou-se num embuste. Durante anos, os bancos libaneses ofereceram altas taxas de juro para atrair depósitos da diáspora libanesa e de investidores do Golfo. Esses depósitos eram canalizados para o Banco Central do Líbano, que os emprestava ao governo. Ao atrair depósitos em dólares o país conseguia manter a libra libanesa indexada ao dólar. Mas o esquema revelou-se insustentável para um país que não criava riqueza, e não tinha exportações que pudessem gerar dólares.

A partir de 2011–2012, o Hezbollah entrou na Síria para proteger o regime de Bashar Al-Assad, que combatia brigadas rebeldes sunitas. A batalha no país vizinho aumentou a instabilidade sectária no Líbano e reduziu o investimento estrangeiro. Os países do Golfo, que financiavam combatentes anti-Assad na Síria, ficaram cada vez mais relutantes em investir no Líbano devido ao crescente controlo do estado pelo Hezbollah. Pouco a pouco, a situação económica deteriorou-se.

Em 2015, a disfunção do sistema revelou-se no acumular de montanhas de lixo por Beirute. Quando o principal aterro sanitário da cidade ficou completo, a empresa privada contratada para o tratamento do lixo deixou de fazer a recolha. Os sacos amontoaram-se pelas ruas da cidade e, com a chegada do Verão, o cheiro putrefacto invadiu tudo. Em vez de solucionar um problema que teria sido fácil de evitar, a classe política perdeu-se em discussões sobre a que empresa deveria ser entregue um novo contrato de recolha de lixo na capital.[457] Os libaneses organizaram protestos contra a classe política; uma pequena mostra da raiva que explodiria anos depois.

A crise do lixo urbano em Beirute motivou a criação de um movimento político em 2016: Beirute Madinati (Beirute, A Minha Cidade), que ganhou 40 % dos votos das eleições municipais desse ano contra o partido apoiado pelo sistema, mostrando que cada vez mais cidadãos queriam uma mudança no sistema político do país.[458] Foi contra esse sistema disfuncional que os libaneses se ergueram no Outono de 2019.

* * *

Na noite em que os protestos de 2019 começaram, Jana tinha planeado ir a um concerto. Havia cada vez mais gente na rua. O ambiente era diferente de outros protestos em que tinha participado. Não pareciam os protestos do lixo urbano em 2015. Nem as manifestações massivas que se seguiram ao assassinato de Rafik Hariri em 2005.

No dia seguinte, os libaneses saíram à rua outra vez. Jana reparou que a diferença destes protestos era que a população parecia um bloco. Não havia facções ou grupos políticos, não havia bandeiras. Todos gritavam: temos de livrar-nos de toda a classe política. O descontentamento parecia ter unido pessoas de diferentes comunidades religiosas e estratos sociais. Era um protesto de libaneses, não de xiitas ou sunitas ou cristãos ou drusos.

Os protestos espalharam-se pelo país: estradas cortadas em Trípoli, em Baalbek, em Sour. Dois dias depois do início das manifestações, mais de um milhão de libaneses saiu à rua. Na madrugada, com as ruas de Beirute ainda cheias de manifestantes, a polícia começou a tentar dispersá-los com canhões de água e balas de borracha. Rolos de arame farpado foram descortinados para proteger edifícios governamentais, incluindo o parlamento. Pela cidade ficaram os restos de plástico derretido dos caixotes do lixo incendiados durante a noite.

Em Trípoli, a norte, duas pessoas morreram e várias ficaram feridas quando o segurança de um deputado parlamentar disparou contra um ajuntamento. O político, Misbah al-Ahdab, tentara juntar-se aos manifestantes, que prontamente lançaram garrafas de vidro e de plástico contra os automóveis da sua comitiva. Eram protestos contra a classe política. Por isso, a classe política estava convidada a não participar. Armas automáticas contra garrafas.

Com os protestos, o primeiro-ministro libanês Saad Hariri foi pressionado a demitir-se por outros políticos do regime. Numa intervenção televisiva, um dia depois do início dos protestos, Hariri estabeleceu um prazo de 72 horas para que ele e outros membros do governo e do parlamento se pusessem de acordo para implementar as reformas de que o país precisava. Hariri acusou os seus parceiros de coligação pela falta de medidas para resolver a crise económica. Nas ruas, a repressão endureceu. Gás lacrimogéneo e dezenas de detenções. Trazidos das montanhas, os canhões de água antimotim voltaram a servir a sua função.

Em Beirute, a Praça dos Mártires, assim chamada devido à execução de 16 independentistas durante os últimos anos do domínio otomano, tornou-se o centro dos protestos. Muitos milhares de manifestantes reuniram-se também junto ao edifício do parlamento, na Praça Riad el Solh, em frente ao gabinete do primeiro-ministro, e ao Banque du Liban, o Banco Central.

Dois dias depois do início da contestação, Hassan Nasrallah, o líder do Hezbollah, a milícia-partido xiita, falou pela primeira vez sobre os protestos. Nasrallah disse não querer a queda do governo (do qual o Hezbollah fazia também parte), porque os mesmos grupos políticos teriam então de se embrulhar em longas disputas para formar um novo governo.

Muitos xiitas viram na recusa de Nasrallah um alinhamento com os políticos que se agarravam ao poder. Parte do regime, o Hezbollah perdera a aura de grupo de resistência. Mas o grupo continua a ser a milícia mais bem armada do país, mais forte até que o próprio exército nacional. Controla uma parte importante do estado libanês, além de gerir as rotas de contrabando que lhe permitem gerar receitas próprias. Há anos que funciona como um estado dentro do estado.

Apesar de não ter nenhum posto oficial no governo libanês, Hassan Nasrallah é uma das figuras políticas mais influentes do Líbano. Após ter ganho um peso importante no parlamento nas eleições de 2018 (em conjunto com um outro partido xiita, o Movimento Amal), o Hezbollah viu-se subitamente enclausurado pela vaga de protestos. A contestação espalhou-se para todo o país, incluindo o sul, onde o Hezbollah tem a sua base de apoio. Em Nabatieh a população xiita insurgiu-se contra o chefe do parlamento, Nabih Berri, o líder do movimento xiita Amal. O próprio Nasrallah passou a ser o alvo da ira até do seu eleitorado xiita, inconcebível até aquele momento.[459]

Os libaneses continuaram a pedir que o governo se demitisse. Quando terminou o prazo, Saad Hariri anunciou um conjunto de reformas. Os salários dos membros do governo e do parlamento seriam reduzidos para metade. Novos impostos ao sector da banca seriam implementados para ajudar a reduzir o défice orçamental. O apoio dado às famílias mais pobres seria aumentado, incluindo 160 milhões de dólares em empréstimos para aquisição de casa, que ajudaria também a dar um impulso ao sector da construção. Hariri explicou que as medidas económicas não eram oferecidas como troca pela paz social, e que os libaneses tinham o direito de continuar a manifestar a sua raiva, caso quisessem. Temendo que a população corresse para levantar as suas poupanças, os bancos aproveitaram os protestos e continuaram fechados, muitas das suas agências foram destruídas pela fúria popular.

Na mesma noite em que os manifestantes rejeitaram os compromissos de Hariri, grupos de homens em motas, envergando bandeiras do Hezbollah e do Movimento Amal, tentaram chegar ao centro de Beirute. Foram impedidos pelo exército de chegar perto dos manifestantes acampados no centro da cidade. As direcções dos dois agrupamentos xiitas afirmam não ter ordenado os seus apoiantes a atacar o protesto.

Apesar da desorganização provocada pelos manifestantes, os protestos e a sua duração representaram uma renovação na sociedade libanesa. A inaptidão de sucessivos governos e políticos havia unido a população. Esta dinâmica fez parte dos *slogans* dos manifestantes, que diziam querer que toda a classe política abandonasse o poder: «Todos, significa todos.» Outro *slogan* falou de tudo o que havia passado no país nos últimos trinta anos: «Nós somos a revolução popular, vocês são a guerra civil», cantaram os manifestantes.

Foi só depois de uma semana de protestos que os libaneses ouviram uma mensagem do presidente, Michel Aoun. Cristão maronita, Aoun havia sido comandante do exército libanês durante a guerra civil. Num discurso gravado disse aos libaneses que todos aqueles que desviaram dinheiro público seriam responsabilizados. Afirmou-se disposto a conversar com os manifestantes, e defendeu a alteração das leis que davam imunidade aos detentores de cargos públicos, para que houvesse investigações. «A corrupção comeu-nos até ao osso», admitiu Aoun.[460] Depois, explicou que o regime não poderia ser mudado nas praças das cidades, só através das instituições do estado.

Os manifestantes continuaram a sair à rua, levando raquetes de ténis para lançar as botijas de gás lacrimogéneo de volta contra a polícia, e cebolas para aliviar o seu efeito. Hassan Nasrallah, o líder do Hezbollah, voltou a falar aos manifestantes. O líder xiita recusou, uma vez mais, a queda do governo, explicando que poderia levar ao caos e, em última instância, ao regresso da guerra civil ao Líbano. Pediu aos seus apoiantes do Hezbollah que não participassem nos protestos que agitavam o país há uma semana, aglutinando todas as denominações religiosas e estratos sociais da sociedade libanesa. Adoptando o discurso das elites que continuam a bloquear a reforma na região, Nasrallah questionou os motivos por detrás da desordem, falando em informações vagas que indicavam a influencia estrangeira; um dos refúgios comuns do poder autoritário.

A violência não veio de mãos estrangeiras ou conspirações obscuras como avisara Nasrallah. Foram os apoiantes do próprio Hezbollah que começaram a atacar manifestantes pacíficos em Beirute, Nabatieh e el Sour. Nessa tarde, Jana viu como uma semana de manifestações por uma população unificada pôde ser facilmente destruída pelo apelo sectário dos senhores do país.

Grupos de apoiantes do Hezbollah e do Amal chegaram à Praça dos Mártires, em Beirute, em motas, gritavam «xiitas, xiitas». Começaram a agredir os manifestantes acampados no centro da cidade com bastões de madeira e barras de metal, queimaram as tendas do protesto. Inicialmente, as forças de segurança não intervieram para proteger os manifestantes e separar os grupos. Mas eventualmente, a polícia utilizou gás lacrimogéneo para recuperar a iniciativa. Pouco depois, os manifestantes que haviam sido atacados pelos grupos dos partidos xiitas voltaram para a praça dos mártires e reconstruíram o acampamento de protesto. Nessa tarde, o primeiro-ministro demitiu-se. Hariri explicou que o país havia chegado a um impasse. Era necessário um choque para conseguir avançar.

A demissão do primeiro-ministro libanês foi uma vitória para os manifestantes. Mas na confusa coligação governativa que ocupava o poder no Líbano, Saad Hariri era um elemento dispensável. A violência da polícia continuou a crescer. Jana sentiu que as primeiras cargas eram fáceis de aguentar. Contudo, quando a polícia começou a aumentar o uso de gás lacrimogéneo, ou a disparar balas de borracha, Jana percebeu que nem toda a gente à sua volta estava disposta a aguentar a luta física durante muito tempo. Tentando mudar o sistema, os libaneses continuaram presos entre a violência da polícia, e a violência dos jovens enviados pelo Hezbollah e pelo Amal. O duelo de pedradas e bastonadas policiais, e milicianos em *scooters*.

A situação económica continuou a piorar. Encurralados, alguns libaneses adoptaram os comportamentos do desespero extremo. Em Arsal, no Norte do Líbano, Naji Fleity, de 40 anos, suicidou-se em Dezembro de 2019, após ter perdido o seu emprego numa pedreira. A tragédia auto-infligida ocorreu no mesmo dia em Fleity teve de recusar mil libras libanesas (0,50 euros) à sua filha que queria comprar um *manoushe*, uma espécie de pão com especiarias, comida de rua. O gesto lembrou o suicídio desesperado de Mohamed Bouazizi na Tunísia, uma década antes. Mas houve quem visse no acontecimento de Fleity um sinal do futuro. Entrevistado pelo jornal *Al Akhbar*, o tio do homem desesperado explicou o suicídio como «o início de um fenómeno que veremos no futuro assim que as pessoas de Arsal, e outros libaneses, perderem o seu orgulho e dignidade».[461]

* * *

Os protestos de 2019 explodiram quando os líderes das diferentes comunidades estavam já a ficar sem dinheiro para distribuir pelos seus apoiantes. Quando os libaneses foram para a rua pedir contas aos seus governantes, o Líbano era já o terceiro país mais endividado do mundo, gastando cerca de 40 % das receitas anuais do governo para pagar a dívida.[462]

A demissão de Saad Hariri não trouxe calma às ruas. Os manifestantes mantiveram-se impacientes com a falta de mudança. Os dirigentes políticos também mostraram frustração com o facto de as promessas do costume não acalmarem os ânimos. Após um mês de agitação diária, o presidente, Michel Aoun, pediu aos manifestantes que voltassem para casa, dizendo que quem não via pessoas decentes no Líbano deveria emigrar.[463]

* * *

Os libaneses receberam as notícias da formação de um novo governo, a 22 de Janeiro de 2020, com indiferença. O académico Hassan Diab passou a liderar um governo de tecnocratas. Os protestos continuaram nas ruas, suportados em grande parte por estudantes que pediam novas eleições, e não a mera reciclagem da mesma aritmética política. Mas as exigências populares de mudança são uma afronta à sobrevivência do sistema.

Enquanto o valor da libra libanesa foi descendo, o número de suicídios foi aumentando. No início de Julho de 2020, um homem de 61 anos matou-se com um tiro de pistola no meio da rua, no bairro de Hamra. Ao seu lado deixou uma carta, e o seu registo criminal limpo. A nota de suicídio fazia referência a uma canção revolucionária que fala de fome. No mesmo dia, em Sídon, no Sul do Líbano, um condutor de camioneta com problemas de dinheiro enforcou-se.[464] Nesse mês, o preço dos alimentos havia já aumentado 330 %, em comparação com o ano anterior.

* * *

Caminhando pelo seu bairro de Mar Mikhael, Jana via a crise económica digerir lentamente o país. Durante a década anterior, o bairro transformara-se num lugar de vida nocturna, atraindo artistas para os seus bares, restaurantes e lojas. Mas Mar Mikhael, como o resto de Beirute e do país, afogava-se na crise e na pandemia. Já não havia dinheiro.

A 4 de Agosto de 2020, depois das cinco da tarde, Jana estava em casa com a sua namorada à espera de alguns amigos. O apartamento está no quinto andar de um edifício dos anos 1960, pertencente a uma família de libaneses arménios. Conhecia toda a gente do prédio, maioritariamente habitado por familiares dos proprietários. O seu estúdio de som, onde compunha e produzia música, ocupava uma das salas. Ali guardava os seus microfones, instrumentos musicais e mesas de mistura. Jana sempre gostara da luz da casa, com vista directa para o Mediterrâneo. Habituara-se a acompanhar as visitas dos navios que atracavam no porto de Beirute. Naquela tarde, Jana reparou numa coluna de fumo que começara a erguer-se de um dos armazéns nas docas.

Mas pelas 17h45 o fumo transformara-se já em fogo, e esse fogo estalava em pequenas detonações. Jana pensou que deveria haver fogo-de-artifício armazenado no porto. «E agora, que fazemos?», perguntou-lhe Maria.

Ficaram a observar da varanda durante 20 ou 25 minutos. Os bombeiros chegaram, mas o fogo parecia ter já crescido acima da capacidade humana, chamas mais altas do que o armazém que engoliam.

Já estavam na sala quando Jana ouviu uma pequena explosão vinda do porto. Reparou que a porta que dava acesso à varanda, de madeira e vidro, se agitou ligeiramente, como um suspiro de ar com intenções. Nesse segundo, gritou: «para a casa de banho!», e correu com Maria pelo corredor. Passaram alguns segundos. Uma luz branca, e o prédio começou a tremer.

Depois, uma explosão que desfez a porta da casa de banho contra as duas.

Saíram do seu *bunker* improvisado e encontraram o apartamento cheio de fumo e pó acastanhado. Jana havia deixado de usar lentes de contacto durante a pandemia, e como não conseguia encontrar os óculos, não conseguia ver muito bem. Mas via o suficiente para perceber que o apartamento tinha ficado desfeito, tudo o que era madeira ou vidro havia sido despedaçado, a porta que separava o apartamento das escadas do prédio foi arrancada, o estúdio onde compunha foi desfeito em peças de revestimento acústico e equipamento desmembrado.

Jana pensou que o gerador na cave poderia explodir com todo o edifício, disse a Maria que tinham de sair dali. Mas no prédio povoado por gente mais velha, havia vários feridos, especialmente no andar dela. Foi necessário ajudá-los a descer, e encontrar boleias para o hospital. Era quase impossível arranjar ambulâncias. Mais tarde, Jana soube que, no momento da explosão, ela e Maria eram as úncias pessoas que estavam em casa, nos apartamentos que davam para o porto.

Mar Mikhael estava completamente destruído. Na rua estava toda a gente que conheciam do bairro, gente que sangrava, coberta de pó, todos a perguntarem por todos. Havia também mortos na rua. Foram andando, de Mar Mikhael para Gemmayzeh, e viram que o bairro de Gemmayzeh estava também destruído, depois por Saint Nicholas e Sursock, até chegar a Mar Mitr. Carros esmagados, vidros partidos, mobília regurgitada dos apartamentos. Jana não conseguia ver o final do raio da explosão, e pensou: os meus amigos estão bem? Os meus pais estão bem? Beirute está bem?

Enquanto caminhavam pela cidade, o tempo pareceu-lhe parado. Havia postes de electricidade caídos que bloqueavam o caminho das ambulâncias e dos carros que levavam pessoas para os hospitais. Mas os próprios hospitais haviam sido abalados pela explosão, o seu equipamento destruído, os seus doentes vitimizados.

Evitando as ruas em que prédios ameaçavam desmoronar, Jana e Maria cruzaram-se com um homem nu coberto de sangue, andava como se estivesse perdido. Enquanto o dia caía, olhando para o céu, Jana viu um cor-de-rosa pastilha elástica. Sentiu-se num misto de filme *anime* japonês e o apocalipse. Disse: «*Mashalla*», uma palavra que não lhe costuma sair da boca.

Nessa noite, Jana ficou em Corniche el Masraa, em casa do pai. Sempre que a explosão se repetia no ecrã de televisão os pais de Jana olhavam para ela e diziam: não acredito que estás viva, é impossível que tenhas sobrevivido àquilo. Nessa noite, Jana dormiu no chão. Durante a guerra civil, ela e o irmão dormiam sempre no chão.

* * *

Muitos habitantes de Beirute julgaram inicialmente que a explosão se dera no seu próprio edifício ou no próprio bairro. Alguns pensaram que havia sido um bombardeamento israelita. Depois saíram de casa para ver as entranhas da cidade espalhadas por cada rua e perceberam que a tragédia fora muito maior do que um bombardeamento.

A destruição foi causada pela explosão de 500 a 2750 toneladas de nitrato de amónio que estavam armazenadas no hangar 12 do porto de Beirute. Situado perto de uma zona residencial, o porto de Beirute era informalmente conhecido como «A Gruta de Ali Babá e dos 40 Ladrões», pela forma como concentrava a estagnação corrupta do país. Desde que o porto voltara a ser gerido pelo estado no fim da guerra civil, as principais forças políticas haviam colocado representantes seus na estrutura de gestão portuária. Estas redes de influência eram utilizadas para o contrabando de bens, para ajudar pessoas influentes a fugir aos impostos quando traziam produtos para o país, ou para angariar dinheiro através da corrupção.

Altamente inflamável, o nitrato de amónio havia chegado de barco em 2013 e fora armazenado no porto de forma insegura. Os libaneses vieram a descobrir mais tarde que várias figuras do estado e do governo sabiam que o material altamente instável estava armazenado no porto e que, apesar de repetidos avisos para o perigo, ninguém havia agido para impedir a tragédia.

O rebentamento foi sentido no Chipre, a 240 quilómetros de distância. Oficialmente matou 218 pessoas. Mais de 7 mil pessoas ficaram feridas, os vidros e a mobília transformados em facas projectadas a alta velocidade.

Ao regressar a Mar Mikhael no dia seguinte, Jana encontrou restos da sua casa pela rua. Em cima de um automóvel semidestruído estava o seu *oud*, partido após ter voado do quinto andar. Pelo chão estavam os restos do seu estúdio, e fotografias dos vizinhos, fotos de pais com os seus filhos. Haviam sido tiradas há décadas, pousadas em mesas e estantes durante anos para serem arrojadas com pedaços do prédio até à rua em baixo.

Subindo as escadas até ao quinto andar, Jana passeou pelo que restava da sua casa pensando nas possibilidades: ali teria morrido, aqui teria morrido. A sua guitarra tinha estilhaços enterrados na madeira, e o piano perdera várias teclas. No interior do seu equipamento de som encontrou vidros.

Durante as semanas seguintes, o som da cidade foi o barulho de vidro a ser varrido das ruas e colocado no lixo. Para alguns sobreviventes, o som rítmico de vidro arrastado sobre alcatrão, de alta frequência, passou a desencadear episódios de *stress* pós-traumático.

Dias depois da explosão, os habitantes de Beirute voltaram ao centro da cidade para protestar. Durante a revolta de 2019–2020, os *slogans* tinham tido um tom político. Mas naquela noite, Jana viu que as pessoas usavam os seus pulmões para gritar insultos contra o governo com o máximo de força que conseguiam.

Ninguém do governo veio falar com as pessoas. Não houve um pedido de desculpas, nem um minuto de silêncio pelas vítimas. O governo enviou o chefe da brigada de bombeiros, que acabara de perder vários homens na explosão do porto, para ajudar o exército a reprimir os protestos. No protesto com uma amiga assustada, Jana foi interpretando os sons: isto é alguém a bater no chão; isto é o som de uma botija de gás lacrimogéneo a ser disparada, do outro lado da praça; isto é o som de balas de borracha; isto é o som de balas reais, aqui perto. «É melhor sairmos daqui», disse Jana.

Quando as forças de segurança dispararam sobre os manifestantes, Jana pensou: tentaram matar-me na terça-feira, e agora tentam matar-me no sábado?

* * *

Em Fevereiro de 2021, Lokman Slim, jornalista e comentador político de 58 anos, crítico habitual do Hezbollah, foi assassinado a tiro, a sul de Beirute, numa zona controlada pela milícia xiita. Há muito que Slim dizia receber ameaças do partido-milícia liderado por Nasrallah e também do grupo Amal. Numa emissão televisiva, Slim havia sugerido que o nitrato de amónio que havia rebentado com Beirute fora trazido pelo Hezbollah para ser utilizado pelo governo sírio. Mais um assassinato político a ensombrar um país onde os assassinatos políticos raramente têm responsáveis.

Durante todo o resto de 2021 o país continuou a precisar de financiamento para sair de crise. Mas é pouco provável que o Fundo

Monetário Internacional ou os países da região aprovem um empréstimo enquanto o Hezbollah, e outros líderes sectários, continuem a controlar o estado. O desemprego afectava quase 40 % da população, e mesmo os libaneses que ainda tinham trabalho sofreram cortes no salário e no poder de compra. A libra libanesa, que estivera indexada a 1,500 por dólar durante anos, caiu até aos 21,000 por dólar em Outubro.[465] Nos gabinetes da função pública deixou de haver papel para impressos, e o acesso a electricidade continuava intermitente, nos dias bons.

As deserções no exército libanês aumentaram: o salário de um soldado passou de 800 dólares em 2019, para 60 dólares, dois anos depois. Sami Nader, um economista sediado em Beirute, vê na situação actual uma ameaça existencial para o Líbano. «O país não vai ser o mesmo depois da crise. Vai ser transformado. Uma outra fórmula terá de ser encontrada, talvez assistamos a uma partição do Líbano. Não é como a Grécia ou a Argentina, em que se resolve a crise económica, e resolve-se o problema.»

Mais de um ano depois da explosão no porto, nenhum político havia ainda sido responsabilizado. Tarek Bitar, o juiz encarregado de investigar a explosão, tem visto o seu trabalho dificultado pela classe política. O Hezbollah e o Amal, os partidos que mais obstáculos legais têm tentado colocar à investigação, acusaram o juiz de parcialidade. Uma investigação aprofundada dificilmente ilibaria as várias correntes políticas e sectárias de negligência criminosa na explosão que destruiu Beirute. Figuras do estado e do governo sabiam que o material estava há anos armazenado no porto.

A situação no Líbano curvou suavemente em direcção ao caos em Outubro de 2021. Membros do Hezbollah entraram num bairro cristão durante uma manifestação para exigir a demissão do juiz Tarek Bitar. Foram recebidos a tiro, alegadamente, por milicianos cristãos. Para alguns habitantes da capital, forçados a abrigar-se dos disparos nas esquinas dos edifícios e atrás de automóveis, as cenas lembraram os anos da guerra civil.

Jana Saleh continuou a fazer música com os instrumentos danificados. Faltam teclas ao seu piano e grava com um microfone retorcido pela explosão. Nas semanas seguintes à explosão, gravou o som do vidro a ser varrido pelas ruas de Beirute para usar nas suas composições. Jana já não vive em Mar Mikhael.

Conclusão

Dez anos depois do início da guerra, milhões de sírios continuam sem poder regressar às suas casas. Sucessivamente deslocados, alguns refugiaram-se nas ruínas romanas e bizantinas que abundam no Noroeste do país após a mais recente ofensiva do governo em finais de 2020. Em Baqirha, junto à fronteira da Síria com a Turquia, o que resta de um templo romano dedicado a Zeus Bomos passou a albergar quem perdeu tudo. As paredes com mais de 1800 anos, que resistiram a séculos de convulsões, protegem tendas de refugiados do vento frio do Inverno. Nas ruínas, os novos habitantes ataram linhas para estender a roupa, e usaram as pedras antigas para construir novos refúgios para os seus animais. Em Al-Kfeir, nas ruínas de uma igreja bizantina, os deslocados penduraram painéis solares e antenas parabólicas. Tentativas de recomeço, rodeadas de incerteza.

O Médio Oriente está hoje mais frágil do que em 2011. Os motivos que desencadearam o ciclo de revolta continuam imutáveis. A repressão dos últimos anos manteve velhos líderes no poder, ou permitiu a ascendência de novas formas de governo despótico. Mas a repressão, porque deixa memória, tem sempre um custo. As vítimas de tortura, de detenções arbitrárias, e todos os que perderam familiares e amigos na gratuitidade da violência estatal, dificilmente esquecerão os últimos dez anos. O autoritarismo conseguiu esmagar as revoltas. Mas o ressentimento aumentou.

A região continua a ser governada, na sua quase totalidade, por autocracias. Outros estados, em risco de colapso, estão ao mando de oligarquias sectárias militarizadas e corrompidas. Mas são regimes mais inseguros e periclitantes: o que existe hoje é um autoritarismo amedrontado pela sua própria população, temendo a próxima sublevação. Na maioria dos casos, as revoluções não criaram sociedades mais dignas, com mais oportunidade económica, e menos repressão estatal. Mas marcaram o início do fim do modelo de governação que dominou a região durante décadas.

O maior falhanço das insurreições populares foi a incapacidade de transitarem para movimentos políticos. Excluindo a Tunísia, nenhum outro país conseguiu construir um modelo alternativo de governação ou criar novas instituições. Mas o terreno da luta foi adverso desde o início. Os movimentos de contestação depararam-se com elites agarradas ao poder, dispostas a recorrer à violência total contra populações civis. Foram fragilizados por cismas sociais e religiosos, esmagados no pequeno espaço que restou entre o autoritarismo militarizado e o Islão político. A ingerência externa também levantou obstáculos. Várias potências, especialmente as monarquias ricas do Golfo, financiaram movimentos e regimes anti-democráticos. O apoio dos Estados Unidos e da União Europeia foi ineficaz e hesitante.

Obstruídas pela força da contra-revolução, nenhuma das alternativas políticas propostas a partir de 2011 conseguiu ainda superar a velha ordem. No entanto, provaram que essa ordem não tem respostas para o presente. Os poderes despóticos do Médio Oriente têm cada vez menos instrumentos para cimentar a legitimidade política. A brutalidade e o financiamento estrangeiro, tanto dos reinos sunitas do Golfo como dos aiatolas do Irão, são os únicos factores que mantêm a ordem aparente. Os autocratas protegem os autocratas.

Durante os últimos dez anos, a União Europeia e os Estados Unidos falaram sempre da importância de eleições livres. Mas, mesmo após votações legítimas na Tunísia, no Egipto, na Líbia, faltaram os outros componentes que teriam permitido transformar resultados eleitorais em governos legitimados e operantes: uma imprensa livre, sistemas de justiça independentes, forças armadas apolíticas. Todas as coisas que haviam sido destruídas pelos anos de ditadura. Neste aspecto, as revoltas não falharam apenas pela força do despotismo ou pela repressão dos serviços de segurança. Falharam também porque não havia um contrabalanço político, social, e cívico, que preenchesse o espaço que os manifestantes conseguiram momentaneamente criar.

A forma como as democracias liberais interagem com os regimes do Médio Oriente influenciará o futuro da região. É fácil olhar para trás e ver o que falhou. Mas muito difícil desenhar cenários alternativos. A intervenção da NATO na Líbia ajudou a derrubar Muammar Kadhafi. Mas será que um envolvimento mais próximo depois da sua queda teria evitado o caos dos anos seguintes? A tolerância com o golpe militar no Egipto em 2013 acelerou o fim do governo caótico de Mohamed Morsi. Mas reverter as eleições quando são ganhas por islamistas esvazia a utilidade do processo democrático. Na Síria, a administração Obama ameaçou atacar o regime sírio caso fossem utilizadas armas químicas. Mas quando chegou a hora de agir, os Estados Unidos recuaram. Poderia uma intervenção americana, mesmo que curta, ter precipitado a queda de Bashar Al-Assad? Provavelmente. Mas isso, só por si, não asseguraria a transição para um regime mais justo. Pelo menos, teria aumentado o custo para Assad de massacrar a população civil.

Essas e outras decisões tiveram de ser tomadas num clima de tensão geopolítica. Mas desde então, muitas outras opções tomadas a frio estão a reabilitar os homens fortes do Médio Oriente nas capitais ocidentais.

Poucos anos depois do regime egípcio ter matado centenas de manifestantes em pleno dia no centro do Cairo, o presidente Abdel Fattah el-Sisi foi recebido pelo presidente português, Marcelo Rebelo de Sousa, em Novembro de 2016. Durante dois dias, o ditador egípcio teve direito a honras de estado, incluindo uma parada militar, visita ao Mosteiro dos Jerónimos, e um jantar no palácio de Belém. É irrealista pensar que é possível manter relações económicas apenas com os países que respeitam os direitos humanos. Portugal dependeu durante anos do gás natural importado da Argélia. Mas servir de plataforma de legitimação diplomática a regimes brutais em troca de alguns metros cúbicos de gás ou votos favoráveis nas Nações Unidas não é uma forma reflectida de fazer diplomacia. A longo prazo, cria mais problemas do que soluções.

O presidente francês, Emmanuel Macron, condecorou El-Sisi com a Grande Cruz da Legião de Honra, a mais alta distinção do país, durante uma visita do presidente egípcio a Paris em 2020. Macron explicou que a condecoração era uma parte inevitável do protocolo de estado. Mas, adivinhando que o gesto seria uma mancha nos valores que a França gosta de professar, o governo francês impediu os jornalistas de filmar a cerimónia. As imagens do evento só se tornaram públicas porque a presidência do Egipto as publicou na sua página de internet.

Para os europeus, Sisi é tudo o que esperam de um ditador árabe: «combate» o terrorismo com zelo, promete estabilidade e, acima de tudo, compra muitas armas. Entre 2013, o ano em que Abdel Fattah el-Sisi liderou o golpe militar contra Mohamed Morsi, e 2017, o Egipto gastou quase 4 mil milhões de euros em armamento francês, incluindo a compra de 24 aviões *Rafale*. A Alemanha aprovou, em finais de 2020, vendas de 752 milhões de euros em armamento para o Egipto. Berlim aprovou também mais de 300 milhões de euros em venda de equipamento militar para o Qatar, 55 milhões de euros em armas para os Emirados Árabes Unidos, e 22 milhões em armas para a Turquia. Estes países, entre outros, continuam envolvidos nos conflitos no Iémen, na Síria e na Líbia. A Alemanha mostrou um nível de solidariedade exemplar em 2015, quando recebeu mais de um milhão de refugiados. Mas depois não hesitou em vender mais armamento aos regimes responsáveis por muita da desordem dos últimos anos. As armas fabricadas na Europa sustentam as guerras que causam a migração para os países europeus.

Os Estados Unidos continuam a vender armas à Arábia Saudita, ao Qatar e a Israel. Dez anos depois das revoltas árabes, as democracias do Hemisfério Norte continuam alegremente a apoiar o autoritarismo estável no Médio Oriente, esquecendo que esse apoio tácito ajudou o apodrecimento que originou as revoltas árabes. Poderá a União Europeia chamar-se uma união de democracias liberais se continua a financiar as prisões e as milícias que abusam de milhares de pessoas diariamente no Sul do Mediterrâneo?

Mesmo Bashar Al-Assad, que passou anos a bombardear a sua própria população, está lentamente a ser reabilitado por países como os Emirados Árabes Unidos. Ao posicionar-se para a reconstrução do país, vários estados sunitas estão a tentar reduzir a influência do Irão na Síria. Mas o esforço dificilmente servirá os seus objectivos.

Vários regimes mantêm a região aprisionada a velhas ideologias e à corrupção militarizada. A intervenção do Irão na guerra da Síria ajudou a salvar Bashar Al-Assad, e a destruir o país. O apoio de Teerão aos houthis no Iémen promete estender a guerra no país mais pobre da região. O Líbano continua cativo dos seus políticos sectários, e entre eles, dos militantes do Hezbollah que recebem as suas ordens de Teerão. No Egipto, Abdel Fattah el-Sisi reforçou a posição económica do exército e dos generais, consciente de que precisará do exército para travar a próxima revolta popular.

O recuo americano abriu o caminho a um conjunto de actores cada vez mais oportunistas. Países como a Rússia, a Turquia, o Qatar, o Irão, a Arábia Saudita, os Emirados Árabes Unidos, têm cada vez menos receio de exercer o seu peso político e militar. Esta dinâmica aumenta a complexidade política e prolonga os conflitos civis na Líbia e no Iémen.

A desagregação de vários estados transformou-os em lugares de recrutamento de mão-de-obra para as guerras por procuração que se tornaram comuns. A Arábia Saudita contratou mercenários sudaneses para combater no Iémen contra os houthis. O Irão ofereceu cidadania e salários a combatentes Hazara afegãos para que lutassem por Bashar Al-Assad na Síria. Na Líbia, a Turquia usou milicianos sírios para travar a ofensiva do general Haftar contra Trípoli; ofensiva essa que foi apoiada por paramilitares russos. Combatentes chadianos e sudaneses também têm participado na guerra civil líbia. A desordem futura está também sustentada nos milhares de combatentes informais que buscam um salário pela região

O Islão político, ascendente nos anos seguintes às revoltas, foi descredibilizado pelas experiências de governação. Vitórias eleitorais puseram o Ennahda e a Irmandade Muçulmana à cabeça de novos governos. Mas estes partidos não ofereceram medidas diferentes da velha ordem que afirmavam substituir. Em muitos casos, aliaram-se com os resquícios dos regimes derrubados e fizeram erros semelhantes. Na Tunísia, o Ennahda viveu quase uma década como o principal agente político no parlamento tunisino, fazendo parte de quase todas as maiorias e governos. Demonstrada a sua incapacidade de gestão, é visto como mais um dos partidos que levou ao bloqueio institucional naquele país. No Egipto, a oposição do exército e da burocracia dificultou a governação de Mohamed Morsi e da sua Irmandade Muçulmana. Mas mesmo antes do golpe militar que acabou por derrubá-lo, Morsi revelou ser mais um presidente autoritário, procurando imunidade dos tribunais e passando uma constituição que fragilizava os direitos de milhões de egípcios.

O Islão político ainda não conseguiu separar a prática política da pregação religiosa. Emerge de movimentos com estruturas fortemente hierarquizadas, nos quais as decisões são tomadas numa cúpula restrita, que exige obediência por parte do resto do movimento. De certa forma, a organização dos movimentos políticos islamistas replica a forma dos vários regimes autocráticos que têm dominado a região.

Se o Islão político saiu descredibilizado, o jiadismo-salafista aumentou o seu perfil com a expansão do Daesh no Iraque e na Síria. O grupo é hoje um movimento disperso, longe da força de que beneficiou quando conquistou território na Síria e no Iraque. Mas a sua breve história como pseudo-estado demonstrou mais uma vez que o extremismo religioso se adapta rapidamente às condições no terreno. Sempre que um país for incapaz de impor segurança e fornecer serviços básicos à população, estará a abrir o caminho ao militantismo extremista. A situação no Sahel mostra isso.

Em 2021, os países árabes contavam 5 % da população mundial, mas quase 50 % dos refugiados em todo o mundo, e 25 % de todos os deslocados internos. O fogo ateado em 2011 continua aceso. Viaja pelas ruas e pelas mentes, ergue governos e depõe outros. Bloqueia estradas, empresas, escolas, portos. Lavra e espalha-se pelas cidades, pelas aldeias isoladas nas montanhas e nos desertos. Cria novas massas de jovens furiosos e organiza linhas de polícias e militares para os conter. Continua, tentativamente, a reorganizar as sociedades num ciclo de desordem que parece, à primeira vista, tão infinito como inútil, dando novas formas à relação entre governantes e governados.

O caos dos últimos dez anos acentuou o falhanço das ideologias que capturaram a região durante as últimas cinco décadas. De Bagdade a Argel, os movimentos de contestação popular mostram que as novas gerações de árabes estão fartas de ideologias religiosas e nacionalistas, esgotados pelo ódio sectário propagado por autoritários vestidos de redentores.

Os cartazes com a cara de Hassan Nasrallah no Sul do Líbano não melhoram a estrutura de distribuição de água ou de electricidade. O nacionalismo chauvinista propagado por Abdel Fattah el-Sisi no Egipto não cria emprego. Por muitos discursos que façam envergando a farda militar, os generais argelinos não conseguem baixar a inflação ou reduzir o número de acidentes rodoviários. A região, como o resto do mundo, precisa de boas ideias aplicadas com pragmatismo, não de líderes políticos e religiosos mascarados de salvadores.

Notas

O Último Voo de Ben Ali

1 https://www.tunisienumerique.com/ali-seriati-ancien-chef-de-la-garde-presidentielle-raconte-la-chute-du-regime-ben-ali/

2 https://www.jeuneafrique.com/143296/politique/tunisie-la-v-ritable-histoire-du-14-janvier-2011/

3 https://www.bbc.com/news/av/world-africa-59988190

4 Mahmoud Cheikhrouhou contou a história da sua viagem com Ben Ali até à Arábia Saudita no Forum para a Memória Nacional, organizado em 2017 pela Fondation Temimi pour la recherche scientifique et l'information, em Tunes, (https://www.youtube.com/watch?v=MS94cFe2idQ), o mesmo relato que disse ter contado ao juiz de instrução após a queda de Ben Ali.

5 https://www.theguardian.com/world/2011/jan/16/tunisia-gun-battle-army-tunis

6 Safwan M. Masri, *Tunisia, An Arab Anomaly*, Nova Iorque, Columbia University Press, 2017.

7 https://www.npr.org/2011/05/09/136137821/after-uprisings-tunisia-a-laboratory-for-democracy?t=1616854459700

8 Safwan M. Masri, *Tunisia, An Arab Anomaly*, Nova Iorque, Columbia University Press, 2017.

9 *Ibidem.*

10 *Ibidem.*

11 https://www.worldbank.org/en/country/tunisia/publication/unfinished-revolution

12 Safwan M. Masri, *Tunisia, An Arab Anomaly*, Nova Iorque, Columbia University Press, 2017.

13 https://www.tunisienumerique.com/tunisie-tous-les-prisonniers-politiques-en-tunisie-ont-ete-liberes/

14 Shiraz Maher, *Salafism-Jihadism, The History of an Idea*, Penguin, Londres, 2017.

15 Entrevista com Alaya Allani, Tunes, Fevereiro de 2019.

[16] https://www.reuters.com/article/us-tunisia-islamists-tension-idUSTRE7652VZ 20110706
[17] https://carnegieendowment.org/2016/02/24/quiet-revolution-tunisian-military-after-ben-ali-pub-62780
[18] https://carnegieendowment.org/2016/02/24/quiet-revolution-tunisian-military-after-ben-ali-pub-62780
[19] https://www.nytimes.com/2011/10/24/world/africa/tunisians-cast-historic-votes-in-peace-and-hope.html
[20] https://www.aljazeera.com/news/2011/11/14/final-tunisian-election-results-announced/
[21] https://www.lorientlejour.com/article/731880/Le_numero_2_d%2527Ennahda_evoque_le_%2522sixieme_califat%2522%252C_tolle_en_Tunisie.html
[22] https://www.bbc.com/news/world-africa-18222810
[23] http://america.aljazeera.com/articles/2013/9/12/who-killed-tunisiaschokribelaid.html
[24] http://america.aljazeera.com/articles/2013/9/12/who-killed-tunisiaschokribelaid.html
[25] Entrevista do autor com Alaya Allani, Tunes, Fevereiro de 2019.
[26] https://www.reuters.com/article/us-tunisia-death-idUSBRE96O0M320130725
[27] https://www.theguardian.com/world/2015/dec/08/tunisia-quartet-arab-spring-islamist-nobel-peace-prize
[28] https://www.reuters.com/article/us-tunisia-crisis-ansar-idUSBRE97Q0EW2013 0827
[29] https://www.theguardian.com/world/2015/dec/08/tunisia-quartet-arab-spring-islamist-nobel-peace-prize
[30] https://carnegie-mec.org/2019/09/05/ennahda-s-uneasy-exit-from-political-islam-pub-79789
[31] https://www.reuters.com/article/us-tunisia-constitution-idUSBRE82P0E8201 20326
[32] https://carnegie-mec.org/2019/09/05/ennahda-s-uneasy-exit-from-political-islam-pub-79789
[33] https://www.theguardian.com/commentisfree/2013/dec/17/tunisia-dreams-peaceful-revolution-prime-minister-mehdi-jomaa
[34] https://www.reuters.com/article/us-tunisia-security-idUSKBN0MP03O20150329
[35] https://www.bbc.com/news/world-africa-33287978
[36] https://english.alarabiya.net/News/middle-east/2015/11/23/Tunisia-group-claims-beheading-of-teen-shepherd-for-ISIS-
[37] https://news.trust.org/item/20150207215139-8to3s
[38] https://carnegieendowment.org/2018/06/28/insurgency-in-tunisia-s-western-borderlands-pub-76712
[39] Entrevista do autor com um major do exército tunisino especialista em contraterrorismo, Tunes, Fevereiro de 2019.
[40] https://www.mei.edu/publications/putting-fight-tunisias-counterterrorism-successes-and-failures
[41] Entrevista com o autor, Tunes, Fevereiro de 2019.
[42] https://www.worldpoliticsreview.com/articles/28087/in-life-and-death-essebsi-helped-cement-tunisia-s-democratic-transition
[43] Entrevista com Mohamed Mdalla, jornalista tunisino.

44 https://www.theguardian.com/global-development/2020/dec/16/he-ruined-us-10-years-on-tunisians-curse-man-who-sparked-arab-spring
45 https://www.theguardian.com/global-development/2020/dec/16/he-ruined-us-10-years-on-tunisians-curse-man-who-sparked-arab-spring
46 https://www.worldbank.org/en/country/tunisia/overview
47 https://thearabweekly.com/violence-marks-new-low-tunisian-parliamentary-politics
48 https://www.hrw.org/news/2021/02/05/tunisia-police-use-violent-tactics-quash-protests
49 https://www.hrw.org/news/2021/02/05/tunisia-police-use-violent-tactics-quash-protests
50 https://www.aljazeera.com/opinions/2021/7/27/tunisia-a-coup-by-another-name
51 https://gulfnews.com/world/mena/tunisias-political-crisis-fuelled-by-endless-economic-pain-1.81131556
52 https://www.worldbank.org/en/country/tunisia/overview
53 https://www.ft.com/content/aacfb785-de60-49c6-8d27-b4b4255a796f

O Museu do Egipto

54 https://www.hrw.org/news/2011/03/11/egypt-end-torture-military-trials-civilians
55 https://www.pbs.org/wgbh/frontline/article/timeline-whats-happened-since-egypts-revolution/
56 https://www.theguardian.com/lifeandstyle/2012/sep/03/virginity-test-to-power
57 https://www.egyptindependent.com/journalists-protest-state-media-coverage-alexandria-police-killing/
58 https://www.theguardian.com/commentisfree/2011/feb/05/egypt-rebirth-of-a-nation
59 https://timep.org/transitional-justice-project/fact-sheet-the-maspero-massacre-seven-years-on/
60 https://eipr.org/en/press/2011/10/maspero-state-incitement-sectarian-violence-and-policy-extrajudicial-killings
61 https://timep.org/transitional-justice-project/fact-sheet-the-maspero-massacre-seven-years-on/
62 https://timep.org/transitional-justice-project/fact-sheet-the-maspero-massacre-seven-years-on/
63 Alaa Al Aswany, *On the State of Egypt: What Made the Revolution Inevitable*, Nova Iorque, Vintage, 2011, página 95.
64 Jack Shenker, *The Egyptians, A Radical Story*, Londres, Penguin, 2016.
65 https://www.hrw.org/news/2012/11/19/egypt-protester-killings-test-morsy
66 https://www.reuters.com/article/uk-egypt-election-timeline-idUKKBN1H2180
67 Kim Ghattas, *Black Wave, Saudi Arabia, Iran, and The Forty-Year Rivalry That Unraveled Culture, Religion, and Collective Memory in The Middle East*, Nova Iorque, Henry Holt, 2020.
68 *Ibidem.*
69 https://www.washingtonpost.com/news/monkey-cage/wp/2016/09/17/how-emigration-to-the-gulf-is-influencing-egyptian-voters/

70 Kim Ghattas, *Black Wave, Saudi Arabia, Iran, and The Forty-Year Rivalry That Unraveled Culture, Religion, and Collective Memory in The Middle East*, Nova Iorque, Henry Holt, 2020.

71 https://carnegieendowment.org/files/CMEC_58_Egypt_Awad_Hashem_final.pdf

72 *Kim Ghattas, Black Wave, Saudi Arabia, Iran, and The Forty-Year Rivalry That Unraveled Culture, Religion, and Collective Memory in The Middle East*, Nova Iorque, Henry Holt, 2020.

73 https://www.pbs.org/wgbh/frontline/article/timeline-whats-happened-since-egypts-revolution/

74 https://www.pbs.org/wgbh/frontline/article/timeline-whats-happened-since-egypts-revolution/

75 https://www.reuters.com/article/uk-egypt-election-timeline-idUKKBN1H2180

76 https://dailynewsegypt.com/2012/08/13/safe-exit-for-tantawi-and-anan/

77 https://www.nytimes.com/2013/07/07/world/middleeast/morsi-spurned-deals-to-the-end-seeing-the-military-as-tamed.html?pagewanted=all

78 https://dailynewsegypt.com/2015/07/01/from-palace-to-prison-1-year-of-morsis-rule/

79 https://www.nytimes.com/2013/07/07/world/middleeast/morsi-spurned-deals-to-the-end-seeing-the-military-as-tamed.html?pagewanted=all

80 Jack Shenker, *The Egyptians, A Radical Story*, Londres, Penguin, 2016.

81 https://www.nytimes.com/2012/11/30/world/middleeast/panel-drafting-egypts-constitution-prepares-quick-vote.html

82 https://www.cbc.ca/news/world/egypt-s-opposition-to-vote-no-in-constitutional-referendum-1.1175148

83 https://www.aljazeera.com/news/2014/1/14/comparing-egypts-2012-and-2013-constitutions

84 https://www.reuters.com/article/us-egypt-politics-idUSBRE8BL03X20121225

85 https://www.reuters.com/article/uk-egypt-economy/egypt-suspends-tax-rises-putting-imf-loan-at-risk-idUKBRE8B90K420121210?edition-redirect=uk

86 https://www.nytimes.com/2013/07/07/world/middleeast/morsi-spurned-deals-to-the-end-seeing-the-military-as-tamed.html?pagewanted=all

87 https://www.nytimes.com/2013/07/07/world/middleeast/morsi-spurned-deals-to-the-end-seeing-the-military-as-tamed.html?pagewanted=all

88 https://www.nytimes.com/2013/07/07/world/middleeast/morsi-spurned-deals-to-the-end-seeing-the-military-as-tamed.html?pagewanted=all

89 https://www.nytimes.com/2013/07/07/world/middleeast/morsi-spurned-deals-to-the-end-seeing-the-military-as-tamed.html?pagewanted=all

90 https://www.nytimes.com/2013/07/07/world/middleeast/morsi-spurned-deals-to-the-end-seeing-the-military-as-tamed.html?pagewanted=all

91 https://www.reuters.com/article/us-egypt-protests-idUSBRE95Q0NO20130708

92 https://www.nytimes.com/2013/07/03/world/middleeast/egypt-protests.html

93 https://www.bbc.com/news/world-middle-east-23154233

94 https://www.pbs.org/wgbh/frontline/article/timeline-whats-happened-since-egypts-revolution/

95 https://www.hrw.org/report/2014/08/12/all-according-plan/raba-massacre-and-mass-killings-protesters-egypt

96 https://www.hrw.org/report/2014/08/12/all-according-plan/raba-massacre-and-mass-killings-protesters-egypt

[97] https://www.hrw.org/report/2014/08/12/all-according-plan/raba-massacre-and-mass-killings-protesters-egypt
[99] https://www.hrw.org/report/2014/08/12/all-according-plan/raba-massacre-and-mass-killings-protesters-egypt
[99] https://www.reuters.com/article/us-egypt-protests-elbaradei-idUSBRE97D1AZ20130814
[100] https://www.reuters.com/article/us-rohde-egypt-idUSBRE97E18N20130815
[101] https://www.theguardian.com/world/2016/dec/13/islamic-state-cairo-church-bombing
[102] https://www.reuters.com/article/us-egypt-crash-islamicstate-photo-idUKKCN0T728K20151118
[103] https://timep.org/esw/attack-at-rawda-mosque/
[104] https://www.aljazeera.com/economy/2016/2/25/egypts-sisi-put-up-for-sale-on-ebay-after-speech
[105] https://www.aljazeera.com/economy/2016/2/25/egypts-sisi-put-up-for-sale-on-ebay-after-speech
[106] https://www.ft.com/content/00a7b285-87c8-448c-998e-30457d1af85c#comments-anchor
[107] https://www.reuters.com/article/egypt-suezcanal-idUSC6N29000C
[108] https://carnegieendowment.org/sada/79625
[109] https://www.ft.com/content/00a7b285-87c8-448c-998e-30457d1af85c#comments-anchor
[110] https://www.ft.com/content/00a7b285-87c8-448c-998e-30457d1af85c#comments-anchor
[111] https://carnegieendowment.org/sada/84504
[112] https://www.ft.com/content/00a7b285-87c8-448c-998e-30457d1af85c#comments-anchor
[113] https://www.madamasr.com/en/2019/01/06/feature/politics/sources-presidency-gives-egyptian-media-explicit-orders-to-refrain-from-covering-cbs-interview-with-sisi/?utm_source=Project+on+Middle+East+Democracy+-+All+Contacts&utm_campaign=19cd211306-POMED_ExpertComment_170919_COPY_01&utm_medium=email&utm_term=0_75a06056d7-19cd211306-215946485
[114] https://www.amnesty.org/en/latest/news/2020/06/egypt-health-care-workers-forced-to-make-impossible-choice-between-death-or-jail/

A Líbia em Duas Metades

[115] https://www.reuters.com/article/us-tunisia-gaddafi-idUSTRE70O6RB20110125
[116] https://www.bbc.com/news/world-africa-15058755
[117] https://www.reuters.com/article/us-libya-protests-minister-idUSTRE71L6UJ20110222
[118] https://www.aljazeera.com/news/2011/2/23/defiant-gaddafi-vows-to-fight-on
[119] https://www.nytimes.com/2011/02/23/world/africa/23libya.html
[120] https://www.nytimes.com/2021/07/30/magazine/qaddafi-libya.html
[121] https://www.reuters.com/article/us-libya-court-idUSBRE8A61FH20121107
[122] https://www.newyorker.com/magazine/2015/02/23/unravelling#editorsnote

123 https://www.bbc.com/news/world-africa-15058755

124 https://www.reuters.com/article/uk-libya-gaddafi-body-idUKTRE79N2GY20111024

125 https://www.theguardian.com/world/2012/jul/17/mahmoud-jibril-party-elections-libya

126 https://www.reuters.com/article/us-libya-militias-insight-idUSBRE99H05820131018

127 https://www.theguardian.com/world/2013/oct/11/libyan-pm-ali-zeidan-kidnap-coup-attempt

128 https://www.newyorker.com/magazine/2015/02/23/unravelling#editorsnote

129 https://www.bbc.com/news/world-africa-27492354

130 https://www.reuters.com/article/us-libya-violence-idUSBREA4G04A20140518

131 https://carnegieendowment.org/2020/09/14/this-war-is-out-of-our-hands-internationalization-of-libya-s-post-2011-conflicts-from-proxies-to-boots-on-ground-pub-82695

132 https://www.newyorker.com/magazine/2015/02/23/unravelling

133 https://www.washingtonpost.com/world/middle_east/tripoli-is-so-dangerous-that-even-libyas-parliament-has-moved-out/2014/10/03/9952b54e-4053-11e4-b03f-de718edeb92f_story.html

134 https://www.egypttoday.com/Article/1/37581/Haftar-opens-fire-on-Skhirat-Agreement

135 https://www.thenationalnews.com/world/mena/turkey-reportedly-sends-syrian-fighters-to-libya-as-conflict-intensifies-1.958213

À Deriva no Mar Vermelho

136 https://www.brookings.edu/blog/markaz/2017/12/18/who-are-the-houthis-and-why-are-we-at-war-with-them/

137 https://www.aljazeera.com/news/2015/3/29/who-are-the-houthis-in-yemen

138 https://www.theatlantic.com/international/archive/2018/02/the-war-in-yemen-and-the-making-of-a-chaos-state/551987/

139 https://www.theatlantic.com/international/archive/2018/02/the-war-in-yemen-and-the-making-of-a-chaos-state/551987/

140 https://www.reuters.com/article/us-yemen-idUSTRE72M92520110325

141 https://www.theguardian.com/world/2017/dec/04/ali-abdullah-saleh-obituary

142 http://content.time.com/time/world/article/0,8599,2033511,00.html

143 https://www.newyorker.com/magazine/2021/10/11/the-ship-that-became-a-bomb

144 https://www.reuters.com/article/us-yemen-protests/anti-government-protests-spread-across-yemen-idUSTRE71F1TB20110216?pageNumber=1

145 https://www.aljazeera.com/news/2011/2/12/middle-east-rulers-make-concessions

146 https://www.reuters.com/article/us-yemen-events-timeline/timeline-protests-against-saleh-rule-in-yemen-idUSTRE7971IJ20111008

147 https://www.aljazeera.com/news/2011/7/7/yemen-president-saleh-appears-on-tv

148 https://www.hrw.org/news/2011/09/20/yemen-protester-killings-show-perils-immunity-deal

149 https://www.mei.edu/publications/president-hadi-and-future-legitimacy-yemen

[150] https://www.reuters.com/world/middle-east-africa/yemen-arab-spring-unity-torn-asunder-by-hunger-war-2021-01-28/
[151] https://english.alarabiya.net/News/2013/02/18/Yemen-s-Saleh-opens-museum-about-himself
[152] https://www.bbc.com/news/world-middle-east-21828527
[153] https://www.bbc.com/news/world-middle-east-21828527
[154] https://www.worldbank.org/en/news/feature/2012/09/26/yemen-talking-points
[155] https://www.worldbank.org/en/news/feature/2012/09/26/yemen-talking-points
[156] https://www.worldbank.org/en/news/feature/2012/09/26/yemen-talking-points
[157] https://sanaacenter.org/publications/analysis/15138
[158] https://www.hrw.org/news/2014/09/14/yemen-lethal-force-against-houthi-protesters
[159] https://www.hrw.org/news/2014/09/14/yemen-lethal-force-against-houthi-protesters
[160] https://www.reuters.com/article/us-yemen-security-idUSKBN0LP08F20150221
[161] https://www.reuters.com/article/us-yemen-attack-bomb-idUSKBN0MG11J20150320
[162] https://foreignpolicy.com/2015/03/25/saudi-troops-mass-at-yemeni-border-as-houthis-near-aden/
[163] https://www.newyorker.com/magazine/2021/10/11/the-ship-that-became-a-bomb
[164] Bradley Hope & Justin Scheck, *Blood and Oil*, Nova Iorque, Hachette Books, 2020, p. 30.
[165] https://www.reuters.com/article/us-yemen-saleh-newsmaker-idUSKBN1DY1RX
[166] https://www.politico.com/magazine/story/2016/07/saudi-arabia-yemen-russia-syria-foreign-policy-united-nations-blackmail-214124
[167] https://www.aljazeera.com/news/2019/8/31/analysis-the-divergent-saudi-uae-strategies-in-yemen
[168] https://www.reuters.com/investigates/special-report/yemen-aqap/
[169] https://www.reuters.com/investigates/special-report/yemen-aqap/
[170] https://foreignpolicy.com/2016/03/25/this-is-what-yemen-looks-like-after-a-year-of-airstrikes/
[171] https://www.reuters.com/article/us-yemen-security-saleh-un/yemen-ex-president-amassed-up-to-60-billion-colluded-with-rebels-u-n-experts-idUSKBN0LT1C520150225
[172] https://www.reuters.com/article/us-yemen-security-saleh-un/yemen-ex-president-amassed-up-to-60-billion-colluded-with-rebels-u-n-experts-idUSKBN0LT1C520150225
[173] https://www.reuters.com/article/uae-security-yemen-somalia-idUSL8N1SI2QI
[174] https://apnews.com/article/saudi-arabia-yemen-ap-top-news-houthis-middle-east-8055a8c8073445e094c71d7c8aa3084c
[175] https://www.theguardian.com/world/2018/aug/19/us-supplied-bomb-that-killed-40-children-school-bus-yemen
[176] https://www.reuters.com/article/uk-yemen-security-protests/yemens-houthis-arrest-protesters-in-sanaa-idUKKCN1MG0GX?edition-redirect=uk
[177] https://www.reuters.com/article/uk-yemen-security-protests/yemens-houthis-arrest-protesters-in-sanaa-idUKKCN1MG0GX?edition-redirect=uk
[178] https://www.un.org/press/en/2020/sc14254.doc.htm

179 https://www.aljazeera.com/news/2019/8/31/analysis-the-divergent-saudi-uae-strategies-in-yemen

180 https://www.washingtonpost.com/politics/2019/08/28/what-saudi-arabia-uaes-changing-partnership-means-future-yemens-war/

181 https://www.reuters.com/world/middle-east-africa/yemen-arab-spring-unity-torn-asunder-by-hunger-war-2021-01-28/

182 https://thedocs.worldbank.org/en/doc/e75a6c6f3262f756492f3135709b2b01-0280012021/original/18-mpo-sm21-yemen-yem-kcm2.pdf

183 https://yemendataproject.org/

184 https://www.npr.org/2021/03/22/980031673/yemen-saudi-arabia-proposes-a-peace-deal-but-houthis-say-its-not-enough?t=1620145278947

185 https://www.reuters.com/article/yemen-security-un-int-idUSKBN2B82WB

O País Despedaçado

186 https://www.cbsnews.com/news/how-schoolboys-began-the-syrian-revolution/

187 Robin Yassin-Kassab & Leila Al-Shami, *Burning Country*, Londres, Pluto Press, 2018.

188 https://www.reuters.com/article/us-syria-idUSTRE72I22020110319

189 Eugene Rogan, *The Arabs — A History*, Londres, Penguin Books, 2009.

190 Robin Yassin-Kassab & Leila Al-Shami, *Burning Country*, Londres, Pluto Press, 2018.

191 Eugene Rogan, *The Arabs — A History*, Londres, Penguin Books, 2009.

192 *Ibidem*.

193 https://abcnews.go.com/Politics/rise-syrias-controversial-president-bashar-al-assad/story?id=46649146

194 https://www.hrw.org/report/2010/07/16/wasted-decade/human-rights-syria-during-bashar-al-asads-first-ten-years-power#_ftnref1

195 Robin Yassin-Kassab & Leila Al-Shami, *Burning Country*, Londres, Pluto Press, 2018.

196 https://www.hrw.org/report/2010/07/16/wasted-decade/human-rights-syria-during-bashar-al-asads-first-ten-years-power#_ftnref1

197 Robin Yassin-Kassab & Leila Al-Shami, *Burning Country*, Londres, Pluto Press, 2018.

198 Christopher Phillips, *The Battle for Syria, International Rivalry in The New Middle East*, New Haven, Yale University Press, 2020.

199 *Ibidem*.

200 Robin Yassin-Kassab & Leila Al-Shami, *Burning Country*, Londres, Pluto Press, 2018.

201 *Ibidem*.

202 *Ibidem*.

203 https://www.thenewhumanitarian.org/report/90442/syria-drought-pushing-millions-poverty

204 Christopher Phillips, *The Battle for Syria, International Rivalry in The New Middle East*, New Haven, Yale University Press, 2020, p. 46.

205 *Ibidem*.

[206] *Ibidem.*
[207] http://edition.cnn.com/2011/WORLD/meast/04/07/syria.kurdish.citizenship/index.html
[208] https://www.brookings.edu/wp-content/uploads/2016/11/iwr_20161123_free_syrian_army1.pdf
[209] https://www.brookings.edu/wp-content/uploads/2016/11/iwr_20161123_free_syrian_army1.pdf
[210] https://www.brookings.edu/wp-content/uploads/2016/11/iwr_20161123_free_syrian_army1.pdf
[211] https://www.pri.org/stories/2011-09-29/syrian-soldiers-refusing-shoot-civilians-executed-say-reports
[212] https://www.aljazeera.com/news/2011/11/10/family-of-syrian-defector-targeted
[213] Robin Yassin-Kassab & Leila Al-Shami, *Burning Country*, Londres, Pluto Press, 2018, p. 84.
[214] https://www.aljazeera.com/news/2012/2/10/turks-held-over-syrian-defectors-extradition
[215] https://www.brookings.edu/wp-content/uploads/2016/11/iwr_20161123_free_syrian_army1.pdf
[216] Christopher Phillips, *The Battle for Syria, International Rivalry in The New Middle East*, New Haven, Yale University Press, 2020.
[217] https://www.reuters.com/article/idINIndia-54663220110204
[218] https://www.pbs.org/wgbh/frontline/article/syrian-president-warns-against-western-intervention/
[219] Robin Yassin-Kassab & Leila Al-Shami, *Burning Country*, Londres, Pluto Press, 2018, p. 120.
[220] Christopher Phillips, *The Battle for Syria, International Rivalry in The New Middle East*, New Haven, Yale University Press, 2020.
[221] https://www.reuters.com/article/us-syria-crisis-rebels-idUSBRE9070VV2013 0108
[222] Christopher Phillips, *The Battle for Syria, International Rivalry in The New Middle East*, New Haven, Yale University Press, 2020.
[223] https://www.nytimes.com/2012/12/13/world/middleeast/syria-war-developments-assad.html
[224] Christopher Phillips, *The Battle for Syria, International Rivalry in The New Middle East*, New Haven, Yale University Press, 2020.
[225] *Ibidem.*
[226] *Ibidem.*
[227] https://www.bbc.com/news/world-middle-east-36035095
[228] https://securitystudies.org/assad-regimes-financial-viability/
[229] https://www.independent.co.uk/news/world/europe/plane-loads-cash-flight-records-reveal-russia-flew-30-tonnes-bank-notes-syrian-regime-8352790.html
[230] Christopher Phillips, *The Battle for Syria, International Rivalry in The New Middle East*, New Haven, Yale University Press, 2020.
[231] https://www.bbc.com/news/world-middle-east-19319446
[232] Christopher Phillips, *The Battle for Syria, International Rivalry in The New Middle East*, New Haven, Yale University Press, 2020.
[233] Robin Yassin-Kassab & Leila Al-Shami, *Burning Country*, Londres, Pluto Press, 2018.

234 https://www.reuters.com/article/uk-syria-crisis/u-s-russia-agree-on-syria-weapons-obama-says-force-still-option-idUKBRE9860L420130914?edition-redirect=uk

235 https://www.aljazeera.com/opinions/2019/8/22/i-survived-the-2013-chemical-attack-on-ghouta

236 https://www.nytimes.com/2015/12/26/world/middleeast/zahran-alloush-syria-rebel-leader-reported-killed.html

237 https://www.newsweek.com/assad-admits-syrian-army-suffering-shortages-and-setbacks-357568

238 https://www.aljazeera.com/news/2015/5/30/syria-rebels-take-idlib-province-as-army-retreats

239 https://www.nbcnews.com/news/world/syrias-embattled-president-admits-manpower-shortage-n398651

240 https://www.reuters.com/article/us-mideast-crisis-syria-soleimani-insigh-idUSKCN0S02BV20151006

241 Robin Yassin-Kassab & Leila Al-Shami, *Burning Country*, Londres, Pluto Press, 2018.

242 https://foreignpolicy.com/2015/10/01/situation-report-russia-reaches-out-while-economy-struggles-questions-over-who-moscow-is-bombing-more-f35-issues-kunduz-fight-rages-on-pentagon-funding-bill-in-trouble-air-force-sends-search-and/

243 https://www.theguardian.com/world/2016/mar/14/russias-military-action-in-syria-timeline

244 https://www.economist.com/middle-east-and-africa/2021/03/13/ten-years-of-war-have-broken-syria-into-pieces
Investigação do New York Times sobre o fabrico da droga Captagon na Síria: https://www.nytimes.com/2021/12/05/world/middleeast/syria-drugs-captagon-assad.html

O Fim do Estado Petrolífero

245 https://www.theguardian.com/world/2019/sep/16/saudi-arabia-oil-attacks-everything-you-need-to-know

246 https://www.cnbc.com/2019/09/20/oil-drone-attack-damage-revealed-at-saudi-aramco-facility.html

247 https://www.theguardian.com/world/2019/sep/16/saudi-arabia-oil-attacks-everything-you-need-to-know

248 https://www.politico.com/news/2020/09/17/daniel-yergin-oil-sector-doyen-416895

249 https://blogs.worldbank.org/developmenttalk/what-triggered-oil-price-plunge-2014-2016-and-why-it-failed-deliver-economic-impetus-eight-charts

250 https://openknowledge.worldbank.org/bitstream/handle/10986/28932/9781464811630.pdf

251 https://www.eia.gov/todayinenergy/detail.php?id=37053#:~:text=The%20United%20States%20likely%20surpassed,in%20more%20than%20two%20decades.

252 Daniel Yergin, *The New Map, Energy, Climate and The Clash of Nations*, Londres, Allen Lane, 2020.

[253] Eugene Rogan, *The Arabs: A History*, Londres, Penguin, 2018, p. 447.
[254] Albert Hourani, *History of the Arab Peoples*, Londres, Faber and Faber, 1991.
[255] *Ibidem.*
[256] Eugene Rogan, *The Arabs: A History*, Londres, Penguin, 2018.
[257] Números do Banco Mundial: https://data.worldbank.org/indicator/SP.POP.TOTL?locations=IQ-AE-DZ-IR-SA
[258] https://carnegie-mec.org/2020/03/12/inequality-and-its-discontents-in-middle-east-pub-81266
[259] https://www.marinelink.com/news/suez-canal-annual-revenues-fell-484264
[260] Joseph Sassoon, *Anatomy of Authoritarianism in The Arab Republics*, Cambridge University Press, p. 168.
[261] Arab Fractures Citizens, States, and Social Contracts, Carnegie Endowment for Global Peace, Perry Cammack, Michele Dunne, Amr Hamzawy, Marc Lynch, Marwan Muasher, Yezid Sayigh, Maha Yahy.
[262] https://carnegieendowment.org/2011/03/10/revolution-not-headed-for-saudi-arabia-pub-42973
[263] https://news.yahoo.com/oil-producers-struggle-plug-budget-holes-torn-price-051003023.html
[264] Eugene Rogan, *The Arabs: A History*, Londres, Penguin, 2018, p. 486.
[265] https://www.theguardian.com/business/2020/apr/19/supertankers-drafted-in-to-store-glut-of-crude-oil-coronavirus
[266] https://www.theguardian.com/business/2020/apr/19/supertankers-drafted-in-to-store-glut-of-crude-oil-coronavirus
[267] https://www.theguardian.com/world/2020/apr/20/oil-prices-sink-to-20-year-low-as-un-sounds-alarm-on-to-covid-19-relief-fund
[268] https://www.economist.com/middle-east-and-africa/2020/07/18/the-end-of-the-arab-worlds-oil-age-is-nigh
[269] https://theforum.erf.org.eg/2021/07/26/looming-oil-price-super-cycle-will-likely-last/
[270] https://thefrontierpost.com/arabs-should-welcome-a-future-with-less-oil-wealth/

Prisioneiro do Daesh

[271] https://www.bbc.com/news/world-middle-east-50200392
[272] https://www.washingtonpost.com/news/morning-mix/wp/2014/06/12/isis-just-stole-425-million-and-became-the-worlds-richest-terrorist-group/
[273] https://www.washingtonpost.com/news/morning-mix/wp/2014/06/12/isis-just-stole-425-million-and-became-the-worlds-richest-terrorist-group/
[274] https://www.theguardian.com/world/2015/jun/01/isis-captured-2300-humvee-armoured-vehicles-from-iraqi-forces-in-mosul
[275] https://www.britannica.com/topic/Islamic-State-in-Iraq-and-the-Levant/Expansion-and-declaration-of-a-caliphate
[276] https://www.wilsoncenter.org/article/isis-after-the-caliphate-0
[277] https://www.defense.gov/Newsroom/Transcripts/Transcript/Article/1345953/department-of-defense-press-briefing-by-colonel-dillon-via-teleconference-from/
[278] https://journals.plos.org/plosmedicine/article?id=10.1371/journal.pmed.1002297

279 https://www.newyorker.com/news/news-desk/the-ignominious-end-of-the-isis-caliphate

280 https://www.bbc.com/news/world-middle-east-29321136

281 Robin Yassin-Kassab & Leila Al-Shami, *Burning Country*, Londres, Pluto Press, 2018.

282 https://www.newyorker.com/news/dispatch/how-trump-betrayed-the-general-who-defeated-isis

283 https://www.newyorker.com/news/dispatch/how-trump-betrayed-the-general-who-defeated-isis

284 https://www.voanews.com/world-news/middle-east-dont-use/us-drops-supplies-help-kurdish-fighters-syria

285 https://www.newyorker.com/news/dispatch/how-trump-betrayed-the-general-who-defeated-isis

286 https://www.reuters.com/article/us-mideast-crisis-idUSKBN0IK15M20141031

287 https://www.reuters.com/article/us-mideast-crisis-idUSKBN0IK15M20141031

288 https://www.newyorker.com/magazine/2020/04/27/americas-abandonment-of-syria

289 https://english.alarabiya.net/News/middle-east/2015/07/04/ISIS-teens-execute-25-soldiers-in-Syria-s-Palmyra-

290 https://www.theguardian.com/cities/2018/jan/30/mosul-isis-apartheid

291 https://www.nytimes.com/interactive/2018/04/04/world/middleeast/isis-documents-mosul-iraq.html

292 https://www.nytimes.com/interactive/2018/04/04/world/middleeast/isis-documents-mosul-iraq.html

293 http://cat-int.org/wp-content/uploads/2016/06/ISIS-Financing-2015-Report.pdf

294 https://www.reuters.com/article/us-mideast-crisis-mosul-islamicstate-idUSKBN12W4KR

295 https://www.nytimes.com/interactive/2018/04/04/world/middleeast/isis-documents-mosul-iraq.html

296 https://fas.org/sgp/crs/terror/IF10561.pdf

297 https://www.nytimes.com/2016/10/17/world/middleeast/iraq-isis-mosul-battle.html

298 https://www.theguardian.com/world/2018/jul/25/dozens-dead-suicide-attack-syria-sweida-isis

299 https://www.defense.gov/Newsroom/Transcripts/Transcript/Article/1133033/department-of-defense-briefing-by-gen-townsend-via-telephone-from-bagdad-iraq/

300 https://www.defense.gov/Newsroom/Transcripts/Transcript/Article/1133033/department-of-defense-briefing-by-gen-townsend-via-telephone-from-bagdad-iraq/

301 https://www.newyorker.com/news/news-desk/the-bodies-of-mosul

302 https://www.cbsnews.com/news/iconic-al-nuri-mosque-mosul-destroyed/

303 https://www.bbc.com/news/world-middle-east-48044115

304 https://www.amnesty.org.uk/press-releases/syria-us-led-coalitions-bombardment-raqqa-killed-more-1600-civilians-new-findings

A Rota dos Balcãs

305 https://www.bbc.com/news/world-europe-11139345
306 https://www.reuters.com/article/uk-libya-italy-idUKLU1618820080830
307 https://www.bbc.com/news/world-europe-11139345
308 Peter Gatrell, *The Unsettling of Europe*, Nova Iorque, Basic Books, 2019.
309 https://www.nytimes.com/interactive/2015/04/20/world/europe/surge-in-refugees-crossing-the-mediterranean-sea-maps.html
310 https://www.nytimes.com/2015/07/19/world/europe/route-of-migrants-into-europe-shifts-toward-balkans.html
311 https://www.washingtonpost.com/world/un-says-between-800-and-850-migrants-died-in-boat-capsizing-off-libya/2015/04/21/a8383770-e803-11e4-9767-6276fc9b0ada_story.html
312 https://www.theguardian.com/world/2015/apr/20/italy-pm-matteo-renzi-migrant-shipwreck-crisis-srebrenica-massacre
313 https://www.theguardian.com/world/2015/aug/28/more-than-70-dead-austria-migrant-truck-tragedy
314 https://www.nytimes.com/2015/07/19/world/europe/route-of-migrants-into-europe-shifts-toward-balkans.html
315 https://www.theguardian.com/world/2015/sep/03/father-drowned-boy-aylan-kurdi-return-syria
316 https://www.independent.ie/world-news/germanys-angela-merkel-says-no-numbers-limits-to-right-to-asylum-31504442.html
317 https://www.unhcr.org/news/latest/2015/12/5683d0b56/million-sea-arrivals-reach-europe-2015.html
318 https://foreignpolicy.com/2020/12/24/the-arab-spring-changed-everything-in-europe/
319 https://www.bbc.com/news/world-europe-24583286
320 Peter Gatrell, *The Unsettling of Europe*, Nova Iorque, Basic Books, 2019.
321 https://www.europenowjournal.org/2019/09/09/the-refugee-crisis-brexit-and-the-reframing-of-immigration-in-britain/
322 https://www.europenowjournal.org/2019/09/09/the-refugee-crisis-brexit-and-the-reframing-of-immigration-in-britain/
323 https://www.dw.com/en/germanys-populist-afd-party-seeks-to-reboot-migrant-fears/a-40176414
324 https://www.reuters.com/article/us-germany-election-highlights-idUSKCN1 BZ0R8
325 https://www.reuters.com/article/us-europe-migrants-italy-idUSKBN14J1GE
326 https://www.reuters.com/article/us-europe-migrants-ngos-idUSKBN19X2U1
327 https://www.theguardian.com/world/2016/jan/26/danish-parliament-approves-plan-to-seize-assets-from-refugees
328 https://www.theguardian.com/world/2016/jan/26/danish-parliament-approves-plan-to-seize-assets-from-refugees
329 https://www.theguardian.com/world/2015/aug/03/europeans-who-welcome-migrants
330 https://www.amnesty.org/download/Documents/MDE1944392021ENGLISH.pdf
331 https://www.irishtimes.com/news/world/europe/rescued-at-sea-locked-up-then-sold-to-smugglers-1.3759181
332 https://time.com/5042560/libya-slave-trade/

333 Economist Intelligence Unit Analysis ont EU migration pact Europe's compromise on migration
334 https://www.theguardian.com/world/2021/apr/14/denmark-revokes-syrian-refugee-permits-under-new-policy

Os Estilhaços da Administração Trump

335 https://www.reuters.com/article/us-syria-security-kurds-future-idUSKBN1X11HZ
336 https://www.publico.pt/2019/10/11/mundo/analise/obsessao-turquia-curdos-siria-1889511
337 https://media.defense.gov/2018/Dec/20/2002075156/-1/-1/1/LETTER-FROM-SECRETARY-JAMES-N-MATTIS.PDF
338 https://www.wired.com/2013/04/yemen-drones-muslimi/
339 https://www.reuters.com/article/us-egypt-politics-idUSKBN1K722C
340 https://www.hrw.org/news/2019/02/21/jordan-fake-news-amendments-need-revision
341 https://www.aljazeera.com/news/2020/1/24/qatar-fake-news-law-signals-worrying-regression-rights-group
342 https://www.aljazeera.com/news/2020/4/22/algeria-criminalises-fake-news-to-protect-state-security
343 https://www.cfr.org/backgrounder/what-iran-nuclear-deal
344 https://www.newyorker.com/news/dispatch/donald-trumps-legacy-in-israel
345 https://www.cnbc.com/id/41377934
346 Barack Obama, *A Promised Land*, Nova Iorque, Crown, p. 653.
347 https://www.washingtonpost.com/world/after-assurances-by-trump-bahrain-mounts-deadliest-raid-in-years-on-pro-opposition-shiite-neighborhood/2017/05/24/6995e954-4067-11e7-9851-b95c40075207_story.html
348 https://www.washingtonpost.com/news/global-opinions/wp/2017/11/05/saudi-arabias-crown-prince-is-acting-like-putin/
349 https://www.aljazeera.com/news/2018/10/4/saudi-arabia-insists-khashoggi-left-its-turkey-consulate
350 https://www.aljazeera.com/news/2019/10/2/jamal-khashoggi-case-a-timeline-of-events-surrounding-his-murder
351 https://www.aljazeera.com/news/2019/10/2/jamal-khashoggi-case-a-timeline-of-events-surrounding-his-murder
352 https://www.bbc.com/news/world-middle-east-45918610
353 https://www.bbc.com/news/world-middle-east-45906396#:~:text=Turkish%20officials%20have%20also%20said%20that%20Dr%20Tubaigy,Saudi%20government%20in%20an%20anti-corruption%20drive%20last%20year.
354 https://www.aljazeera.com/news/2018/11/10/erdogan-turkey-shared-khashoggi-tapes-with-saudi-us-and-others
355 https://www.independent.co.uk/news/world/middle-east/jamal-khashoggi-murder-cia-saudi-crown-prince-mohammed-bin-salman-order-a8638181.html
356 https://www.ohchr.org/EN/HRBodies/HRC/RegularSessions/Session41/_layouts/15/WopiFrame.aspx?sourcedoc=/EN/HRBodies/HRC/RegularSessions/Session41/Documents/A_HRC_41_CRP.1.docx&action=default&DefaultItemOpen=

[357] https://www.aljazeera.com/news/2019/3/4/jamal-khashoggis-body-likely-burned-in-large-oven-at-saudi-home#:~:text=The%20body%20of%20slain%20Saudi%20journalist%20Jamal%20Khashoggi,by%20Al%20Jazeera%20Arabic%20that%20aired%20on%20Sunday.

[358] https://www.npr.org/2019/07/25/745200244/trump-vetoes-bills-intended-to-block-arms-sales-to-saudi-arabia

[359] https://edition.cnn.com/2019/07/24/politics/saudi-arms-sale-resolutions-trump-veto/index.html

[360] https://www.aljazeera.com/news/2020/1/3/irans-qassem-soleimani-killed-in-us-air-raid-at-baghdad-airport

[361] https://www.theguardian.com/us-news/2017/dec/06/donald-trump-us-jerusalem-israel-capital

[362] https://www.independent.co.uk/news/world/middle-east/jerusalem-us-embassy-opens-live-updates-israel-gaza-strip-protests-trump-kushner-latest-a8350501.html?page=9

[363] https://www.dw.com/en/arab-world-warns-us-not-to-recognize-jerusalem-as-israeli-capital/a-41631128

[364] https://www.dw.com/en/arab-world-warns-us-not-to-recognize-jerusalem-as-israeli-capital/a-41631128

[365] https://www.theguardian.com/world/2017/dec/06/us-recognition-of-jerusalem-as-israel-capital-what-it-means

[366] https://www.theguardian.com/world/2017/dec/06/us-recognition-of-jerusalem-as-israel-capital-what-it-means

[367] https://www.bbc.com/news/world-us-canada-45377336

[368] https://www.middleeasteye.net/news/us-announces-closure-plos-office-washington

[369] https://www.aljazeera.com/news/2020/1/28/trump-unveils-middle-east-plan-all-the-latest-updates

[370] https://upload.wikimedia.org/wikipedia/commons/a/a6/Peace_to_Prosperity.pdf

[371] Eugene Rogan, *The Arabs, A History*, Londres, Penguin Books, 2009, p. 595.

[372] https://www.theguardian.com/world/2020/sep/15/uae-bahrain-and-israel-sign-historic-accords-at-white-house-event-formal-relations-trump-netanyahu

[373] https://www.theguardian.com/world/2020/sep/15/uae-bahrain-and-israel-sign-historic-accords-at-white-house-event-formal-relations-trump-netanyahu

[374] https://www.theguardian.com/world/2020/sep/15/uae-bahrain-and-israel-sign-historic-accords-at-white-house-event-formal-relations-trump-netanyahu

[375] https://www.politico.com/news/2020/10/29/f-35-fighter-jets-united-arab-emirates-israel-433612

[376] https://edition.cnn.com/2020/12/14/politics/sudan-state-sponsor-of-terrorism/index.html

[377] https://www.reuters.com/article/us-sudan-usa-pompeo/sudan-pm-tells-pompeo-hes-not-authorised-to-normalise-ties-with-israel-idUSKBN25L0XE

[378] https://www.theguardian.com/world/2020/dec/10/israel-and-morocco-agree-to-full-diplomatic-relations-says-trump

Fotografias de Cartum

379 https://www.journalofdemocracy.com/articles/sudans-uprising-the-fall-of-a-dictator/

380 https://sites.lsa.umich.edu/maihassan/wp-content/uploads/sites/412/2019/10/uprising_printedition.pdf

381 https://sites.lsa.umich.edu/maihassan/wp-content/uploads/sites/412/2019/10/uprising_printedition.pdf

382 https://sudantribune.com/spip.php?article66796

383 https://sudantribune.com/spip.php?article66796

384 https://www.theguardian.com/world/2019/dec/24/mercenaries-flock-to-libya-raising-fears-of-prolonged-war

385 https://sites.lsa.umich.edu/maihassan/wp-content/uploads/sites/412/2019/10/uprising_printedition.pdf

386 https://sites.lsa.umich.edu/maihassan/wp-content/uploads/sites/412/2019/10/uprising_printedition.pdf

387 https://sites.lsa.umich.edu/maihassan/wp-content/uploads/sites/412/2019/10/uprising_printedition.pdf

388 https://www.reuters.com/article/ozabs-uk-sudan-economy-budget-idAFKBN1EQ0VC-OZABS

389 https://sites.lsa.umich.edu/maihassan/wp-content/uploads/sites/412/2019/10/uprising_printedition.pdf

390 https://www.aljazeera.com/news/2019/12/18/12-defining-moments-in-sudans-12-month-uprising/

391 https://www.sudaneseprofessionals.org/en/declaration-of-freedom-and-change/

392 https://sites.lsa.umich.edu/maihassan/wp-content/uploads/sites/412/2019/10/uprising_printedition.pdf

393 https://www.aljazeera.com/news/2019/02/23/sudans-bashir-reshuffles-top-team-amid-state-of-emergency/

394 https://www.aljazeera.com/news/2019/02/23/sudans-bashir-reshuffles-top-team-amid-state-of-emergency/

395 https://www.aljazeera.com/news/2019/12/18/12-defining-moments-in-sudans-12-month-uprising/

396 https://www.hrw.org/report/2015/09/09/men-no-mercy/rapid-support-forces-attacks-against-civilians-darfur-sudan

397 https://www.bbc.com/news/world-africa-48987901

398 https://www.aljazeera.com/news/2019/11/18/rights-group-deadly-attacks-on-sudan-protesters-were-planned

399 https://www.bbc.com/news/world-africa-48987901

400 https://abcnews.go.com/International/wireStory/sudan-overturns-moral-policing-law-disbands-ruling-party-67380394

401 https://abcnews.go.com/International/wireStory/sudan-overturns-moral-policing-law-disbands-ruling-party-67380394

402 https://carnegieendowment.org/2020/01/07/how-sudan-may-surprise-everyone-pub-80721

A Independência Confiscada

403 https://www.lemonde.fr/afrique/article/2019/06/08/a-kherrata-aux-sources-du-soulevement-algerien_5473351_3212.html
404 https://www.reuters.com/article/us-algeria-politics-history-timeline-idUSKBN268133
405 https://www.bnnbloomberg.ca/algeria-s-bouteflika-abandons-plans-to-run-for-a-fifth-term-1.1227107
406 https://abcnews.go.com/International/wireStory/algeria-skepticism-greets-presidents-planned-exit-62108571
407 https://www.aljazeera.com/news/2021/1/10/algerias-ex-pm-admits-to-selling-gold-bars-on-black-market
408 Entrevista com Mourad Ouchichi, Bejaïa, Junho de 2019.
409 Alistair Horne, «A Savage War of Peace Algeria 1954–1962», *New York Review of Books*, 1977.
410 Entrevista com Fatma Oussedik em Argel, Junho de 2019.
411 Benjamin Stora, *Retours D'Histoire L'Algérie Après Bouteflika*, Paris, Bayard, 2020.
412 https://www.liberte-algerie.com/actualite/lakhdar-bouregaa-arrete-318894
413 https://www.foreignaffairs.com/articles/algeria/2016-05-27/algeria-brink
414 https://www.liberation.fr/planete/2019/12/09/kabylie-dans-ma-commune-j-ai-ferme-moi-meme-le-bureau-de-vote_1768243/
415 https://www.hrw.org/news/2020/03/17/algeria-prominent-journalist-facing-charges
416 https://documents1.worldbank.org/curated/en/336441610722601742/pdf/Algeria-Economic-Monitor.pdf
417 https://www.worldpoliticsreview.com/articles/29028/in-algeria-protests-pause-for-covid-19-as-the-regime-steps-up-repression
418 https://foreignpolicy.com/2020/11/03/algeria-referendum-constitutional-change-democracy-protest/
419 https://www.reuters.com/article/algeria-energy-idAFL1N2JS0EV
420 https://www.tsa-algerie.com/legislatives-2303-de-taux-de-participation-abstention-record/

A Cleptocracia à Caça dos Activistas

421 Fawaz A. Gerges, *ISIS: A History*, Princeton University Press, 2016.
422 https://www.usip.org/iraq-timeline-2003-war
423 Daniel Yergin, *The New Map, Energy Climate and the Clash of Nations*, Londres, Allen Lane, 2020, p. 230.
424 https://www.academia.edu/31014069/Iraqs_Political_Economy_post_2003_From_Transition_to_Corruption
425 https://www.academia.edu/31014069/Iraqs_Political_Economy_post_2003_From_Transition_to_Corruption
426 https://www.chathamhouse.org/2019/10/corruption-continues-destabilize-iraq
427 https://carnegie-mec.org/diwan/81176
428 https://www.nytimes.com/2020/07/29/magazine/iraq-corruption.html
429 https://foreignpolicy.com/2019/10/07/in-iraq-protesters-are-sick-of-corruption-and-foreign-influence-saadi-abdul-mahdi/

430 https://www.nytimes.com/2020/07/29/magazine/iraq-corruption.html

431 https://www.reuters.com/article/us-iraq-protests-iran-snipers-exclusive-idUSKBN1WW0B1

432 https://pomeps.org/pomeps-studies-42-menas-frozen-conflicts

433 https://pomeps.org/pomeps-studies-42-menas-frozen-conflicts

434 https://www.nbcnews.com/news/world/iraqi-prime-minister-adel-abdul-mahdi-says-will-resign-amid-n1093226

435 https://coi.easo.europa.eu/administration/easo/PLib/10_2020_EASO_COI_Report_Iraq_The_protest_movement_and_treatment_of_protesters.pdf

436 https://www.cnbc.com/2019/12/31/supporters-of-iran-backed-militia-storm-the-us-embassy-in-iraq.html

437 https://www.aljazeera.com/news/2021/3/12/iraqs-protests-and-the-technology-of-resistance

438 https://coi.easo.europa.eu/administration/easo/PLib/10_2020_EASO_COI_Report_Iraq_The_protest_movement_and_treatment_of_protesters.pdf

439 https://www.ifj.org/media-centre/news/detail/category/middle-east-arab-world/article/ahmad-abdessamad-safaa-ghali.html

440 https://www.bbc.com/news/world-middle-east-53318803

441 https://www.alsharqiya.com/en/news/an-armed-group-targets-the-civilian-activist-tahseen-osama-al-shahmani-in-central-basra

442 https://english.alarabiya.net/News/middle-east/2020/12/15/Iraqi-militias-Iraqi-activist-Salah-al-Iraqi-shot-dead-in-Baghdad-al-Jadida-district

443 https://www.thenationalnews.com/mena/iraq/iraq-the-murder-of-activist-ihab-al-wazni-highlights-widespread-political-killings-1.1219482

444 https://www.middleeasteye.net/video/mother-assassinated-iraqi-activist-ihab-al-wazni-demands-justice

445 https://www.nytimes.com/2020/07/29/magazine/iraq-corruption.html

Uma Explosão em Beirute

446 https://www.executive-magazine.com/lebanon-uprising/timeline/the-first-13-days

447 Eugene Rogan, *The Arabs, A History*, Londres, Penguin Books, 2009.

448 *Ibidem.*

449 *Ibidem.*

450 https://tcf.org/content/report/lebanon-sectarian-identity-test-lab/?agreed=1

451 https://carnegie-mec.org/2017/06/30/summer-of-our-discontent-sects-and-citizens-in-lebanon-and-iraq-pub-71396

452 https://carnegie-mec.org/2021/01/14/lebanon-s-political-economy-from-predatory-to-self-devouring-pub-83631

453 https://carnegie-mec.org/2021/01/14/lebanon-s-political-economy-from-predatory-to-self-devouring-pub-83631

454 https://www.dailystar.com.lb/News/Lebanon-News/2021/Jun-02/520639-bitter-pill-lebanons-medical-crisis-set-to-get-even-worse.ashx

455 https://foreignpolicy.com/2019/12/13/sectarianism-helped-destroy-lebanon-economy/

456 https://www.newyorker.com/news/dispatch/why-lebanons-people-are-turning-on-their-politicians

457 https://www.reuters.com/article/us-lebanon-rubbish-idUSKCN0VB1LB
458 https://tcf.org/content/report/lebanon-sectarian-identity-test-lab/?agreed=1
459 https://www.reuters.com/article/us-lebanon-protests-taboos-idUSKBN1X91PH
460 https://www.aljazeera.com/news/2019/10/24/i-am-waiting-for-you-lebanons-aoun-invites-protesters-to-talk/
461 https://www.thenationalnews.com/world/mena/lebanon-suicide-of-indebted-father-sparks-anger-as-economic-woes-grow-1.946098#9
462 https://www.newyorker.com/news/dispatch/why-lebanons-people-are-turning-on-their-politicians
463 https://www.aljazeera.com/news/2019/11/17/one-month-on-hope-defiance-as-lebanon-protests-persist
464 https://news.yahoo.com/lebanon-suicides-spark-outrage-govt-over-economic-crisis-144018061.html
465 https://www.democracynow.org/2019/10/22/lebanon_protests_government_corruption_austerity